南京博物院
NANJING MUSEUM
— 1933 - 2023 —

玉潤中華

中国玉器的万年史诗图卷

An Epic of Chinese Jade for 10,000 Years

Diversity and Unity,
Inheritance and Innovation,
Inclusiveness and Gentleness

南京博物院　编

江苏凤凰文艺出版社
JIANGSU PHOENIX LITERATURE AND ART PUBLISHING

《玉润中华——中国玉器的万年史诗图卷》编委会

主　　编　王奇志

副 主 编　盛之翰　马根伟

学术顾问　邓淑蘋　邓 聪　李银德　徐 琳

展览支持　王旭东　韩战明　姚 旸　熊慧彪　张元成　王筱雯　褚晓波　雷修佛　管 理
刘延常　张晓云　段晓明　侯宁彬　王晓毅　孙金松　白宝玉　赵永军　方向明
叶润清　姜 猛　孙周勇　齐增玲　许 强　李晓军　束家平　荣骏炎　陈曾路
夏 晶　钱 峻　董珊珊　胡卫国　彭印硍　宋 杰　翁建红　耿 涛　李文初
辛军民　邓千武　李民涌　朱章义　马社强　薛艳丽

文案策划　左 骏

文案撰写　左 骏　崔小英　高 波　杨海涛　张长东　周 竑　高 杰　朱 棒　王贵阳

对外联络　陈 莉　王国任　葛璐娜　刘丽莉

项目协调　张 乐　李 荔　李 竹　巢 臻　周润垦　陈 刚　于成龙　庞 鸥　李贵州

形式设计　张小帆

施工管理　管 琳　侯仲春

平面设计　王雯雁　邱雪峰

文物定位　裴 斐

形式辅助　刘 婷　茅丽佳　谢 博　田 騉

文物保护　周 璐　田建花

宣传推广　石 岚　杨小苑　王佳佳

公众调查　衣雨涵

社会服务　许 越　高梦琛　朱媛媛　王维宇　刘宇欣

文创推广　田 甜　连 凯　张 鲁

英文翻译　陈 莉　王国任　汪 昕

绘　　图　左 骏　夏 勇　赵 菁　舒 威

展览协助　（按行政区划排序）
任万平　王跃工　许 凯　韩 倩（故宫博物院）
谭晓玲　冯 好（首都博物馆）
徐春苓　高昳君（天津博物馆）
赵志良　张红霞（河北博物院）
张慧国　赵志明　霍宝强　杨 芸（山西博物院）
董宝厚　刘 韫（辽宁省博物馆）
陈 杰　施 远　黄 翔（上海博物馆）
徐大珍　卞 坚　刘华伟（安徽博物院）
彭 舟　陈建平　郑颖丽（江西省博物馆）
王勇军　庄英博（山东博物馆）
何 广　蔡路武　曾 攀（湖北省博物馆）
袁建平　喻燕姣　方昭远（湖南博物院）
庞雅妮　贺达炘（陕西历史博物馆）
郑 媛　李晓红（山西省考古研究院）
张红星　岳够明（内蒙古自治区文物考古研究院）

孙立学　佟　强（辽宁省文物考古研究院）
李有骞　刘　伟（黑龙江省文物考古研究所）
朱雪菲　王轶凌（浙江省文物考古研究所）
宫希成　程金安（安徽省文物考古研究所）
高成林　张婷婷（湖南省文物考古研究院）
王小蒙　刘思哲（陕西省考古研究院）
郑红艳　柏　宁（明十三陵博物馆）
杜会平（定州市博物馆）
吴　阗　邱晓勇　胡妍娟（南京市博物总馆）
宗时珍　缪　华（徐州博物馆）
高　荣　庄志军（扬州博物馆）
盛诗澜　李文华（无锡博物院）
陈小玲　龚依冰（吴文化博物馆）
杨　丽（仪征市博物馆）
赵宗强　陈　洁（张家港博物馆）
曹昕运　张晓芳（溧阳市博物馆）
张立明　窦念胜　苏　燕（巢湖市博物馆）
范丽君　周里玲（南昌汉代海昏侯国遗址博物馆）
孙益民　刘　燕（淄博市博物馆）
于法霖　李祖敏（青岛市黄岛区博物馆）
刘悦民　王红梅（沂水县博物馆）
梁淑群　石艳艳（洛阳博物馆）
李清丽　蒋培培（三门峡市虢国博物馆）
李　俊（天门市博物馆）
王　强　何东红（南越王博物院）
王　方　刘　珂（成都金沙遗址博物馆）
丁　伟　王亚庆（咸阳博物院）
段洪黎　董晓伟（韩城市梁带村芮国遗址博物馆）

展览配合　安婷宇　边永锋　曹新月　程　露　程晓月　邓晓挺　都　都　杜　静
杜　利　方　琦　高　洁　葛志英　谷娴子　郭　劲　郭笑微　韩　冰
韩敏敏　郝梦妮　胡姝颖　黄　莉　李　倩　李光辉　林　夏　刘　胜
刘欣鑫　刘永红　吕晓昱　马瑞娟　裴　亚　彭竹君　浦　杨　钱　诚
秦造垣　邱阳乐渝　芮　星　邵海琴　佘沛章　施韵琦　是江柳　宋春晖
苏　静　孙斯琴格日乐　覃　璇　汤敏丽　唐根顺　王　洁　王春富
王雪峥　魏　军　魏杨菁　温科学　吴　玲　吴　彤　夏鹏飞　肖　博
肖　珂　谢　博　谢　飞　薛皓冰　闫　娟　张　帆　张　江　张　琨
张伟伟　张译丹　赵　军　赵岑瑒　周婀娜　周露茜　朱珞丹　朱士麒
白　琳　毕　枫　陈金龙　杜小兵　傅　渝　韩　晓

文物摄影　郝勤建　何　黎　何东红　胡勇梅　黄　桢　黄秝人　靳　挺　乐腾飞
李有骞　厉晋春　梁　刚　刘希瑞　刘晓东　穆启文　任　超　阮　浩
沙楚清　图旭刚　王　滨　王　磊　王保平　王晓涛　卫安钢　冼怀明
杨　盯　余　乐　余宁川　张　冰　张锋雷　张京虎　左　骏

序

伴随中华民族走过近万年历史的玉文化，无疑是诸多代表中国的文化符号中，最为璀璨高华，兼具精神与物质、宗教与世俗、道德与礼仪意义的存在。

成书于东汉，被誉为“中国第一部字典”的《说文解字》中录“玉”部共计一百五十九字，开篇便称赞：

> 玉，石之美，有五德：润泽以温，仁之方也；䚡理自外，可以知中，义之方也；其声舒扬，专以远闻，智之方也；不挠而折，勇之方也；锐廉而不忮，洁之方也。

玉，具有五种德行。和睦相处、推己及人，是“仁”；有志一同、凝心聚力，是“义”；推陈出新、勇于进取，是“智”；源远流长、坚韧不挠，是“勇”；守正笃实、善作善成，则是“洁”。

早在史前，成熟玉器的出现、诸多玉文化的聚合，迎来了东方文明的第一缕曙光。过往万年，中国玉器经历宗教化、艺术化、政治化、财富化、文学化、品德化的发展，在多元碰撞与融合、革故与创新中，由点点星火，汇聚成炬。以玉器为载体的玉文化，成为中国乃至世界范围内出现最早、绵延时间最长，且最具普遍认同的精神文化谱系之一。

从“礼天地四方”的古玉六器到“锡尔介圭，以作尔宝”的制度典范，从“君子比德于玉”的品质象征到“千金易得，美玉难求”的财富与艺术载体，从“宁为玉碎”的士人风度到“佩玉鸣鸾罢歌舞”的市井之趣，从“玉器”到“玉文化”再到“玉文明”，“玉”早已深深植入中国人的生活、认知和信仰，融入中华儿女和中华文明的精神血脉。

2023 年 6 月，习近平总书记在文化传承发展座谈会上，对中华文明的五大突出特性做出全面且凝练的阐释，即：连续性、创新性、统一性、包容性以及和平性。

由是观之，蕴藏山川灵秀、被切磋琢磨而盛德至善的玉器，无疑是最能契合与诠释中华文明五大突出特性的物质精华。

江苏地处华东南，这里是中国史前用玉的核心区域。顺山集文化用玉，开启了八千年前中国南方用玉的先河，七千至五千年前，骆驼墩、北阴阳营、崧泽、良渚等史前文化用玉一脉相承，此时的玉文化如群星璀璨，光耀后世。宋元及明清时期以扬州、苏州为治玉中心，与宫廷造办南北互动，集历朝历代之大成。

1933 年，在蔡元培先生等人的共同倡议下，作为南京博物院前身的国立中央博物院筹备处成立。2023 年是南京博物院建院九十周年，值此院庆之际，南京博物院活化利用丰富典藏，并得益于全国四十余家文博、考古单位的积极响应和鼎力相助，推出“玉润中华——中国玉器的万年史诗图卷”特展，向公众全面展示中华玉文明近万年的灿烂历史。

“君子万年，保其家邦。”中华玉文明的万年史诗图卷徐徐展开，与“水韵江苏”的人文内涵水乳交融。我们希望通过此次特展，诠释中华民族温润如玉、凝心聚力的独特品格，用沉淀了万年光华的琼玉，展现中华文明生生不息、与古为新、兼容万象的丰富精神内涵。

是为序。

南京博物院

2023 年 11 月

目录

凡例

一、本书为2023年11月南京博物院举办的“玉润中华——中国玉器的万年史诗图卷”特展图录，主体章节体例依据展览结构编排。

二、书中所呈现的文物来自全国40余家文博考古单位，为本书出版提供帮助的单位、科研（摄影）团队以及个人，均在书后统一致谢。

三、封面展名、章节标题字体，主体集自《汉郃阳令曹全碑》拓本。

四、对中国玉文化的发展历程，本书按考古学分期及历史时代，分为三个阶段。以绝对年代纪年，第一阶段：小南山文化（公元前7500年前后）至龙山文化（公元前1800年前后）；第二阶段：二里头文化（约公元前1800年）至东汉（公元220年）；第三阶段：三国（公元220年）至清（公元1911年）。

五、本书中文物基本信息以名称、时代、尺寸、出土地点及现收藏单位等为主，对重要文物有详细的描述及阐释，对存在逻辑关联的多件文物，采取组合的解读方式。

1. 明确出土地点的文物命名及类型描述均以《田野考古工作规程》（文物出版社，2009年版）为标准；传世馆藏文物（如书画、拓片等）按国家文物局发布《馆藏文物登录规范》（2013年）命名；部分存在争议的重要器物命名、解读，则以当前最新研究成果为准。

2. 尺寸以长（口径、面阔）、宽（腹径及底径、厚、进深）、高（通高）等为基本顺序，计量单位为厘米。

3. 文物说明文字不列注释，所涉及的参考文献在书末集中列出，以方便查阅。

六、因本书体量有限，所参考之发掘报告、发掘简报、展览及典藏图录等资料，未于参考文献部分罗列，相关研究收录截至2023年8月。

七、对碑文、铭文、书画及拓本的释读，参考通行释读录文准则：以简体字录取，加注现代汉语标点；换行取用“」”符号；缺释字用“□”标示；补释文字为“字”；以“……”表示残缺字数不详；原文中影响阅读的通假字或错字，在原字后用“（字）”表示。

玉，石之美，

有五德：

润泽以温，仁之方也；

䚡理自外，可以知中，义之方也；

其声舒扬，专以远闻，智之方也；

不挠而折，勇之方也；

锐廉而不忮，洁之方也。

——〔汉〕许慎《说文解字》

导言

玉，
石之美者，
凝聚天地精华灵气，
晶莹细腻，温润柔美。

玉，
中华文明的瑰宝，
华夏崇礼尚德的标志，
中华民族精神的物质载体，
承载着区别于世界其他文明的重要特质。

Preface

Jade,
Precious stones with beauty,
Condenses the essence of Heaven and Earth,
Crystal-clear, delicate, mild, and beautiful.

Jade ware,
Treasure of Chinese civilization,
Token of the esteem of Chinese people for etiquette and lofty morality,
Carrier of Chinese national spirit,
Distinguishes Chinese civilization from other civilizations in the world.

以苍璧礼天，以黄琮礼地。

——《周礼·大宗伯》

璧

良渚文化晚期
外径 21.2 厘米，内径 4.5 厘米，厚 0.8 厘米
1973 年江苏省苏州市吴中区草鞋山遗址 198 号墓出土
南京博物院藏

复式节（六节）琮

良渚文化晚期
上射口径 7.7 厘米，下射口径 7.4 厘米，
孔径 5.2 厘米，高 18.2 厘米
1973 年江苏省苏州市吴中区草鞋山遗址
198 号墓出土
南京博物院藏

内圆外方的柱状玉器琮与扁平的圆形玉器璧共同组合成良渚先民最基本的宗教礼器。圆形的玉璧，暗示着先民观察天象，试图解读太阳星辰围绕中心“天极”运转的规律；琮有外方四壁，以示大地四方，直通上下的圆孔仿佛连接天地的通道，象征先民与上天沟通的迫切愿望。研究者们认为：琮和璧是最早蕴含“天圆地方”观念的礼器。两者结合，呈现了华夏先民朴素的宇宙观，以及对天地的真诚崇敬。

这类璧、琮，长久以来被误认为是商周时期的玉器。1973 年苏州草鞋山 198 号良渚晚期墓葬出土的璧、琮组合，第一次从考古发掘角度确凿地证明它们是史前良渚文化的玉礼器，意义重大。（*左骏*）

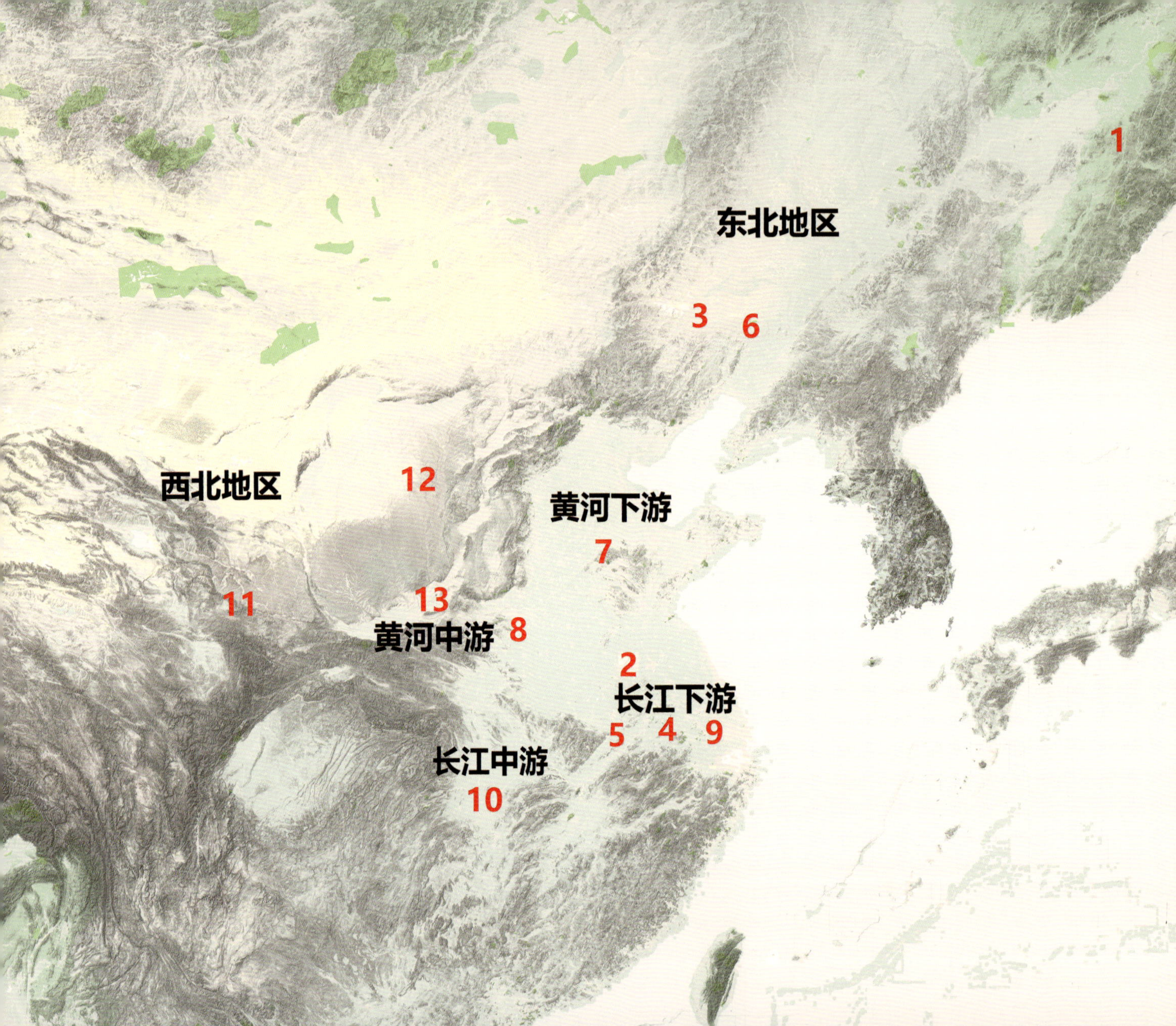

东北地区

1 小南山文化　距今 9500—8000 年
3 兴隆洼文化　距今 8200—7400 年
6 红山文化　距今 6400—5000 年

长江下游

2 顺山集文化　距今 8500—7500 年
4 骆驼墩文化　距今 7000—6000 年
北阴阳营文化　距今 6000—5000 年
5 凌家滩文化　距今 5800—5300 年
9 马家浜文化　距今 7000—5800 年
崧泽文化　距今 5800—5300 年
良渚文化　距今 5300—4300 年

黄河中游

8 仰韶文化　距今 6000—5000 年
13 陶寺文化　距今 4400—3800 年

黄河下游

7 大汶口文化　距今 5800—4300 年
山东龙山文化　距今 4300—3800 年

长江中游

10 肖家屋脊文化　距今 4200—3800 年

西北地区

11 齐家文化　距今 4300—3600 年
12 石峁文化　距今 4300—3800 年

［主体据《中国考古学·新石器时代卷》附录 1《中国新石器时代主要考古学文化年代简表》、“中华文明探源工程（二）——考古学文化谱系年代研究”项目成果整理］

玉生華夏

第一章

Chapter 1 Jade at the Birth of China

玉器，初现于亚欧大陆东端，有着上万年的历史。

生活在这片土地上的先民，发现一类温润、坚韧的天然物质——玉。他们相信，玉可以感通天地，也能够寄托人们对万物的敬仰。

从东北松辽平原到长江流域，从西北昆仑山巅到南海之滨，玉，如点点繁星，在华夏大地广袤的原野上闪耀；玉，以燎原之势，为熠熠生辉的中国史前文明增光添彩。

Jade has been used in China since tens of thousands of years ago, with jade ware first discovered in the eastern end of Eurasia.

The ancestors of Chinese people living in the area found this mild and hard substance. They believed that it could connect with Heaven and Earth and bear their veneration of all things.

From the Songliao Plain to the Yangtze River Basin, from the Kunlun Mountains to the South China Sea, jade objects, like stars in the sky, shined across the vast land of China and added splendour to Chinese prehistoric civilization.

第一单元　万年

遥远的洪荒时代，自然的力量巨大而神秘。因此，华夏先民笃信万物皆有灵。在生存探索中，他们发现坚韧而温润的玉不仅可以作为工具，更可用于与天地对话。

在东北乌苏里江畔的小南山，中华民族成熟用玉的传统出现了。由此，玉器承载起中华儿女对美的追求、对信仰的寄托，这些追求和寄托构成了中华民族万年用玉的文明内涵。

Unit 1　The Origin

In ancient times, the power of nature was great and mysterious. The ancient Chinese people believed that all things had spirits. In their quest for survival, they found that jade, hard and mild, could be used as not only an instrument of production, but also a tool to communicate with Heaven and Earth.

In the Xiaonan Mountain beside the Wusuli River in northeast China, the Chinese people began to use jade masterly. Since then, jade has carried their pursuit of beauty and faith, which constitutes the connotation of the jade civilization of China lasting for tens of thousands of years.

玦

小南山文化
外径 5.6 厘米，内径 2.2 厘米，厚 0.5 厘米
2020 年黑龙江省饶河县小南山遗址 1 号墓出土
黑龙江省文物考古研究所藏

玉器丰富是饶河小南山遗址的突出特征。2015 年以来出土环、玦、管、珠、璧、斧等各类玉器 140 余件，部分玉器表面见有砂绳切割留下的弧形痕迹。根据文化特征和碳十四测年数据判断，这批玉器的年代为公元前 7000 年左右。这是迄今所知中国最早的玉器组合，因此，小南山遗址被称为“中华玉文化的摇篮”。（李有骞）

玉管

小南山文化
长 3.64 厘米，外径 1.64 厘米，孔径 0.94 厘米
2015 年黑龙江省饶河县小南山遗址 2 号墓出土
黑龙江省文物考古研究所藏

1　　2

3

璧（珠）

小南山文化
1　直径 1.72 厘米，孔径 0.72 厘米，厚 0.74 厘米
2　直径 2.3 厘米，孔径 0.63 厘米，厚 0.54 厘米
3　直径 3.37 厘米，孔径 0.85 厘米，厚 2.41 厘米
2015 年黑龙江省饶河县小南山遗址 2 号墓出土
黑龙江省文物考古研究所藏

玉管

顺山集文化

直径 2.9—3.1 厘米，孔径 2—2.2 厘米，高 5.6—5.8 厘米

2010 年江苏省泗洪县顺山集遗址 3 号灰坑出土

南京博物院藏

玉管的孔道为管钻，内壁面在管钻后经过细致打磨，另一端留有钻孔失败残余的半周凹槽。研究者观察玉管外壁，认为玉管本体也是管钻套取而成，此加工技术反映了江淮早期玉器文明与东北早期玉文化间的联系。这件玉管刷新了人们对江淮流域玉器文化起源和工艺的认知，对南方玉器文明的起源讨论有着重要的意义。（甘恢元）

玉管线图（采自《顺山集：泗洪县新石器时代遗址考古发掘报告》，图 3-2-21-7）

玉人面

兴隆洼文化
宽 4.2 厘米，厚 0.7 厘米，高 5.5 厘米
内蒙古自治区林西县白音长汗遗址地层出土
内蒙古自治区文物考古研究院藏

器物为磨制而成，正面上部磨刻出月牙形双眼，嘴部镶嵌蚌壳以示牙齿。背面上部磨一道横向凹槽，在其两端向侧边钻孔，在两侧边相对位置向背面斜向钻孔，用于悬挂、镶嵌。与之类似的微型面具，在兴隆洼文化中发现多件，是史前信仰的实物反映。（孙斯琴格日乐）

兴隆洼135号墓出土玉玦

第二单元　星辉

距今7000—4000年的华夏大地上，史前社会正向着统一的“中华文明共同体”大步迈进。开采玉料、制作美玉、寄托信仰等用玉文化凝聚了这个“文明体”的精神共识。

《禹贡》记载，美玉遍布华夏大地。“最早的中国”诞生之初，用玉文化丰富多彩，玉得到了纯正、普遍的认同。

Unit 2　The Dawn

About 7000 to 4000 years ago, the prehistoric society in China was moving towards “a unified community of China”. The jade culture, including mining jade materials, sculpturing jade articles, and expressing faiths, condensed the spiritual consensus of this “community”.

The *Evolution of Chinese Geography* records that beautiful jade ware spreads throughout the whole China. Therefore, during that time, the content of the jade culture was full of variety and at the beginning of “the earliest China”, jade had received wide recognition.

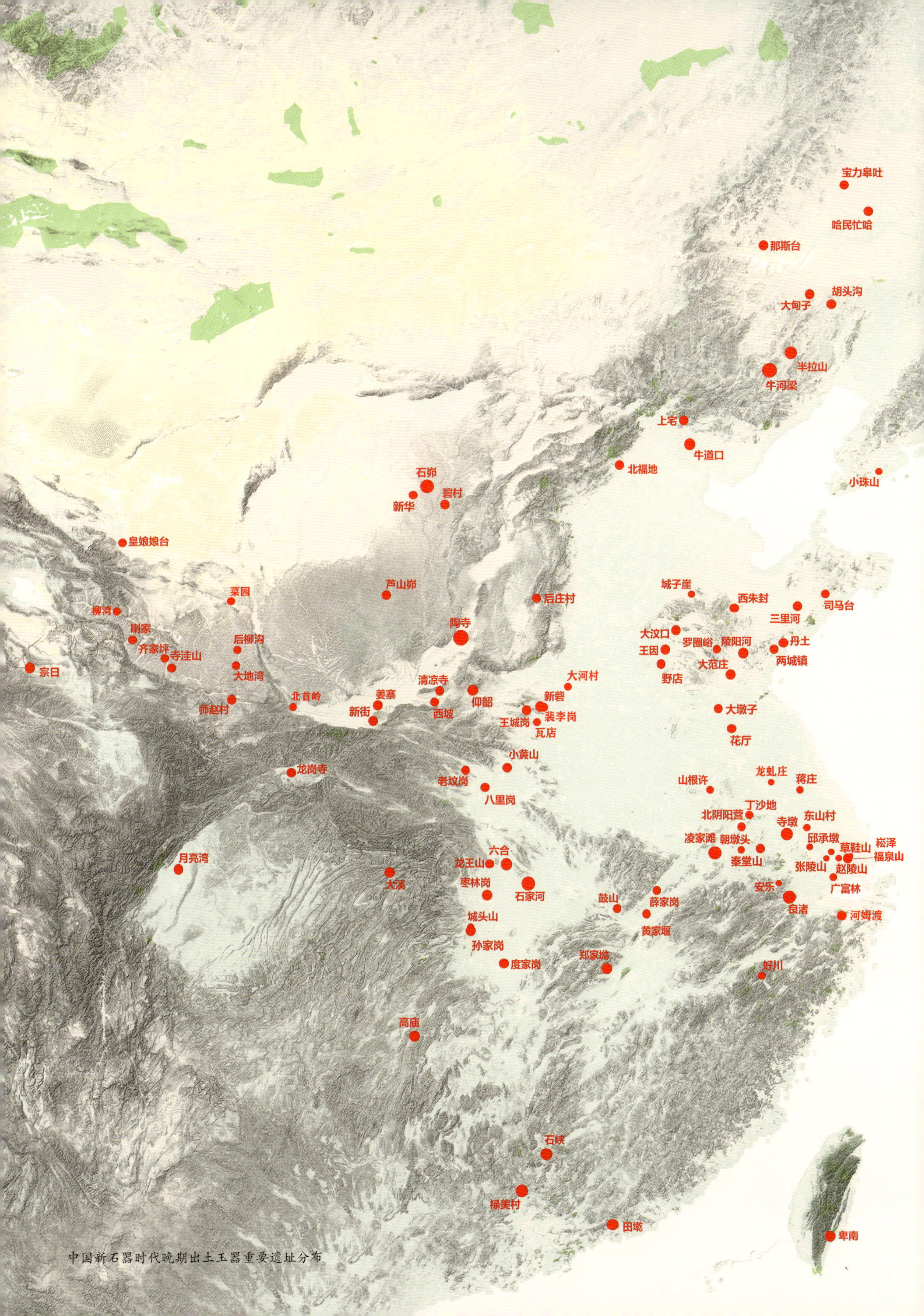

中国新石器时代晚期出土玉器重要遗址分布

1　　2

3

玦、璜（一组3件）

骆驼墩文化
1 外径3厘米，孔径1.35厘米
2 外径3.4厘米，孔径1.65厘米
3 长7.3厘米，宽1.9厘米
2014年江苏省溧阳市秦堂山遗址1号墓出土
南京博物院藏

长江流域玦的起源与太平洋西岸东亚地区由北至南玦的流布有着非常重要的联系。用玦的风俗沿长江流域扩散，距今约7000年的河姆渡第一期文化中即发现了类似兴隆洼文化的饼璧形玦，虽然材质相异，但形制与工艺证明了其与东北玉玦的紧密关联。在宜溧山区的骆驼墩文化中，玉玦的材质、造型、工艺均大放异彩。

璜是中国南方史前文明特有的玉器，呈弯曲的条形，往往佩戴于颈，类似今人的项链。虽然璜的外形与一般装饰在耳朵上的圆形玉玦大相径庭，但两者联系紧密。如果说玦象征着动物蜷缩的形体，那么璜可能也有动物崇拜的含义。（左骏）

玦（一组5件）

北阴阳营文化
直径2.9—6.2厘米，厚0.55—0.8厘米
1955—1958年江苏省南京市北阴阳营出土
南京博物院藏

M91

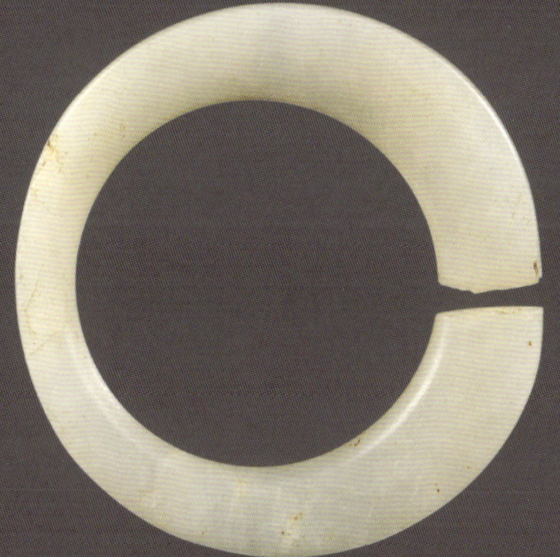

M144

M130

M191

M8

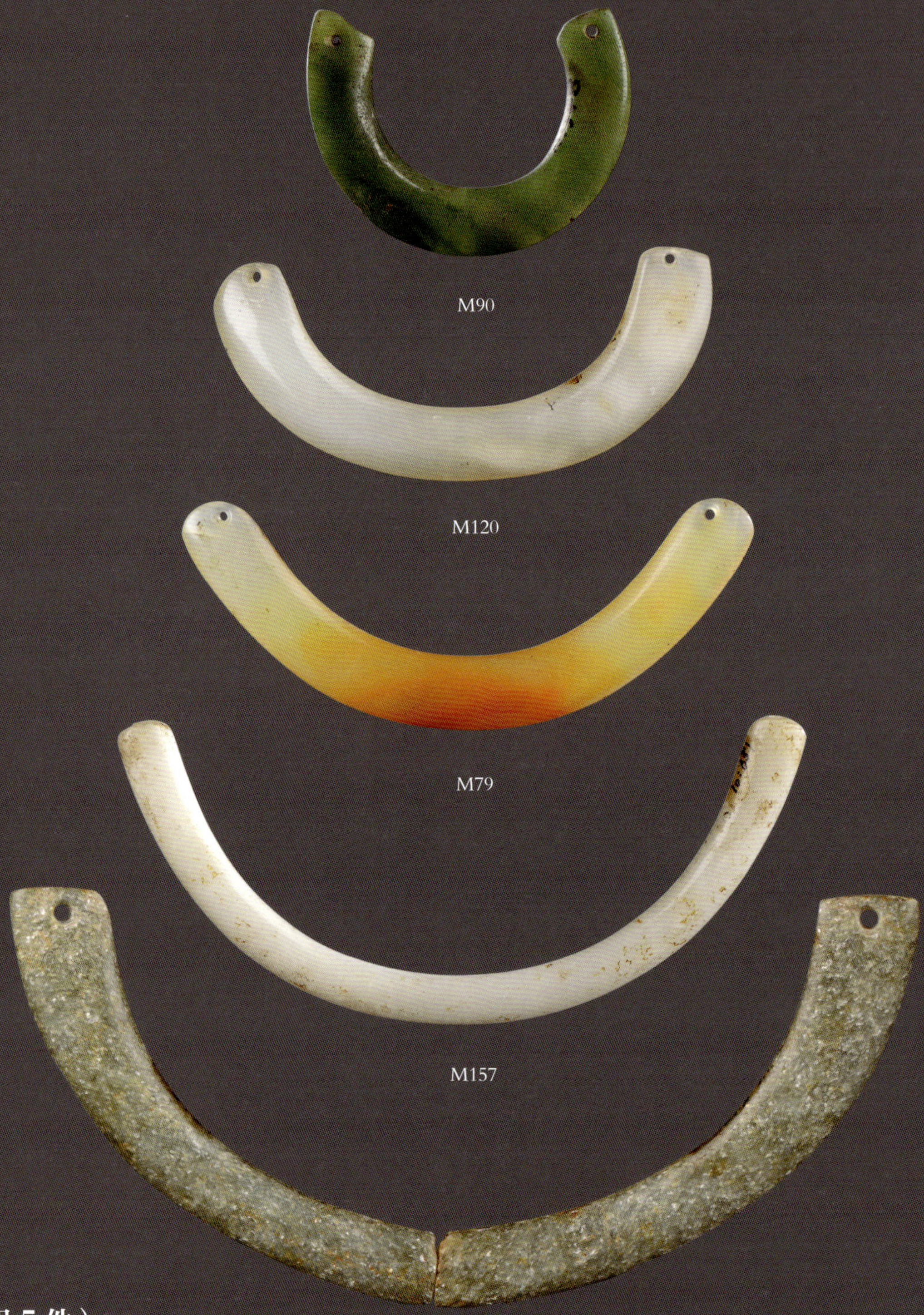

M90

M120

M79

M157

M191

璜（一组 5 件）

北阴阳营文化
长 10.2—10.9 厘米，宽 0.4—0.9 厘米
1955—1958 年江苏省南京市北阴阳营出土
南京博物院藏

北阴阳营遗址出土了上百件璜，形制多样。其中有一类“缀合璜”最引人注目，由两段完全相同的半璜，通过侧面穿孔，绑缚绳索，连缀成完整璜形。观察发现，半璜本体是切割之后再行缀合的，堪称史前玉石设计和工艺方面质的提升。（左骏）

缀合璜线图（采自《北阴阳营：新石器时代及商周时期遗址发掘报告》，图三九：4）

花斑石钺

北阴阳营文化
长 14.1 厘米，宽 12.3 厘米，厚 1.2 厘米
1955—1958 年江苏省南京市北阴阳营出土
南京博物院藏

玉石器的大量出土，反映了北阴阳营文化玉石加工技术的发达。各类制作精美的石钺是其成熟技术的代表。这类三面带大弧刃、大钻孔，一端平齐的舌形石钺数量较多。其选材多为质地坚硬、色泽艳丽的石料，呈现中间厚、两侧渐薄的形制，符合工程力学原理，既保证了钺的实用性，又最大程度展现其料美工精。（左骏）

玉鹰、玦（一组3件）

凌家滩文化
玉鹰：宽 6.35 厘米，厚 0.5 厘米，高 3.6 厘米
玦：外径 2.7—3 厘米，孔径 1.3—1.4 厘米，厚 0.3—0.35 厘米
1998 年安徽省含山县凌家滩 29 号墓出土
安徽省文物考古研究所藏

玉鹰是一种反映史前宗教观念的器物。鹰翅尖处呈猪首或熊首状，鹰身常装饰八角星纹。八角星纹在长江流域到海岱地区常见，或是刻画，或是彩绘，反映了华东地区先民对该图形意涵的一致认同，文明共同体雏形已现。玉鹰出土时，翅尖兽首的正下方正好出土了两件玦，恰证明翅尖兽首鼻尖处穿孔的功能。（左骏）

玉人

凌家滩文化
肩宽 2.4 厘米，厚 0.8 厘米，高 8.6 厘米
1998 年安徽省含山县凌家滩 29 号墓出土
安徽省文物考古研究所藏

玉人为男性，头戴“介”字冠，方脸，细目，胡须外撇，端正威严。玉人双腕戴满臂环，双手虔诚举于胸前，呈蹲踞姿态。同时发现的三件玉人，背面均钻有缝缀用的隧孔，将它们组合在一起，或许是举行仪式的重要法器。（左骏）

玛瑙钺

凌家滩文化
长 19.5 厘米，刃宽 7.2 厘米，顶宽 6 厘米，孔径 1.5 厘米，体厚 1 厘米
1998 年安徽省含山县凌家滩 28 号墓出土
安徽省文物考古研究所藏

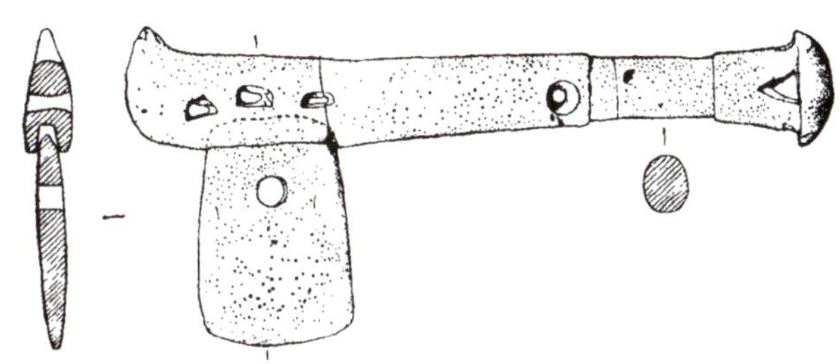

海安青墩遗址出土陶钺（采自《江苏海安青墩遗址》，图一〇：1）

玉钺

凌家滩文化
长 24.2 厘米，刃宽 13 厘米，顶宽 9 厘米，厚 0.7 厘米
1998 年安徽省含山县凌家滩 20 号墓出土
安徽省文物考古研究所藏

镶玉睛陶女神头像

红山文化
颜宽 16.5 厘米，通耳宽 23.5 厘米，残高 22.5 厘米
眼眶长 6.2 厘米，两眼间距 3 厘米
鼻长 4.5 厘米，鼻宽 4 厘米，耳长 7.5 厘米，耳宽 3.5 厘米
嘴长 8.5 厘米，唇凸起 2—2.5 厘米
玉睛直径 2.5 厘米
1983 年辽宁省朝阳市牛河梁遗址女神庙主室西侧出土
辽宁考古博物馆藏

陶塑发现于牛河梁遗址主梁北丘顶南坡的女神庙，为黄土质，未经烧制。内胎泥质较粗，捏塑的各个部位为细泥质。外皮打磨光滑，出土时呈鲜红色，眼眶、面颊尤显，唇部涂朱。双眼嵌玉片为眼珠（睛）。玉片正面凸起，为睛面，经抛光，滑润有光泽，背面平齐，可见加工留下的条痕。背面正中琢出一短钉，可牢牢嵌进泥塑眼眶内。“以玉示目”的习俗，与兴隆洼文化一脉相承。玉睛安置在斜吊的大眼眶中心，似为炯炯有神的双目，增加了造像的“神性”。（曾雅）

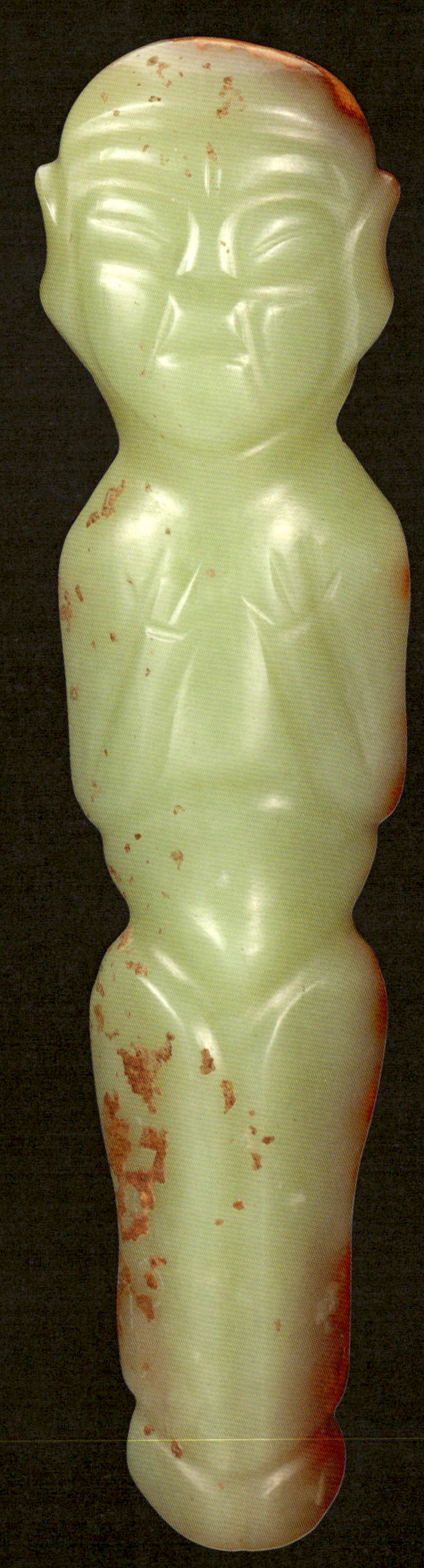

玉人

红山文化
长 18.5 厘米，头宽 4.5 厘米，身宽 4.4 厘米，足宽 2.8 厘米，厚 2.34 厘米
2002 年辽宁省朝阳市牛河梁遗址第十六地点 4 号墓出土
辽宁考古博物馆藏

整体圆雕，形体圆厚，背面留有玉料的红皮。玉人头戴扁平帽子，眯眼，双手举于胸前，与凌家滩玉人特征相似。腿部修长，说明玉人可能以站姿进行某种仪式。背部无纹饰，颈部横穿一孔，又与脖后一孔相通，呈 T 形，其功用也应与凌家滩玉人一致。（曾稚）

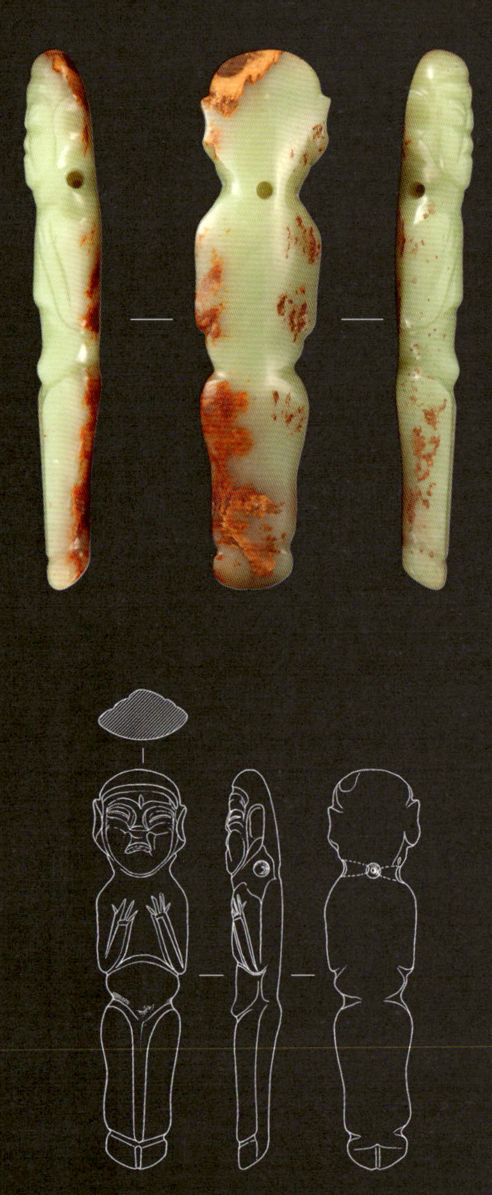

玉人线图（采自《牛河梁：红山文化遗址发掘报告（1983—2003 年度）》下册，图七三）

玉龙

红山文化
曲长 64.3 厘米，最宽处 21.8 厘米，直径 1.9—3 厘米，高 25.7 厘米
故宫博物院藏

玉龙用一整块黄绿色的闪石玉雕琢而成，有着优美的虹形曲线。头部雕琢，单阴线眼似梭形，大而凸出。吻部长而前凸，鼻上翘，下颌有两道阴线纹。脑后长鬣飘逸，神气生动，边缘呈刃状。龙身呈长圆柱形，光素，无肢无爪，无角无鳞，躯体似蛇，弯成 C 形，遒劲有力。中部有穿系孔，如果以绳系于中孔悬置，则正好水平平衡。

C 形玉龙是目前发现玉器中龙的最早形态之一，也最符合人们头脑中龙的形象，但对其造型来源有多种观点。有学者认为其祖型与猪首有关；也有人认为，此龙的祖型为马首，长鬣近似于马；还有人认为它是多种动物的集合体。但无论如何，大家均不约而同地将其定名为龙。这件 C 形玉龙为傅忠谟先生旧藏，它简约、神秘，是史前红山文化的崇拜物，也是中华龙文化的源头之一。（徐琳）

玉猪龙

红山文化
宽 7.8 厘米，厚 3.3 厘米，高 10.3 厘米
1984 年辽宁省朝阳市牛河梁遗址第二地点一号冢 4 号墓出土
辽宁考古博物馆藏

玉猪龙是红山文化的典型器物，上端兽首被认为是猪或熊的神灵化样貌。兴隆洼文化和赵宝沟文化都有龙崇拜、猪崇拜的观念，对后来的红山文化具有重要影响。红山文化晚期的玉猪龙，更将龙崇拜与猪崇拜合二为一。（曾雅）

玉凤

红山文化
长 21 厘米，宽 12.7 厘米，厚 1.24 厘米
2002 年辽宁省朝阳市牛河梁遗址第十六地点 4 号墓出土
辽宁考古博物馆藏

单面琢磨出纹样，描绘了大型鸟类回首整理羽翎的瞬间形态，鸟首的眼鼻间有明显的疣状突起。从动物学分类来看，玉凤的原型很可能是一种大型游禽——疣鼻天鹅。器物背面平整，从两两相对的四个隧孔来看，原是缝缀在有机质上的装饰玉。这件玉凤出土时枕于墓主脑后，应该不是原本使用时的状态。（曾稚）

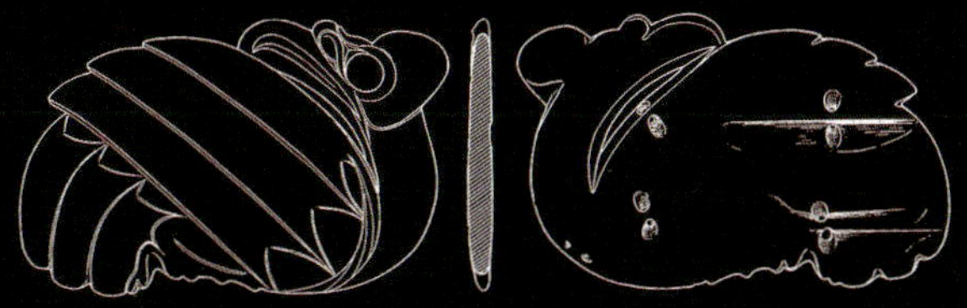

玉凤线图（采自《牛河梁：红山文化遗址发掘报告（1983—2003 年度）》中册，图七一）

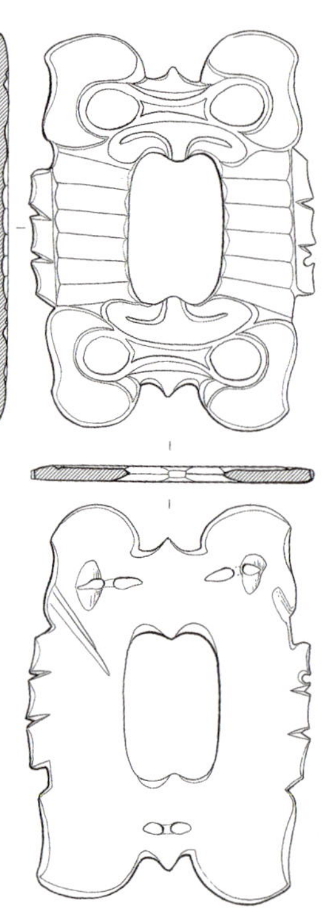

玉双兽佩线图（采自《牛河梁：红山文化遗址发掘报告（1983—2003 年度）》上册，图二三 -1）

玉双兽（鸮）佩

红山文化
长 9 厘米，宽 7.7 厘米，厚 1.9 厘米
1991 年辽宁省朝阳市牛河梁遗址第二地点一号冢 26 号墓出土
辽宁考古博物馆藏

扁板状，有正背面之分。正面纹饰为鸮类的尖喙兽首，正面视角，两端各一，上下对称。大圆眼两侧有眼睑翎羽，额中起凸尖。以瓦沟纹表示双身，外侧缘又各做出一组扉棱。背面无纹饰，有三组呈品字形布局的隧孔。出土时位于墓主腰部。（曾稚）

玉鳖（一组 2 件）

红山文化
长 9—9.4 厘米，宽 7.7—8.5 厘米，厚 1.9—2 厘米
1987 年辽宁省朝阳市牛河梁遗址第五地点一号冢 1 号墓出土
辽宁考古博物馆藏

两件玉鳖同时出土，分别位于墓主左、右手部位。形象颇为写实，鳖头部近于锥形，隐约可见目和口，以起地阳纹和短阴线技法雕出。四肢弯曲，似为表现鳖的匍匐状态。鳖甲打磨光润，但腹底部粗糙。从发现位置看，原本应该是墓主手中所握玉器。（曾稚）

玉斜口筒形器

红山文化
外径 8.1—11 厘米，厚 0.8 厘米，高 18.6 厘米
2002 年辽宁省朝阳市牛河梁遗址第二地点一号冢 4 号墓出土
辽宁考古博物馆藏

这类斜口筒形玉器在红山文化中发现多件，体量大小不一，是红山文化典型玉器。本件发现时位于墓主胸部。就以往出土位置看，筒形器多枕于人头下方，有研究者推测是发箍一类的玉发饰。基于凌家滩遗址同类器的发现，不少学者认为红山文化这类斜口玉器很可能是玉龟的简化形态，上面穿孔，便于在筒内系挂签舌，举行仪式时摇动，发出清脆的声响。（曾稚）

玉勾云形器

红山文化
长 20.9 厘米，宽 12.9 厘米，厚 0.9 厘米
1987 年辽宁省朝阳市牛河梁遗址第五地点一号冢 1 号墓出土
辽宁考古博物馆藏

玉勾云形器是红山文化玉器中的重要器类。器体一般为扁平长方形，中心有镂空纹饰，可分为两类：一类是中心对称的云状，有正反区分，反面有对称隧孔；另一类是较复杂的轴对称带齿兽面，往往两面皆有纹饰。有学者综合其特征认为，玉勾云形器是通过想象和夸张，将几类玉器形态特征集于一身的器物。（曾稚）

使用复原示意

玉兽面杖首

红山文化
长 10.3 厘米，宽 14.8 厘米，厚 0.4 厘米
1989 年辽宁省朝阳市牛河梁遗址第二地点一号冢 21 号墓出土
辽宁考古博物馆藏

从造型判断，兽面纹饰应是圆雕玉兽头杖首的平面展开。下部凸出的榫部及穿孔，则用于插接杖身。因此，这可能是一件高级权杖的端饰。（曾稚）

方璧

红山文化
外径 12 厘米，内径 4 厘米，厚 0.7 厘米
1989 年辽宁省朝阳市牛河梁遗址第二地点
一号冢 21 号墓出土
辽宁考古博物馆藏

与这件方璧同出的还有另外九件玉璧，或圆或方。其中，方璧一侧多有两三个穿孔，圆璧多为一个穿孔。玉璧自上而下分布于墓主身边，从位置判断，或为缝缀在礼服上的装饰物。（曾稚）

玉钺

仰韶文化
长 22.2 厘米，宽 11.5 厘米
南京博物院藏

玉钺除顶部不做修整、保留制作痕迹外，通体磨制抛光十分精细，刃部圆弧，无锋口，无使用痕迹，上端部有对钻圆孔。仰韶文化出土的鹳鱼石斧图彩陶缸清晰标示了钺的用法。但制作精细的玉钺已失去原有的实用功能，变成身份的象征。（张长东）

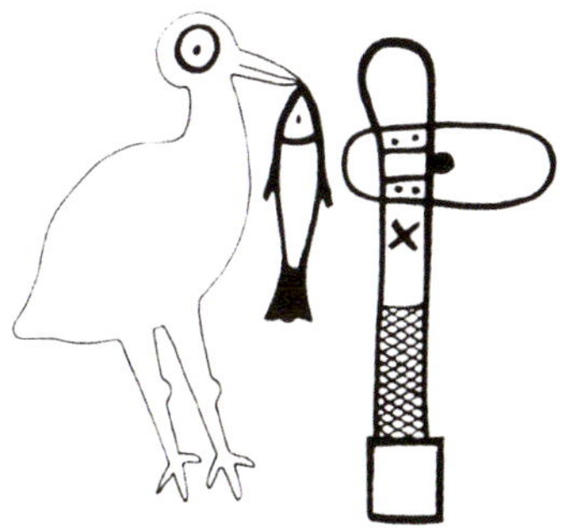

1980 年河南省临汝县阎村出土彩陶缸“鹳鱼石斧图”摹绘

项饰

大汶口文化
璜：长 10.7—15.5 厘米，宽 7.4—7.6 厘米，厚 0.4—0.7 厘米
环：直径 3—6.3 厘米，孔径 0.65—3.05 厘米，厚 0.28—0.5 厘米
蝉形玉饰：孔径 1.5—1.8 厘米，宽 4.6—5 厘米，厚 0.2 厘米，高 4.2 厘米
1989 年江苏省新沂市花厅遗址北区墓地 60 号墓出土
南京博物院藏

由 14 件环、3 件璜、2 件蝉（鸟）形玉饰组成，出土时位于墓主颈项一周。大璜置于胸前，左右由大到小，轴对称式依次环绕环、璜、玉饰等，整体组合错落有致。其中的璜具有长江流域良渚文化玉器的典型风格，大小环以及多边形浅浮雕佩饰具有海岱地区大汶口文化玉器的特色，玉料和制作工艺也表现出大汶口文化的玉器特征。无论从考古学或是艺术学来看，这组玉项饰都堪称史前玉器的杰作。（*左骏*）

玉冠状器

良渚文化中期
上宽 8.3 厘米，下宽 6.85 厘米，厚 0.65 厘米，高 4.22 厘米
1986 年浙江省杭州市余杭区反山墓地 22 号墓出土
浙江省文物考古研究所藏

器物位于墓主头部上方。上部切割成双宝盖头（“介”字冠）结构，中间为有宝盖头结构兽面纹的神人兽面纹，兽面纹两边上侧为鸟形象。鸟形象由鸟首、垂囊、鸟身、鸟尾组成。两面正中位置为神人兽面纹，由宝盖头结构和兽面纹组成，宝盖头下刻菱形结构。重圈眼，其内三等分，眼睑部位刻小尖喙和卷云状螺旋线，嘴下刻椭圆形尖角朝下纹饰，应表示兽面纹的足部。（浙江省文物考古研究所）

组合完整的玉冠状器及象牙梳，周家浜遗址 30 号墓出土（采自《中国出土玉器全集》第 8 卷，第 69 页）

玉锥形器（一组 2 件）

良渚文化中期
1 长 13.87 厘米，直径 0.9 厘米
2 长 18.4 厘米，榫头长 0.8 厘米
1986 年浙江省杭州市余杭区反山墓地 20 号墓出土
浙江省文物考古研究所藏

1

2

玉三叉饰

良渚文化中期
宽 5.96 厘米，厚 1.33 厘米，高 4.27 厘米
1986 年浙江省杭州市余杭区反山墓地 20 号墓出土
浙江省文物考古研究所藏

出土时背面朝上，其中中叉上有一玉长管，两者之间可能存在配伍关系。一面略弧凸，为正面，背面切割为上下两部分凸块，上部分至叉部，下部分仅留有与中叉垂直的长方形凸块，上均有孔。三叉形器多出土于墓主头部，应是礼仪头饰的组成部分。（浙江省文物考古研究所）

璜、玉管串饰

良渚文化中期

璜：宽 6.38 厘米，厚 0.61 厘米，高 4.17 厘米

管：直径 1.1—1.2 厘米，高 2.6—3.1 厘米

1986 年浙江省杭州市余杭区反山墓地 22 号墓出土

浙江省文物考古研究所藏

玉管集中位于墓主头部侧上方，璜位于墓主颈部，当为组合项饰。其中璜的正面微弧凸，背面较为平整。正面以浅浮雕和线刻雕琢神人兽面纹。神人由宝盖头结构、倒梯形脸以及上臂组成，手腕部位省略。神人的脸部为重圈眼，有眼角，蒜头形鼻，嘴部刻出牙齿。兽面纹为重眼，椭圆形眼睑，拱形眼梁，带獠牙的嘴部为刻出。神人的宝盖头结构和脸部，兽面纹的眼部、鼻梁以及嘴部均为浅浮雕。（浙江省文物考古研究所）

璜、玉圆牌饰

良渚文化中期
璜：宽 12.2 厘米，最厚 0.95 厘米，高 7.6 厘米
玉圆牌饰：外径 4.7—5.4 厘米，内径 1.2—1.7 厘米，厚 0.47—0.78 厘米
1986 年浙江省杭州市余杭区反山墓地 22 号墓出土
浙江省文物考古研究所藏

璜正面弧凸，雕琢神人兽面纹，由于受到沁蚀，图案细部不甚清晰，但仍依稀可辨，仅省略神人手腕部位，其余结构大体完整。背面平，上部两侧钻有隧孔，原是缝缀在有机质上。玉圆牌饰一组六件，呈纵向位于胸部，其在小穿孔侧减地雕琢龙首纹，系孔基本朝上，周围有管和珠组成的串饰，与璜存在配伍关系。（浙江省文物考古研究所）

玉圆牌饰出土情况（采自《反山》，彩图 979）

臂环（一组 2 件）

良渚文化中期
直径 7.75—8.1 厘米，高 2.7—3.6 厘米
1986 年浙江省杭州市余杭区反山墓地 22 号墓出土
浙江省文物考古研究所藏

琮

良渚文化中期
上射径 9.3—9.6 厘米，下射径 9.27—9.42 厘米，
孔径 7.1—7.2 厘米，孔内径 6.4 厘米，高 3—3.1 厘米
1986 年浙江省杭州市余杭区反山墓地 20 号墓出土
浙江省文物考古研究所藏

反山墓地 20 号墓的三件玉琮（编号 M20：121、122、123）出土时位于墓主右上肢部位。以四角展开雕琢一节简化的神人兽面纹，弦纹填刻 4—5 条，局部刻斜线。单圈管钻眼，有眼角，其中一面眼角的管钻深度两边不一，说明钻时是歪斜的。（浙江省文物考古研究所）

琮

良渚文化中期
通射径 8.4—8.65 厘米，下射径 8.34—8.57 厘米，
孔外径约 6.2 厘米，孔内径约 5.65 厘米，高 6.8 厘米
1986 年浙江省杭州市余杭区反山墓地 20 号墓出土
浙江省文物考古研究所藏

这件玉琮虽微有沁蚀，但整体仍然透光，光泽感好。以四角展开雕琢一节神人兽面纹，纹饰繁缛细密。神人的弦纹组比兽面的弦纹组稍宽，前者一般填刻八条，后者一般填刻六条，其间再填以螺旋线加小尖喙的纹饰，至转角处均为椭圆形线向两侧展开。神人眼睛为重圈管钻，刻眼角。兽面纹为重圈管钻眼睛，眼睑内填刻纹饰，鼻梁部位刻多重圈椭圆形结构。神人和兽面纹的鼻部均为减地凸块，填刻纹饰一致，鼻翼之间的纹饰为重圈椭圆形结构。（浙江省文物考古研究所）

反山墓地 20 号墓出土玉琮

璧（臂环）

良渚文化早期
外径 11 厘米，孔径 5.3 厘米，厚 0.7 厘米
1977 年江苏省苏州市吴中区张陵山遗址 4 号墓出土
南京博物院藏

璧

良渚文化中期
直径 14.6—14.8 厘米，孔径 4—4.3 厘米，厚 1—1.3 厘米
1986 年浙江省杭州市余杭区反山墓地 20 号墓出土
浙江省文物考古研究所藏

反山墓地 20 号墓发现璧共计 43 件，发掘者依据出土位置自北向南且有叠压关系分析，将其分为四组。该件璧位于北端，部分被陶器叠压。（浙江省文物考古研究所）

玉钺（一组 3 件）

良渚文化中期
1 瑁：厚 1.2 厘米，卯孔深约 1.4 厘米，高 3—3.65 厘米
2 镦：长 7.8 厘米，最宽 2.5 厘米，卯孔深 1.8 厘米，高 3.12 厘米
3 钺：长 16.6 厘米，上端宽约 4.7 厘米，刃部宽约 8.2 厘米，上孔外径 0.9 厘米，内径 0.7 厘米，下孔外径约 1.4 厘米，内径 1.2 厘米，最厚约 0.75 厘米
1986 年浙江省杭州市余杭区反山墓地 20 号墓出土
浙江省文物考古研究所藏

钺出土时大体保持原组合状态，包括钺、瑁、镦。柄为有机质，已经朽烂。柄顶端是瑁，形如舰首，横截面呈扁椭圆形，卯孔以一排九个实心钻掏膛而成。柄底端为镦，横截面呈扁椭圆形，上端呈榫头状，内再掏膛成卯孔，底部端面雕琢橄榄形凸块。钺刃部受限于玉料而缺一角，上钻孔为单面钻，下钻孔为对钻。孔周的细密划痕位于钻孔以下、下钻孔两侧，此类线条结构应有一定寓意。（浙江省文物考古研究所）

花斑石钺

良渚文化中期
长 14 厘米，上端宽 8.5 厘米，刃宽 10.5 厘米，孔径 4—4.4 厘米，厚 0.9 厘米
1986 年浙江省杭州市余杭区反山墓地 20 号墓出土
浙江省文物考古研究所藏

反山墓地 20 号墓共出土同类质地的钺 24 件，与众多玉璧错杂置于墓主腿脚部位。这批器物虽大小不一但形制相同，较厚重，磨制较精细，刃部未开锋。熔结凝灰岩的三氧化二铝（Al_2O_3）含量高，是制作斧钺的高级材料之一，因质地坚硬，抛光后呈现五彩斑斓的晶莹光泽，故称“花斑石”。（浙江省文物考古研究所）

1

人鸟兽玉饰（一组 2 件）

良渚文化早期

1 长 5.08 厘米，宽 2.95 厘米，销孔径 0.19—0.23 厘米，眼孔径 0.18 厘米、0.2 厘米，厚 0.32—0.48 厘米

2 长 2.71 厘米，榫长 0.53 厘米，上宽 0.67 厘米，下宽 0.94 厘米，孔径 0.38 厘米

1991 年江苏省昆山市赵陵山遗址 77 号墓出土

南京博物院藏

原本玉质为湖绿色，经数千年埋藏，已受沁白化。飞鸟驻足于跪姿人像长长的发冠上。鸟的身下，人举起一只四足短尾小兽，正奋力向上攀爬。

鸟，翱翔云端，上下翻飞，先民深信它们是通天的生灵；兽，奔跑原野，下穿三泉，是大地的主人。先民似乎已经将鸟、兽等视为天地的“代言人”，通过这些生灵传递人类对神的敬畏。（左骏）

2

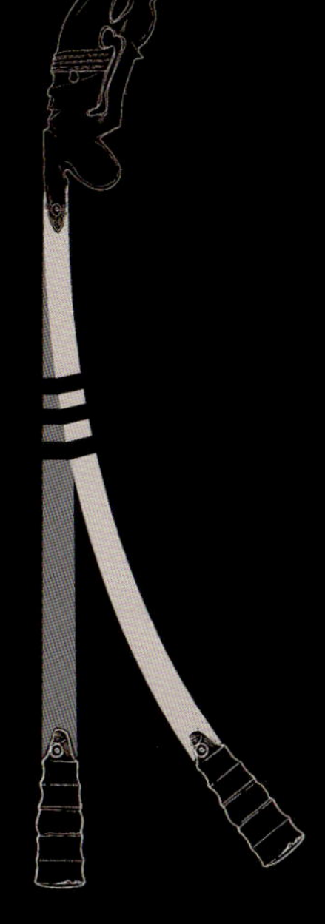

组合推测复原

玉锥形器（一组 2 件）

良渚文化晚期
通长 40.3 厘米，宽 1.2—1.5 厘米，厚 1.1—1.3 厘米
1989 年江苏省新沂市花厅遗址北区墓地 18 号墓出土
南京博物院藏

长期以来，玉锥形器被认为是一类插在权杖顶端的复合型玉器，是先民试图沟通天地的礼器之一。同时，有人认为，自良渚早中期起，锥形器是复合头饰的一种。从良渚早期到晚期，锥形器从圆锥状逐渐演化成方锥状，可能是为了方便在四面转角处刻制良渚文化"图腾"——简化神人兽面。稍晚阶段出现的这类超长锥形器，可与玉套管组合使用。另有研究者提出，这可能是一类搅拌棒，在祭祀时用来搅动漆觚中用于飨神的美酒。（左骏）

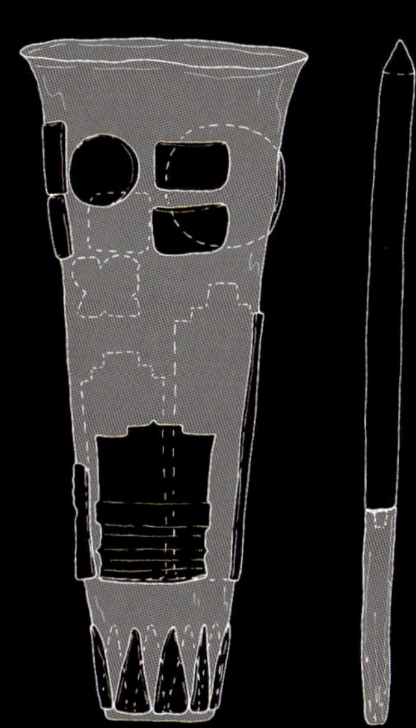

好川遗址镶玉漆觚及锥形器的复原（据方向明）

臂环形琮

良渚文化早期
外径 10 厘米，孔径 8.2 厘米，高 3.4 厘米
1977 年江苏省苏州市吴中区张陵山遗址 4 号墓出土
南京博物院藏

玉质润泽晶莹。中间大圆孔为两面对钻而成，孔壁上留有台阶痕。外壁剔地技法凸出四块两两对称的长方形凸面，凸面上均琢刻阴线兽面纹图案，粗眉，圆眼，横鼻，阔嘴，獠牙外露，线条简朴刚劲，形象生动逼真。从器物的穿孔来看，它应该是一件臂环，可戴于手腕。但从玉料选择、器形以及兽面的刻画来看，研究者普遍认为，它无疑体现了早期琮的形态。（张长东）

人物形象玉端饰及各类玉饰

良渚文化早期
宽 1.2—3 厘米，高 4.6 厘米
1989 年江苏省南京市高淳区朝墩头遗址 12 号墓出土
南京博物院藏

这组小型玉器用湖绿色透闪石琢制而成。除少数几件几何形环、坠，兽面、虫面小玉饰也格外引人注目。玉饰成组出土于墓主的上身，应该是缀缀于头部和上身的装饰品。琢刻先民冠服的玉人像，颇为写实地描绘了 5000 年前的服饰装束。（*左骏*）

半圆形玉牌饰

良渚文化中期
宽 6.5 厘米，厚 0.7—0.9 厘米，高 4 厘米
南京博物院藏

器扁平，底边平齐，上方呈圆弧形，弧缘略薄。正面微弧凸，阴线刻神人兽面纹。背面内凹，钻有四对隧孔，用于缝缀。纹饰线条为手持尖锐石质工具刻画，毛刀较多，呈现出一幅完整的神人兽面图形（神徽）。其双眼和鼻部略凸于器面，神人羽冠、躯干均以双眼及鼻为中线，呈轴对称布局。（张长东）

琮

良渚文化中期
边长 7.3—7.5 厘米，射孔径 7 厘米，高 7.3 厘米
1982 年江苏省常州市寺墩遗址 4 号墓出土
南京博物院藏

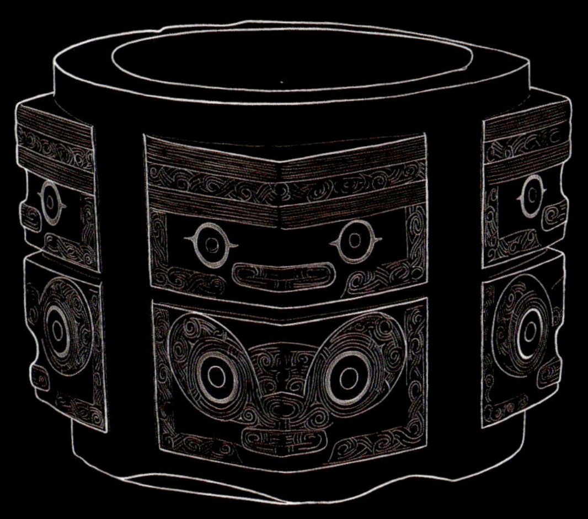

玉整体受沁，乳白色，其间隐现翠绿、赭红斑纹。中间的孔为两面对钻，孔壁微弧，琢磨光滑，两端有矮短口的射。外分四面，每面用竖直槽分为两块，中部用横槽分上下两节，以四角为中线，上节饰象征人面纹四组，下节饰兽面纹四组。兽面纹圆眼，宽鼻阔嘴，雕琢规整，细密繁缛，用浮雕与线刻相结合的手法琢制而成，线刻匀称，细如发丝。此琮是良渚神人兽面纹琮的代表作。（张长东）

刻符璧

良渚文化晚期
直径 24 厘米，孔径 5.1—5.2 厘米，厚 1.3—1.4 厘米
2012 年江苏省兴化市蒋庄遗址 36 号墓出土
南京博物院藏

极少数良渚晚期的大型璧、琮和镯上，会刻有图像符号。它们常以高台状（上或站立一鸟）、飞鸟、山峦及杆状等形态出现，璧的侧边刻云状纹。研究者认为，它们可能是文字的雏形，也可能与良渚先民的信仰有关。自 20 世纪法国吉斯拉收藏的一件良渚晚期玉琮上发现刻符以来，随着对馆藏文物研究的深入，人们陆续发现不少刻符玉器的传世品，尤以故宫博物院、台北故宫博物院以及美国弗利尔美术馆的收藏最为著名。经考古发掘出土自良渚文化遗迹且刻符清晰的玉器较少。江苏省昆山市少卿山一座良渚晚期灰坑中曾发现两件刻符残璧。蒋庄这件刻符璧应该是迄今最完整、刻符最清晰的考古出土品，对研究史前文化交流、文明早期国家社会形态、信仰与祭祀有着重要意义。（*左骏*）

刻符摹本

刻符复式节（十五节）琮

良渚文化晚期
射径 6.8 厘米，高 38.2 厘米
首都博物馆藏

琮外方内圆，两端对钻孔。器身共十五节，每节两凸一凹，与相邻的面组成一兽面，每个平面都琢有圈形眼。上射口的中间近琮口处有纤细单阴线刻出的符号：鸟立于高柱之上，柱子上宽下窄，柱下三个圆圈，圆圈下有一长方形高台，台有三层。琮的另外一侧也有一个刻画符号，一部分已经模糊，似填刻线束纹的兽形。（闫娟）

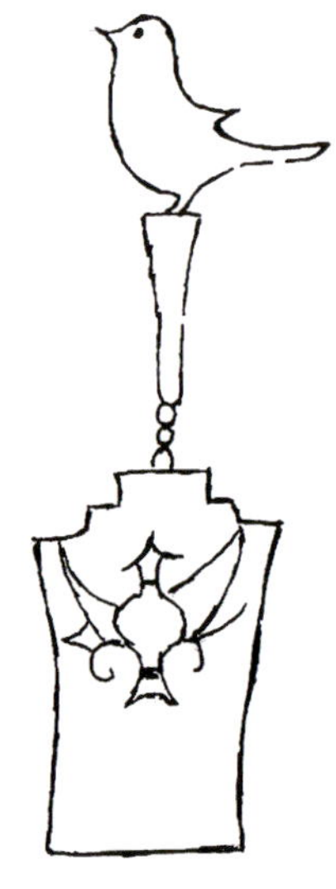

刻符摹本

刻符复式节（十节）琮

良渚文化晚期
上端长 6.94 厘米，下端长 6.3 厘米，上孔径 5.55 厘米，下孔径 5.14 厘米，高 22.2 厘米
2001 年四川省成都市金沙遗址祭祀活动区出土
成都金沙遗址博物馆藏

整器内外打磨抛光，玉质平滑光润，分为十节，每节雕刻有简化人面纹。由阴刻细密平行线纹的长方形横棱表示羽冠，用管钻琢出一大一小两个圆圈，分别表示眼睛和眼珠。长方形的短横档上有形似卷云纹的几何形图案，表示鼻子，其上射部阴刻一人形符号。

从形制、纹饰、琢刻工艺上看，此玉琮是典型的良渚文化晚期玉琮，与江苏寺墩 3 号墓、草鞋山 198 号墓和上海福泉山 40 号墓的年代相近。从玉质上看，这件玉琮与金沙遗址出土其他玉器的玉质有显著差别，可以认定并非本地制作的产品。器表有较多不规则划痕，人面纹的羽冠阴线多已不存，可能是长期流传、盘玩的结果。（邛阳乐渝）

刻符摹本

璧（环）

齐家文化
直径 11 厘米，孔径 5.2 厘米，厚 0.5 厘米
南京博物院藏

玉色自然多变，近边缘及表面有石皮，并被沁为黄褐色。单面钻孔，孔径较大，孔壁倾斜并留有螺旋痕。璧边缘经锯割后修整磨成，不甚规整。通体磨光，一面留有直线切割痕。（张长东）

琮

齐家文化
口径 7.5 厘米，底径 7.2 厘米，高 15.8 厘米
南京博物院藏

此琮射口较长，制作规范。射部的平面呈有四个短直边的圆环形，是切去四个角形成的。光素无纹，玉质较好，琢磨精细，光滑的切割面和薄而直的切割断茬台面体现了齐家文化玉器玉材上乘、器形美观、制作精致、大气凝重的特色。

此琮原为北平古物陈列所收藏的清宫文物，沁色部分应是清宫收藏时染色，清人并为之加铜胆，作为瓶类器使用。1933 年国立中央博物院筹备处（南京博物院前身）接收内政部所属古物陈列所文物作为基本藏品时入藏。（张长东）

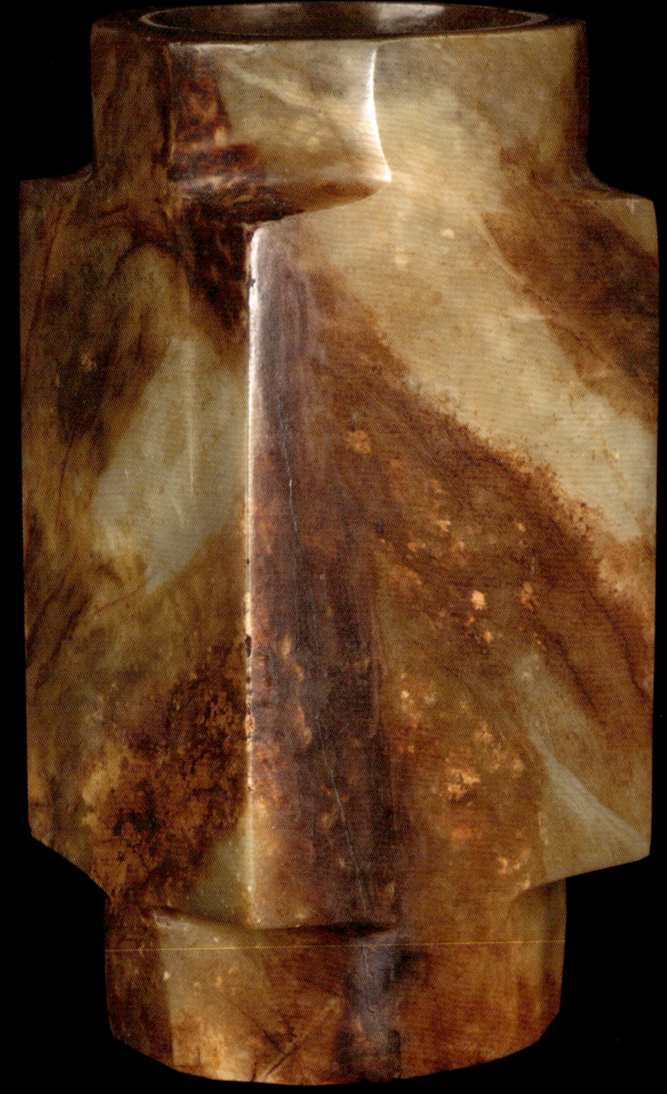

璧

齐家文化
外径 24.9 厘米，内径 5.8 厘米，厚 0.5—1.5 厘米
吴大澂旧藏
上海博物馆藏

黄绿色玉质，表面斑杂。此器素面无纹，呈不规则圆形，器面厚薄不均，可见一条由片切割错位所致的切割痕，中央有一单面穿孔。玉璧上有泥金书“宏璧，镇圭尺十二寸”，当为撰有《古玉图考》的清代金石学家吴大澂所写。（郑旿雨）

玉凤（一组2件）

肖家屋脊文化

1 长9.1厘米，宽5.1厘米

2 长11.6厘米，宽6.2厘米

1991年湖南省澧县孙家岗遗址14号墓西端出土

湖南省文物考古研究院藏

整体呈片状。透雕镂空与圆雕结合，表现出昂首矗立及展翅翻飞的凤鸟侧像。凤鸟均顶戴羽冠，曲颈长喙，展翅卷尾。矗立之凤除了两面镂空，还有细刻纹辅助装饰。翻飞凤鸟则以类似“墨线”的辅助来表现结构细部。（赵亚锋）

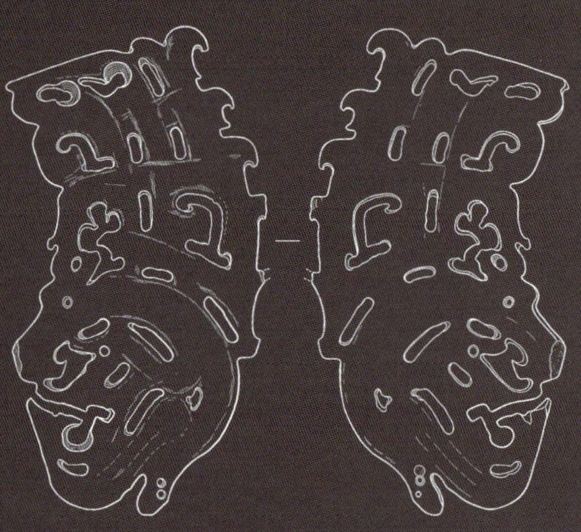

1

2

神面玉端饰

肖家屋脊文化
残宽 7.9 厘米，厚 0.3 厘米，高 4.7 厘米
2016—2018 年湖南省澧县孙家岗遗址 149 号墓出土
湖南省文物考古研究院藏

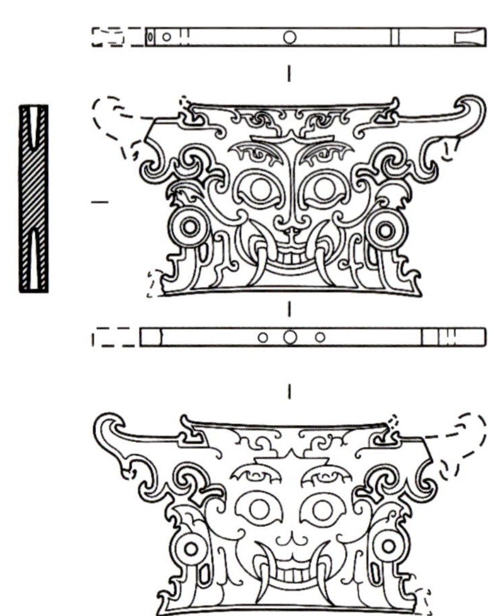

玉端饰为片状，运用平面双阴线起阳、剔地法，表现出神面形象：眉眼耳鼻口五官皆备，嘴部突出表现上下两对獠牙，狰狞而神秘。两面纹样完全一致，并可对应，区别在于一面为减地阳纹，显得立体厚重，另一面为阴刻，简洁凝练。人面两侧耳下有穿孔耳环，顶上有冠，冠檐长伸飞卷，但一侧冠檐有残缺，残断处重新打磨并斜向钻孔。玉端饰顶、底两面皆平，顶面正中有钻孔，底面见三个钻孔，表明上下原本复合有其他构件。（赵亚锋）

玉神面

肖家屋脊文化
宽 7.4 厘米，高 13.2 厘米
首都博物馆藏

白玉质，片状透雕，器身镂空，可见多处类似打稿的条状碾痕，从设计造型看颇为抽象。以下部旋涡状镂空的“旋目”为原点，其一侧伸出“介”字冠的侧角，而旋目以上则是向上翻卷的羽状高冠，器物整体呈现的是半侧面的束高冠旋目神面。类似的完整神面可参见台北故宫博物院收藏的一件龙山文化玉铲，透露出不同地域文化的交流与传承。（闫娟）

清宫旧藏御题诗鹰纹玉铲（平首圭）局部线图（采自《台北故宫博物院藏新石器时代玉器图录》，图 118）

玉鹰攫神面

肖家屋脊文化
宽 4.46 厘米，厚 0.25—0.42 厘米，高 4.46 厘米
2015 年湖北省天门市石家河谭家岭遗址 9 号瓮棺出土
天门市博物馆藏

全器沁为黄白色，局部红褐色。两面纹饰相同，主要使用极具肖家屋脊文化特色的减地浅浮雕技法琢刻，打磨、抛光俱佳。两只鹰相对立于兽首之上，弯喙夸张且相连，双翅前伸饰有羽纹。鹰尾有一俯冲状小兽，兽首中部厚，上下收薄。兽首顶部凸出为飞翼，琢有一对重圈眼，左、右各一眼角下垂外凸，底部中间凹进。（夏勇）

玉神面

肖家屋脊文化
厚 0.6 厘米，高 6.5 厘米
2005 年山西省曲沃县羊舌墓地 1 号墓出土
山西省考古研究院藏

浅绿色，一面为浅浮雕神人造型，中部最厚，向四周渐薄。两面刻纹，底部钻一未透孔，或为卯孔。正面为浅浮雕及阴线刻。顶部为两层飞翼形冠帽，以浅浮雕勾勒外部阳线，面部整体减地以表现五官。眼梁部位有两个上翘的叶形凸起，双眼当为管钻形成。嘴部獠牙上下外撇。脸颊两侧各有一个钻孔，表示耳珰。另一面阴线刻，冠帽上可见五根短直阴线；眼部重圈，鼻部明显，左右脸颊上刻倒钩形纹。两面的制作时间或许并不相同。（夏勇）

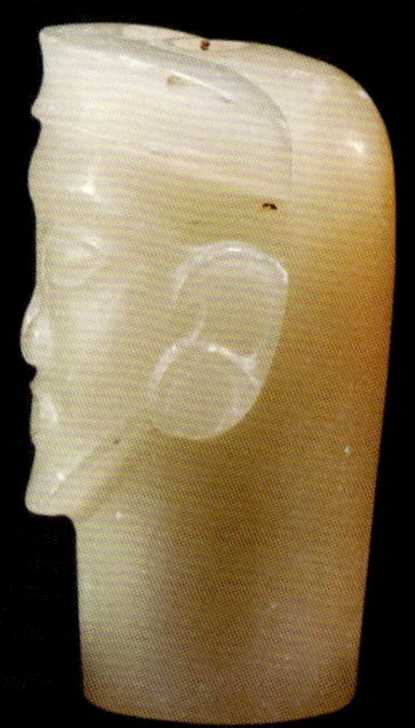

玉人首

肖家屋脊文化
最大径 1.8 厘米，高 2.97 厘米
2015 年湖北省天门市石家河谭家岭遗址 8 号瓮棺出土
天门市博物馆藏

肖家屋脊文化中常见两类拟人形制的玉器，一类样貌狰狞，一类面容和善，呈人首形，圆雕和平面（侧视）均有，有单独成器的，也有与各类动物造型组合的。目前普遍认为，狰狞獠牙的一类象征自然界的神灵，或可称为“神面”，人首形的一类象征人类祖先，或可称为“祖面”，两者都是先民祭祀和崇拜的对象。（左骏）

玉鹰攫人首

肖家屋脊文化
宽 5.4 厘米，厚 0.9 厘米，高 9.1 厘米
故宫博物院藏

玉料呈黄色，局部有褐色斑。玉佩呈片状，边缘略薄，两面镂雕图案一致，纹饰线条为减地阳纹。上部为一只鹰，鹰头侧转，钩喙，昂首展翅，两侧肩上为镂空卷纹，双爪下垂各抓一人首。下部的双人首为侧面像，戴船形冠，浓眉，杏核眼，厚唇，大耳，披发后垂。双人首之间有长方形饰相连。

此玉佩原归于清宫旧藏“一统车书”玉玩套装内。鹰可能表现的是远古时期的氏族图腾和神灵崇拜，人首可能表现的是通灵神人像或祖先崇拜。鹰人组合表现了一种早期的神像模式，赋予此玉佩特殊的含义。（刘梦媛）

鹰首玉端饰

肖家屋脊文化
长 15.8 厘米，最大径 1.9 厘米
2016—2018 年湖南省澧县孙家岗遗址 136 号墓出土
湖南省文物考古研究院藏

圆柱状，近三分之二上端圆雕敛翅蹲立的鹰，鹰首顶部横向起脊，面部有三角形纵向前凸的喙；背面肩部、正面腹部皆有横向凸起，背面及两侧以减地起阳形成的四道平行棱脊纹斜向交错来表现鹰翅。腹下有正面向背面单向钻孔，未穿透。钻孔之下见一周凸棱，下锥状榫头原插于长杆之上。（赵亚锋）

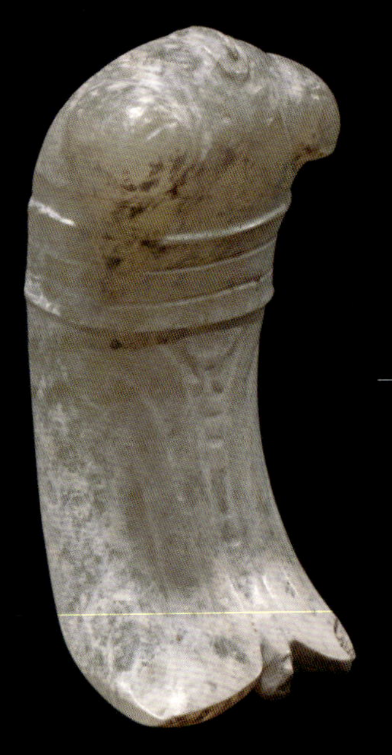

玉蝉

肖家屋脊文化
长 4.8 厘米，头端宽 2.4 厘米，中宽 2.1 厘米，尾宽 2.4 厘米，厚 0.8 厘米
2015 年湖北省天门市石家河谭家岭遗址 9 号瓮棺出土
天门市博物馆藏

玉蛙

肖家屋脊文化

长 4.5 厘米，宽 3.2 厘米，厚 0.5 厘米

2016—2018 年湖南省澧县孙家岗遗址 71 号墓出土

湖南省文物考古研究院藏

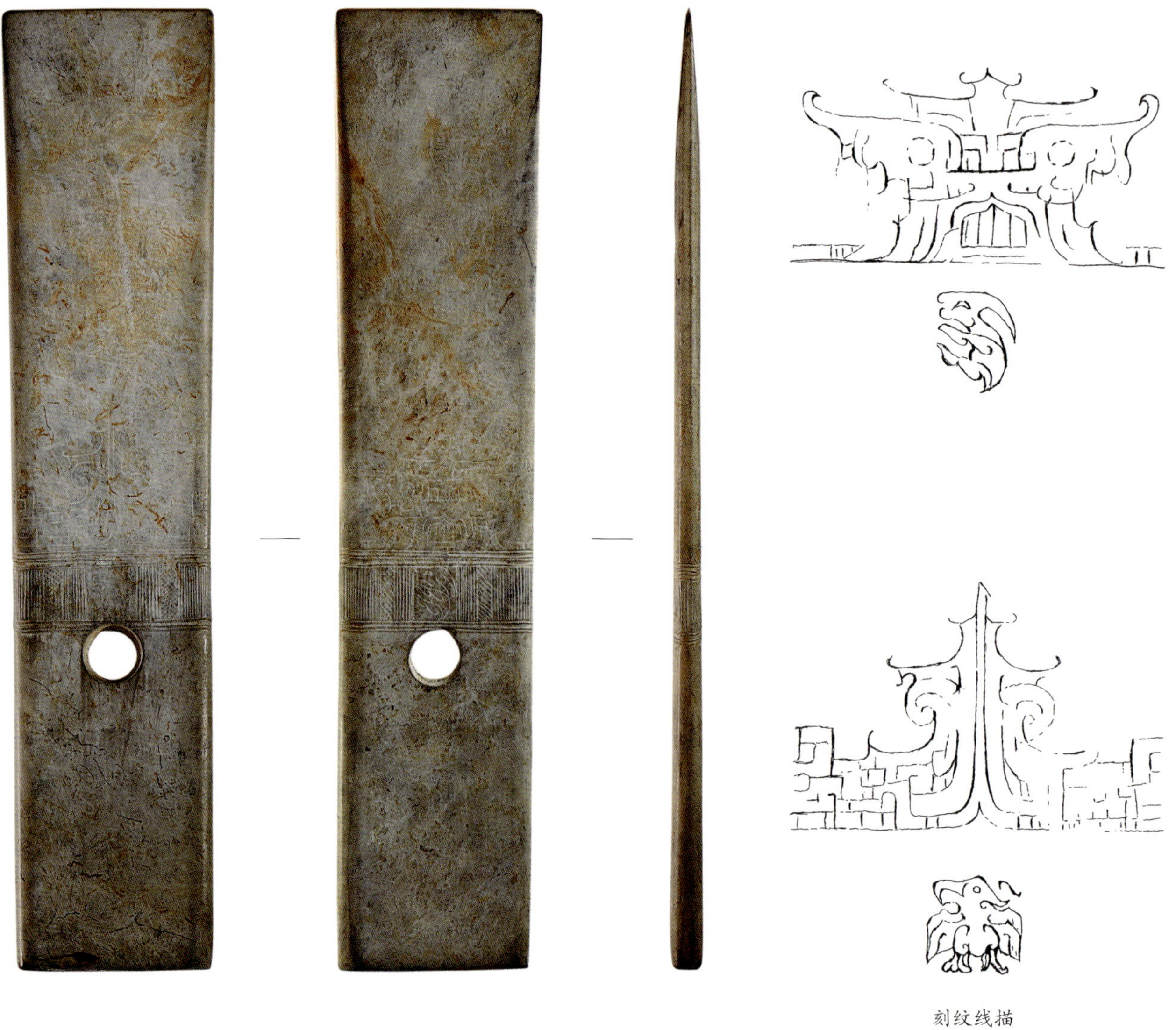

刻纹线描

神祖面纹玉铲（平首圭）

龙山文化
长 21 厘米，宽 4.9 厘米，孔径 1.2 厘米，厚 0.7 厘米
1976 年江苏省溧阳市埭头山前村开河出土
溧阳市博物馆藏

与山东日照两城镇遗址的玉铲相近，刃端较另一端略宽，且斜刃中锋，形体线条有气势并富有张力。以偏中下部的圆穿孔为基点，向刃端方向两侧均刻有纹饰，布局相同，均为轴对称，内容相异。一面为尚可辨识的神面，头戴“介”字冠，圆眼和獠牙清晰，下部以肖家屋脊文化常见的弦纹（瓦楞纹）作为隔断，穿孔以上的两组弦纹左右再饰两组直棱，亦为轴对称布局，两组直棱间填网格纹，中部空白处阴线填刻侧面带角兽。另一面神面较抽象，除冲天状“介”字冠及旋目可辨识外，其他以勾连或断续的阴线刻画。下部轴对称的正中填刻展翅侧首的鹰。器物经 3000 多年沁蚀，其用料、器形及神祖面的刻纹接近山东龙山文化，但从弦纹的装饰来看，更接近肖家屋脊文化的装饰风格。（董珊珊）

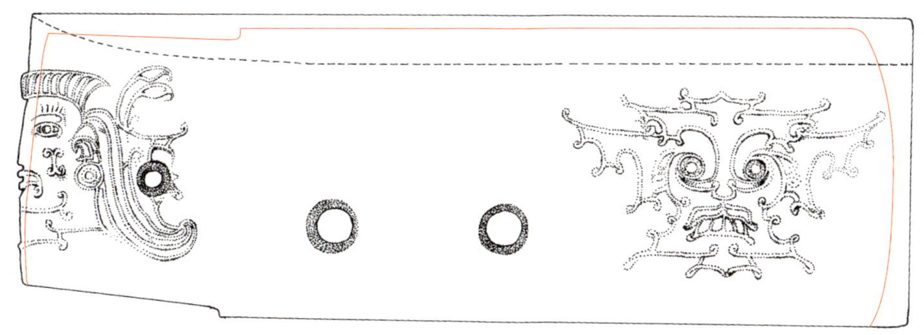

复原线图（采自《远古的通神密码——“介”字形冠》，图一六 -33）

玉刀拓片（采自《上海博物馆展》）

神祖面纹玉刀

龙山文化
长 23 厘米，宽 7.7 厘米，厚 0.8 厘米
上海博物馆藏

玉刀刃部微弧，柄部稍窄，横向有三个打破纹样的圆形对穿孔，双面均以剔地浅浮雕技法琢神人面纹。刃部神人头戴“介”字冠，双目浑圆，宽嘴露齿，类似纹饰可见于山东日照两城镇遗址采集的龙山文化玉圭。柄部两侧各琢一神人，头顶竖发，两侧头发卷垂而下，细眉杏眼，耳部戴环。玉刀属礼兵器，多无实用痕迹，刀、璋、钺等玉质礼兵器的增加标志着军权地位的稳步提升。（郑昕雨）

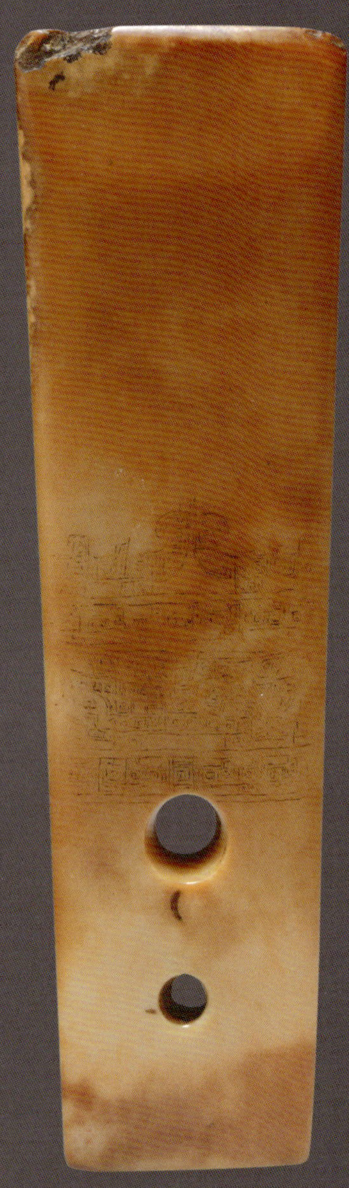

兽面纹圭（平首圭）

龙山文化
长 20.8 厘米，宽 6 厘米，厚 1 厘米
故宫博物院藏

玉器表面呈牙黄色，部分地方呈深褐色及因表面伤缺染的黑色。经检测，此玉是真正的闪石玉。

玉圭在穿孔上方刻有轻浅的纹饰，正反两面纹饰略有不同。上方为抽象人面纹，以所戴介字冠指代人像。下半部分为兽面纹，以方折的回纹为基础纹饰带，围绕出兽的双目，整体组成神人兽面纹，神似良渚文化玉器上的神徽。器物造型与山东日照两城镇出土玉圭十分相似，只是纹饰更为古朴，显然受良渚文化影响。

山东龙山文化玉器的器形非常丰富，圭、璋、牙璧等特殊的礼制用玉都是前期少见的，传世的几件玉圭上大多刻有鹰鸟纹和戴“介”字冠的神人兽面纹，可能表现了族群的共同信仰。这些刻有纹饰的平首玉圭也是等级较高的玉器。（徐琳）

清宫旧藏御题诗神祖面纹玉铲（平首圭）局部，台北故宫博物院藏［采自《故宫玉器精选全集（第一卷）玉之灵·I》，第 445 页］

纹饰线图（采自《远古的通神密码——“介”字形冠》，图一六 -32）

神祖面纹玉钺

龙山文化
最宽处 13.1 厘米，厚 0.4 厘米，高 20.7 厘米
1964 年山西省黎城县后庄村出土
山西博物院藏

刻绘神祖面纹，共两组不同的面纹。其中一组的头部颇为具象，描绘了眼、鼻、口、下巴与脸庞的轮廓，戴船形帽、圆耳环，披长发，颈部以下还有简化的身躯。另一组目前只能辨析出整体双层的台状轮廓，其含义尚不知晓。（崔跃忠）

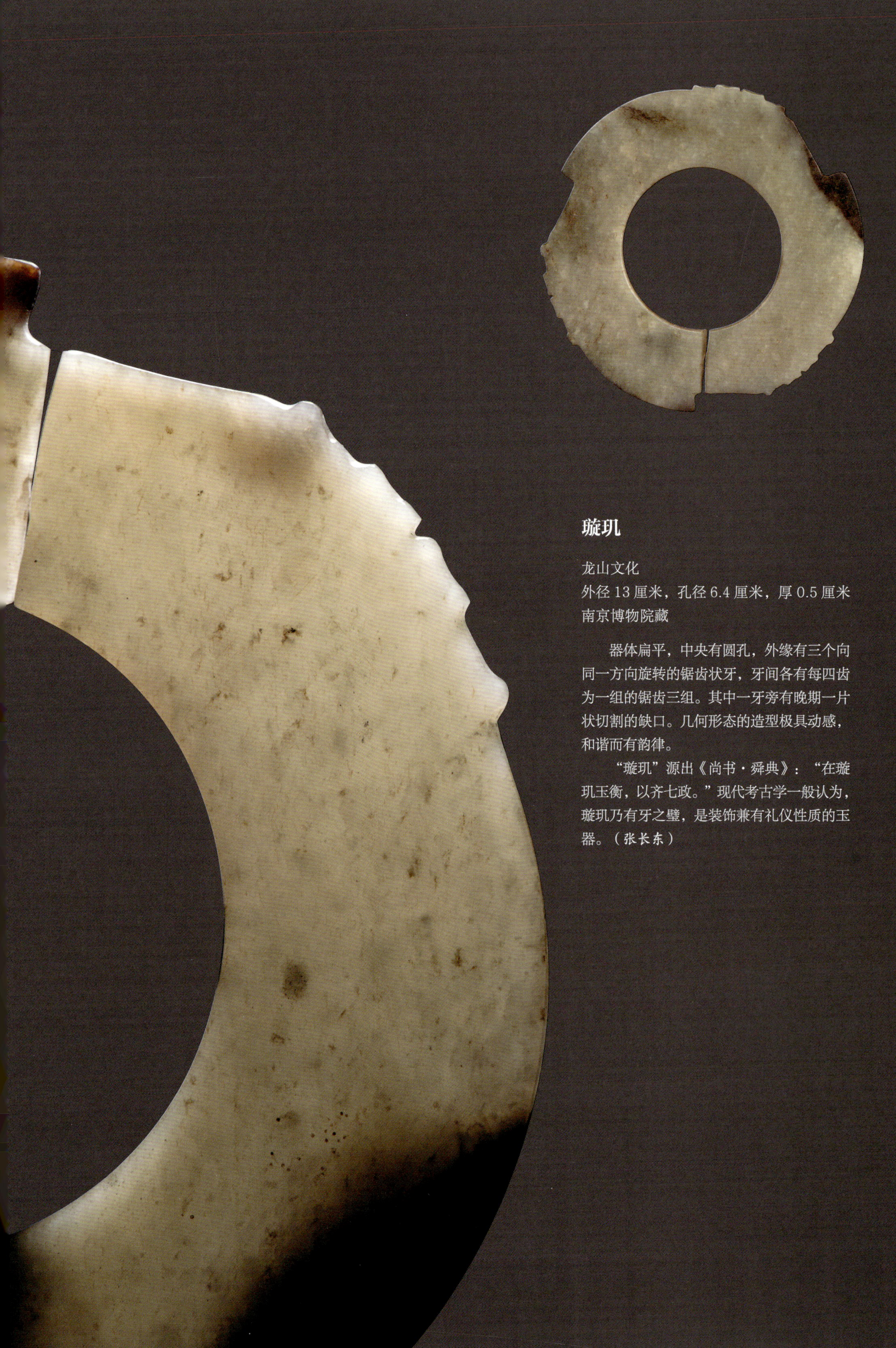

璇玑

龙山文化
外径 13 厘米，孔径 6.4 厘米，厚 0.5 厘米
南京博物院藏

器体扁平，中央有圆孔，外缘有三个向同一方向旋转的锯齿状牙，牙间各有每四齿为一组的锯齿三组。其中一牙旁有晚期一片状切割的缺口。几何形态的造型极具动感，和谐而有韵律。

“璇玑”源出《尚书·舜典》：“在璇玑玉衡，以齐七政。”现代考古学一般认为，璇玑乃有牙之璧，是装饰兼有礼仪性质的玉器。（张长东）

琮

广富林文化
宽 8.8—9 厘米，孔径 5.8—6 厘米，高 6.5 厘米
2010 年上海市松江区广富林 1569 号灰坑出土
上海博物馆藏

材质为云母类矿物，形制不甚规整。琮体外壁略弧，射略凸起，中孔为管钻对穿制成，整体经过打磨。器表以转角为中心分割为四组纹饰，每组纹饰之间用两道纵向阴刻线构成的竖槽分割。纹饰外转角饰六道横向阴刻线，刻纹较深，在两道阴刻线间略打磨下凹，形成间隔对称的三道凹陷。

良渚文化之后，玉琮依然在很多地区被使用，但其制作方法和文化内涵发生了重大改变。广富林遗址已发现属于广富林文化的多件玉石琮，从器物选材、制作工艺到纹饰特点等方面都与良渚文化玉琮存在明显区别。（*黄翔*）

牙璋

石峁文化
长 30.6 厘米，宽 9.3 厘米，厚 0.4 厘米
1976 年陕西省神木市石峁遗址征集
陕西历史博物馆藏

牙璋的文献记载见于《周礼》。清末吴大澂《古玉图考》首先将这种形制的玉器定名为牙璋。自龙山时期出现之后，牙璋盛行开来。如钺一样，它最初为用于斩杀的兵器，逐渐演化为带有军事性质的祭祀礼仪用玉，以示王权威严。其流行时间长、分布范围广，与华夏文明的传播紧密相连。

牙璋的起源地尚有争议，但石峁毋庸置疑是牙璋出土最集中的考古遗址，牙璋是石峁文化的典型玉器。20 世纪 70 年代，陕西省考古研究所戴应新先生在神木石峁一带征集到玉器上百件，其中便有牙璋近 30 件。（左骏）

牙璋

石峁文化
长 21 厘米，宽 8 厘米
上海博物馆藏

墨玉质，刃稍内弧，器身两侧内凹，长方形柄，近柄处中央钻有一单面穿孔，身、柄略等宽，或经改制。身、柄之间阑部两侧略错位，呈台基状，各出一似鸡冠状宽牙，其上方分布大小列齿，有学者认为此类阑部齿牙组合表现了横卧的龙形象。

陕西神木石峁遗址曾出土数十件龙山文化墨玉牙璋，此器玉质、形制及工艺风格与其相近，当为龙山文化遗存。墨色的玉在先秦文献中载为“玄玉”，中原与西部地区曾以玄玉为贵。（郑昕雨）

多孔玉刀

石峁文化
长 31.2 厘米，宽 7.2 厘米，厚 0.5 厘米
1976 年陕西省神木市石峁遗址征集
陕西历史博物馆藏

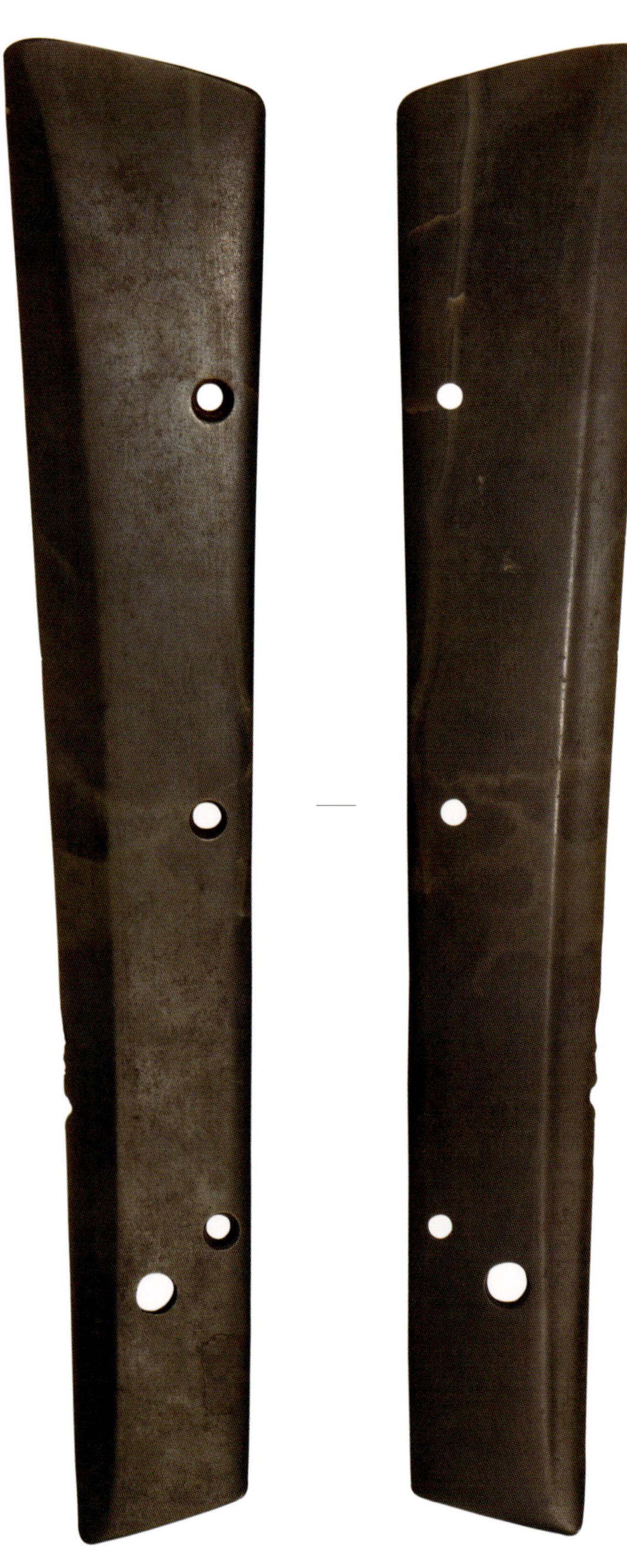

多孔玉刀

石峁文化
长 31.2 厘米，宽 5.5 厘米，孔径 0.5—0.9 厘米，厚 0.3 厘米
南京博物院藏

玉质墨绿色，细腻莹润，打磨光滑，略呈梯形。背部平直，双面刃，刃呈内弧状，线条优美，一端有磕缺痕。背部等距钻三孔，一端中部钻一孔，单面钻，一面孔缘有崩口。多孔横向大型玉刀是石峁文化的一类特色玉器。（左骏）

皇城台遗址照壁墙体内的玉铲

石峁遗址外城东门出土的玉钺

石峁石刻与石墙内出土玉器

石峁文化
2015 年陕西省神木市石峁遗址出土
陕西省考古研究院藏

石雕基本发现于石峁遗址皇城台大台基墙体上，数量丰富，造型精美，类型多样。石雕为砂岩质，纹样内容可分为动物、神兽、人（神）首、符号等，雕刻技法分为浮雕、阴刻、圆雕等。平面形石雕应与石峁遗址中已经发现的“藏玉于墙”等现象具有相同的精神内涵，体现了石峁先民对皇城台大台基的精神寄托。研究者认为，石峁皇城台大台基石雕与中国东北地区的石雕传统密切相关，纹饰内容与江汉平原的肖家屋脊文化玉器联系紧密，后续更影响到二里头文化、商周青铜礼器的艺术构思和纹饰风格。（刘思哲）

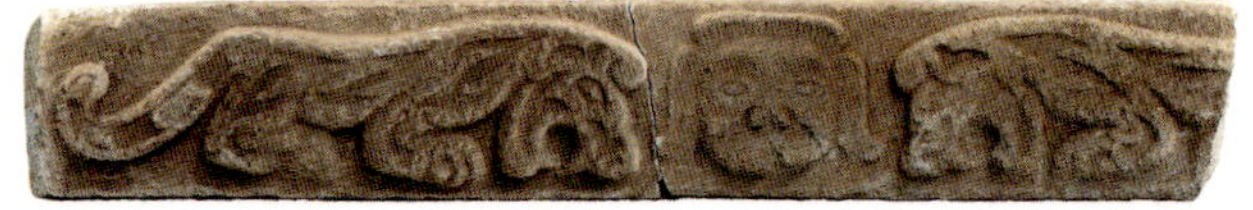

皇城台大台基石雕（采自《陕西神木市石峁遗址皇城台大台基遗迹》，图一六、二六）

反山墓地 12 号墓出土大玉琮刻画神徽

二里头遗址出土镶嵌绿松石龙局部

玉成中國

第二章

Chapter 2 Jade in the Formation of China

在历史的洪流中，用玉加速了中华文明融合、聚变直至统一的进程。玉礼器成为“最早的中国”形成过程中，不可或缺的政治信物。

夏文明崛起时，玉礼器是早期中国文明的重要标志之一。商与西周，玉礼制一脉相承，奠定了华夏礼仪的基石。东周至秦汉，个体的理性思维开始觉醒，玉器，逐步塑造、构建中华民族独特的气质涵养与精神品格。

Throughout the history, usage of jade accelerated the process of the merging, fusion, and unification of Chinese civilization. Jade ritual vessels become indispensable political tokens in the formation of “the earliest China”.

During the rise of the Xia civilization, jade ritual vessels were one of the major symbols. From the Shang dynasty to the Western Zhou dynasty, the jade ritual system had been inherited in succession, which laid the cornerstone of Chinese ritual and moral systems. From the Eastern Zhou dynasty to Qin and Han dynasties, individual rational thinking began to awaken and jade gradually shaped and constructed the unique temperament and spiritual character of the Chinese nation.

第一单元　呈礼

夏、商、周三代，华夏族群从部落走向王国。文明聚合，国家形成。玉器，则缓步走下神坛，化身为国家王权政治、社会规范的标尺。

西周建立之初，周人制定了一系列礼乐制度以治理国家。玉礼器成为“周礼”重要的载体之一，也是维持这一制度的重要工具。

Unit 1　Jade as Ritualistic Implements

In the Xia, Shang, and Zhou dynasties, different Huaxia tribes integrated into a kingdom. Jade ware was demystified and became the scale of kingship politics and social norms.

At the beginning of the Western Zhou dynasty, the Zhou people formulated a series of ritual and music system to govern the country and jade ritual vessels became one of the major carriers of the rites of Zhou and the major tools to maintain such system.

牙璋

二里头文化
长 48.5 厘米，宽 8 厘米，厚 0.5 厘米
1975 年河南省洛阳市偃师县二里头遗址七区 7 号墓出土
洛阳博物馆藏

牙璋之名为清末吴大澂在《古玉图考》中率先提出，后来学界虽有争议，此名称却至今沿用。

二里头遗址迄今共发现四件牙璋，以这件形制最为复杂、制作工艺水平最高。其扉牙部分横置呈龙形侧身状。有学者认为，牙璋是夏部族乃至夏王朝使用的一种特殊玉器，是二里头时代国家政治制度的物质象征。自黄河流域至长江流域，甚至珠江流域和中南半岛地区都曾发现牙璋的踪迹，这样的现象呈现出华夏文明的巨大影响力。（芮星）

牙璋（顶部被改制）

石峁文化—二里头文化
长 29.3 厘米，宽 6.8 厘米，厚 0.8 厘米
1956 年江苏省扬州市江都区邵伯湖里运河工地出土
南京博物院藏

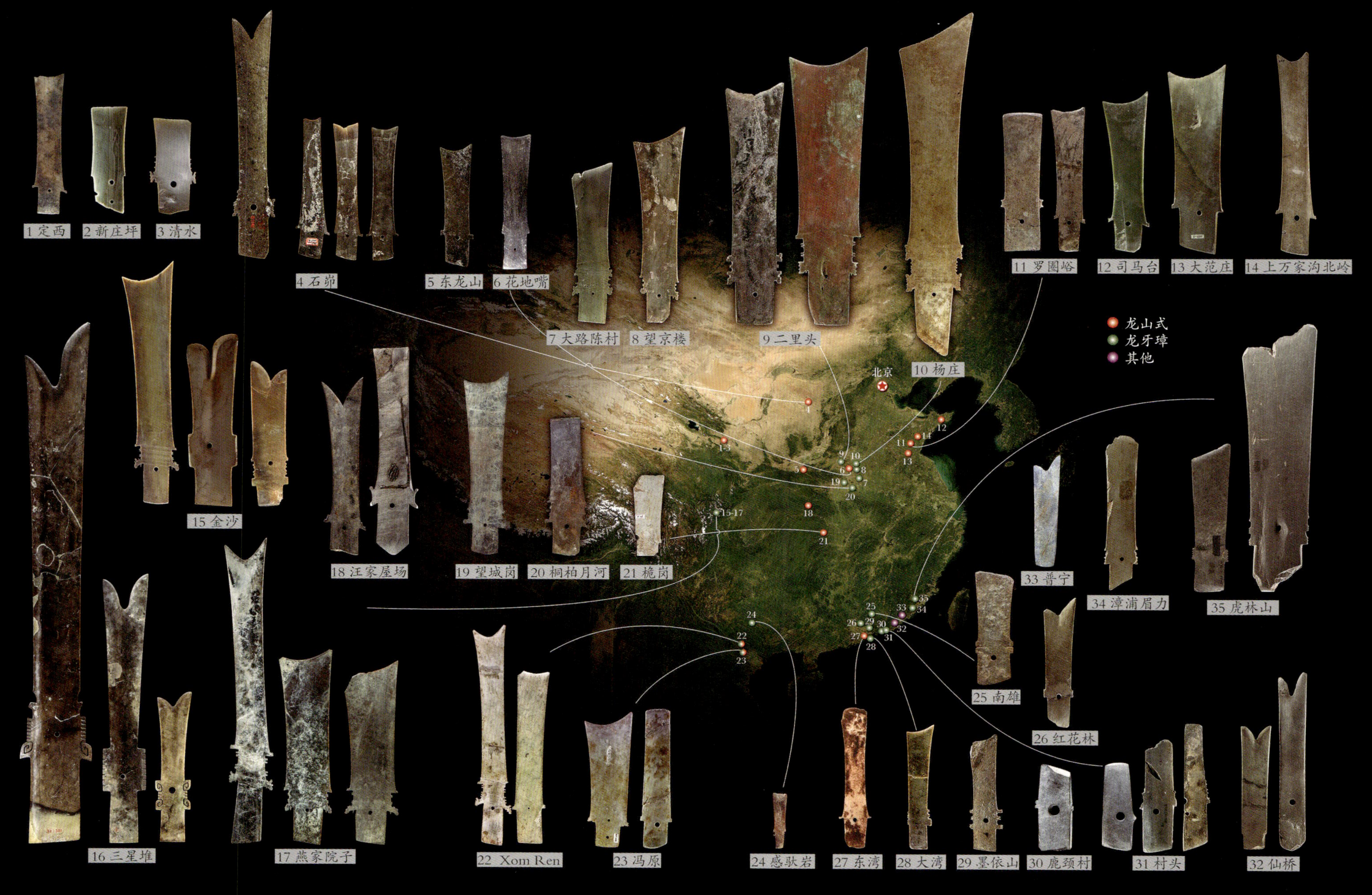

东亚牙璋分布（距今 4500—3000 年）（据邓聪）

璧戚

二里头文化—商
通长 18.9 厘米，最宽 16.2 厘米，厚 0.9 厘米
1990 年河南省三门峡市虢国墓地 2009 号墓（虢仲墓）出土
三门峡市虢国博物馆藏

豆青色，局部受沁呈黄褐色，有少量黄白色斑纹和斑点。玉质细腻，半透明。由史前华西大璧改制，中部穿孔近圆形，双面刃；两侧轴对称凸出扉牙具有典型的二里头文化特色。璧戚是二里头文化时期出现的一类玉礼器，学者们认为其代表了国家军事权力。（**蒋培培**）

镶绿松石铜牌饰

二里头文化
长 16.5 厘米，宽 11 厘米
1984 年河南省洛阳市偃师县二里头遗址六区 11 号墓出土
二里头夏都遗址博物馆藏

器身以青铜铸出主体框架，四角钝圆，略呈亚腰形，两侧各有对称环钮。其上以数百片绿松石拼合镶嵌出兽面纹，做工精巧，丝丝入扣，虽历经三四千年却无一松动脱落。出土时置于墓主人腹部位置，两侧对称的穿孔钮可穿缀系于主人胸前或手臂。此牌饰应为沟通天、地、神、人等的重要载体。（二里头夏都遗址博物馆）

玉戈

商中期（二里岗时期）
长94厘米，援长71厘米，援宽13.5厘米，内宽11厘米，厚0.5厘米
1974年湖北省武汉市盘龙城遗址李家嘴3号墓出土
湖北省博物馆藏

玉戈是商周时期代表身份等级的重要礼器。该玉戈单体体量大，玉质灰黄色，有杂斑。长方形内，有阑，阑前保留方形菱格纹装饰。长援上扬，前锋锐尖，内上有绑缚使用的痕迹，前段有一单向钻孔。

盘龙城是出土商代早中期玉戈最多的遗址。其中仅李家嘴这一地点的五座墓葬便出土了11件大型玉戈单体。盘龙城遗址出土玉戈的墓葬一般面积较大、规格较高，且有青铜礼器和其他玉礼器与玉戈同出，这些出土文物标志着商代中期高级贵族的身份。（*左骏*）

玉戈

牙璋商中期改制
长56厘米，援长39.3厘米，厚0.5厘米
1993年山西省曲沃县北赵晋侯墓地63号墓出土
山西省考古研究院藏

青绿色，内部三穿，杂有较大黑点。一面起脊，另面无脊，两侧阑部各有四齿，结合玉料、另面无脊等情况判断，当为牙璋改制。内部有一道纵向片切割痕迹，两穿孔为后钻。戈内端商代晚期加刻“邑凡伯弓”四字。（*夏勇*）

玉戈内部刻铭

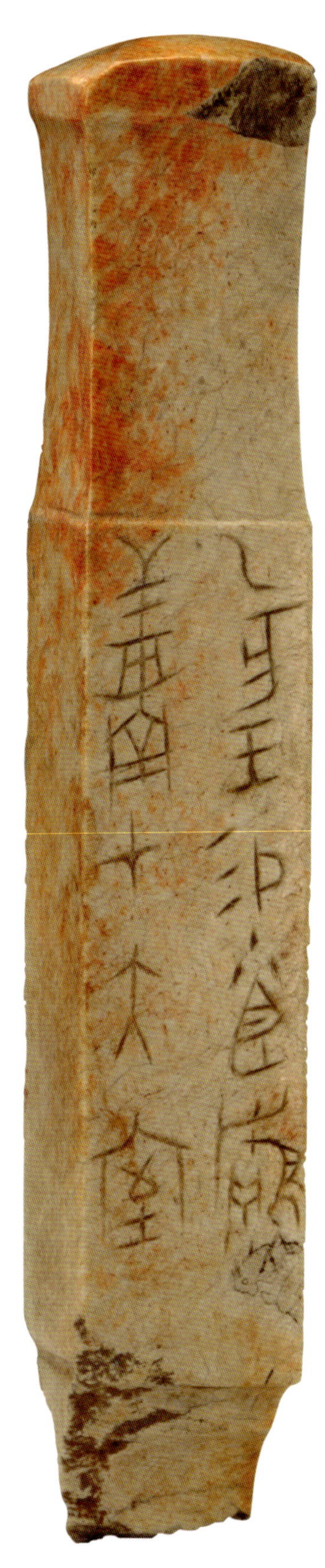

刻铭玉柄形器（瓒柄）

商晚期（殷墟时期）
宽 1.2 厘米，高 6.5 厘米
天津博物馆藏

铭文：乙亥，王赐小臣 瓒，才（在）大室。

瓒是祭祀（鬯酒礼）时搅动觚中温酒、使之散发酒香的工具。该器表一面阴刻铭文两行 11 字。小臣是商王的近臣，“瓒”就是该玉柄形器，大室即宗庙中央的主室。铭文大意为：乙亥日，商王在大室将瓒赏赐给近臣。铭文清晰，内容完整，具有重要的研究价值。（徐春苓）

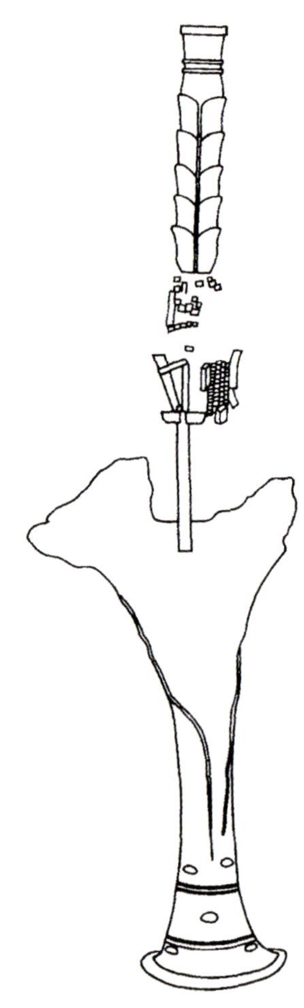

瓒（柄形器）在鬯酒礼中的使用（采自《洛阳北窑西周墓》，图二八 D）

记载用玉祭祀的甲骨

商晚期（殷墟时期）
宽 1.8 厘米，高 2.8 厘米
明义士旧藏，传河南省安阳市殷墟出土
南京博物院藏

这片甲骨是牛肩胛骨，上面的文字为占卜记录。先在一月丙戌日刻下面的一段，次日（丁亥日）再刻上面的一段。下面一段内容与捕鱼有关。丁亥日占卜的则是一次祭祀。“[illegible]”表示将玉置于器物口沿或地上，当与用玉祭祀相关。

玉器在古代是重要的礼器，如商代祼礼需要用到玉瓒（玉柄形器）。此外还有燎祭（烧玉祭祀）、沉玉（祭祀河流）、坎玉（埋玉祭祀）和毁玉祭祀等多种形式的用玉祭祀。（朱棒）

释文：
[丁]亥卜，王……[illegible]……□
（七人？）……一月。
丙戌卜，王，余[illegible]鱻（渔）

甲子玉版

商晚期（殷墟时期）
宽 3 厘米，高 7.4 厘米
徐世章旧藏
天津博物馆藏

玉版背面平素，正面阴刻双勾“庚”“寅”“辛”三字，字体劲健，其中“庚”“辛”两字残损。“庚”“寅”“辛”应是“庚寅”“辛卯”之缺。文字采用大字双勾法，是国内仅见之作。据古文字学家考证，甲子玉版原件由六片组成，每片刻文字两行，每行 20 字。此残片属第三片，文字在第二行。此玉版亦是古文字研究的珍贵资料。（徐春苓）

拓片（采自《商玉版甲子表跋》，图一）

绿松石珠金耳饰（一组 2 件）

商
重 3.6—4.1 克
1959 年山西省石楼县桃花庄出土
山西博物院藏

有领环

商晚期（殷墟时期）
直径 11.5 厘米，孔径 6.23 厘米，厚 0.28—0.31 厘米，领高 1.79 厘米
1993 年山西省曲沃县北赵晋侯墓地 63 号墓出土
山西省考古研究院藏

环璧上的同心圆，在新石器时代即有出现，推测为以圆心为支点拉线绑定尖锐工具做圆周运动形成，与圆规同理，与“旋截”工艺一致，龙山时期，在山西芮城清凉寺、山东海阳司马台等遗址均有广泛的分布。与牙璋一样，有领璧、环在商代以后，南传至西南地区的三星堆和金沙遗址，以及中国南方地区乃至东南亚等地。（夏勇）

玉龙（一组2件）

商晚期（殷墟时期）
1 长8.36厘米，宽1.38厘米，厚0.26厘米
1992年山西省曲沃县北赵晋侯墓地2号墓出土
2 直径4.84厘米，厚0.51厘米
1992年山西省曲沃县北赵晋侯墓地13号墓出土
山西省考古研究院藏

均臣字目、蘑菇角。其中虹状玉龙前肢琢刻出小腿及四爪，尾部微翘。末端有对穿孔，直径小于头部穿孔。团身龙龙舌长伸卷曲，与尾相连，嘴部有牙，身有两个单面钻小孔，外缘可见管钻错位之台痕。团身龙的原料当为管钻而来，可能是一件未完工的作品。（夏勇）

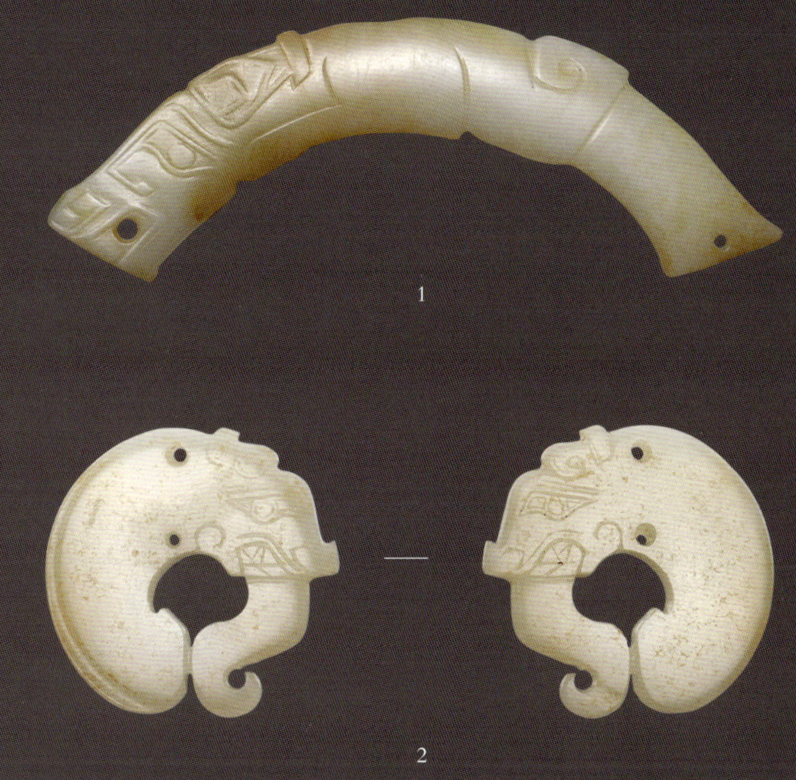

1

2

龙虎玉饰

商晚期（殷墟时期）
长10.6厘米，高6.5厘米
上海博物馆藏

器物为青玉质，采用商代典型的“双阴起阳”刀法琢刻。大龙张口露齿，臣字目，龙角后伏，呈弓背姿态，龙身饰有勾云纹，龙尾上翘；小龙背向伏于大龙背部，方形眼，通身饰有方形纹，背脊出扉棱，龙爪清晰可见。大龙背部钻有一孔，以便系挂。（郑昕雨）

玉蛇

商晚期（殷墟时期）
长 9.4 厘米，宽 1.7 厘米，厚 0.7 厘米
1990 年河南省三门峡市虢国墓地 2009 号墓（虢仲墓）出土
三门峡市虢国博物馆藏

玉质温润，半透明。器呈圆弧形，正面略鼓，背面平。口吐蛇芯子，椭圆目微凸，蛇尾向内卷曲。正面纵向刻出三行平行鳞纹。蛇芯子与背中部各有一小圆穿，背面有切割痕迹。（蒋培培）

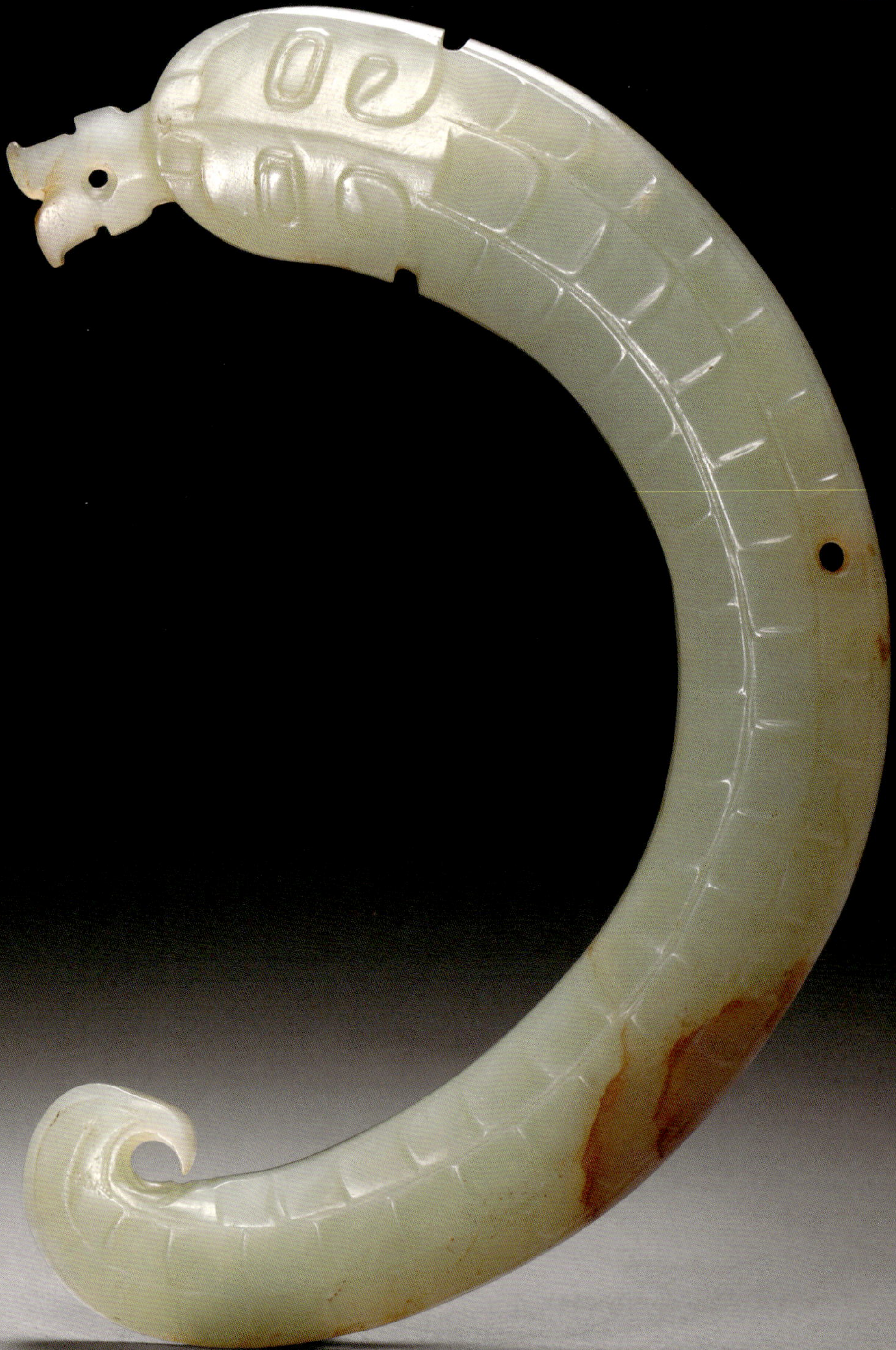

玉牛

商晚期（殷墟时期）
长 3.7 厘米，宽 4 厘米，高 2.1 厘米
1993 年山西省曲沃县北赵晋侯墓地 63 号墓出土
山西省考古研究院藏

玉牛头颈缩短，与前肢齐平，四肢卧伏，前肢极长，牛蹄刻画清晰，双勾阴线满花纹饰。牛尾偏向一侧。牛嘴下有一对钻孔通向牛臀。底部内凹，四肢位置有简易刻线示意。（夏勇）

玉鸮

商晚期（殷墟时期）
宽 4.27 厘米，厚 0.55 厘米，高 4.26 厘米
1993 年山西省曲沃县北赵晋侯墓地 63 号墓出土
山西省考古研究院藏

绿色，微受沁，带红褐色斑，两面刻纹。眼部为碾磨而成，翅膀收束，似为俯冲状，尾部分叉渐薄。凸出的鸟喙处有一对钻孔。（夏勇）

玉鸟

商晚期（殷墟时期）
长 10.2 厘米，宽 4.4 厘米
天津博物馆藏

玉鸟为黄褐色，纯洁莹润。方形冠，阴刻长羽纹，浅浮雕圆眼，喙略外翘，并对穿一孔，线条粗细兼具，刀法刚劲。此玉鸟的造型及雕琢风格与河南安阳殷墟妇好墓出土的玉鹦鹉有异曲同工之妙。有趣的是，在山西省曲沃县北赵晋侯墓地63号墓中，曾出土一件与此玉鸟用料、工艺基本一致的商代玉鸟。（曹平）

玉鸮

商晚期（殷墟时期）
宽 4.5 厘米，厚 3.5 厘米，高 5.8 厘米
1990 年河南省三门峡市虢国墓地 2009 号墓（虢仲墓）出土
三门峡市虢国博物馆藏

出土时喙下部略残。青玉，深冰青色，大部受沁呈黄褐色或棕褐色，玉质细腻，微透明。圆雕，呈直立状，喙前伸，圆目凸出，盘角后卷，头顶有冠，双翅收敛，双爪蹲伏，爪上阴刻线纹。（蒋培培）

玉猴

商晚期（殷墟时期）
宽 2.2 厘米，厚 1.9 厘米，高 4.4 厘米
1990 年河南省三门峡市虢国墓地 2009 号墓（虢仲墓）出土
三门峡市虢国博物馆藏

玉质细腻，豆青色，局部受沁有黄褐斑。为一圆雕蹲坐状的猴，头上有竖起的毛发，柳叶眉，臣字目，吻部凸出，下肢蜷曲，双手弯曲置于膝上。背部饰卷云纹。底部有单面圆孔。（蒋培培）

玉神人

商晚期（殷墟时期）
宽 1.8 厘米，厚 1 厘米，高 5 厘米
1990 年河南省三门峡市虢国墓地 2009 号墓（虢仲墓）出土
三门峡市虢国博物馆藏

乳白色。玉质温润细腻，透明。正背两面纹样相同，头上有冠，臣字目，鼻微凸，口微张，双臂曲于胸前，下肢呈跽坐式，臀部刻有“⊕”符号，足下有短榫，榫上有一小穿。玉人整体形制较厚实，是一件小型圆雕。（蒋培培）

活环链玉神人饰

商晚期（殷墟时期）
通长 11.1 厘米，厚 1.5 厘米，身高 8.4 厘米
1989 年江西省新干县大洋洲商墓出土
江西省博物馆藏

叶蜡石质，以圆雕、浮雕技法琢制羽人造型，呈侧身曲臂蹲坐状，两侧面对称。羽人形象亦人亦鸟，鸟首，臣字目，粗眉，C 形大耳，高长鼻内钩似象牙，嘴呈喙状，头顶扉棱状高凸冠。其体形如人，双臂前曲于胸前，手指向内，双膝上耸，蹲坐，腰背部两侧雕有羽翼，脊背雕刻层叠羽纹。头顶后部用掏雕法制出三个相连的链环，与主体为同块玉料雕刻，是较早的活链玉器。（谢飞）

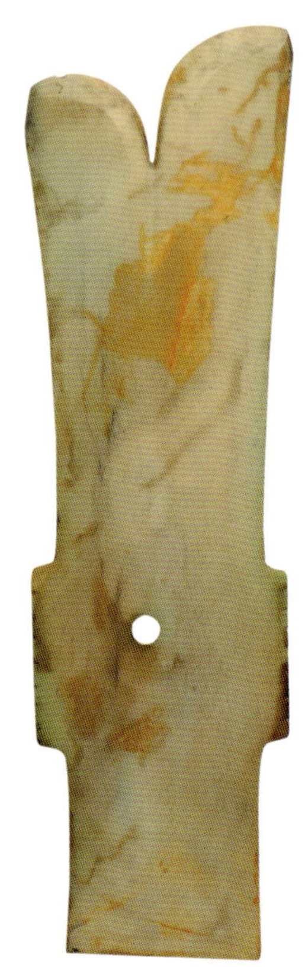

三星堆出土持拿牙璋的青铜人物（采自《三星堆祭祀坑》，图一三三）

牙璋

十二桥·金沙文化
长 30.3 厘米，宽 8.78 厘米，厚 0.87 厘米
2001 年四川省成都市金沙遗址祭祀活动区出土
成都金沙遗址博物馆藏

器体制作规整，打磨精细，圆润光滑，色彩亮丽。V 形玉璋在全国其他地方鲜少见到，而大量出土于三星堆遗址和金沙遗址，具有鲜明的地域特色。三星堆二号祭祀坑出土了一件残断的持牙璋小铜人像，可知此时牙璋的一种持拿方式。（邱阳乐渝）

玉戈

十二桥·金沙文化
长 25.5 厘米，宽 6.23 厘米，厚 0.71 厘米
2001 年四川省成都市金沙遗址祭祀活动区出土
成都金沙遗址博物馆藏

玉质温润，半透明白玉，夹杂青灰色沁斑。整体为无胡直内戈，扁平，宽体长条形。三角形尖锋，长援，援身中部起脊，上下刃前端出齿突，刃部与中间交界处起脊，单阑，阑部中间阴刻数道凹弦纹，有穿孔，出上下齿，长方形内，刃缘和内缘斜磨。器体制作规整，打磨精细，圆润光滑。金沙遗址出土玉兵器上均未见使用痕迹，说明它们并非实用武器，而是用于祭祀活动的仪仗器。（邱阳乐渝）

虎首多孔玉刀

十二桥·金沙文化
长 60.4 厘米，宽 16 厘米，厚 1.2 厘米
1958 年湖北省武汉市青山区武钢工业港出土
湖北省博物馆藏

体量硕大，顶端镂雕匍匐猛虎一只，眼及纹饰一面为双阴起阳，另一面为单线条阴刻。从选材用料和装饰风格来看，该玉刀无疑是极具蜀地风格的大型玉器。有学者指出，从史前的肖家屋脊文化开始，长江中游地区与上游的四川盆地之间就有频繁的文化交流。进入夏商时期，蜀地青铜器的造型风格与长江中游的器物风格有着极其相似的面貌。这件大玉刀则实证了蜀地与长江流域其他地区的文化互动。（左骏）

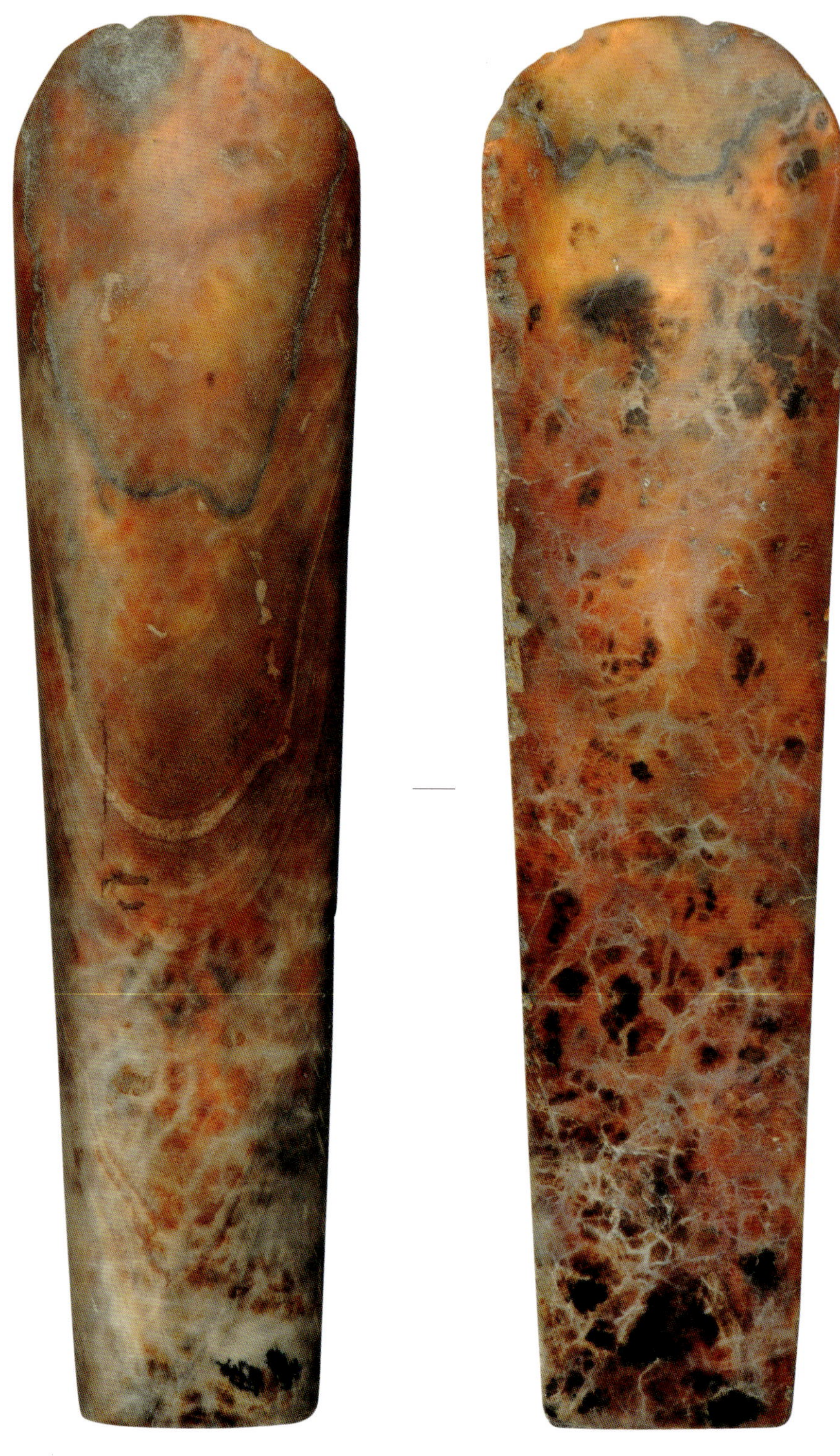

凹刃玉凿

十二桥·金沙文化
长 22.4 厘米，宽 5.9 厘米，厚 2 厘米
2001 年四川省成都市金沙遗址祭祀活动区出土
成都金沙遗址博物馆藏

凹刃玉凿一面较平，另一面呈弧形凸起，刃部形如贝壳，顶部多不平整。金沙遗址中出土的凹刃玉凿大小、厚薄及刃部内凹程度有一定差异，但大多表面色泽丰富，选料讲究，制作精美，没有使用痕迹，应不具有实用性。这类器物在金沙时期或已成为祭祀活动中的礼仪用器。除此之外，此类玉石器还在云南东南部、广西西部、越南等地的古文化遗址中有少量出土，是古蜀王国与东南亚地区存在文化交流与联系的重要物证。（邱阳乐渝）

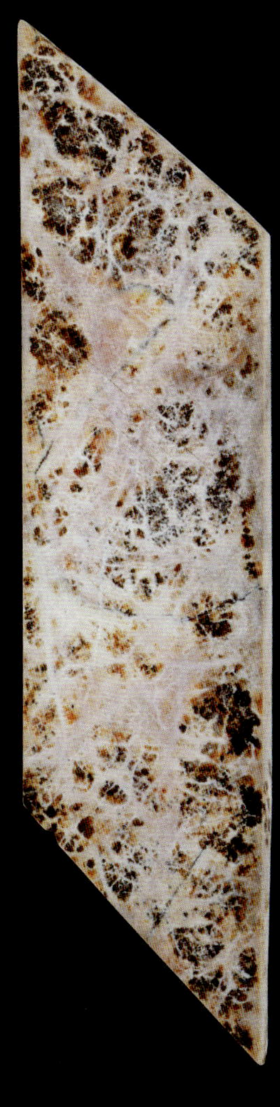

肩扛象牙人形纹璋

十二桥·金沙文化
长 24.5 厘米，宽 6 厘米，厚 1.1 厘米
2001 年四川省成都市金沙遗址祭祀活动区出土
成都金沙遗址博物馆藏

玉质本为灰白色，不透明，器表黏附大量黑色物质，并已沁入器内。器身两面均有阴刻纹饰两组，每组图案由一向右侧跪坐的人像、两道折曲纹、三道直线纹组成。人像头戴高冠，身着长袍，双膝着地，肩上扛有一根完整的象牙。器体制作规整，打磨精细。

同样形制和图案的玉璋，金沙遗址一共出土两件。刻有图案的玉璋还见于三星堆二号坑，图案是在两山峰外侧各插一件璋，璋的刃口向上，柄部向下，生动地展示了古蜀祭祀活动中玉璋的使用方法。（邛阳乐渝）

琮

十二桥・金沙文化
长 8.3 厘米，宽 8 厘米，射孔径 6.25 厘米，壁厚 1.1 厘米，高 9.4 厘米
2001 年四川省成都市金沙遗址祭祀活动区出土
成都金沙遗址博物馆藏

灰白色不透明，有黑、褐、黄色沁斑及白化现象，色彩多样。器呈方柱体，器表无节槽，矮圆形射口，孔壁较厚，直壁。器表、孔壁打磨光滑，制作方正朴实，光素规整。这类玉琮受甘青地区齐家文化素面单节玉琮影响发展而来，体现了金沙遗址玉琮的主要形制。玉琮所用玉材以四川盆地所产玉料为主，通常质地较差，内部结构疏松，制作也简单粗糙。（邱阳乐渝）

有领璧（一组 2 件）

十二桥・金沙文化
1 直径11.5厘米，孔径5.92厘米，璧厚0.34厘米，领厚0.24厘米，高1.3厘米
2 直径10.7厘米，孔径5.9厘米，厚0.6厘米
2001年四川省成都市金沙遗址祭祀活动区出土
成都金沙遗址博物馆藏

1

2

有领璧大多色泽丰富艳丽，此类璧在选材上充分体现了金沙玉器的鲜明特色：出土器物表面大多呈现红、紫、褐、黑等丰富而又缤纷的色泽。玉器埋于地下，年深日久，受外界金属离子及有机物吸附影响，表面形成了这种交替变化、韵味十足的天然图案。

有领璧在公元前1500年左右就已在河南出现，后来在殷墟、江西新干大洋洲、湖南衡阳杏花村商墓及三星堆器物坑中都有发现。此类出土于三星堆遗址和金沙遗址的玉器，大多制作精美，可能在商周时期的蜀地较为流行。（邛阳乐渝）

拓片及线图（采自《周风虢韵：虢国历史文化陈列》，第 94 页）

神人龙纹圭（戈）

商代玉戈，西周改制
宽 14.9 厘米，厚 0.7 厘米，高 33.3 厘米
1990 年河南省三门峡市虢国墓地 2009 号墓（虢仲墓）出土
三门峡市虢国博物馆藏

周人克商后，对同姓和异姓贵族进行大规模分封，“选建明德，以藩屏周”。在封建诸侯、命官授职的册命礼中，用玉制度主要体现在天子赐玉“锡尔介圭”和受命者“反入堇圭”的礼仪中。在西周墓葬中，这些册命之玉多出土于棺椁之间的盖板上或墓主胸腹部，是代表墓主人身份、国别的信物，十分重要。

这件圭为商代大玉戈改制，是虢国墓地出土玉器中最为厚重的一件，可见原器更为硕大。其出土于虢仲墓的内棺盖板上，背面有朱砂和丝织物痕迹，是周王赏给虢国国君彰显其身份的信物，为西周王室玉器，形制、纹饰、做工皆属精绝。（蒋培培）

龙纹璧

西周

外径 19.1 厘米，孔径 7.3 厘米，厚 0.55 厘米

1990 年河南省三门峡市虢国墓地 2009 号墓（虢仲墓）出土

三门峡市虢国博物馆藏

玉质温润细腻，半透明。器身正背面纹样相同，均饰变形龙纹。该璧造型规整大气，工艺精湛考究，应为西周中晚期周王赏赐给虢国国君的王室重器。（蒋培培）

线图（采自《周风虢韵：虢国历史文化陈列》，第 87 页）

龙凤纹圭（戈）

商代玉戈，西周改制
内长 8.5 厘米，宽 6.7 厘米，援宽 6.9 厘米，最厚处 0.5 厘米，高 36.6 厘米
1990 年河南省三门峡市虢国墓地 2009 号墓（虢仲墓）出土
三门峡市虢国博物馆藏

玉质细腻，微透明，尚残留红色丝织物痕迹。偏锋呈柳叶形，刃较钝厚。援有脊与边刃，援内宽窄相差无几。援与内接合处的中部有一圆形穿孔，近长方形内的末端有锯齿形装饰。内端的正面用阴线雕出龙凤纹。（蒋培培）

七璜联佩

西周

全长 105 厘米

玉圆牌：外径 3.8 厘米，孔径 0.4 厘米，厚 0.5 厘米

龙纹璜：长 18.7 厘米，宽 3.2 厘米，厚 0.25 厘米

龙首璜：长 16 厘米，宽 2.9 厘米，厚 0.4 厘米

龙形璜：长 11.4 厘米，宽 2.3 厘米，厚 0.4 厘米

凤纹璜：长 10.4 厘米，宽 2 厘米，厚 0.5 厘米

龙纹璜：长 9.8 厘米，宽 2 厘米，厚 0.3 厘米

简化龙纹璜：长 9.6 厘米，宽 1.8 厘米，厚 0.35 厘米

神人龙凤璜：长 12.1 厘米，宽 3.1 厘米，厚 0.3 厘米

2005—2007 年陕西省韩城市梁带村芮国墓地 27 号墓（芮桓公墓）出土

韩城市梁带村芮国遗址博物馆藏

出土于墓主胸、腹部。由七件玉璜、一件玉圆牌和数百颗玛瑙珠分三排串联而成。玉圆牌位于颈后，应起集束作用。七件玉璜自上而下大小递减，其中六件带有纹饰。每件璜两端各有三个并排穿孔，用于穿缚连接，此外还有数量不等的穿孔，可能用于穿缚其他种类装饰物。

《周礼》等文献中明确记载了贵族器具的使用等级，如天子九鼎八簋、公卿七鼎六簋等。从考古发现看，芮、虢国君为公爵，墓葬见有“七璜联佩”；晋君为侯爵，墓葬有“五璜联佩”。由此看来，出土实物中璜的组合数量与周礼的爵位等级紧密相关。（方琦）

五璜联佩

西周晚期
全长 81 厘米
人龙合纹佩：长 5.2 厘米，宽 3.7 厘米，厚 0.8 厘米
鸟纹璜：长 9.9 厘米，宽 2.1 厘米，厚 0.5 厘米
素面璜：长 10.5 厘米，宽 2.7 厘米，厚 0.5 厘米
尖尾双龙纹璜：长 10.8 厘米，宽 2.3 厘米，厚 0.45 厘米
人面双龙纹璜：长 10.9 厘米，宽 2.1 厘米，厚 0.55 厘米
双首龙纹璜：长 10.8 厘米，宽 1.9 厘米，厚 0.6 厘米
1991 年河南省三门峡市虢国墓地 2012 号墓（虢季夫人墓）出土
三门峡市虢国博物馆藏

一组 390 件（颗）。由 1 件人龙合纹佩、5 件形态各异的璜、368 颗红色或橘红色玛瑙珠和 16 颗菱形料珠相间串系而成。人龙合纹佩玉质细腻，正面中部略鼓。正面饰人龙合纹，龙首位于一端，人首位于中部，为侧视形，有目、耳，头上又有上扬的发丝，眼睛处有一穿。五件璜玉质、大小、纹样有别，三件较大，两件较小。分别为鸟纹璜、素面璜、尖尾双龙纹璜、人面双龙纹璜和双首龙纹璜。（蒋培培）

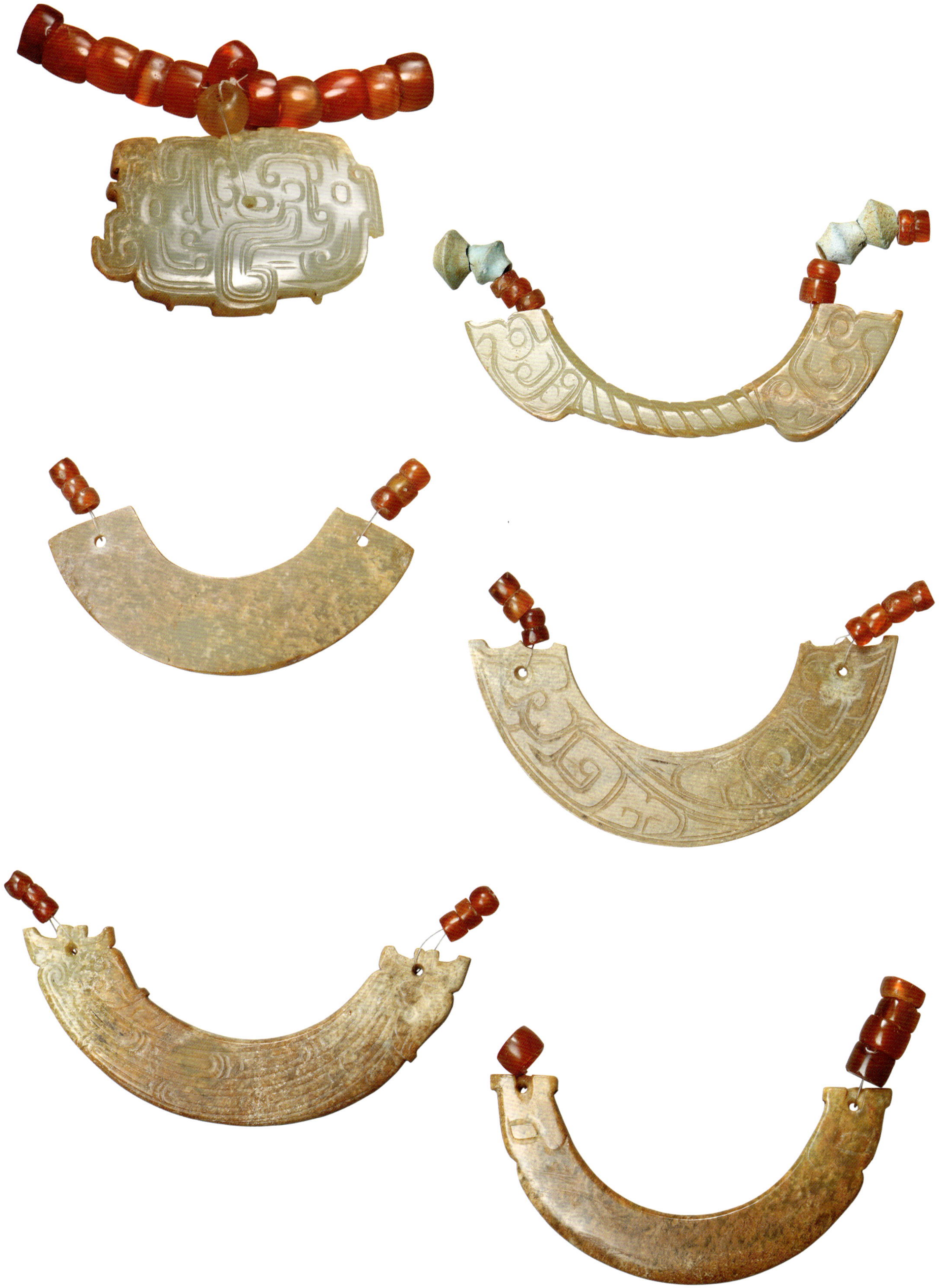

六璜联佩

西周
全长 133 厘米
人龙合纹璜：宽 4.3 厘米，厚 0.6 厘米，高 4.8 厘米
透雕人龙合纹璜：长 13.4 厘米，宽 3.4 厘米，厚 0.3 厘米
透雕人龙合纹璜：长 14.8 厘米，宽 3.4 厘米，厚 0.7 厘米
缠尾双牛首纹璜：长 13.7 厘米，宽 3.6 厘米，厚 0.7 厘米
叠尾人首纹璜（两件）：通长 14.4 厘米，宽 3.8 厘米，厚 0.6 厘米
1990 年河南省三门峡市虢国墓地 2009 号墓（虢仲墓）出土
三门峡市虢国博物馆藏

该套组佩由六件璜和玉管、玉佩、玛瑙珠及料珠等连缀而成，分为项饰和胸饰两部分。主体是六件璜，从上向下依次是人龙合纹璜、透雕人龙合纹璜（两件）、缠尾双牛首纹和叠尾人首纹璜（两件）。其中两件叠尾人首纹璜的形状、质地、玉色相同，纹样连接相合成一璧，推测原是璧（环），后对剖改为组佩用璜。（蒋培培）

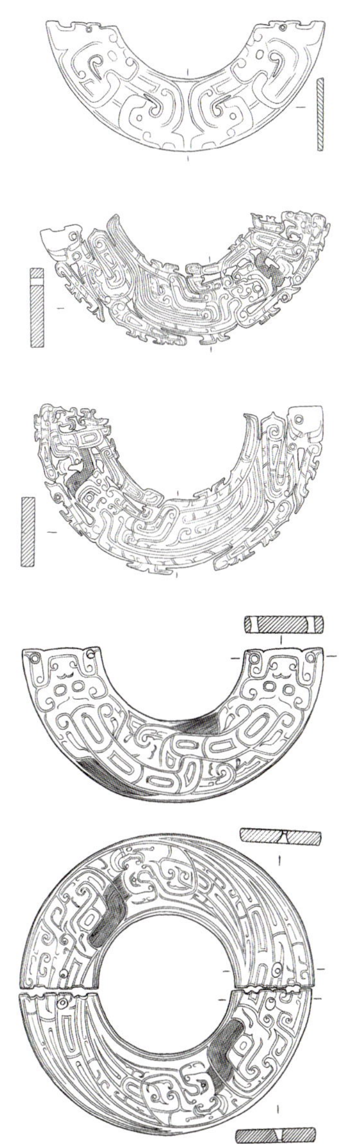

线图（采自《周风虢韵：虢国历史文化陈列》，第 106 页）

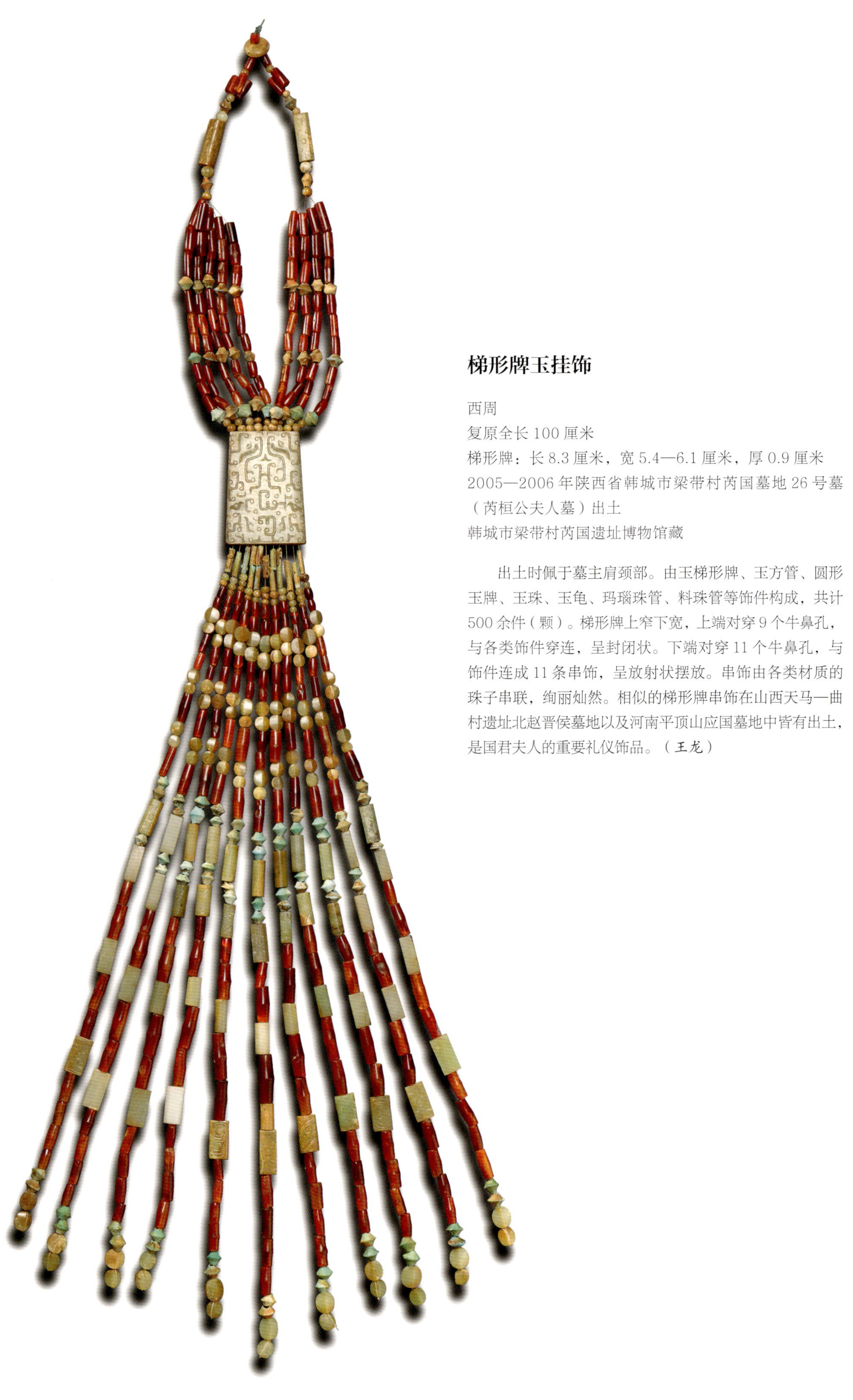

梯形牌玉挂饰

西周
复原全长 100 厘米
梯形牌：长 8.3 厘米，宽 5.4—6.1 厘米，厚 0.9 厘米
2005—2006 年陕西省韩城市梁带村芮国墓地 26 号墓（芮桓公夫人墓）出土
韩城市梁带村芮国遗址博物馆藏

出土时佩于墓主肩颈部。由玉梯形牌、玉方管、圆形玉牌、玉珠、玉龟、玛瑙珠管、料珠管等饰件构成，共计 500 余件（颗）。梯形牌上窄下宽，上端对穿 9 个牛鼻孔，与各类饰件穿连，呈封闭状。下端对穿 11 个牛鼻孔，与饰件连成 11 条串饰，呈放射状摆放。串饰由各类材质的珠子串联，绚丽灿然。相似的梯形牌串饰在山西天马—曲村遗址北赵晋侯墓地以及河南平顶山应国墓地中皆有出土，是国君夫人的重要礼仪饰品。（王龙）

项饰

西周
复原周长约 95 厘米
梯形牌：长 4.9 厘米，宽 4.5—5 厘米，厚 0.3—0.4 厘米
2005—2007 年陕西省韩城市梁带村芮国墓地 27 号墓（芮桓公墓）出土
韩城市梁带村芮国遗址博物馆藏

出土于墓主颈部。由梯形牌饰、束绢玉牌与两排玛瑙珠（管）串联而成。梯形玉牌两面上下各饰一排三角形波折纹，中部均饰一组对立的双凤鸟纹，凤鸟呈蹲踞状，高冠，圆目，钩形喙，身饰羽纹和卷云纹。六件束绢玉牌的形制、纹饰、大小基本相同，玉质细腻，微透明。近长方形扁体，中部略束腰，正面阴刻束绢纹。（段洪黎）

兽首形佩线图（采自《三门峡虢国女贵族墓出土玉器精粹》，第 65 页）

项饰

西周

组合周长 48 厘米

兽首形佩（商代）：宽 3.4 厘米，厚 1.8 厘米，高 3.3 厘米

蝉形佩：长 3 厘米，宽 2.2 厘米，厚 0.4 厘米

束绢形佩：长 3 厘米，宽 2.25 厘米，厚 0.45 厘米

1991 年河南省三门峡市虢国墓地 2012 号墓（虢季夫人墓）出土

三门峡市虢国博物馆藏

一组 116 件（颗）。由一件兽首形佩、一件蝉形佩、六件束绢形佩、108 颗红色或橘红色玛瑙珠相间串系而成。兽首形佩为青白玉，玉质温润透明，圆雕三棱体，正面饰兽首纹，臣字目，大耳，长角，以中部棱为轴，两侧纹样相同，中部竖向穿孔。蝉形佩为白玉，半透明，长方形，正面略鼓，背面略凹。六件束绢形佩大小稍有差异，形状基本相同。（蒋培培）

腕饰

西周

复原周长 47 厘米

玉兽面：长 1.55 厘米，宽 1.5 厘米，厚 0.5 厘米

2005—2007 年陕西省韩城市梁带村芮国墓地 27 号墓（芮桓公墓）出土

韩城市梁带村芮国遗址博物馆藏

出土于墓主右手腕部，分为三圈，由一件玉兽面、三件玉鸟、18 件玉蚕、17 件玉龟与 24 颗玉珠、18 件玛瑙管、31 颗玛瑙珠相间穿连而成。器身正方形，正面为兽面，圆目凸起，眉羽上翘，凸卷鼻，双阴起阳勾出卷云状兽角并略凸起形成两台。鸟呈蹲踞状，昂首长颈，鸟喙下弯成钩状，圆目凸出，两侧阴刻羽翅。曲体蚕均呈圆柱状拱形，螺纹状体节，大小、长短不一，头部粗，至尾部渐细。（赵江舟）

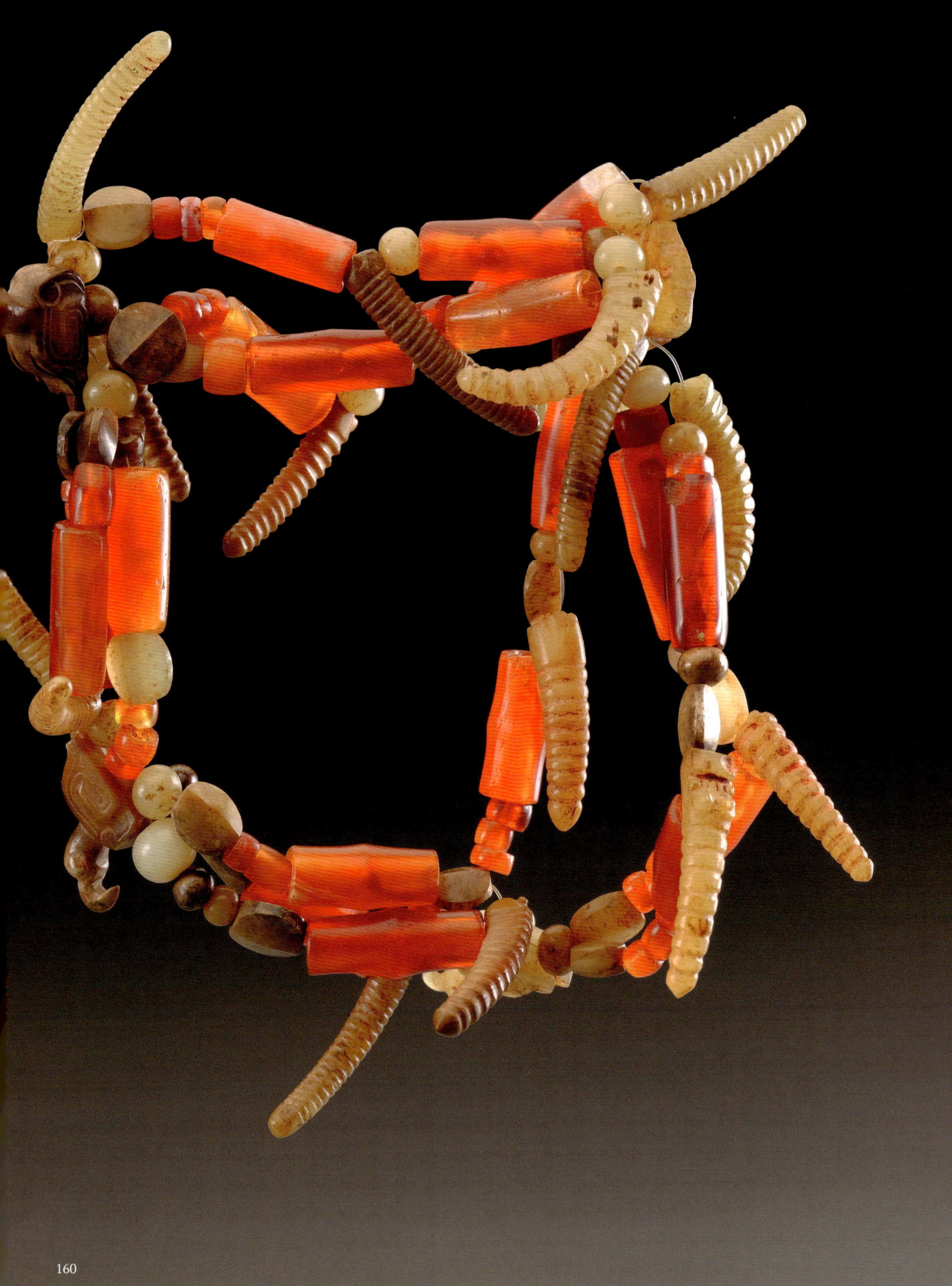

龙纹玉耳饰（一组 2 件）

西周

外径 5.8 厘米，孔径 2.5 厘米，厚 0.4 厘米

2005—2006 年陕西省韩城市梁带村芮国墓地 26 号墓（芮桓公夫人墓）出土

韩城市梁带村芮国遗址博物馆藏

成对出土于墓主头部两耳侧。体形较大且厚，正面为弧面，背面平齐，外缘成刃，内缘垂直。玦孔周与周边同心，孔壁厚且直，外缘斜削形成弧形面。黄白色，大部分受沁，有浅棕黄色斑纹。玉质较细腻，微透明。正面饰双首缠尾龙纹，龙首有角，卷鼻张口，圆形目，其下短躯呈缠尾状。背面光素。（方琦）

休盘

西周中期
直径 38.4 厘米，圈足径 30 厘米，高 11.9 厘米
潘祖荫旧藏
南京博物院藏

铭文：隹廿年正月既望甲戌，王在」周康宫，旦，王各大室，即立。益公」右走马休，入门，立中庭，北」向。王乎乍（作）册尹册易（赐）休：玄衣」黹屯（纯）、赤芾、朱黄（衡），戈琱戟、彤沙（苏）、」厚必（柲），䜌（銮）旂。休拜稽首，敢对扬」天子不（丕）显休令，用乍（作）朕文考」日丁尊般（盘），休其万年子子孙孙永宝。」

作器者“休”是西周中期主管马政的官员，铭文记载周王赏赐“休”的物品有玄衣黹纯（绣有花边的赤黑色礼服）、赤芾（红色蔽膝）、朱黄、戈和銮旗等。其中“朱黄”曾有学者释为佩玉，不过也有学者考订为一种衣带。（朱棒）

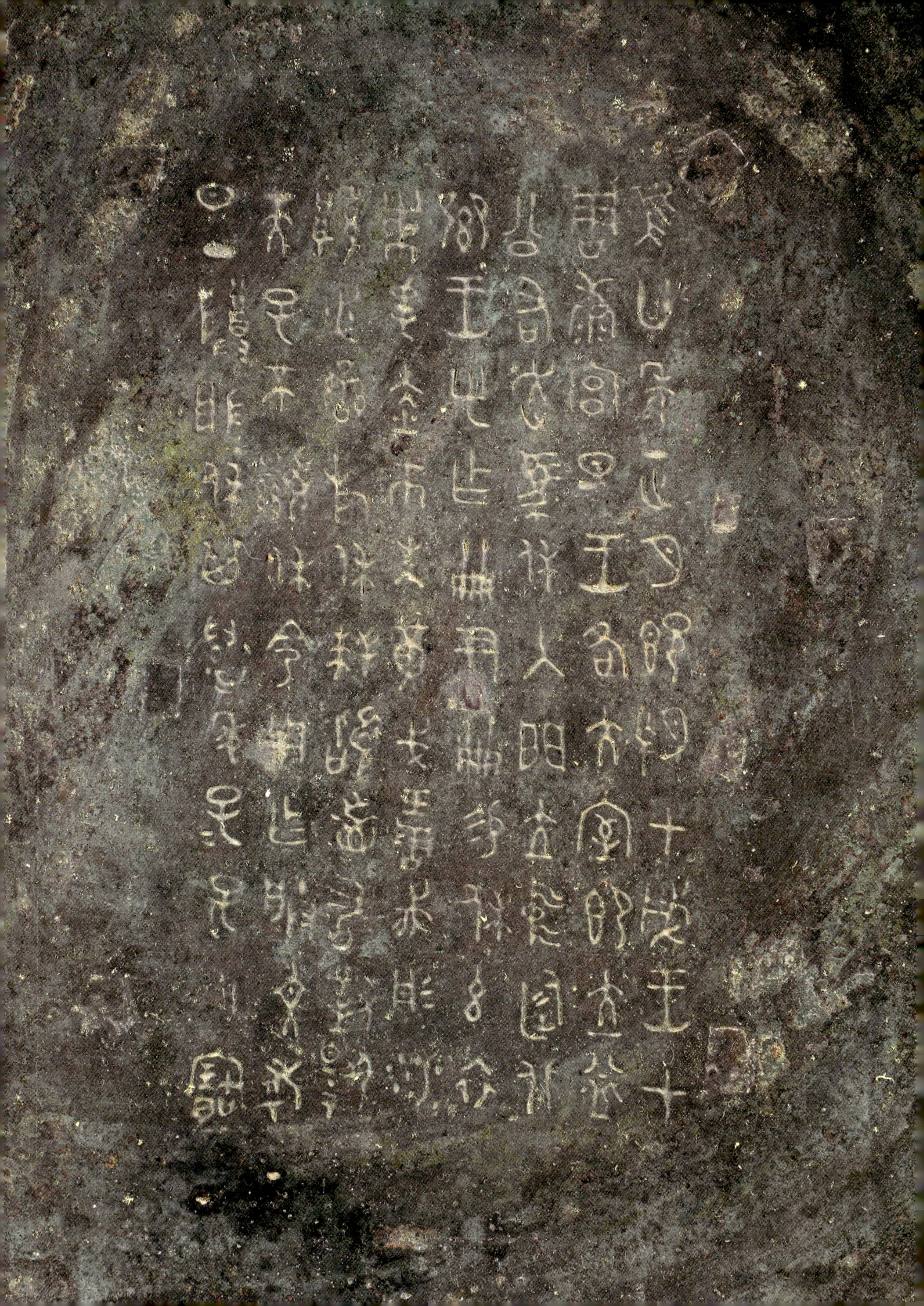

伴随着文明礼制的完善，周人将“射”正式纳入典制当中。出土金文和传世文献均表明，“射”在当时已承载更重要的礼制作用。与射礼伴随的是彰显身份的玉质射护具——韘（玦）和韝。两者自商代晚期开始出现，至西周时期已成为射礼、田猎娱乐中不可或缺的玉器具。

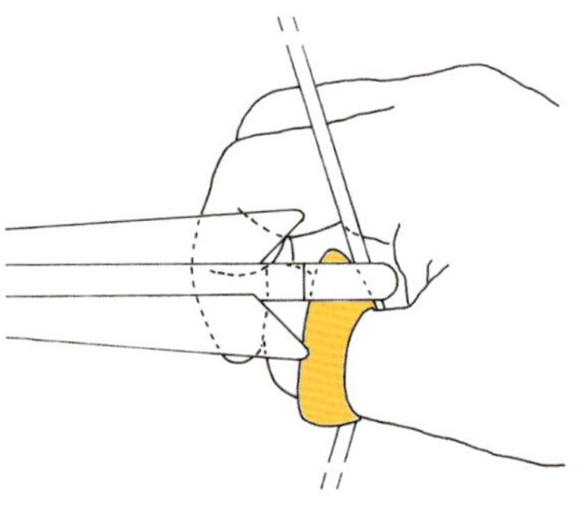

韘（玦）的使用

玉韘（玦）

西周晚期

长径 4.8 厘米，短径 3 厘米，筒壁最厚处 0.8 厘米，高 2.8 厘米

1990 年河南省三门峡市虢国墓地 2009 号墓（虢仲墓）出土

三门峡市虢国博物馆藏

黄白玉料，受沁处有黄褐斑。玉质温润细腻，半透明。背面棱脊两侧各有两个细小穿孔，分别透穿于筒端平面上。鼻部饰龙纹，龙角后卷，臣字目，背面饰勾云纹。器上留有朱砂和丝织物痕迹。（蒋培培）

玉神人

西周
宽 1.8 厘米，厚 0.9 厘米，高 7.7 厘米
2005—2006 年陕西省韩城市梁带村芮国墓地 26 号墓（芮桓公夫人墓）出土
韩城市梁带村芮国遗址博物馆藏

出土于墓主右手下侧。青白玉受沁，正面呈黄褐色，背面呈黄白色，微透明。玉神人为圆雕，呈站立状，发髻高竖环绕至后颈，高鼻大耳，深目，口微张。双臂收于胸前，双臂下方各伸出一羽翅。双腿直立，足部雕成台状，中央对穿一孔。（董晓伟）

玉人

西周
宽 1.6 厘米，厚 0.32—0.71 厘米，高 4.68 厘米
1993 年山西省曲沃县北赵晋侯墓地 63 号墓出土
山西省考古研究院藏

凸弧造型，头顶两条小龙，尾巴相抵，龙首分列两侧向下。额头高耸，眉毛刻画精细，鼻子较大，嘴部下削辅以一道横线。后脑垂发，无发髻。胸部偏外侧各有一道羽纹与下垂的双手相连，肘部凸起，腰部有交错菱形纹。下半身刻画蔽膝，双足微分，似有外撇。裙袍后方有中分线。（夏勇）

玉人龙合体

西周
长 8.9 厘米，宽 2.78—2.9 厘米，厚 0.33—0.47 厘米
1993 年山西省曲沃县北赵晋侯墓地 63 号墓出土
山西省考古研究院藏

淡绿色，腿部有裂，轻微受沁呈浅黄色。上部最厚，向腿部渐薄，两面刻纹。人物戴帽，脸部刻画出眉、眼、鼻、嘴。头顶小龙龙首朝下，卷尾上翘。身躯中的龙首朝下，龙舌微残，翻下背后。眼下方有一桯钻小坑，可能为定位点。背部小龙龙首朝上，尾部与蹲踞的脚跟相连。（夏勇）

玉龙

西周
宽 3.7 厘米，厚 0.6 厘米，高 7 厘米
1990 年河南省三门峡市虢国墓地
2009 号墓（虢仲墓）出土
三门峡市虢国博物馆藏

玉质温润细腻，半透明。片雕。龙头上有云纹角，细密的毛后披弯曲，臣字目，眼角带钩，长鼻上卷，吐舌，身饰勾云纹。底端有一短榫，榫中部有一圆孔。（蒋培培）

龙纹玉管

西周
长 12.3 厘米，最大径 2.7 厘米，孔径 0.6—0.9 厘米
1990 年河南省三门峡市虢国墓地 2009 号墓（虢仲墓）出土
三门峡市虢国博物馆藏

器物呈圆管状，中间较粗，两端稍细，双向钻孔。周身饰八条相同的旋转龙纹，龙口微张，角贴背，臣字目，眼角带钩，身饰重环纹。（蒋培培）

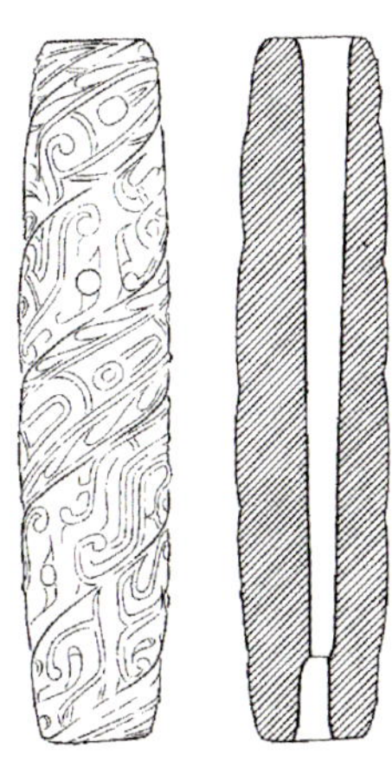

线图（采自《周风虢韵：虢国历史文化陈列》，第 145 页）

玉鹿

西周

宽 5.6 厘米，厚 0.4 厘米，高 6.1 厘米

1990 年河南省三门峡市虢国墓地 2009 号墓（虢仲墓）出土

三门峡市虢国博物馆藏

玉虎

西周

长 9.3 厘米，宽 4 厘米，厚 0.5 厘米

1990 年河南省三门峡市虢国墓地 2009 号墓（虢仲墓）出土

三门峡市虢国博物馆

浅黄色，局部受沁呈黄褐色或有墨斑。玉质较细腻，微透明。器物为片雕，正背面纹样相同。虎呈奔跑状，张口，臣字目，云纹双耳贴于头部，凹背，虎爪着地，粗尾上卷，身饰斑纹。（蒋培培）

玉鸬鹚

西周

长 4.3 厘米，宽 1.5 厘米，高 3.6 厘米

1990 年河南省三门峡市虢国墓地 2009 号墓（虢仲墓）出土

三门峡市虢国博物馆藏

黄白色，局部有黄褐糖色。玉质细腻，微透明。曲颈回首，低头，尖喙内勾，圆目微凸，双翅收敛，表面阴刻细线纹，短尾下垂分叉。腹下部有一未钻穿的孔洞，胸部有一细小对穿。（蒋培培）

第二单元 比德

东周时期，传统秩序与道德标准重整。对天地神灵的敬畏让位于对人之本性的追崇。士人阶层提倡参照玉的特性提升自身德行，这样的行为给玉文明注入了新的活力。

两汉时期，儒士们类比玉的坚硬与温润，提炼出君子的五种品行准则：仁、义、智、勇、洁。在践行这些品行准则的过程中，儒士们相信，玉能延年益寿、使人羽化成仙。

Unit 2 Jade as Symbol of Morality

In the Eastern Zhou dynasty, traditional orders and moral standards were reformed. The awe and veneration towards the universe gave way to the reverence for humans' own nature. The *Shi* class (a social stratum in ancient China, between senior officials and the common people) advocated improving people's virtue by referring to the characteristics of jade, which injected new vitality into the jade culture.

During the Han dynasty, Confucian scholars used the hardness, gentleness and smoothness of jade to refine the five virtues of gentlemen, namely benevolence, righteousness, wisdom, courage, and chasteness. In practicing these moral codes, they believed that jade could prolong people's life and transform a moral into an immortal.

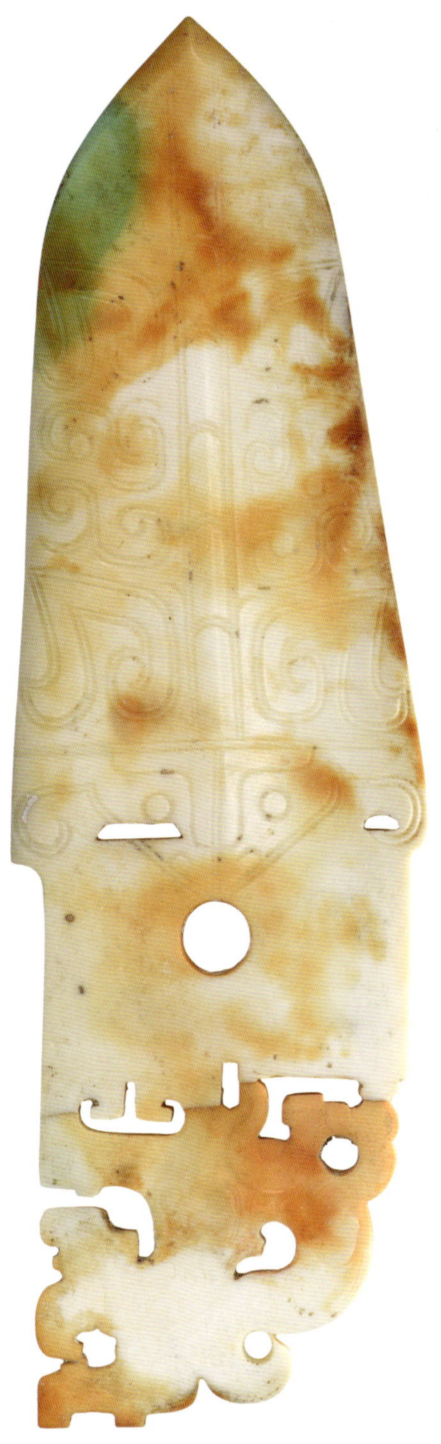

戈（圭）

春秋中晚期
长 15.3 厘米，宽 4.6 厘米
2012 年山东省沂水县纪王崮 1 号墓出土
沂水县博物馆藏

表面呈红褐色，玉质较好。前锋锐尖，略有中脊，上下有边刃，上下刃皆呈弧形，内雕镂成龙首形，制作精美。其前端钻有一孔，孔前有两穿。（沂水县博物馆）

1

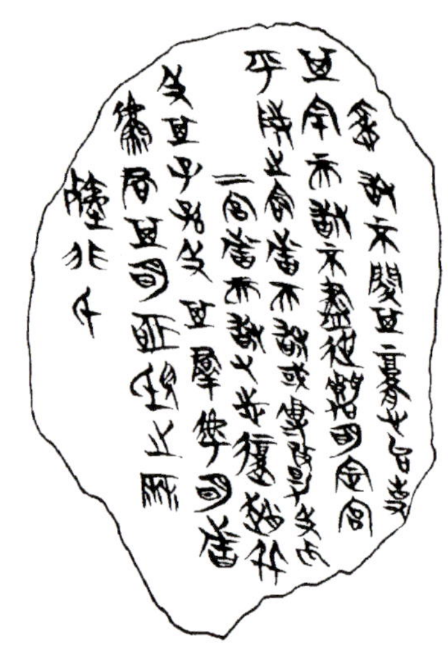

宗盟类

朱书盟书（一组 2 件）

春秋晚期

1 长 8.1 厘米，宽 5 厘米

2 长 19.3 厘米，宽 3.7 厘米

1965 年山西省侯马市晋国盟誓祭祀遗址出土

山西博物院藏

盟誓遗址位于城东河岸的台地，在遗址中发现大量祭祀坑，坑中先埋入祭祀用的玉器，进而放置动物祭品和盟书。发掘盟书出土五千余片，以细腻泥岩制成的圭以及各式平板状的玉片为主，表面以毛笔朱砂书写盟誓内容——盟辞。侯马盟书的盟主可能是春秋晚期晋国重臣赵简子（赵卿），盟书按内容主要分为宗盟和委质两大类，宗盟盟辞强调宗庙祭祀和守护宗庙，委质盟辞则是记录新加入的家族对举办盟誓活动盟主的誓言。侯马盟书不仅是重要的文献，更是以玉沟通人神理念的见证。（崔跃忠）

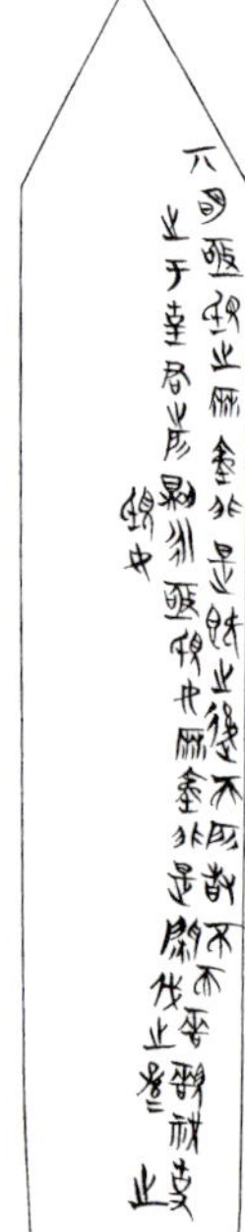

委质类

2

双身兽面纹璧

战国晚期

直径 43.2 厘米，孔径 11.5 厘米，厚 1.6 厘米

1997 年陕西省西安市北郊枣园南岭 1 号墓出土

陕西省考古研究院藏

该璧出土时破碎成 25 块，分别位于墓主人胸部和背部。璧两面纹饰基本相同，中圈主体为四组双身兽面纹，上下左右互相对称，双身兽面纹左右两侧各附凤鸟纹。内圈为饱满的谷纹装饰。其工艺应先是以宽砣具碾琢出双身兽面的基本轮廓，再加细阴线，而使所表现的兽面及层次清晰。玉璧侧面镌刻篆书“六百六十一”五字，字迹细如发丝，应该是带有某种意义的编号。（刘思哲）

玉龙（一组 2 件）

战国中晚期
体长 17.6 厘米，厚 0.5 厘米
1951 年安徽省寿县老赵家孤堆集出土
南京博物院藏

玉龙是战国最具特色的玉器之一，造型多样，充满动感。这类扁平状的成对玉龙多见于战国中晚期楚墓内棺，对称放置在墓主身侧。有学者认为，它是具有楚国特色且与乘龙升仙观念相关的礼制葬玉。（张长东）

1

2

3

4

纪王崮玉组佩（一组 4 件）

春秋中晚期

1 龙首璜：通长 14.3 厘米，宽 2.1 厘米

2 玉虎：长 10.2—10.4 厘米，宽 2.7—2.9 厘米

3 鸟形玉饰：长 8.3 厘米，宽 2.4 厘米

4 龙首觿：长 8.2 厘米

2012 年山东省沂水县纪王崮 1 号墓出土

沂水县博物馆藏

纪王崮 1 号墓是春秋玉器的集中发现地之一。玉器多出土于棺内，除部分圭（戈）、琮等。点缀有蓝色琉璃珠的玉组佩构件主要集中在墓主上身及头部，如璜、玉虎、牌饰以及玉觿等。其出土的相对方位仍为玉组佩的复原提供了参考。（沂水县博物馆）

赵卿墓玉组佩（一组 2 件）

春秋晚期
1 环：直径 6.7 厘米，厚 0.6 厘米
2 玉管：长 10.6 厘米，宽 1.2 厘米，厚 0.5 厘米
1988 年山西省太原市金胜村赵卿墓出土
山西博物院藏

赵卿墓出土玉石器近 300 件，出土文物大多置于墓主近身，主要为装饰佩戴和实用器具。其中的佩饰种类丰富，包括各类组佩结构中的环、珩、玉管和玉龙等，是春秋中晚期玉器一次重要的集中发现。（崔跃忠）

1

2

玉龙

齐家文化玉琮，春秋晚期改制
长 5.5 厘米，宽 5.5 厘米，高 8.5 厘米
2015 年江西省南昌市郭敦山海昏侯墓出土
南昌汉代海昏侯国遗址博物馆藏

玉带浅褐色沁。龙首前伸，圆眼，下颌上翘，上颌外卷，闭口，龙身竖直，两侧出钩形翼，背部饰一素面拱形横穿孔钮，龙尾盘旋呈筒形，通体浅浮雕蟠虺纹龙首纹。海昏侯墓中共出土两件此类玉龙，根据原料特征和造型，研究者认为这件玉龙由华西系玉琮沿对角线剖改而成，是刘贺收藏的前代古玉。（南昌汉代海昏侯国遗址博物馆）

水晶组佩

春秋晚期—战国早期
环：最大径 4.5 厘米
管、珠：最长 3.3 厘米
1971 年山东省淄博市临淄区郎家庄大墓出土
山东博物馆藏

春秋中晚期山东地区的水晶、玛瑙加工工艺异军突起。器物不仅出土数量较多，管钻、打孔及抛光等加工工艺水平也颇为高超。精品水晶器以临淄周边的齐地出土最为集中，器形常见有各类大小不一的环、管、多棱珠，另有红色玛瑙珠等。考古发现的这类水晶、玛瑙器多为女性佩戴，它们按不同模式组合在一起，晶莹剔透，赏心悦目。（左骏）

邱承墩越国玉组佩(一组3件)

战国中期
1 环：直径 6.5 厘米，孔径 2.8 厘米，厚 0.4 厘米
2 神鸟兽面纹玉管：长 3.7 厘米，宽 1.4 厘米，厚 0.8 厘米
3 龙凤珩：长 9.6 厘米，宽 4.4 厘米，厚 0.3 厘米
2005 年江苏省无锡市鸿山镇邱承墩出土
南京博物院藏

玉环正反两面满饰浅浮雕的蟠螭纹。玉管构思奇特，布局严谨，截面呈三角形，上下两端均为神兽，身上盘绕三条蛇。龙凤珩身体蜷曲，身上阴刻极浅细的鳞纹等纹饰。三件玉器应该是一大组玉组佩中的三个关键构件，因出土时顺序被扰乱，具体组合关系已不明了。

与越国玉器相关的发现地有苏州严山窖藏、苏州真山大墓、杭州半山石塘墓葬、无锡鸿山越墓等。越国玉器的特点是多用淡绿色玉料，部分可能由良渚玉器改制，也多见松石、玛瑙、水晶，虽与中原三晋地区玉器的造型纹饰近似，但工艺更加繁复，注重用线条刻画细节。（张长东）

1　　2

3

玉舞人

战国中期
宽 1.6 厘米，厚 0.6 厘米，高 5.2 厘米
1973 年江西省南昌市东郊贤士湖 14 号墓出土
江西省博物馆藏

器物通体以镂雕加阴刻线琢成，两面纹饰对称。玉人五官清晰，凤眼线眉，直鼻小口，身穿右衽长衫，细腰束宽带，下垂佩饰，衣裙曳地，身姿婀娜，双袖长飘，一袖垂于腰间，一袖甩过头顶，似在翩然飞舞。自头顶至脚部有一通天孔，可穿系。此器造型优美，线条简洁流畅，真切地反映了战国秦汉时期长歌善舞的风尚。（汤敏丽）

商王村玉组佩（一组 8 件）

战国晚期
1992 年山东省淄博市临淄区商王村 1 号墓出土
淄博市博物馆藏

商王村 1 号墓的墓主是位女性高级贵族，可能随葬两组玉组佩，这是最为华丽的一组，由八件各式玉器组成，不仅呈现了浪漫主义艺术造型和风尚，也将镂空、减地、游丝雕等技艺体现得淋漓尽致，具有典型的战国晚期楚式玉器风格。战国末年，楚国吞并鲁国，与齐国接壤。鲁国故城曾发现大量楚式玉器，反映了地域文化交流的频繁，也折射出战国末年楚国手工业制作的繁荣。（左骏）

玉组佩复原线图

战国中期彩绘楚木俑身上的玉组佩（采自《周代用玉制度研究》，图 3-13：1、2）

绞丝环

战国晚期
直径 8.2 厘米，厚 0.35 厘米
1951 年安徽省寿县老孤堆集出土
南京博物院藏

青白玉质，晶莹透明，带褐色沁斑，设计巧妙，在扁薄的环壁上以镂空、起突等琢磨方式雕成带三对结的绞索状双重玉环。绞丝环是当时的流行器物，但双环既分又合的器形新颖独特，为楚式玉器中的精品。（张长东）

龙纹环

宽 10.5 厘米，内孔径 6.4 厘米，厚 0.3 厘米，高 11 厘米

环为白玉质，内外缘饰凸弦纹。肉上纹饰等分四格，以剔地平面雕手法雕出卷云纹和星云纹。两侧透雕双龙，左右对称，缠绕于环上，二龙相向回首，曲颈向上，伸出环外，云纹长冠向内上卷，穿出外缘，形成佩戴穿孔。龙身弯曲呈S形，背饰云纹长鬣，时隐时现。龙四足二趾，矫健有力。龙尾细长，由环内伸出环外，然后又弯曲上卷收于环内。整个玉环上宽下窄，左右对称。两龙刚柔相济，刻画生动，具有极高的艺术欣赏价值。（刘燕）

云纹玉管

1 长 3.35 厘米，宽 2 厘米，厚 0.7 厘米
2 长 3.5 厘米，宽 2.4 厘米，厚 0.55 厘米

白玉，土沁，长方体，纵穿孔。两面饰阴线勾连云纹，边缘阴刻轮廓线。长边两侧饰透雕卷云纹。（王滨）

1

2

龙凤纹珩

宽 8.8 厘米，厚 0.4 厘米，高 5.8 厘米

在装饰上运用不同的雕刻手法。从龙首至前肢处用圆雕刻画出龙的尖卷唇、杏仁目、独角、圆口、利齿、长须、卷鬣和一足二趾；前肢后的躯体则为减地平面雕，刻画出内外缘轮廓线和凸起的勾连云纹。双凤通体圆雕，钩喙，有冠，修颈，曲身，振翅，卷尾，正相对起舞。龙凤的圆雕部分用阴线刻加以装饰。器物玲珑剔透，综合运用了雕、琢、镂、刻、切、磨、钻、磋等各种工艺。双龙双凤布局合理，构思巧妙，艺术价值极高。（王滨）

龙首珩

长 12.5 厘米，宽 5.6 厘米，厚 0.3 厘米

器物表面饰凸起的勾连云纹，顶脊透雕卷云纹，形如龙鬣，云纹中心有孔可供穿系。龙体下部透雕两相向回首的虺纹。龙体中部饰出字形花叶纹，花叶纹与上下透雕纹饰连为一体，并成为璜体左右对称的中线。（张冲）

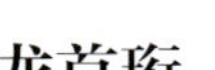

龙虎纹绞丝环

战国晚期
外径 11 厘米，内径 6.1 厘米，厚 0.4 厘米
1992 年山东省淄博市临淄区商王村 1 号墓出土
淄博市博物馆藏

玉质温润透明。内外缘饰绹纹，绹纹之间透雕双龙、双螭，左右对称。双龙曲颈回首，张口露齿，杏仁目，云纹冠，身体修长，尾饰绞丝纹。双螭口衔龙尾，身体弯曲翻转，尾部饰云纹。（么彬）

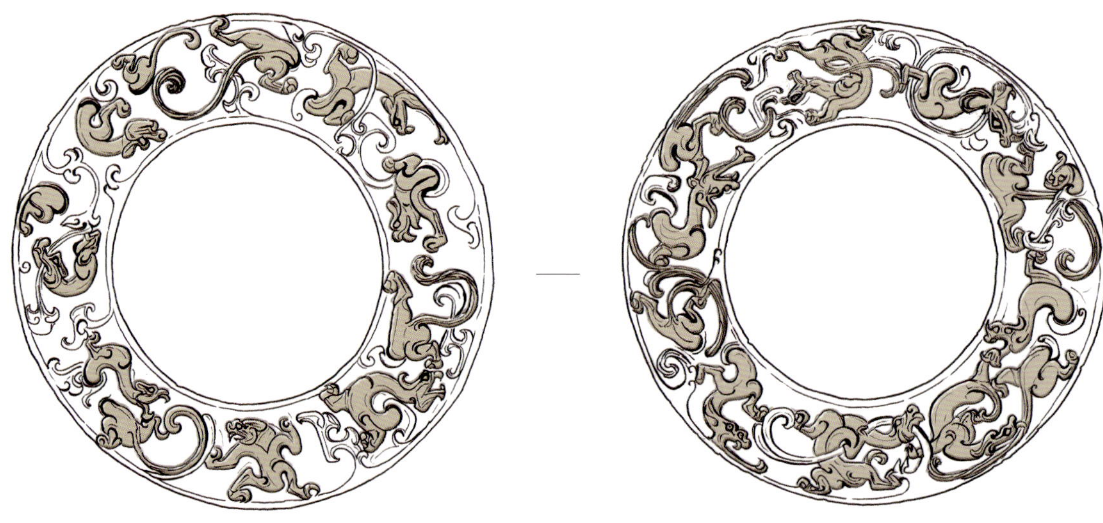

神兽纹环

战国晚期
直径 10 厘米，孔径 5.6 厘米，厚 0.35—0.4 厘米
1997 年安徽省巢湖市北山头 1 号墓出土
巢湖市博物馆藏

神兽纹环出土时置于墓主下半身，同时发现的还有两件龙首珩以及凤形玉佩、玉管等，这些器物可能构成一套完整的组玉佩。这件环的设计极具巧思：白玉环体为一圈旋转的云气，两面布满纹样，各类神兽排布其间，或半隐于云气中，或呈奔走、噬咬状，兽与兽、兽与溢出的云气相互关联，呈现出刚柔并济、激烈动感的美。而在不足 3 厘米宽的环体上以浅浮雕工艺表现柔美的云气与遒劲的神兽，则展示出玉工高超的琢玉技艺以及对光影恰到好处的利用、把控。楚人的细腻、洒脱和浪漫，都在这件环上表现得淋漓尽致。（*左骏*）

龙凤纹环

战国晚期
外圆直径 10.6 厘米，内圆直径 5.9 厘米，厚 0.5 厘米
1983 年广东省广州市象山南越王墓出土
南越王博物院藏

出土于玉衣头套的面罩上，为璧形佩饰，制成内外两环，双面透雕纹饰。纹饰分两区：内区一游龙居环心，前后足及尾都延伸入外区；外区一凤鸟立于游龙伸出的前爪上，回眸与龙对视，凤首高冠和凤尾的长羽上下延伸成卷云纹，把外区的空间填满。这件佩饰的构图特点是主次分明，疏密得宜。在技法上，线刻和镂空配合运用，使龙凤躯体的边缘分减，中部隐凸，在平面上呈现立体效果，表现龙凤躯体的遒劲有力、富有弹性。整器构图完美，工艺精湛，兼具浪漫和写实的特征，是楚式玉器中的艺术珍品，也是南越王珍爱的传世宝物。（何东红）

拓片（采自《西汉南越王墓》，图一二四）

玉舞人

战国晚期
宽 3.1 厘米，高 9.2 厘米
2015 年江西省南昌市郭敦山海昏侯墓出土
南昌汉代海昏侯国遗址博物馆藏

白玉，有淡黄色沁。器物为片状，双面透雕舞人：瓜子脸，长直鼻，前发扇形覆额，脑后长发编辫，两鬓有盛髻，身着右衽曳地楚式深衣，腰间束带，左臂上举，扬袂于头上作舞，右臂横置腹前。玉佩细部由单阴线刻画，上下各凸起一个半圆形穿孔，可供系佩。此玉佩色泽温润，线条优美，舞人形象栩栩如生，具有极高的艺术价值。此类玉舞人流行于战国，是墓主人收藏的旧玉。（**南昌汉代海昏侯国遗址博物馆**）

十六节龙凤活环玉佩

战国早期
通长 48 厘米，宽 8.3 厘米，厚 0.5 厘米
1979 年湖北省随州市曾侯乙墓出土
湖北省博物馆藏

黄白玉，有少量糖色、“绺”等杂质和瑕疵，共分十六节，出土于墓主下颌附近，呈卷折状放置，拉展后呈活环状长带形，为一条环环相扣的组佩结合体。器物构思奇巧，用料及工艺上乘，是战国乃至先秦时期精品玉器的杰出代表。玉挂饰各节大小不一，小节与大节相间，由五块玉料以活环技术琢制成品后，再以三个素面玉椭圆形活环、玉销及铁销相连。值得注意的是，其尾端仍然保留横穿小孔，似乎尚可继续以活环销卯串联。各节两面纹样基本相同，透雕处均装饰龙、凤、蛇等纹样。

该多节挂饰可自由折卷，集活环、透雕、浅浮雕、平琢、榫卯等玉雕、金属加工工艺于一身，设计精巧繁复，不拘纹样程式，琢制玲珑剔透，反映了战国时期是中国玉器制作空前完备的时代。（左骏）

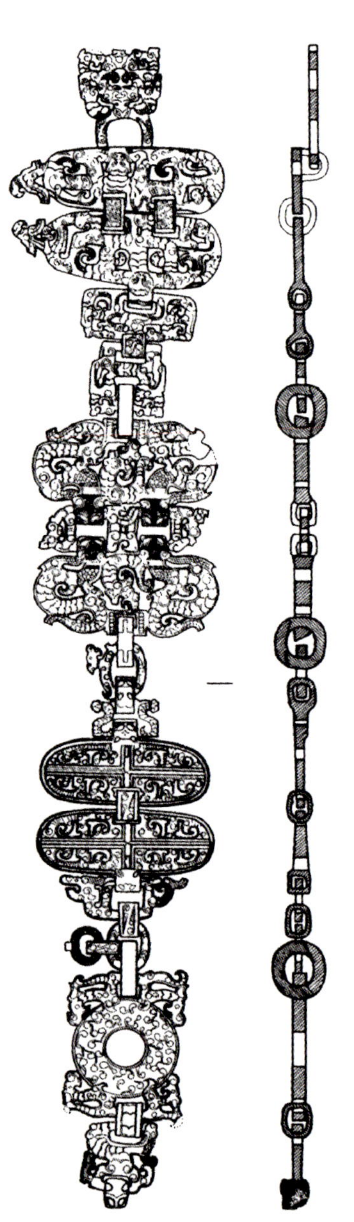

线图（采自《曾侯乙墓》，图二五〇：1）

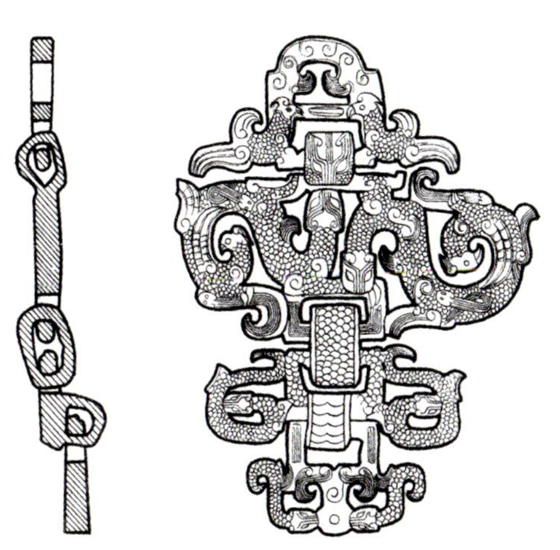

线图（采自《曾侯乙墓》，图二五〇：2）

四节龙凤活环玉佩

战国早期
通长 9.5 厘米，最宽处 7.2 厘米，厚 0.4 厘米
1979 年湖北省随州市曾侯乙墓出土
湖北省博物馆藏

扁平状饰物，共分四节，出土时位于内棺曾侯乙腹部，系由一块玉料设计透雕而成，打开呈一大三小的四环组合。中间一环为活环，上下两环为固定环，可以灵活折卷。各节上龙、凤、蛇纹分列左右，两两对称。器物的制作过程大体如下：玉工先对一块玉料进行总体分析，设计好活环的大小、数量，继而剖割玉料，镂空各连接环，展开后进行平面纹样的规划设计，继而在展开的玉片平面上进行镂空和纹样琢磨，最后总体抛光成器。

器两面共有七条龙、四只凤鸟和四条蛇，以极为纤细的线条琢刻细节，整体布局严谨。其玉料选择、雕刻技法、设计构造以及纹样风格与内棺中同出的十六节挂饰几乎相同。在十六节挂饰和四节挂饰底部均有与整体纹样无关的穿孔，似乎表明两者在设计制作和使用上存在一定的关联，或在玉工原本的规划中另有继续连接的构件。（左骏）

人面纹琉璃珠（一组 2 件）

战国中期
长 1.6 厘米，宽 1.1 厘米，厚 0.6 厘米
2005 年江苏省无锡市鸿山镇邱承墩出土
南京博物院藏

珠体扁，呈椭圆形，外周以蓝白色玻璃条裹卷后贴附，形成相互间隔的短窄“睫毛”状纹饰，珠体面部具平列的两“眼”纹，两“眼”之间以浅色装饰似鼻梁的哑铃形。此类琉璃珠（玻璃珠）最早起源于古埃及，后偶见于地中海周缘，中国境内湖南、湖北及江苏战国时期墓葬中也有出土。经成分测试得知，这类玻璃珠多以钠钙硅酸盐玻璃制成，应系外来传入，但也不排除是本土仿制品。（刘琦）

蜻蜓眼琉璃珠（一组 7 件）

战国中期
最大直径 2.1 厘米，最小直径 0.3 厘米
1987 年河南省洛阳市西小屯 2197 号墓出土
洛阳博物馆藏

蜻蜓眼是指一类使用叠套、热镶嵌等工艺装饰的，具有复杂同心圆纹饰和几何纹饰的琉璃珠（玻璃珠），由于同心圆纹饰类似蜻蜓之目而得名。20 世纪 30 年代，怀履光等人在洛阳金村盗掘，在这片疑似周天子和近臣的墓葬中出土了一批蜻蜓眼玻璃珠，还有镶嵌玻璃珠的铜镜等，中国出土的蜻蜓眼式玻璃珠自此受到关注。根据检测，西小屯出土的这组玻璃珠绝大部分是地中海、黑海北岸生产的钠钙硅酸盐玻璃，通过草原丝路贸易传到中原。（芮星）

1

蜻蜓眼琉璃管、琉璃珠（一组 3 件）

战国晚期
1 长 3.5 厘米，直径 1.6 厘米
1978 年湖南省益阳市赫山 12 号墓出土
2 直径 2.1 厘米
1975 年湖南省湘乡市牛形山 1 号墓出土
3 直径 2.1 厘米
1954 年湖南省衡阳市公行山 5 号墓出土
湖南博物院藏

2

蜻蜓眼琉璃珠（玻璃珠）起源于古埃及，经古代物质文化交流而来，后流行于春秋战国时期的中原地区，且多见于楚地。先秦文献中屡次提及“随侯珠”，汉代《论衡·率性》记载：“随侯以药做珠，精耀如真。”说明楚地应具备制造玻璃珠饰的技术和能力。科技考古分析发现，楚地蜻蜓眼珠饰大多以本土发明的铅钡硅酸盐玻璃制成，与地中海、黑海北岸地区流行的钠钙硅酸盐玻璃有本质区别，故再次印证了楚地蜻蜓眼珠饰应系本土制造，在多重圆形基础上，增添了菱形折曲和花状构图，代表了楚地独特的审美和情趣。（刘琦）

3

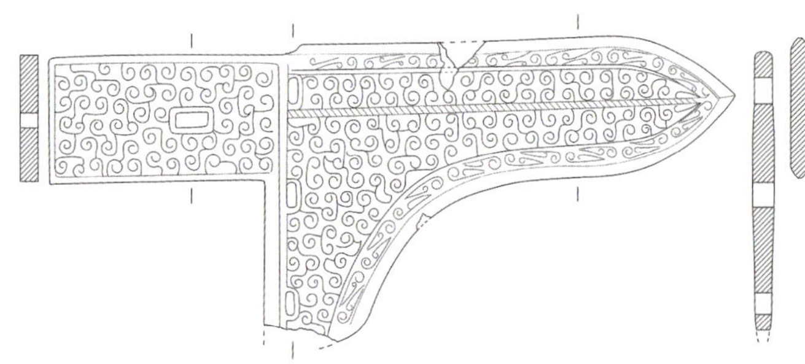

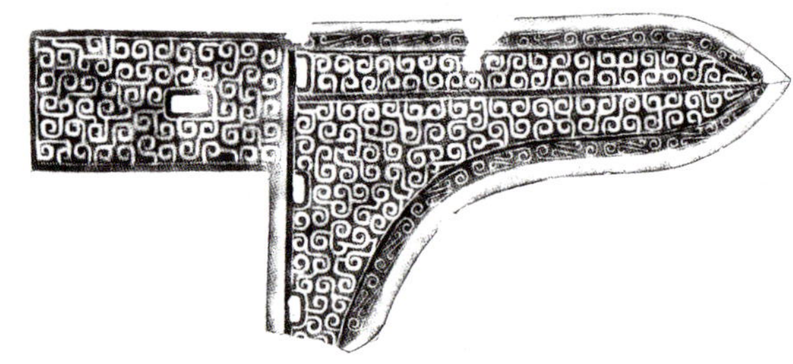

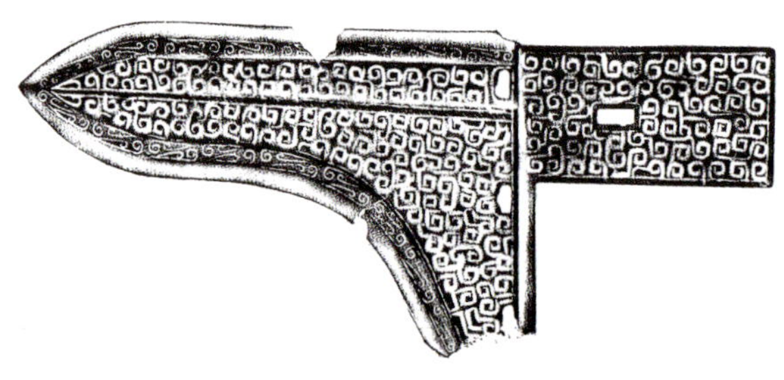

玉戈

战国早期
长 19.1 厘米，宽 18.8 厘米，厚 0.55 厘米，高 11 厘米
2010 年江苏省盱眙县大云山江都王墓园 1 号墓出土
南京博物院藏

戈为先秦以来最具攻击性的车战兵器，常以铜、铁铸成。《越绝书》：“黄帝之时，以玉为兵。”实际上，玉兵器自出现伊始，便不是为实用而制作的。大云山出土的这件玉戈，其玉质戈身的制作时代为战国早期，是一件被西汉诸侯王收藏的东周古物。（左骏）

玉具剑（一组 4 件）

战国晚期
剑首：上径 5.9 厘米，底径 5.5 厘米，厚 1.7 厘米
剑格：长 6.1 厘米，宽 2.1—2.5 厘米，厚 0.3—2.2 厘米
剑璏：长 13.9 厘米，宽 2.4 厘米，高 1.5 厘米
剑珌：长 8.3 厘米，宽 5—6.6 厘米，厚 1.5 厘米
1992 年山东省淄博市临淄区商王村 2 号墓出土
淄博市博物馆藏

四件器物均为白玉质，土沁泛白。剑首圆形，纵剖面呈梯形。正面中部凸起，并浮雕一螭虎，虎首居中，身体弯曲呈圆形，四足二趾，绞丝纹细尾，尾尖弯曲上卷。螭虎周围饰三周卧蚕纹，边缘阴刻一周轮廓线。背面中部稍高，中有一周直径 1.6 厘米、深 0.4 厘米的凹槽。剑首周围侧面饰九组阴线勾连云纹，每组之间以斜线相隔，上下边缘各阴刻一周轮廓线。

剑格为山字形，横剖面呈棱形，中有棱形銎。两面纹饰相同，皆饰浅浮雕卷云纹，边缘阴刻轮廓线。

剑璏呈长方形，两端勾卷，背面有长方形銎。表面饰排列整齐的卧蚕纹，边缘阴刻轮廓线，两长边边缘稍尖。

剑珌呈束腰梯形。一端中央有一直径 0.6 厘米、深 0.9 厘米的圆孔，孔两侧各有一椭圆形小孔与之斜通，另一端饰浅浮雕卷云纹和阴刻轮廓线。两面均饰左右对称的浅浮雕兽面纹和几何云纹，并在此之上点刻阴线须状纹，边缘阴刻轮廓线。纹饰一面疏朗，另一面较密。（张伟伟）

御者佩剑（采自《秦始皇陵铜车马发掘报告》，图四一）

兽面玉铺首

战国晚期
宽 13.8 厘米，璧径 8.8 厘米，璧厚 0.5 厘米，
高 16.7 厘米
1983 年广东省广州市象山南越王墓出土
南越王博物院藏

全器由整玉雕成，分为兽首与圆璧两部分。兽首两目圆睁，双眉上扬，高鼻呈桥形衔璧，玉璧亦钻凿出銎口与兽鼻套合，可以上下翻动。兽首左侧透雕一螭虎，呈直立状，独角，头朝下，尖嘴竖耳，尾部上卷，与兽首脸颊紧贴。佩的正面采用镂空、浅浮雕、线刻三种技法雕琢纹样，整体呈现不对称之美，背面则光平无纹，或许是嵌在某类重器上的装饰物。（何东红）

玉带钩

战国晚期
长 14.6 厘米，体最宽处 3.5 厘米，体厚 0.9 厘米
1997 年安徽省巢湖市北山头 1 号墓出土
巢湖市博物馆藏

钮面刻铭：中二

东边厢（头厢）西南角出土，同出的还有玉管、琉璃珠、龙首两件及玉印一枚，显然是两组玉组佩与印囊合为一套的腰间挂佩。由此判断，玉带钩原应是系于此组挂佩腰带上的实用器具。玉带钩设计构思巧妙，从背面钩钮偏于一侧并伴有原料的破裂面，以及两只高浮雕螭虎完美规避玉料绺裂的处理技法来看，工匠最大程度地利用了原材料。（*左骏*）

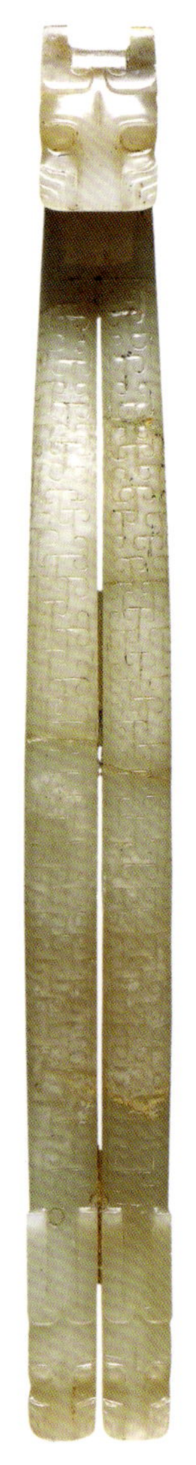

双身龙形玉带钩

战国晚期
长 19.1 厘米，宽 2 厘米
1997 年江苏省徐州市狮子山楚王墓出土
徐州博物馆藏

带钩由两条并列的龙组成，装饰规整有序的勾连卷云纹，一端刻二龙首。二龙首形貌相同，双目瞠视，双耳向上敛拢，鼻部拱起，两腮刻饰胡须。钩身弧形拱起，背面有圆形钮。东周秦汉是玉带钩发展的鼎盛时期，玉带钩用料讲究、造型多样。（缪华）

龙首衔环双身玉带钩

战国晚期
长 18.9 厘米，最宽处 6.2 厘米，环径 2.5 厘米
1983 年广东省广州市象山南越王墓出土
南越王博物院藏

青玉质，半透明，晶莹光泽。全器由一块整玉雕成。钩首呈虎头形，钩尾雕作龙首。龙虎并体呈 S 形，颈部以下透雕一线窄缝。钩的中部透雕一环，龙张口啮环，虎亦伸爪攫环，构成龙虎争环造型。整件玉钩构图新奇，雕琢精细，抛光亮洁，堪称绝品。（何东红）

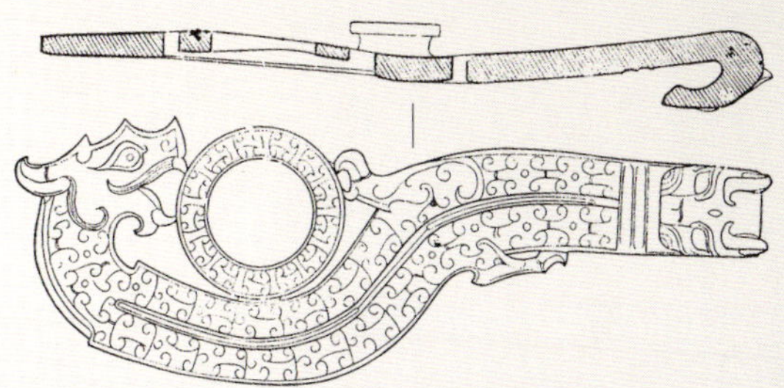

线图（采自《西汉南越王墓》，图一二五：3）

玉卮

战国晚期

口径 7.91 厘米，底径 7.4 厘米，壁厚 0.3 厘米，高 13.1 厘米

1997 年安徽省巢湖市北山头 1 号墓出土

巢湖市博物馆藏

玉卮发现时，与另一件凤鸟（朱雀）带盖玉卮以及嵌玉琉璃水晶漆器罍两件高级器物一起，置于西边厢的西北角，为流质饮具、容器，其组合上也或有关联。卮体由一整块原料琢制，器形仿漆卮，上中下设计有“釦”“中环”及下部的三足。由于玉料不规则，玉匠在保证正面展翅凤鸟为设计核心对称轴的同时，依次在凤翅与凤尾间排布勾连云纹，加之正面横向的螭虎、背面的虎鋬，这些设计体现了匠人随料施艺的匠心。底部同样模仿漆器装饰，中心琢卷云涡纹一周。从同时期高等级同类器物的结构和功能来看，玉卮基本会配有盖，因此本件卮盖可能在使用过程中遗失。纵观传世品和出土品，本玉卮设计至美，工艺至精，从考古、艺术价值来说，也堪称无价之宝。（左骏）

线图（采自《巢湖汉墓》，图九〇：1）

凤纹玉角杯

战国晚期
长18.4厘米，口径长轴6.7厘米，短轴5.8厘米，壁厚0.2—0.3厘米
1983年广东省广州市象山南越王墓出土
南越王博物院藏

此杯出土于墓主棺椁头箱，由整块青白色硬玉琢成。口部椭圆，仿犀角形，内壁光洁，杯的里底有明显的管钻痕，外壁运用圆雕、镂空、高浮雕、浅浮雕、线雕等技法雕出四层纹饰。杯底的端部反折，往上回转，镂空成云纹环绕杯身下部，云纹上刻束丝纹，接着高浮雕修琢宽体卷云纹，延向杯口。杯口缘浅浮雕一只遒凤，尖喙，竖耳，额上的独角如云朵飘出，凤体修长，振翼而立。其尾为勾连卷云纹，缠绕回环，连绵不断，布满全身。主纹的空白处阴刻勾连涡纹。纹饰层次分明，且互有重叠、穿绕，布局巧妙，碾琢娴熟。这件玉器表明，这一时期玉雕在章法布局、材料运用、技巧发挥上已臻巅峰。它既是一件精美绝伦的工艺品，亦是一件融传说于现实、引人遐思的实用品。（何东红）

凤纹展开示意图

玉耳杯

战国晚期
连耳宽 9.7 厘米，杯口径 12.3 厘米，高 3 厘米
2015 年江西省南昌市郭敦山海昏侯墓出土
南昌汉代海昏侯国遗址博物馆藏

此杯由整块玉料雕琢而成，壁较薄，玲珑剔透，打磨抛光处理较好。玉色白，有灰褐色沁。耳杯椭圆形，月牙形双耳，浅弧腹，平底，具有战国晚期典型楚式耳杯的特点。耳面饰左右对称的凤鸟纹，外壁两端浅浮雕兽面纹，其余阴刻鸟云纹、云气纹和柿蒂纹。外底饰一只与内底相似的抽象鸟纹。内底围绕主纹鸟纹双勾椭圆形阴线，外饰一周纹饰带，带内饰对称的典型楚式凤鸟纹和云气纹。（南昌汉代海昏侯国遗址博物馆）

玉盒

战国晚期
口外径 9.8 厘米，通高 7.7 厘米
1983 年广东省广州市象山南越王墓出土
南越王博物院藏

出土于墓主棺椁头箱，由青玉雕琢而成，玉质温润，晶莹透亮。盖与身有子母口扣合，盖面隆圆，顶部有一桥形钮，内扣一个绞索形的圆环，环可转动。盖面浮雕花瓣纹、勾连涡纹、勾连雷纹等多重纹饰，盖内也线刻双凤，其中一凤回首，一凤朝前，相互缠绕，踩在一个圆圈上。盒身像一个圆碗，圈足，盒内平滑，外壁装饰勾连涡纹、花蒂纹等。入葬前盒盖已破裂，可以看到它在原有的透气孔旁加钻了两个小孔，孔与孔之间琢出凹槽，用以穿绳缀合并掩藏绳头。此玉盒虽破裂但被修合使用，足见此盒在当时已属珍稀之物。

南越王墓出土玉容器五件，是汉墓中玉器的一次重大发现。从器形和工艺设计风格看，这些出土玉器基本上是战国末年楚式玉器的精品之作。（何东红）

透空镶嵌孔雀石方镜局部　上海博物馆藏

玉盒

战国晚期
直径 11.1 厘米，壁厚 0.2 厘米，高 4.4 厘米
1997 年安徽省巢湖北山头 1 号墓出土
巢湖市博物馆藏

出土于东边厢（头厢）中部，盒内尚存白色粉状物和一件角质篦。玉料质地上等，黄白色，设计与工艺上乘。玉盒上下均放有铜镜，结合东边厢中成组的组佩、带钩等器物，可推测东边厢是放置主人装束、化妆所用器具的空间。盒中所盛物品或为脂粉。（左骏）

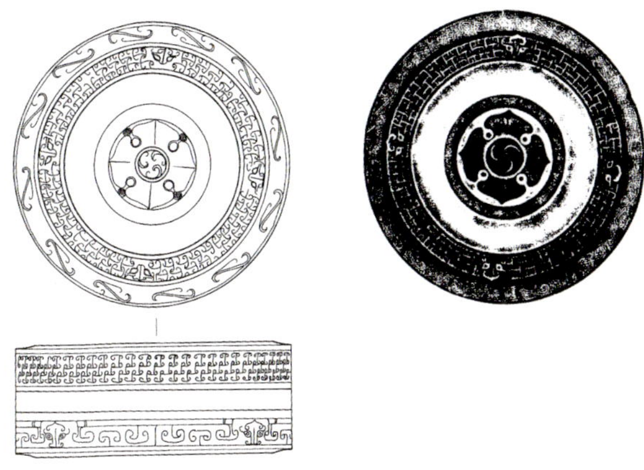

线图、拓片（采自《巢湖汉墓》，图九二：1、九三：1）

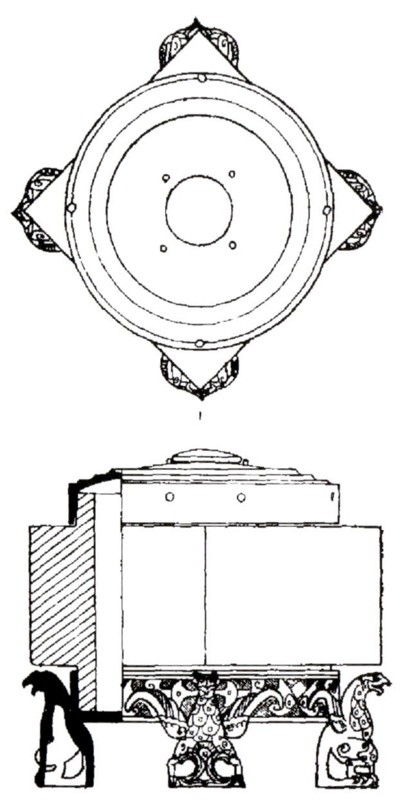

线图（采自《江苏涟水三里墩西汉墓》，图三：2）

银釦琮盒

齐家文化玉琮，战国晚期改制
射径 6.9 厘米，孔径 5.5 厘米，通高 8.4 厘米
1965 年江苏省涟水县三里墩出土
南京博物院藏

玉料色泽黄白相间，白色不透明处为埋藏后的次生沁蚀，部分显露的黄白与红褐糖色是玉料原本的色泽。形制、用料特征均可表明，它原为典型的史前华西系玉器。匠人的改制颇富巧思，上加银质鎏金的盖，中心镶嵌一枚圆形凸面水晶，底部化圆为方，在刻纹银鎏金封底的圆托四周设四只立体圆雕鹰形足，上下浑然一体。琮在头箱发现，伴出日用器具如钩、镜、镇等。琮孔内壁尚残留一些粉状物，推测此琮盒是一件用于存放化妆品的容器。（左骏）

湖南长沙马王堆三号汉墓丁形帛画上的持圭人物

1

2

圭（一组 5 件）

西汉早期
1 大圭：长 21 厘米，宽 9.6 厘米，孔径 0.7 厘米，厚 1.7 厘米
2 小圭：长 9.4 厘米，宽 2.3 厘米，孔径 0.35 厘米，厚 0.5 厘米
2010 年江苏省盱眙县大云山江都王墓园 1 号墓出土
南京博物院藏

出土于王墓（M1）前室，同时出土大玉圭四件、小玉圭一件。出土时，三件大圭并列横侧置，圭首向北，另一件大圭叠压在一件小圭上，近水平放置，圭首向南。大小圭与裂瓣纹银盒、鎏金铜犀牛、鎏金银铜象等文物皆出自前室南部的同一区域。

汉武帝时期，国家祭祀与丧葬中放入圭璧组合似乎已成常例，被视为西汉重振礼制的标志之一。圭皆为青玉制成，与《周礼·大宗伯》上提及的礼天“青圭”相符。尺寸方面，四件大圭均长 21 厘米，计合汉尺九寸，与《周礼》记载公侯“命圭”尺寸相同。值得注意的是，小圭的形制、比例、尺寸与满城中山王陵、巨野红土山昌邑王墓内出土小圭完全相同。这类出自不同诸侯王墓的小玉圭，或为中央赗赠之物。（左骏）

双身双首龙纹璧

西汉早期
外径 23 厘米，孔径 4.2 厘米，厚 0.6 厘米
1994—1995 年江苏省徐州市狮子山楚王墓出土
南京博物院藏

汉代制度，元旦朝贺，诸侯王献璧，而公侯贵族去世后，国君要派遣使者持璧与圭去赗赠。汉代礼制文献中有“诸侯王薨，天子遣使者往”的记载。西汉时期，汉武帝崇古尊儒，重建礼制，用传统的圭璧通礼教，最为适合。（张长东）

祭祀组合（一组 4 件）

西汉早期

1 璜：长 9.5 厘米，宽 2.5 厘米，厚 0.5 厘米

2 玉人（男）：宽 1.4 厘米，厚 0.56 厘米，高 7.6 厘米

3 玉人（女）：宽 1.7 厘米，厚 0.45 厘米，高 6.1 厘米

4 琮：长 2.8 厘米，宽 2.8 厘米，厚 0.6 厘米

2016—2018 年陕西省凤翔县柳林镇雍山血池遗址 15 号祭祀坑出土

陕西省考古研究院藏

“国之大事，在祀与戎”（《左传·成公十三年》），周秦以来，祭祀是国家的头等大事，而玉在秦汉时期的观念里是沟通人神的凭信。血池祭祀坑中以璜、琮及男女形象的玉人为祭祀的“圭币（璧）”，既有周以前以人献祭的观念残留，又体现了周代开始用玉礼器理性沟通天地的制度。汉承秦制，汉高祖刘邦完备了“雍五畤”祭祀系统，并以郊祀雍畤作为王朝最高祭礼，而血池遗址可能是西汉的北畤。（刘思哲）

血池秦汉祭祀遗址祭祀坑埋藏情况复原图（采自《陕西凤翔雍山血池秦汉祭祀遗址考古调查与发掘简报》，图一五）

镶玉裹蹏金

西汉中期
底部长 3.1 厘米，宽 2.6 厘米，高 2 厘米
2015 年江西省南昌市郭敦山海昏侯墓出土
南昌汉代海昏侯国遗址博物馆藏

裹蹏金分大小两种，形制相似，均呈马蹄状，中空，斜壁，前壁高后壁低，使顶部呈一斜面，底部较为规整。顶部镶嵌有琉璃或玉石，出土时有的镶嵌物缺失。近口沿处外围一周饰有一组纹饰，采用花丝镶嵌等细金工艺制成。裹蹏金底部或铸或贴有“上”“中”“下”字样，部分损坏。共出土裹蹏金 50 件，其中大的 17 件，小的 33 件。据史书记载，裹蹏金、麟趾金是汉武帝感于祥瑞频现而铸的纪念物，以此“班赐诸侯王”，而面镶玉或琉璃者，仅在海昏侯墓及河北定州西汉中山王墓中见到。（南昌汉代海昏侯国遗址博物馆）

琉璃编磬

西汉早期
整套尺寸：长 304.5 厘米，通高 173.75 厘米
琉璃编磬：股上边 9.12—31.4 厘米，鼓上边 11.8—36.75 厘米，股博 6.95—15.9 厘米，鼓博 5.6—13.1 厘米，底边 14.19—48.45 厘米，厚 3.32—4.2 厘米
2010 年江苏省盱眙县大云山江都王墓园 1 号墓出土
南京博物院藏

磬是中国土生土长的大型组合类敲击乐器。经过考古发掘和室内清理修复可知，整套编磬由编磬架、琉璃编磬两部分组成。琉璃编磬有贝壳状断口，从断面观察，未风化处呈半透明状，淡黄略偏青色，内部有少量细小的白色铸造气泡。经拼合复原可知，这组编磬共计 20 枚，表面均光素无纹饰。最大一枚对角线长度已经接近 100 厘米，厚度达 5 厘米。人工烧熔并铸造如此庞大的琉璃器，毋庸置疑可以体现西汉早期琉璃烧熔技术的最高水平。

琉璃器与同时期的玉器呈现的色泽高度一致，这组编磬是琉璃模仿玉料的例证。中国人认为，世间最美好的声响，莫过于用料美质坚的玉制成乐器奏出的音乐。在秦汉时期的完备礼制中，编磬与编钟是整个乐队组合里最核心的两组乐器。若说铜编钟给听众们带来的是“金声”，那么琉璃编磬带来的便是“玉振”。（左骏）

琉璃编磬复原图

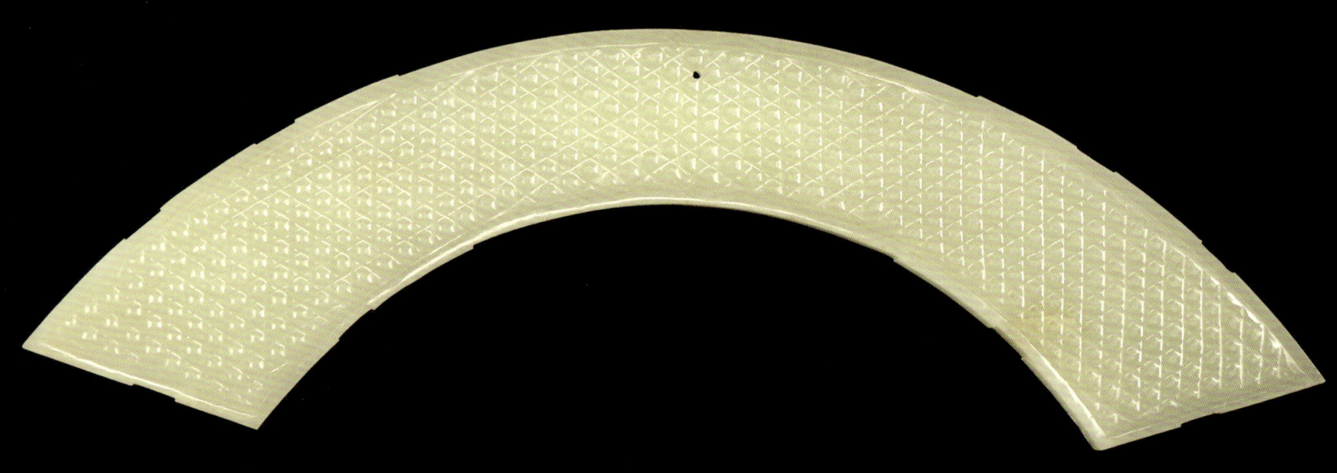

湖南长沙砂子塘汉墓漆棺悬珩（采自《汉代漆器图案集》，图 100）

珩

战国晚期—西汉早期
长 23 厘米，宽 4.15 厘米，孔径 1.1 厘米，厚 0.8 厘米
1994—1995 年江苏省徐州市狮子山楚王墓出土
南京博物院藏

珩体线条优美，张力十足，其上琢制的细密蒲纹和抛光出的玻璃光泽，十分炫目。在汉代生活中，大型玉珩是高等级饰品，可悬挂于宫殿华丽的幔帐或帷幄檐下。当时的殿内或许悬满珠玉，才会有《西都赋》里描述的绚烂景象："金釭衔璧，是为列钱。翡翠火齐，流耀含英。"（左骏）

璧（环）

战国晚期—西汉早期
直径 14 厘米，孔径 6 厘米
1994—1995 年江苏省徐州市狮子山楚王墓出土
南京博物院藏

这类青黄或黄白的玉璧，大多用于日常生活或建筑装饰。秦汉之际，制作如此精美的“白璧”是贵族间交往的高级赠礼。刘邦逃离鸿门宴后，曾请张良“奉白璧一双”以示对项羽的恭敬。本件璧以乳白色为底，稍有糖色，玉质温润晶莹。璧的表面碾琢深剔底凸起的饱满谷纹。谷纹排列整齐，细长的尾巴左右旋转，规范之中不乏灵动。（左骏）

湖南长沙马王堆一号汉墓朱漆棺悬璧（采自《汉代漆器图案集》，图 96）

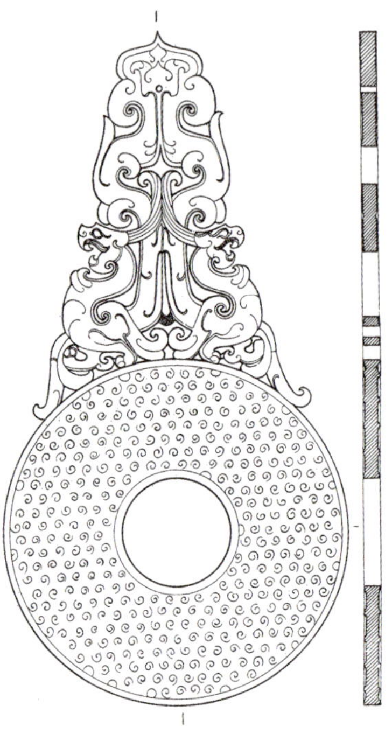

线图（采自《满城汉墓》，图九三）

透雕双龙出廓璧

战国晚期—西汉早期
直径13.4厘米，孔径4.2厘米，厚0.6厘米，高25.9厘米
1968年河北省满城县陵山1号墓（中山王刘胜墓）出土
河北博物院藏

玉质晶莹洁白，两面琢刻细密谷纹。该璧形体硕大，周缘起棱。玉璧上端饰透雕双龙卷云纹钮，双龙昂首相背，曲身张口挺立于璧缘，有越云欲飞之势。自龙尾腾起对称卷云纹，至上端聚作一桃形顶，上有一穿孔。器物雕琢精细，纹饰流畅，造型生动优美，是玉璧中难得的珍品。（河北博物院）

龙虎出廓璧

东汉
直径 24.4 厘米，宽 28.7 厘米，厚 1.1 厘米，高 30.5 厘米
1969 年河北省定州市 43 号墓（中山王刘畅墓）出土
定州市博物馆藏

玉质半透明，表面温润亮泽，局部沁蚀处泛红褐色。此璧是我国目前发现的最完整、最大的一块出廓璧。璧上部透雕龙螭衔环钮，两侧分别透雕一龙一螭虎。龙、螭虎夸张的S形身躯，活跃奔腾，充分表现了汉玉“神似”之艺术灵魂。器物细部均用浅阴线刻出纹样，做工细腻，造型优美，集镂空、浮雕、阴刻多种工艺于一体，构图疏密有致，纹饰古朴大方，线条洒脱流畅。（杜会平）

云气双龙玉饰

战国晚期—西汉早期
宽 14 厘米，厚 0.5 厘米，高 12.5 厘米
1994—1995 年江苏省徐州市狮子山楚王墓出土
徐州博物馆藏

玉质为和田青白玉，局部有沁斑。玉佩整体为共用一龙身的两条虬龙，龙头朝上，二龙龙身后部相连，龙身有凸起的谷纹，整体器物透雕，造型庄重。龙形玉佩有单体龙、双龙同体等形制，这种联体双龙佩数量极为稀少，是同时期的佳作。（宗时珍）

云龙玉饰

战国晚期—西汉早期
长 18 厘米，宽 11.9 厘米，厚 0.5 厘米
1994—1995 年江苏省徐州市狮子山楚王墓出土
徐州博物馆藏

以浅浮雕、透雕技法整体雕出盘曲的 S 形龙，龙身中部拱曲方正，上有一穿系用的孔。龙体丰腴，张口露齿，身饰勾连涡纹，龙爪简化变形，龙尾呈凤尾形。龙身上下饰透雕云纹，有腾云驾雾、飞跃于天之态。S 形龙身的方正和凤尾的婉转流畅呼应，使之方正而不呆板，流畅而不柔弱。整条龙鬣毛飞扬，威风凛凛，充满力量和气势，具有战国秦汉之际玉龙的典型风格。（宗时珍）

云龙玉饰出土情况

S形玉龙饰

战国晚期—西汉早期
长17.5厘米，宽10.2厘米，厚0.6厘米
1994—1995年江苏省徐州市狮子山楚王墓出土
徐州博物馆藏

玉龙整体莹润，有玻璃般的光泽，半透明，局部有糖色。其造型为单体龙，身体蜷曲，呈S形，张须露齿，双目圆睁，鬣毛向两边卷曲，颈部以阴线刻出一圈绞丝纹，前肢曲折，爪趾锐利，呈尖钩状，龙尾上卷并平削，通体饰勾连涡纹。雕琢风格采用阴线刻、浮雕和局部透雕等技法，把龙潜深渊、蛰伏待时的意蕴刻画得淋漓尽致。（缪华）

S 形玉龙饰

战国晚期—西汉早期
长 14.6 厘米，宽 7.7 厘米，厚 0.4 厘米
1994—1995 年江苏省徐州市狮子山楚王墓出土
南京博物院藏

这件蜷体玉龙展示了单身龙体翻腾刹那的侧面。其表面被精心地打磨出玻璃光泽。龙的造型修长，形态灵动，动感十足，整体呈 S 形，前身直立，下身及尾部卷曲，富有力量。此玉龙出土位置接近墓室门口，可能被盗墓者由于某种原因遗忘于此。（*左骏*）

玉双卯（一组 2 件）

东汉

玉质均白净上乘，立方柱体，细小穿孔贯通上下；长边四面刻“殳书”铭文，刚卯计 34 字，严卯 32 字。铭文以尖锐的工具刻画而成。其文大意是：在吉日里制作了这件玉器；它是天帝派到人间的神灵的代表，邪灵会被震慑而蛰伏；神灵化作利器，如同这件棱角直方的玉卯；还有各类疾病，没有什么是它不能阻挡的！

刚卯与严卯配合使用，它们形制相同，两件同时佩用称为“双卯”。依据铭文，它们必须在正月里的某一天制作才会具有特定的法力。佩用“双卯”有着严格规制，它们不仅质地有别，且穿系的绳子也礼制繁复。依据《后汉书·舆服志》所记：帝后、诸侯王及列侯佩白玉质，贯白珠红绳；中两千石下及四百石官员佩黑犀牛角质，用红色丝线；两百石官员至普通学子佩象牙质，用红色丝线。（郑昕雨、左骏）

刚卯
边宽 1.2 厘米，高 2.5 厘米
上海博物馆藏

刻铭：
正月刚卯既」央，灵殳四方。」
赤青白黄，」四色是当。」
帝令祝融，」以教夔龙。」
赤疫冈瘅，」莫我敢当。」

严卯
边宽 1.1 厘米，高 2.2 厘米
1975 年江苏省扬州市甘泉三墩出土
南京博物院藏

刻铭：
疾日严卯，」帝令夔化。」
真玺固伏，」化兹令殳。」
既正既直，」既觚既方。」
屵疫冈瘅，」莫我敢当。」

玉连胜（司南佩）

东汉
宽 2.4 厘米，高 1.4 厘米
1975 年江苏省扬州市甘泉三墩出土
南京博物院藏

“胜”是传说中西王母的头饰，左右各一，中部用长连杆贯穿发髻，其形象在两汉的图像材料中颇为常见。祈求辟邪的玉质小型连胜似乎已经成为西王母及昆仑仙山的象征，自西汉晚期直至东汉，多佩戴于女性的臂项间。无论如何变化，胜均由上下平首的梯形加中间的圆形构成，以单体、连体或是叠胜组成的图像及实物是当时人们信仰膜拜的对象之一。（左骏）

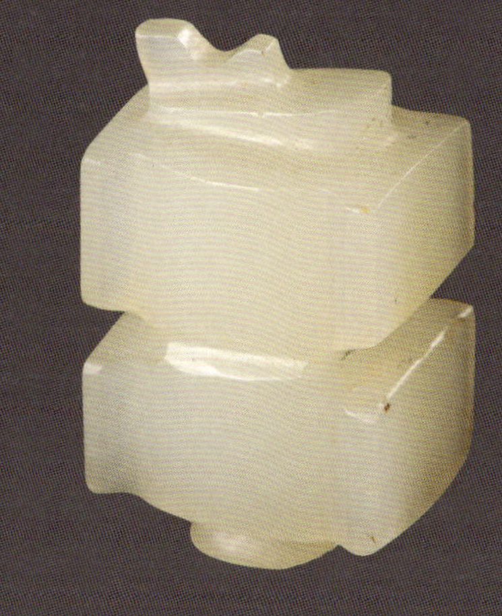

玉胜屏（构件）

东汉
宽 5.1 厘米，高 6.8 厘米
1975 年江苏省扬州市邗江区甘泉双山 1 号墓出土
南京博物院藏

器物为白玉质地，内有原生的黄褐糖色，以极浅的阴线刻画上下的梯形与中部的圆。圆中的方形卯孔表明，其应该是拼接器的组合构件。相似器物还见于朝鲜半岛汉乐浪郡发现的刻纹玉胜。参考山东武梁祠内顶部“玉胜”图像，胜屏组合的结构很可能是：榫头为连接杆的一部分，杆子的另一端是一件同等大小的单体玉胜。（左骏）

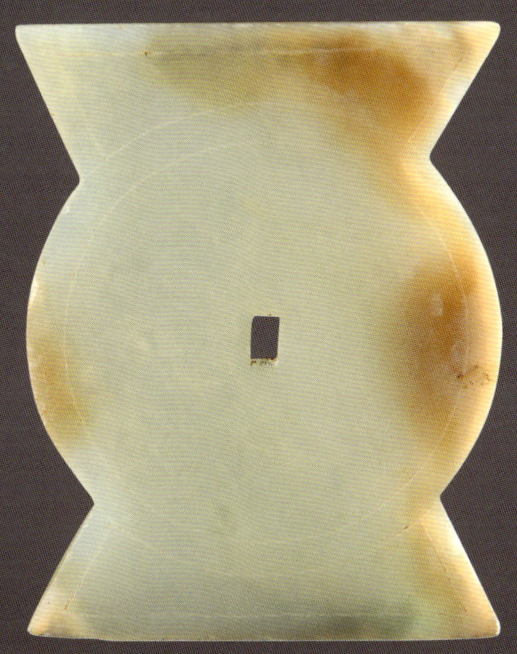

西王母神瑞叠胜形玉座屏

东汉
长15.6厘米，宽6.5厘米，屏片厚0.3厘米，通高16.9厘米
1969年河北省定州市43号墓（中山王刘畅墓）出土
定州市博物馆藏

座屏由四块镂空玉片接插而成。两侧支架为上下叠胜形，胜的圆形部分分别透雕团卷的龙以及蛇首状神兽。中间两屏片略呈半月形，两端有榫，插入玉叠胜卯孔内。其上透雕各类神人、鸟兽神瑞等纹饰。上、下屏正中均为西王母形象。上屏中西王母分发高髻，左右戴胜，端坐云气仙台上，旁有羽人、九尾狐和朱雀萦绕；下屏西王母蓬发戴胜，端坐云台，旁有仙女手持华盖，另有玄武等神瑞分列其上。人物、神瑞细部均饰浅刻线。上海博物馆收藏一件白玉四灵玉连胜，形制较小，上刻吉语，可随身佩戴。（杜会平）

河南偃师辛村新莽墓壁彩绘西王母形象（采自《中国出土壁画全集·5河南》，图43）

“宜子孙”出廓璧

东汉
直径 7 厘米，厚 0.4 厘米，高 9 厘米
1984 年江苏省扬州市甘泉老虎墩出土
扬州博物馆藏

此件玉璧突破了圆形的设计，通常称为“出廓”，是战国秦汉玉器在设计上的创新，亦给予观者多层次的视觉享受。东周时期，出廓的环状玉器已普遍存在，但带有吉语并镂空者，目前仅发现于东汉时期。吉语寄托着对使用者美好的祝愿。“宜子孙”三字镂空，正位于整器的对称轴上，端正庄严，设计布局严谨，尽显玉工巧思。（刘永红）

拓片（采自《斑斓璀璨：中国历代古玉纹饰图录》，第 240 页）

“长乐”出廓璧

东汉

宽 12.6 厘米，厚 0.6 厘米，高 18.5 厘米

故宫博物院藏

青玉质，局部有深褐色沁斑。器扁平，圆形，表面雕琢蒲纹，两面纹饰相同，上方出廓处镂雕双螭，螭身相对，其间镂雕“长乐”篆书二字。玉璧外圈边缘镌刻篆书乾隆五十三年（1788）御题诗《题汉玉长乐佩》。

清宫档案记载：“雍正七年四月初二日，太监刘希文王太平交来汉玉透地长乐拱璧一件、汉玉透地夔龙捧寿拱璧一件、汉玉透地夔龙边拱璧一件、汉玉双喜靶乳钉拱璧一件、汉玉阳纹夔龙拱璧一件、汉玉乳钉拱璧一件、汉玉素拱璧一件（此件未进）、白玉镶嵌牌一件，传旨着配架子做磬，陈设在莲花馆，钦此。”可见，雍正时期，廓上方带有镂雕装饰及文字的“长乐”玉璧就已进入宫廷，被称为“拱璧”。（黄英）

“帝印”玉玺

西汉早期
印面边长 2.3 厘米，高 1.8 厘米
1983 年广东省广州市象山南越王墓出土
南越王博物院藏

青白色，印台方形，螭虎钮，印面阴刻篆文“帝印”二字，中有竖线，外加边框，布局均匀，琢刻刚劲有力。印台四边减地刻勾连云纹，钮上的螭虎周围刻云纹相绕，腹下有穿孔，可系绶带。印文有边框与界格，风格属于西汉早期。印文呈现了南越国统治者僭号称帝的史实。从尺寸上看，印面边长合汉尺一寸，高度也较其他螭钮印小，可知其原本并非帝印，或是景帝时期汉廷赏赐的王印。有学者根据《史记》记载第三代南越国明王即位后“即藏其先武帝玺”推测，这件私琢的“帝印”便是在此时随葬于文帝墓中。（何东红）

钤印效果

“皇后之玺”玉玺

西汉早期
印面边长 2.8 厘米，高 2 厘米
1968 年陕西省咸阳市北原狼家沟出土
陕西历史博物院藏

玉玺发现地狼家沟距离汉高祖长陵约一千米。玉玺以优质白玉琢成，晶莹润泽。玺钮为高浮雕匍匐在云端的螭虎，有用于系绶带的穿孔，四边浅浮雕勾云纹。玺面琢篆书“皇后之玺”四字，其排列气韵生动，行距疏朗，整体布局端庄大方。《汉旧仪》记载：“皇帝六玺，皆曰玉螭虎纽，文曰皇帝行玺、皇帝之玺……皇后玉玺，文与帝同，皇后之玺，金（玉）螭虎纽。”该玺印形制与文献记载一致。虽然其时代和归属者目前略有争议，但玉印面已无秦汉之际印面常见的田字界格，由此可大体窥见景帝至武帝时期西汉帝后玺印的样貌。（左骏）

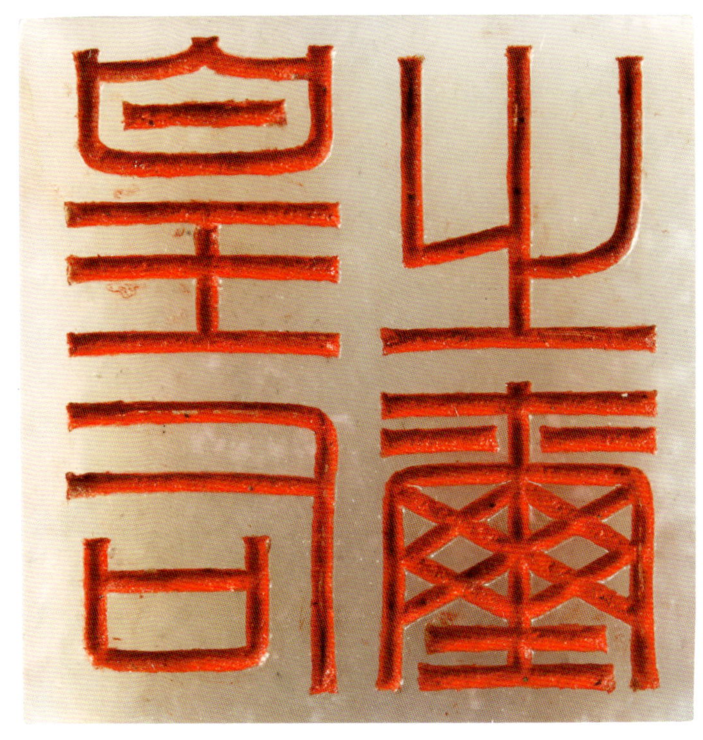

钤印效果

虎钮玛瑙印坯

东汉
边长 2.7 厘米，高 2.4 厘米
1980 年江苏省扬州市甘泉 2 号墓出土
南京博物院藏

虎钮以黄色纯净玛瑙为原料琢制，造型为圆雕的老虎，半蹲在盝顶的印台面上。较西汉螭虎而言，东汉的虎钮更接近老虎的真实形态，但常有云纹为底。印面没有琢刻印文，此印或是东汉广陵王未琢制的印坯料。（左骏）

羊钮玉印坯

西汉晚期
印面边长 1.5 厘米，高 2 厘米
1974 年江苏省盱眙县东阳城遗址 3 号墓出土
南京博物院藏

“范胥奇”玉印

西汉早期
边长 2.5 厘米，高 1.8 厘米
2018 年江苏省仪征市刘集联营 59 号墓出土
仪征市博物馆藏

白玉质，有黄褐色条状沁斑。印体方正，盝顶，顶部有凸起平台，平台与盝顶交界处有圆形穿孔。印面光滑，田字界格中琢阴文篆书，字体具有典型的秦汉之际的方正豪气风格。（夏晶）

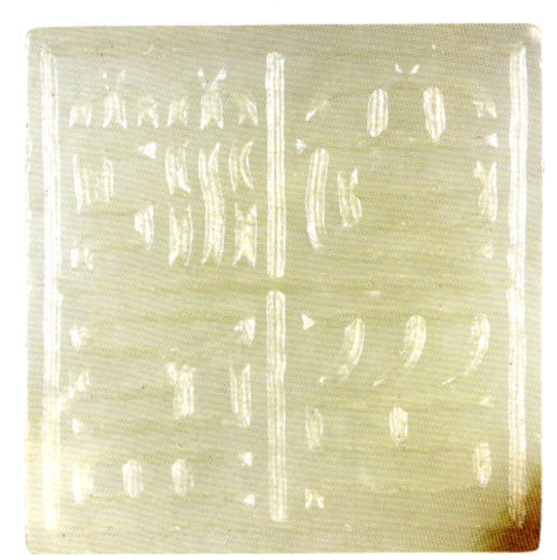

钤印效果

鎏金镶玉带头玛瑙贝带

西汉早期
带头：长 7 厘米，宽 4.2 厘米，厚 0.8 厘米
贝形饰：长 2.2 厘米
2010 年江苏省盱眙县大云山江都王墓园 1 号墓出土
南京博物院藏

战国秦汉时期常见用椭圆形的“齿贝”装饰腰带。《汉书·佞幸传》中有：“故孝惠时，郎侍中皆冠鵕䴊、贝带、傅脂粉，化闳、籍之属也。”故这种腰带可称为“贝带”。考古发现中，以天然贝类做装饰，是西汉早期高级贵族的专享，也是西汉早期上层贵族仰慕胡风的实物证据。汉代人视贝为高档饰品，以“目若悬珠，齿若编贝”（《汉书·东方朔传》）来赞美人物的外貌。用贝装饰腰带，将它们与明晃晃的金带头配套在一起，自然光彩熠熠。（左骏）

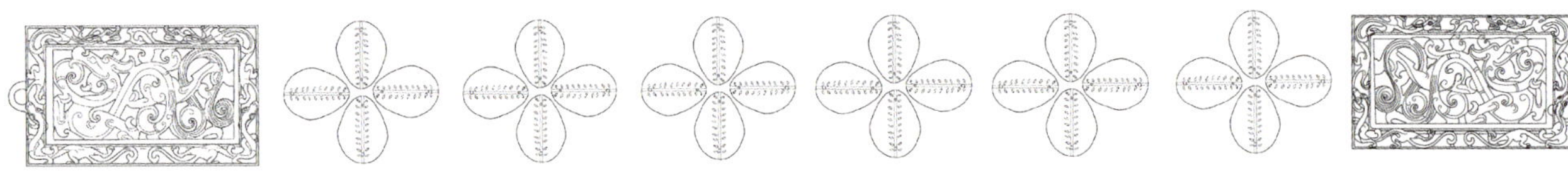

玛瑙贝带装饰复原线图

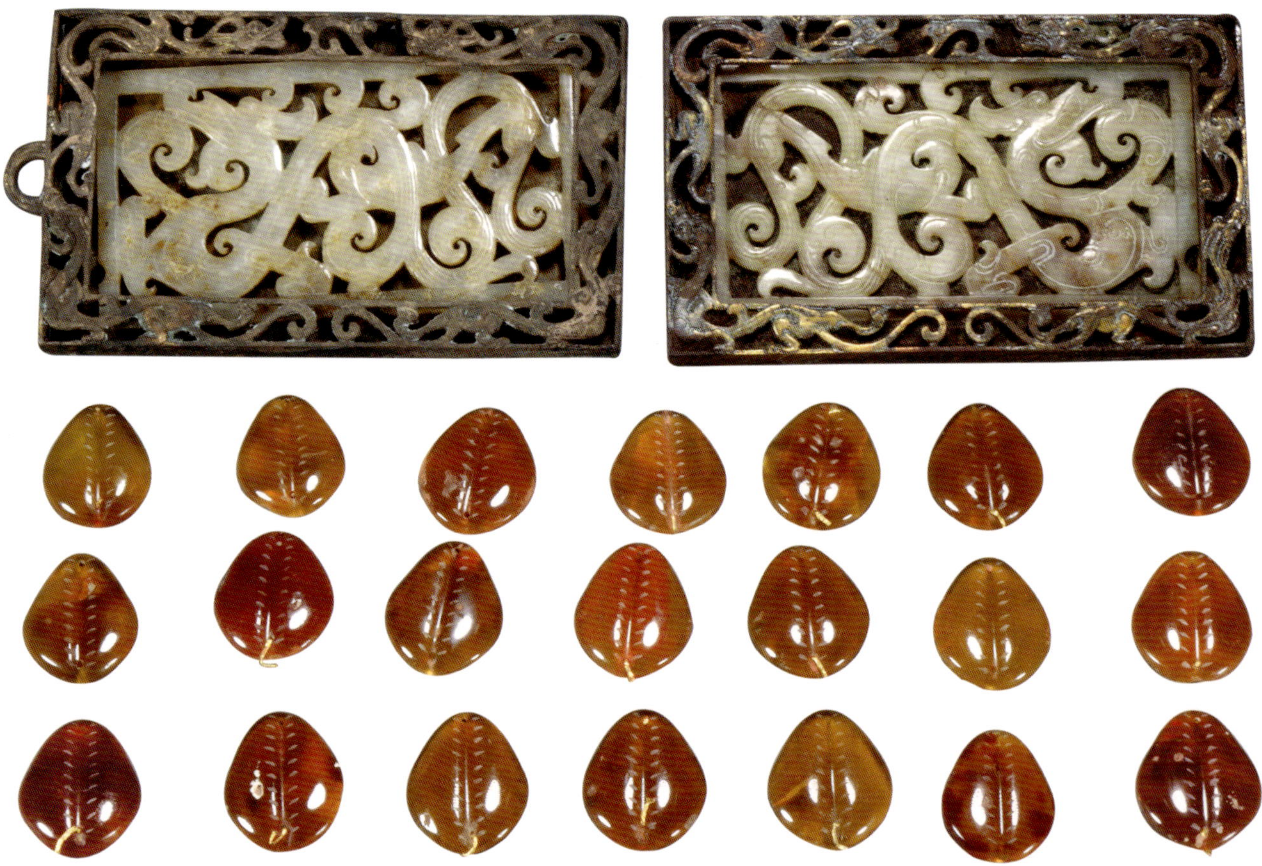

玉具剑（一组 4 件）

西汉中期
铁剑：长 105.8 厘米
剑首：直径 5.7 厘米，高 1.2 厘米
剑璏：长 9.7 厘米，宽 2.3 厘米
剑珌：长 3.8—5.9 厘米，宽 6—7.2 厘米
1968 年河北省满城县陵山 1 号墓（中山王刘胜墓）出土
河北博物院藏

用玉来装饰剑体和鞘，汉代称“玉具剑”。山东青岛土山屯西汉刘赐墓出土的玉饰铁剑，同出衣物疏记载“玉具剑一”，可为证明。满城汉墓出土玉具剑一套，发现于后室的棺床上，与各类玉圭、玺印紧贴棺椁一侧，均以高浮雕螭虎穿云为母题装饰，玉质优良，工艺精湛，是目前所见组合最完整、琢制最精美的西汉高等级玉具剑。器物出土时，装于剑身上的玉剑格浮雕螭虎明显有磕损旧伤，因此推测该玉具剑是中山王刘胜生前钟爱并经常使用的随身佩剑。（左骏）

线图（采自《满城汉墓》，图七〇）

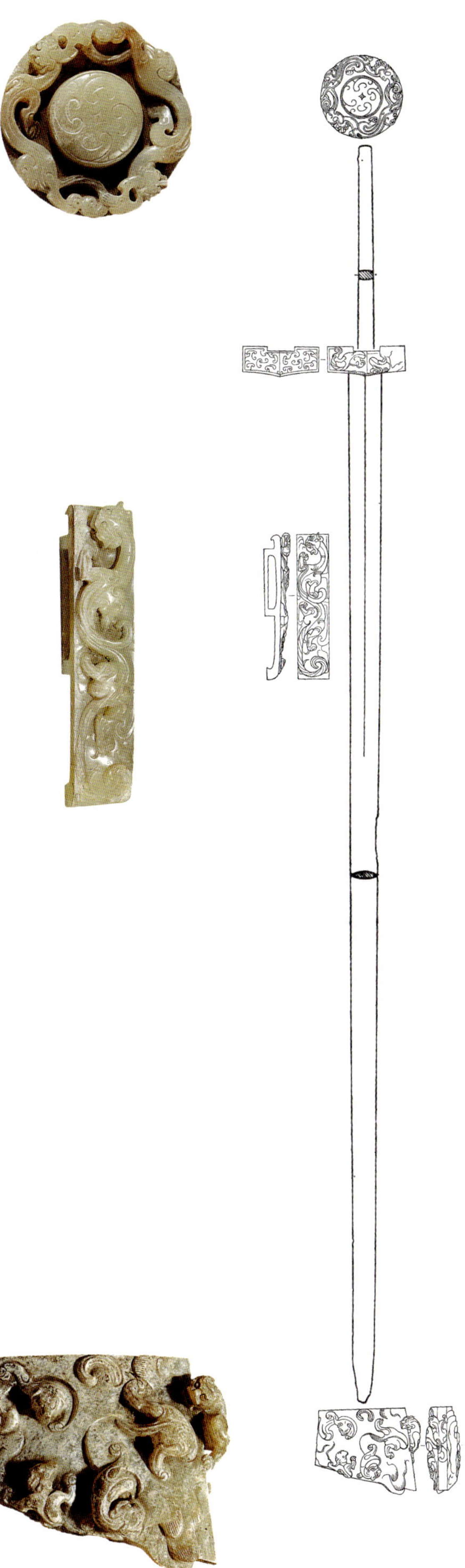

西汉玉组佩（一组 11 件）

西汉早期
环：直径 7.5 厘米，孔径 3 厘米，厚 0.3 厘米
珩：长 6.6 厘米，宽 1.4 厘米，厚 0.2 厘米
舞人：长 3.4—3.7 厘米，宽 2.1—2.8 厘米，厚 0.3—0.35 厘米
珩：长 11 厘米，宽 2.2 厘米，厚 4 厘米
对凤：宽 1.8—2.8 厘米，厚 2—6 厘米，高 4.1 厘米
觿：长 9.3—9.6 厘米，宽 1.7—2.2 厘米，厚 0.15—0.25 厘米
2008 年江苏省徐州市骆驼山 43 号墓出土
徐州博物馆藏

该玉组佩置于墓主人胸腹间，由 11 件玉器组成。玉组佩经过商周时期的发展，不断改变组合模式和佩戴方式，直到汉代才逐步形成了相对固定的使用方法和组合。从当今的考古学材料来看，西汉之前玉佩组合尚无定制，而西汉早期出现了璜、觿、玉舞人等新型构件，有着自身组合搭配的原则。这与西汉早期叔孙通复原礼制有密切的关联。（宗时珍）

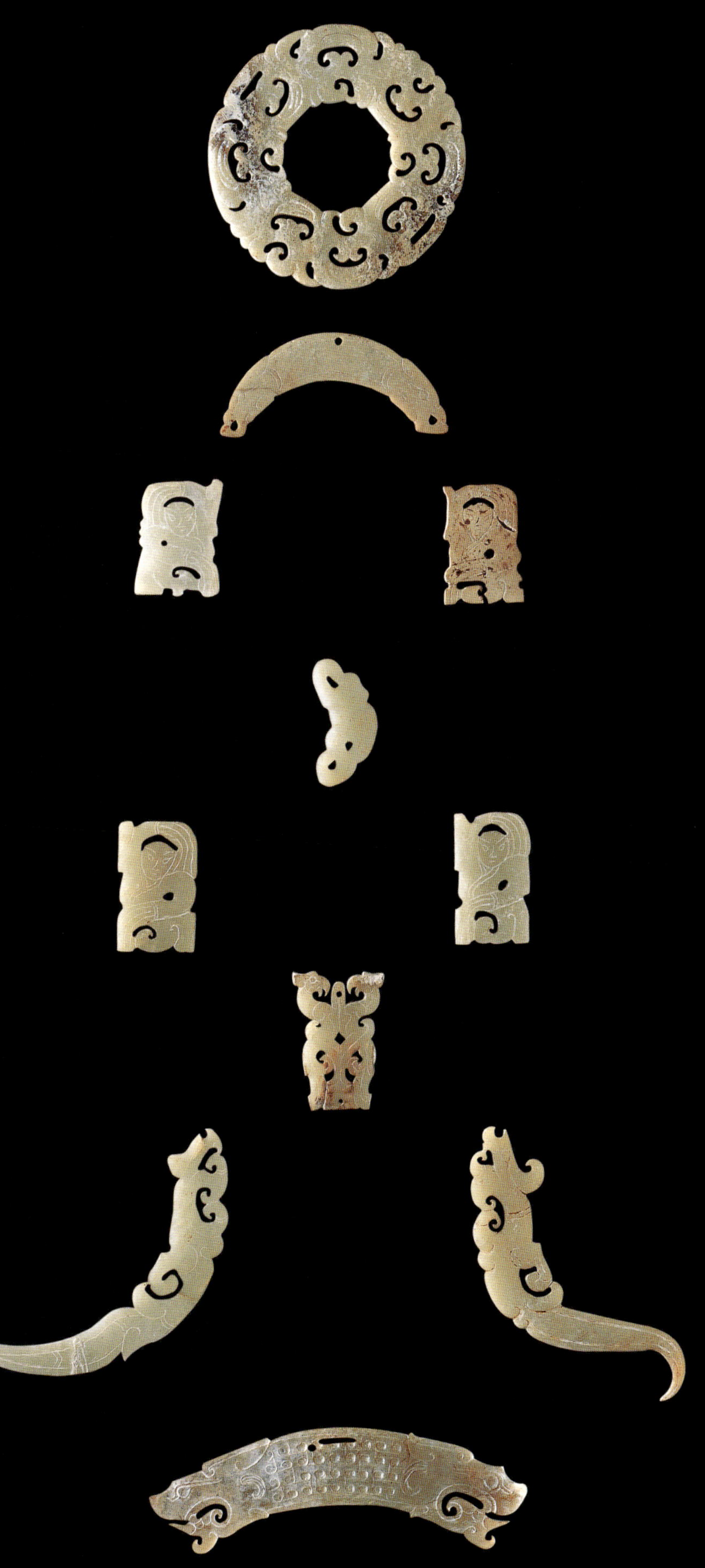

东汉玉组佩（一组 7 件）

东汉
上珩：长 10.6 厘米，宽 2.8 厘米，厚 0.5 厘米
中珩：长 8.8 厘米，宽 3.1 厘米，厚 0.4 厘米
龙环：直径 4.5 厘米，孔径 1.6 厘米，厚 0.3 厘米
螭虎环：直径 4.7 厘米，孔径 1.7 厘米，厚 0.3 厘米
舞人：宽 2.5 厘米，厚 0.3 厘米，高 4.5 厘米
觿：长 10.1 厘米，宽 2.7 厘米，厚 0.4 厘米
1969 年河北省定州市 43 号墓（中山王刘畅墓）出土
定州市博物馆藏

东汉组佩以玉环为总束，即文献记载中的“环佩”，如东汉后宫妃嫔“居有保阿之训，动有环佩之响”（《后汉书·皇后纪》），可见环佩为多件玉器组合，起到节步的作用。从考古发现的构件看，东汉玉组佩可能以两件珩为主体，大珩下各垂一舞人，小珩位于两舞人之间，舞人下依次各坠环和觿，佩戴者行走时两者相触而鸣。（刘敏、胡姝颖、底梦月、李佳）

东汉玉组佩复原图

汉代是有翼神兽大放异彩的时代，汉代人笃信神兽具有辟邪除灾的功用。从西汉中期的巨型石雕开始，出现了用玉料等比例缩小仿制的圆雕件，再发展到东汉可以穿佩于身的细致宝石质的微雕神兽。无论玉器体量大小、纹饰繁简如何变化，汉人追求长生、仰慕天际的愿望始终如一。

宝鸡出土东汉玉辟邪

仙人乘天马

西汉中期
长 8.9 厘米，宽 3 厘米，高 7 厘米
1965 年陕西省咸阳市汉元帝渭陵建筑遗址出土
咸阳博物院藏

玉马昂首挺胸，呈奔跑状，两肋雕有一对翅膀，四蹄踏于云头柱及云板上，板底琢流云图案。马背上的仙人身着羽翅状的衣服，左手紧抓马鬃，右手拿着灵芝草。器物用料优质，玉质晶莹温润，以圆雕、透雕为主要雕刻手法，踏板上的祥云和马鬃、马腹部的两翼等为线刻而成。

玉仙人奔马充分表现了汉代人羽化登仙、长生升天的愿望。天马游太虚，仙人不知老。这件玉器材质精良，工艺精湛，具有极高的历史、艺术价值。（王亚庆）

玉辟邪

西汉中期
长 7 厘米，宽 4.5 厘米，高 5.5 厘米
1972 年陕西省咸阳市汉元帝渭陵建筑遗址出土
咸阳博物院藏

玉辟邪局部有橘红色皮壳。辟邪呈昂首爬行状，头顶有双角，口张齿露，双耳竖起，两颊及下颌有须，雕有双翼，长尾下垂呈 S 形卷曲。辟邪是中国古代传说中的神兽，似狮而有翼有角，有辟御妖邪的寓意，应与中亚和西亚文化中的有翼狮兽有渊源，是中外文化交流的产物。（王亚庆）

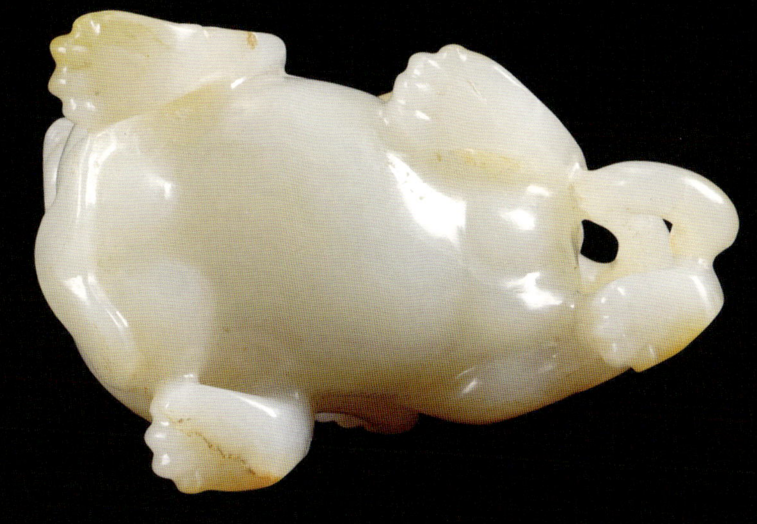

玉辟邪

西汉中期
长 6.2 厘米，宽 3 厘米，高 2.6 厘米
1972 年陕西省咸阳市汉元帝渭陵建筑遗址出土
咸阳博物院藏

辟邪呈行走状，外表局部有橘红色皮壳。瞪目，张口，露齿，卷舌，高浮雕双目、双耳、羽翅，躯体向右呈弧形弯曲，尾部下垂分叉上卷。器物以圆雕、高浮雕、阴线刻相结合的手法雕刻而成，充分表现了辟邪捕食前凶猛机警的神态。此玉辟邪有明确的出土时间和地点，极为罕见。（王亚庆）

神兽玉壶

西汉晚期—东汉早期
宽 6 厘米，厚 4.5 厘米，壶体高 6.8 厘米，通高 7.7 厘米
1984 年江苏省扬州市甘泉老虎墩出土
扬州博物馆藏

玉壶为神兽捧芝造型，学者多倾向于认为此玉壶为盛装丹药之用。在汉代人构想并向往的仙界当中，随着云彩的流动，这样的神兽自由穿越天界与凡间，既柔美轻盈又富有动感与力度，昭示着生命的永不休止。（刘永红）

扬州小杨庄西汉墓出土温明上的漆绘

玉熊

西汉中期
长 7.5 厘米，宽 3.5 厘米，高 4.7 厘米
1966 年陕西省咸阳市汉元帝渭陵建筑遗址出土
咸阳博物院藏

玉熊玉质近白色，局部有红色原皮，以圆雕、线刻相结合而成。圆雕躯体，阴线刻双目、四足和鬃毛。古代工匠为了表现熊的笨拙可爱，特意选择了熊低头行进的特定动作，手法简练，寥寥数刀就将小熊的形象刻画得惟妙惟肖、生动传神。熊是汉代文物常见的装饰题材，多见于器座、席镇上，也见于博山炉的山林之间。熊在汉代是力士的象征，它不仅是人们狩猎、搏斗的对象，也是人们崇拜、祭祀的形象之一。（王亚庆）

玉鹰

西汉中期
体长 5.5 厘米，翅宽 7 厘米，高 3 厘米
1966 年陕西省咸阳市汉元帝渭陵建筑遗址出土
咸阳博物院藏

玉鹰，白玉质，局部有红色皮壳。玉鹰圆眼钩喙，目光犀利下视，双翅呈扇形展开，双爪并拢收于腹下，从形态观察这似乎是一只正在空中展翅飞翔的雏鹰。汉代工匠以圆雕、线刻相结合的手法，圆雕躯体，用阴线刻眼睛和背部羽毛。（王亚庆）

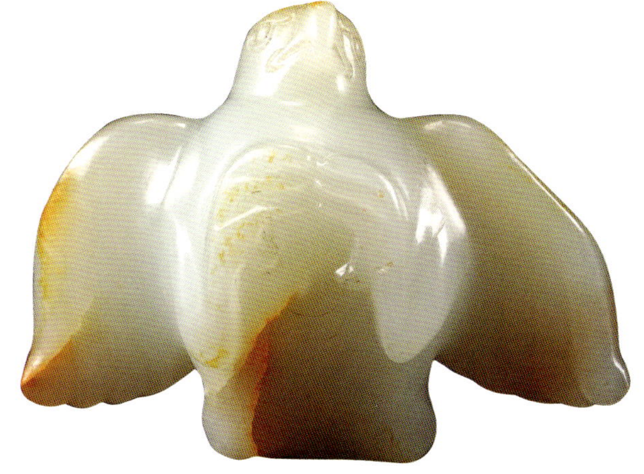

玉人首

西汉中期
面宽 5.3 厘米，厚 5 厘米，高 8.5 厘米
1973 年陕西省咸阳市汉元帝渭陵建筑遗址出土
咸阳博物院藏

玉俑头，玉质青绿色。出土时身体已残，从颈部斜侧处断裂，仅剩头部。俑长脸，头戴冠，平眉，长眼，直鼻，胡须稀疏，双耳较大，精雕耳廓及耳孔、鼻孔。脑后发丝排列整齐，束发挽起至头顶，方圆形箍收拢发梢。冠顶凸起，中有一插发笄的长方形穿孔。人物神态清秀端庄，为研究汉代人的头饰和发式提供了宝贵的实物资料。（王亚庆）

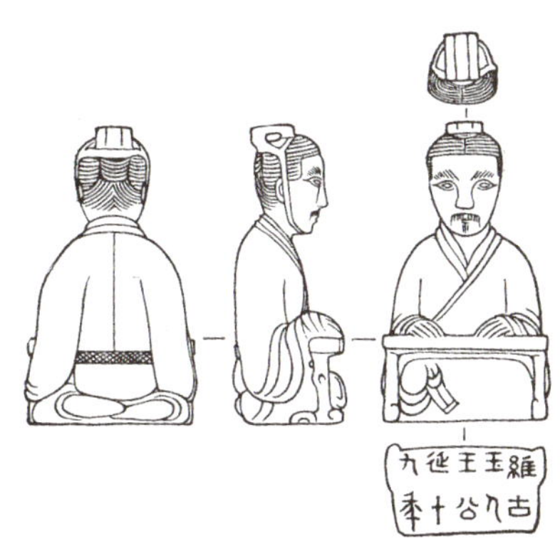

线图（采自《满城汉墓发掘报告》，图九八）

跽坐玉人

西汉中期
高 5.4 厘米
1968 年河北省满城县陵山 1 号墓（中山王刘胜墓）出土
河北博物院藏

底部刻铭：维古」玉人」王公」延十」九年」

玉人像头戴三梁小冠，为《汉官仪》所记“诸侯冠进贤三梁”之进贤冠，推测其描绘的应是诸侯王燕居凭几的姿态。颇为写实的描绘显然是为了突出极富个性的人物原型。与大云山出土的类似写实性人俑、河北满城中山靖王陵中的铜人相比，玉人与它们的相似之处在于均采取短促的下身处理方式，且面部刻画个性十足，发式和衣着也有较多相通之处。（左骏）

深腹玉杯

战国晚期—西汉早期
口径 6 厘米，底径 3.2 厘米，高 11.6 厘米
1994—1995 年江苏省徐州市狮子山楚王墓出土
南京博物院藏

战国晚期到汉代，人们笃信神仙道学，渴望通过饮食在身体里积蓄更多的神秘能量，再加以修炼，实现肉体蜕变、羽化登仙。这一时期的贵族宴饮时，常手持盛着甘露与玉泉的金玉容器，如同狮子山墓葬中出土的这件由整块黄白色玉料精心琢制而成的深腹玉杯一样。它曾装满琼浆，外壁保留着明显经过长久手握的磨痕。该件深腹玉杯与玉卮、玉耳杯等共出于狮子山楚王墓西 1 耳室，四件玉器排成一列，组合清晰，显然是楚王生前使用的一组玉酒器。（左骏）

狮子山楚王墓西 1 耳室玉容器出土情况

玉卮

战国晚期—西汉早期
口径 6.7 厘米，高 11.8 厘米
1994—1995 年江苏省徐州市狮子山楚王墓出土
徐州博物馆藏

玉卮由半透明的和田玉制成，温润光亮。盖呈淡青色，卮身青色泛黄，显系两块玉料雕琢而成。器盖、器身以子母口扣合，盖钮为五瓣柿蒂形。盖面四周凸雕三枚柱状钮。器身口沿及底边各有一卷云纹饰带，其间满饰勾连雷纹，整洁而优雅，下有三兽形足，挺拔而不失稳重。

卮为酒器。《史记·项羽本纪》载："项伯即入见沛公，沛公奉卮酒为寿。"玉卮珍贵，是秦汉贵族最喜欢使用的玉酒器，多在重要场合使用。《史记·高祖本纪》载："未央宫成。高祖大朝诸侯群臣，置酒未央前殿。高祖奉玉卮，起为太上皇寿。"（宗时珍）

玉耳杯

战国晚期—西汉早期
口径 11.1—14.3 厘米，高 3.8 厘米
1994—1995 年江苏省徐州市狮子山楚王墓出土
徐州博物馆藏

玉色青白，呈半透明状，局部有糖色。耳杯杯身呈椭圆形，两侧边沿有桥耳，便于抓握，杯体厚重，通体抛光，素面无纹饰，尽显质朴简洁之美。目前，耳杯在全国各地的出土数量较多，材质有漆、铜、金、银、玉、陶等，使用年代从战国一直延续到汉晋，此后逐渐被其他饮酒器所代替。（缪华）

西安理工大学西汉壁画墓出土宴饮图

纹饰展开图

玉樽

东汉
口径 10.5 厘米，高 10.5 厘米
1990 年湖南省安乡县刘弘墓出土
湖南博物院藏

规整的玉樽上琢制了精彩的纹饰，按漆器的结构，它们被模仿金属的三道凹弦纹“釦”分割成上下两层，上层浅浮雕出对称的铺首。上层纹饰主体分为三组：云海中翻腾的两只螭虎、两只头背对峙的长喙独角龙、西王母与手持灵芝草的仙人；下层纹饰也分为三组：羽人持仙芝戏螭虎、含利兽与螭虎争抢云中生长的仙芝、张牙舞爪的熊正与独角龙在云中嬉戏。它们或引颈昂首，或怒目对峙，或翻转起伏，变化多端。这些繁密的纹样以流云为衬托，精巧灵动，气势恢宏。器物底部的三只蹲熊瞠目龇牙，卖力托举，诙谐可爱。（左骏、覃璇）

玉韘形佩（玦）

战国晚期—西汉早期
长 7.1 厘米，宽 4 厘米
1986 年江苏省徐州市北洞山楚王墓出土
徐州博物馆藏

器物平面前尖后圆，中部鸡心隆起，有一椭圆形孔。正背面分别雕刻一龙一凤，龙首及凤首并列，采用圆雕技法琢成。龙鼻和眼睛凸起清晰，凤冠凸起，喙呈内勾状，回首展望，凹面边端处阴线刻饰勾连云纹。该韘形佩（玦）尚保留实用性扳指厚体、一面内凹的特征，处于实用器向装饰品转化的阶段，且颇具战国晚期楚国风格。（宗时珍）

玉韘形佩（玦）及遣册

西汉晚期
长 7.4 厘米，宽 5.6 厘米，厚 0.35 厘米
2011 年山东省青岛市黄岛区土山屯 6 号墓出土
青岛市黄岛区博物馆藏

这件韘形佩出土于墓主腰部，最重要的是同出的墨书随葬品遣册上的记录：“玉玦一。”这是韘形佩实物与出土文献相对应的首次发现，明确指出当时的“玦”即是此前学界所谓“韘形佩”。两汉时期的玉玦应该完全脱离了实用功能，多见于墓主腰部偏下处，与环、觿配用，呈“环—玦—觿”组合。《汉书·隽不疑传》中描绘其装束：“冠进贤冠，带櫑具剑，佩环、玦，褒衣博带，盛服至门上谒。”亦可知汉时佩玦是盛装的重要组成部分。（左骏、彭峪）

遣册局部摹本

玉韘形佩（玦）

西汉中期

长 11.6 厘米，宽 8.46 厘米，孔径长 3—3.4 厘米，厚 0.49 厘米

2015 年江西省南昌市郭敦山海昏侯墓出土

南昌汉代海昏侯国遗址博物馆藏

白玉，片状，有黄沁。韘体心形，中孔圆大，中间再起一棱并于顶部出尖，两削斜肩，阴刻卷云纹，边缘出廓。左侧镂空雕龙纹，张口獠牙，口含龙珠，鬣毛后飘，右侧镂空雕螭纹，梯形头，曲耳，圆眼，直鼻，螭纹躯体细长弯曲。整体采用了阴线刻、浅浮雕及镂雕三种玉雕工艺。（南昌汉代海昏侯国遗址博物馆）

玉韘形佩（玦）

东汉
长 15.6 厘米，宽 7 厘米，厚 0.5 厘米
1969 年河北省定州市 43 号墓（中山王刘畅墓）出土
定州市博物馆藏

黄玉种，质润泽，通体泛玻璃光。两端各雕一螭虎，均独角，四足，头向外，肢体在云气纹中穿行缠绕。其中一螭虎上方盘有口含宝珠的朱雀。器物采用透雕、减地浮雕工艺，局部以阴刻线勾勒，使得形象栩栩如生。东汉时期，玉韘形佩的装饰性愈加凸显，在仅保留中心椭圆形轮廓的同时，更注意凸显周边盘绕的云气与神瑞，玉匠出神入化的技艺，在器物上表现得淋漓尽致。（贾敏峰）

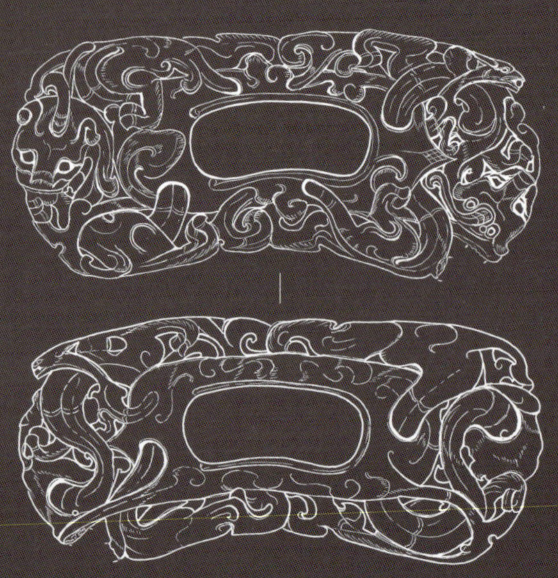

噬尾玉龙佩

西汉晚期—新莽
长 8.4 厘米，宽 2.8 厘米
1974 年江苏省盱眙县东阳城庙塘 4 号新莽墓出土
南京博物院藏

玉龙用料脂白莹润，椭圆形的玉料被玉匠设计成头尾相接的环状龙形。类似的衔尾玉龙普遍见于西汉中晚期后，多为环形，形体相对轻薄，如天长三角圩 1 号墓出土品，形态更加飘逸流畅。本件出土墓葬时代为新莽时期，较西汉玉龙线条相对圆润，首与身更为短促，展现出西汉晚期到新莽时期琢玉的新风尚。（左骏）

螭虎环佩

东汉
直径 10 厘米，孔径 4.7 厘米，厚 0.4 厘米
1984 年江苏省扬州市甘泉老虎墩出土
扬州博物馆藏

玉料整体由糖色过渡到青色，部分保留有接近石皮的白色。正反立体琢出大小两只螭虎衔尾嬉戏于云中的场景。较西汉螭虎而言，进入新莽及东汉时期后，螭虎面部逐渐变宽大，吻部亦然，整个身体渐而肥胖起来。器物线条的转角不及西汉器物犀利，转变成圆弧状或波浪状，螭虎虽然身体略显丰腴，却颇具流动感。（刘永红）

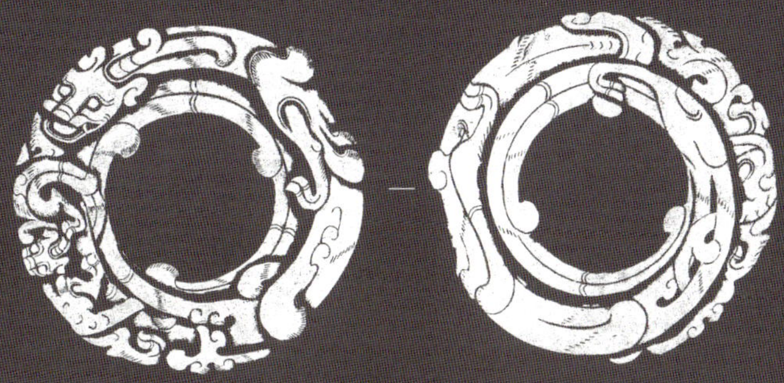

拓片（采自《斑斓璀璨：中国历代古玉纹饰图录》，第 237 页）

玛瑙环

东汉—晋
直径 9.7 厘米，孔径 2.8 厘米，厚 0.4 厘米
1978 年河南省偃师山化乡王瑶村出土
洛阳博物馆藏

器物质地温润细腻，晶莹剔透，其上运用透雕、阴刻表现螭虎、龙纹，纹饰与玛瑙内部的纹理融为一体，巧夺天工，精美华丽。缟玛瑙多出自西亚，中华大地及域外皆视其为珍宝。曹丕《玛瑙勒赋（并序）》云："玛瑙，玉属也。出自西域，文理交错，有似马脑，故其方人因以名之……命夫良工，是剖是镌。追形逐好，从宜索便。乃加砥砺，刻方为圆。沈光内照，浮景外鲜。"反映了魏晋时期人们对玛瑙制品的赞美与珍视。（芮星）

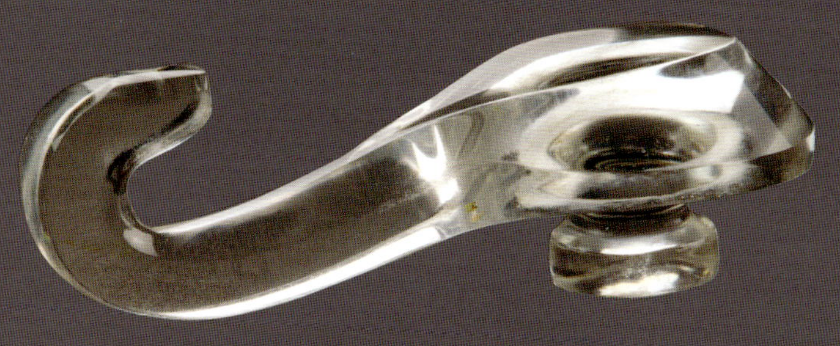

水晶钩

西汉早期
长 5.8 厘米，高 2.2 厘米
2010 年江苏省盱眙县大云山江都王墓园 1 号墓出土
南京博物院藏

钩呈琵琶形，所用水晶优质纯净。从任何角度观察，器物线条皆起伏变化自如，面与面衔接转角也非常流畅，点与线、线与面、面与面的多层次呈现，给人视觉上的绝美享受。玉工琢制出劲挺的线条，抛光如镜面般光洁，最大限度地展示出料质本身的晶透无瑕，也体现了自己的高超技艺。（左骏）

玛瑙（红玉髓）钩

西汉中期
长 7.5 厘米，宽 1.9 厘米，高 1.3 厘米
2016 年江西省南昌市郭敦山海昏侯墓出土
南昌汉代海昏侯国遗址博物馆藏

素面无纹，色泽正。钩首造型简约，呈回首龙形，背面近尾部琢一椭圆形钮。（南昌汉代海昏侯国遗址博物馆）

玉钩

西汉晚期
全长 11 厘米，厚 0.35 厘米，高 1.95 厘米
2016—2017 年山东省青岛市黄岛区土山屯 147 号墓出土
青岛市黄岛区博物馆藏

钩首为兽首状，钩颈细长，钩腹宽大，钩面隆起，尾端宽平，钮为圆饼形。在同出记载随葬品的遣册上，墨书“玉钩一”指的便是这件。（彭峪）

螭虎立凤钩环

东汉

宽 4.5 厘米，厚 0.4 厘米，高 5.8 厘米

1951 年江苏省南京市邓府山 3 号墓出土

南京博物院藏

神化的螭虎或龙有着细长的身躯。汉代玉匠常把玉佩设计成卷曲的螭虎或龙状。长久以来，这种环状的螭虎纹玉器，都被认为是垂直佩挂于腰间的装饰。在广西合浦一座新莽时期的墓葬中，出土一件与之类似的玉环，出土时，玉环尚与玉带钩紧紧扣挂在一起，揭示出此类螭虎环佩实际上具有类似带钩环的实用功能。（左骏）

广西合浦黄泥岗 1 号墓出土的钩环组合（采自《瓯骆遗粹：广西百越文化文物精品集》，第 141 页）

玉鲜卑头

东汉
长 8.5 厘米，长边宽 5.6 厘米，短边宽 4.3 厘米
1983 年河南省洛阳市东关夹马营 15 号墓出土
洛阳博物馆藏

鲜卑即犀毗，按《汉书·匈奴传》颜师古注："犀毗，胡带之钩也，亦曰鲜卑，亦谓师比，总一物也，语有轻重耳。"因此，带扣在中原的流行，当是受草原游牧民族影响，但其材质、纹饰则明显呈汉文化风格，反映了中国古代中原与北方的文化交流。上海博物馆藏有一件残损的同类形制龙纹带头，背后有自铭"白玉衮带鲜卑头"。（芮星）

玛瑙（红玉髓）串饰

东汉
大珠长 2.1 厘米，小珠直径 0.9 厘米
1957 年湖南省长沙市仰天湖木材公司 1 号墓出土
湖南博物院藏

国内出土的两汉之际的红玉髓色泽红润，以圆形、长形截尖双锥六棱珠为主要形制，均经细致的切割和抛光，体现了较高的宝石加工工艺。相似的珠饰广泛出土于华南、东南亚和南亚的古代遗址中，特别在越南沙莹文化遗址、泰国三乔山铁器时代遗址和南亚次大陆古港口遗址集中出土，具有鲜明的贸易属性。还有一类形制特殊的“系领状珠”，多见于印度南部和东南亚地区，整体呈椭球形，两端口孔附近琢出一圈下凹收缩的“领”，形似糖果。湖南零陵、广西合浦等地汉墓亦有出土。（章璇、刘琦）

海蓝宝、水晶串饰

东汉
大珠长 1.7 厘米，小珠长 0.65 厘米
1959 年湖南省长沙市五一路汉墓出土
湖南博物院藏

串珠由多枚透明水晶六棱长筒形珠、短形截尖六方双锥珠等切面形珠组成，还有小巧的透明水晶质龟形饰、六棱桶形黄水晶珠和不规则切割的海蓝宝石珠组成。这些珠饰皆广泛见于东南亚、南亚古代遗址。海蓝宝石是一类贵重的宝石材料，印度南部是古代此类宝石的主要产地，印度东南部、缅甸南部和泰国中南部等地均有加工和使用此类宝石的证据，广州、合浦等岭南地区的汉墓，以及以长沙为核心的汉代墓葬亦有较多出土，其中不乏长沙王墓等高级墓葬。（章璇、刘琦）

缟玛瑙（缠丝玛瑙）串饰

东汉
大珠长 4.8 厘米，小珠长 1.1 厘米
1959 年湖南省长沙市五一路汉墓出土
湖南博物院藏

缠丝玛瑙串珠小巧可爱，光泽莹润，形制多以橄榄形珠和双锥截尖桶形珠为主。此类珠饰出现于西汉晚期以后，流行于东汉。相似珠饰多见于广州、合浦、贵港和梧州等地汉墓，在扬州、洛阳等地汉墓也有少量出土。值得注意的是，类似的珠饰广泛出土于越南、柬埔寨、泰国、缅甸、印度南部和巴基斯坦北部的铁器时代墓葬和遗址中，甚至在乌拉尔山南麓和地中海地区也有发现，说明这是一类深受欧亚大陆不同文化背景族群喜爱，且具有鲜明贸易属性的珠饰，是古代文化和物质交流的最好例证。（覃璇、刘琦）

宝石微雕串饰（一组 6 件）

东汉
玉连胜：长 1.9 厘米，宽 1.2 厘米
绿松石子母鸽：长 1 厘米
绿松石子母有翼卧兽：长 3 厘米
琥珀有翼蹲兽：高 2 厘米
青金石有翼卧兽：长 2.7 厘米，高 1.9 厘米
青金石有翼蹲兽：高 2 厘米
1970 年江苏省徐州市土山 1 号墓（彭城王夫人墓）出土
南京博物院藏

这组微雕出土于银缕玉衣内部。项饰以绿松石子母鸽、绿松石子母有翼卧兽、琥珀有翼蹲兽、青金石有翼卧兽、青金石有翼蹲兽等五件圆雕为主体，另搭配有玉连胜一件、红玛瑙珠一颗、橄榄形缠丝玛瑙一颗。其中的子母鸽以生动及富有人情的设计成为东汉玉器的代表之作；子母兽利用绿松石原料的天然形态巧妙设计，在不浪费材料的同时设计出母兽扑护幼兽的温馨场景；有翼卧兽侧首环顾，写实的造型与汉代大型有翼兽最为接近；两件琥珀及青金石蹲兽，其造型来源于普通的卧兽，动作表现形式拟人化。通常，这类蹲兽要比卧兽雕琢更加细致，眼、鼻、双角、前后爪的动作，甚至裸露的双乳和肚脐眼，都被刻画得惟妙惟肖。（左骏）

江苏泗洪曹庄东汉神兽纹画像石柱局部　南京博物院藏

蝉琀

西汉晚期
长 4.7 厘米
1974 年江苏省盱眙县东阳城 7 号墓（东棺）出土
南京博物院藏

玉琀或许表明生者希望逝者能在另一个世界里锦衣玉食。在早期，玉琀样式不固定，西汉早期以各类小型或残断玉器为主。西汉中晚期以后，玉蝉成为玉琀的典型代表。（*左骏*）

玉鱼（一组2件）

西汉早期
长13.3厘米，宽3.5厘米，厚0.9厘米
1994年江苏省仪征市张集乡团山5号汉墓出土
仪征市博物馆藏

器身有土黄色沁斑。两件玉鱼大小、形制相同。阴线琢雕出头、鳍、尾三部分，简洁、抽象地勾勒出鱼的形状，造型特别。从出土位置和近年新发现可证明，此玉鱼是葬具手握。（夏晶）

玉握（一组2件）

东汉
长11.1厘米，宽2.2米，高2.8厘米
1959年江苏省泰州市新庄3号墓出土
南京博物院藏

猪形的手握在西汉初年便已经发展完善，前后穿孔系绳绑缚于掌心。西汉时期的玉猪手握，雕琢颇为写实、精细。到东汉时，手握大多取用滑石、白石等廉价石材。（左骏）

玉美神州

第三章

Chapter 3 Jade along the Development of China

三国至南北朝，地缘碰撞、丝路通达、民族交融等因素，为中华玉文明注入了新鲜血液；不同风格的异域材质，激发出人们制作玉器的精妙灵感。

唐宋以降，玉成为世俗社会中幸福生活与美好希望的寄托；在包容开放、多元文化互通的背景下，此时的玉器充满了意趣和风雅。

明清时期，在江南地区和宫廷之中，人们制作的玉器质精无瑕、工巧无匹，中华传统玉文明也由此走向巅峰。

From the Three Kingdoms Period to the Northern and Southern dynasties, fresh blood was injected into the Chinese jade cultures because of factors such as communication between the East and West and between the North and South, networks brought about by the Silk Routes and ethnic integration. Ingenious thoughts of making jade articles were also inspired with materials from foreign lands.

In the Tang and Song dynasties, jade became the sustenance of happiness and hope in the secular society. Inclusive and open, the society at that time actively engaged with the outside world. Jade articles were therefore full of charm and elegance.

In the Ming and Qing dynasties, jade articles made in the regions south of the Yangtze River and the imperial court were flawless in quality and skillful in workmanship, thus the Chinese jade civilization reached its peak.

第一单元　琼华

南渡衣冠留存文化血脉，北漠胡风带来异域风尚。多元一统却始终是中华大地的主旋律，玉文明的内涵因此更加丰富多彩。

奔放的纹样、多彩的宝玉石，沿着丝绸之路而来，愈发衬出玉的温润多姿。宋代，在玉器世俗化的过程中，人们推崇复古而制，此时的玉器制作因此频出新意，此外，在多民族交融的过程中，中华美玉也展现了崭新韵味。

Unit 1　Rich Varieties

In the late Western Jin dynasty, the mass migration from the north to the south retained the cultural gene of the Han nationality while exotic fashions of the northern nomadic tribes were brought into the south. Unity in diversity has always been the main theme of China. Therefore, the connotation of Chinese jade cultures became more extensive.

Unrestrained patterns and different kinds of gems came in along the Silk Routes, underlining that jade had a great many varieties. In the Song dynasty, jade turned more popular in people's daily life, and styles of ancient times were advocated, which brought forth fresh designs in jade articles. Besides, because of integration of various ethnic groups, Chinese jade cultures presented new charms.

玉组佩（一组 5 件）

三国魏一晋
上珩：长 9.7 厘米，宽 4.3 厘米
1973 年山西省寿阳县厍狄迴洛墓出土
山西博物院藏
璜：长 7.2 厘米，宽 2.2 厘米，厚 0.3 厘米
下珩：上边宽 9.8 厘米，下边宽 11.4 厘米，厚 0.4 厘米，高 4.2 厘米
珠：直径 2.35 厘米，通高 2.47 厘米
2002—2003 年安徽省当涂县青山 23 号墓出土
安徽省文物考古研究所藏

以厍狄迴洛墓中发现的刻朱雀纹上珩为总领，传世品如安大略博物馆藏刻“鹿”纹中珩填补，当涂东晋墓出土的刻青龙、白虎纹立璜分置中珩左右，下端坠龟蛇合体的玄武纹下珩，基本上组成了带“四灵”纹饰的组玉佩：上朱雀，下玄武，左青龙，右白虎。中珩的有翼“鹿”很可能是代表“中”位的麒麟。刻纹玉组佩构件的玉质往往是纯洁的白玉，代表当时玉礼器的最高等级，又在两面琢制繁复细致的纹饰，以适应高层消费者的需求。（左骏）

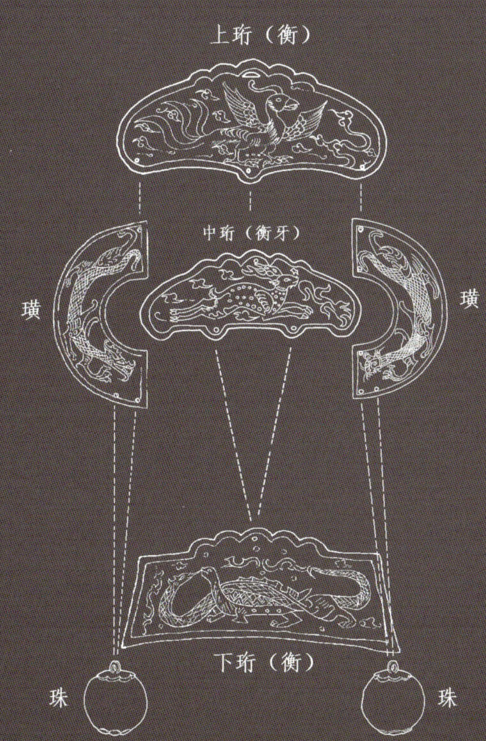

玉组佩（一套 2 组）

北周
复原通长 56.4 厘米
上珩：底边宽 10.8 厘米，厚 0.6 厘米，高 5.6 厘米
环：直径 6.8 厘米，孔径 2.6 厘米，厚 0.6 厘米
璜：长 8.2 厘米，宽 2.5 厘米，厚 0.6 厘米
下珩：底边长 14.3 厘米，厚 0.5 厘米，高 5.1 厘米
珠：最大径 2.2 厘米，高 3.3 厘米
2017 年陕西省西咸新区朱家寨建德六年（577）北周枹罕公墓出土
陕西省考古研究院藏

两套玉组佩形制、大小基本相同，出土时位于墓主腰间两侧。每套主要由上珩一件、环一件、璜一对、下珩一件及珠一对组成，构件间串以若干玛瑙珠、琉璃珠。以北齐、北周为代表的北朝玉组佩遵循三国时期玉组佩的结构而有所创新，如北周以环、北齐用琥珀畏兽替代中珩。在构件装饰上，北齐风格趋于华丽精致，北周则更为简练素雅。（左骏）

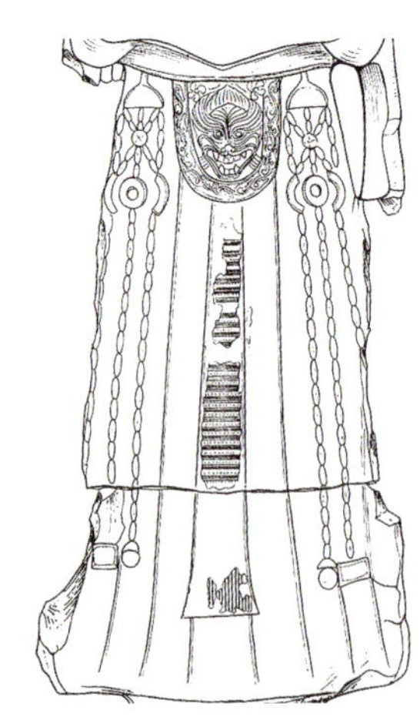

西安出土北周菩萨像上的玉组佩（采自《古都遗珍：长安城出土的北周佛教造像》，图三九）

璋

隋—唐
长 22.7—27 厘米，宽 3.9 厘米，厚 0.8 厘米
2013 年江苏省扬州市曹庄贞观二十一年（647）萧后墓出土
扬州市文物考古研究所藏

隋唐时期礼制用玉发现不多。遵循汉代对“半圭为璋”的考据和实践，这件玉器从形态上来看应称为“璋”。该璋发现时位于皇后冠漆木匣附近，应该与十二钿钗冠为一组，是皇后用的礼器。这件璋约合唐尺九寸，按《周礼》记载属于“大璋”或“中璋”。（王小迎）

拓片（采自《北周隋唐京畿玉器》，图 T211）

琉璃璧

唐
直径 10.9 厘米，孔径 3.5 厘米
1995 年陕西省乾县南陵村文德元年（888）唐僖宗靖陵出土
陕西省考古研究院藏

唐五代时期的璧考古发现极少。在唐长安城大明宫遗址中所见白石质的素面圭璧合体器，可能用于建筑奠基。陵墓中所见如唐僖宗靖陵出土的两件琉璃璧、五代前蜀王建永陵中发现的一件白石龙纹璧。靖陵被盗扰严重，结合前蜀永陵璧发现于后室且与玉册同出的情况分析，靖陵中两件琉璃璧也可能与安置玉册时的祭奠礼仪有关。（刘思哲）

玉组佩

唐

上珩：宽 8.8 厘米，厚 0.2 厘米，高 4.4 厘米

中珩：宽 5.4 厘米，厚 0.21 厘米，高 2.9 厘米

璜：长 4.6 厘米，宽 2.2 厘米，厚 0.09—0.19 厘米

下珩：宽 10.3 厘米，厚 0.31 厘米，高 4.7 厘米

珠：最大直径 1.7 厘米，高 2.5 厘米

2004 年陕西省西安市长安区西北大学总章二年（669）刘智墓出土

陕西省考古研究院藏

玉组佩复原线图

玉具剑（一组 4 件）

五代吴越国
剑首：最宽处 6.2 厘米，高 6 厘米
剑格：宽 7.3 厘米，高 1.7 厘米
剑璏：长 8.7 厘米，高 2.7 厘米
剑珌：最宽处 5.8 厘米，高 5 厘米
1979 年江苏省苏州市吴中区七子山五代吴越国钱氏墓出土
吴文化博物馆藏

南北朝隋唐以降，只有帝王及太子等极少数人可在朝服时佩戴玉具剑。该组玉具剑构件与唐代形制基本相同，可见五代礼制多延续晚唐形式。《文献通考》记载，宋朝之制，天子在祭祀圜丘等场合头戴通天冠，腰佩玉具剑。台北故宫博物院所藏宋宣祖坐像中，宣祖即戴通天冠，露出所佩玉具剑的玉质镖首。（左骏、郭笑微）

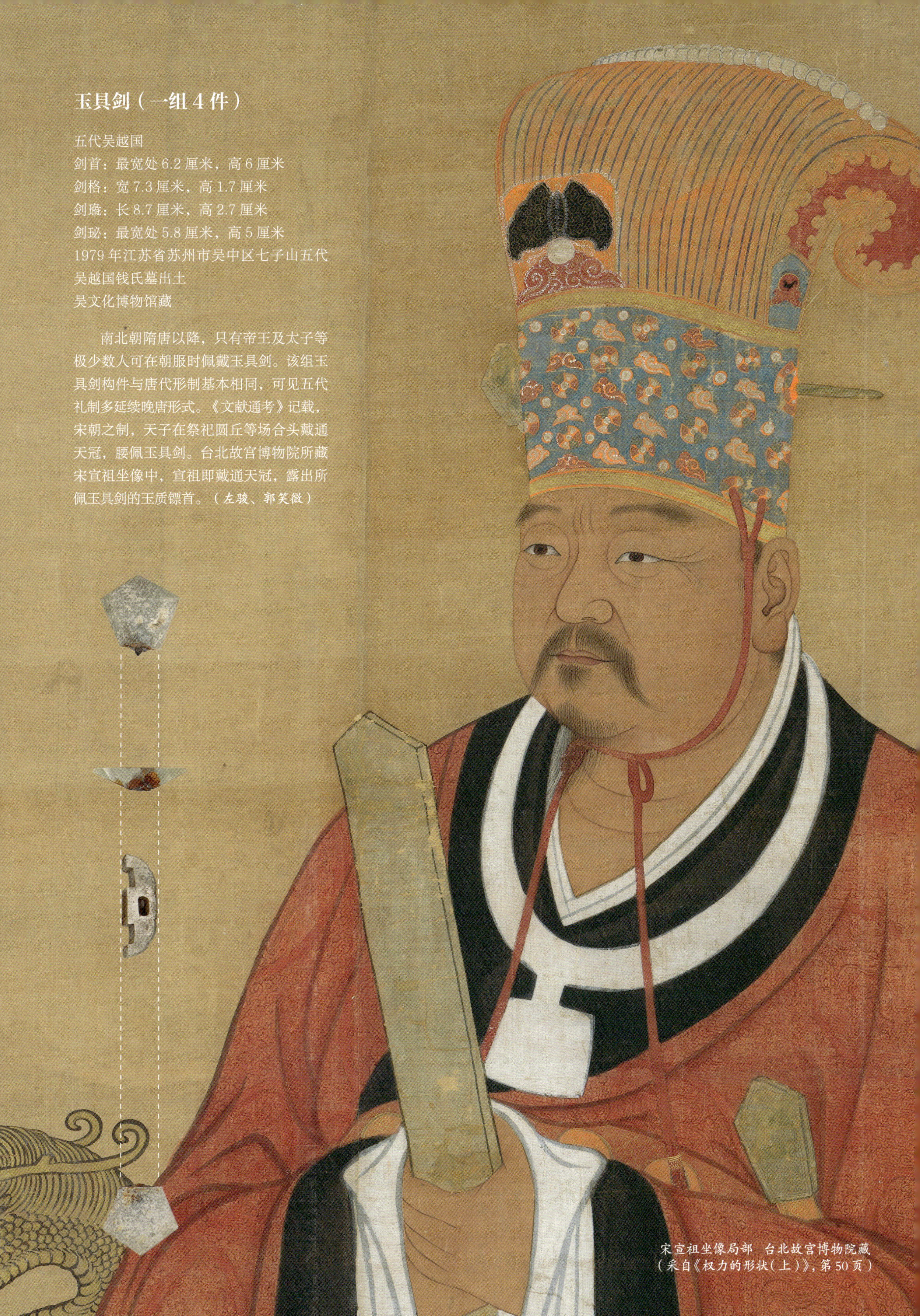

宋宣祖坐像局部　台北故宫博物院藏
（采自《权力的形状（上）》，第 50 页）

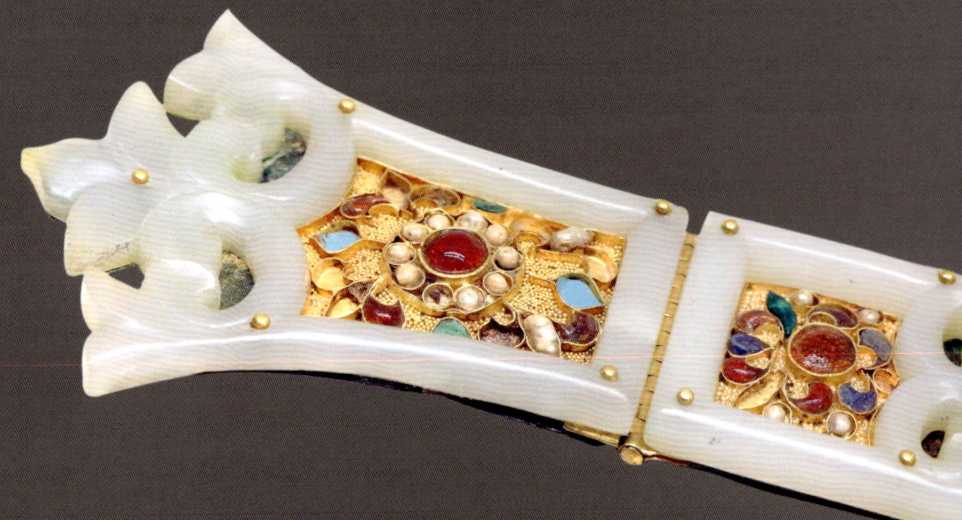

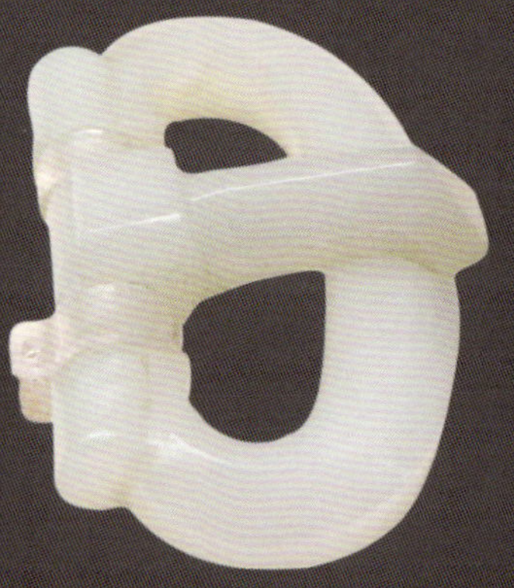

玉梁金宝钿带

北朝—唐早期

玦：长径 4.8 厘米，短径 3 厘米，厚 0.6 厘米，扣针长 3 厘米

圆形銙：直径 3 厘米，厚 1.2 厘米

圆首矩形銙：长 8 厘米，宽 3.5 厘米，厚 1.2 厘米

鞓尾：长 14.2 厘米，厚 0.8 厘米

1991 年陕西省西安市长安区南里王村贞观元年（627）窦皦墓出土

陕西省考古研究院藏

出土时位于墓主头部。此玉带框皆以白玉制作，框内以“金筐钿真珠装”。它由三件圆首矩形銙、一件圆首矩形銙尾、八件圆形銙、一件圆形偏心孔环、一件装饰性的忍冬形鞓尾和一件带头（玦）组成。该玉带玉质温润莹秀，制作考究。文献中称玉带框为“玉梁”，其“金筐钿真珠装”工艺精湛，富贵华丽。玉带虽主体以华夏民族所珍重的白玉为质，但其金筐宝钿的装饰技法、所用宝石的产地，甚至带具上忍冬样式的鞓尾，无不散发着浓郁的异域风情。（刘思哲）

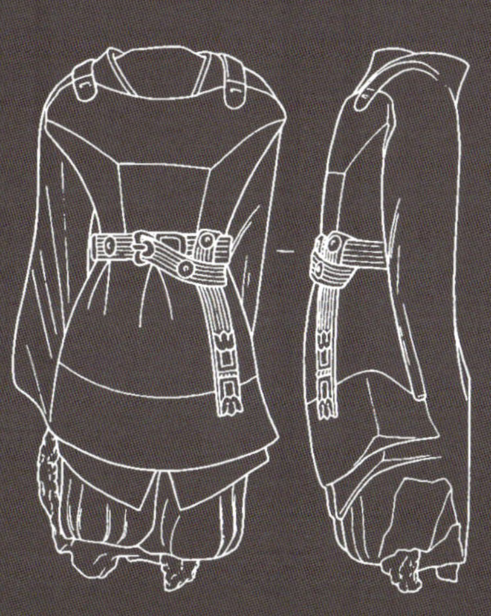

泥塑上北朝带具的使用（采自《北魏洛阳永宁寺》，图六六：2）

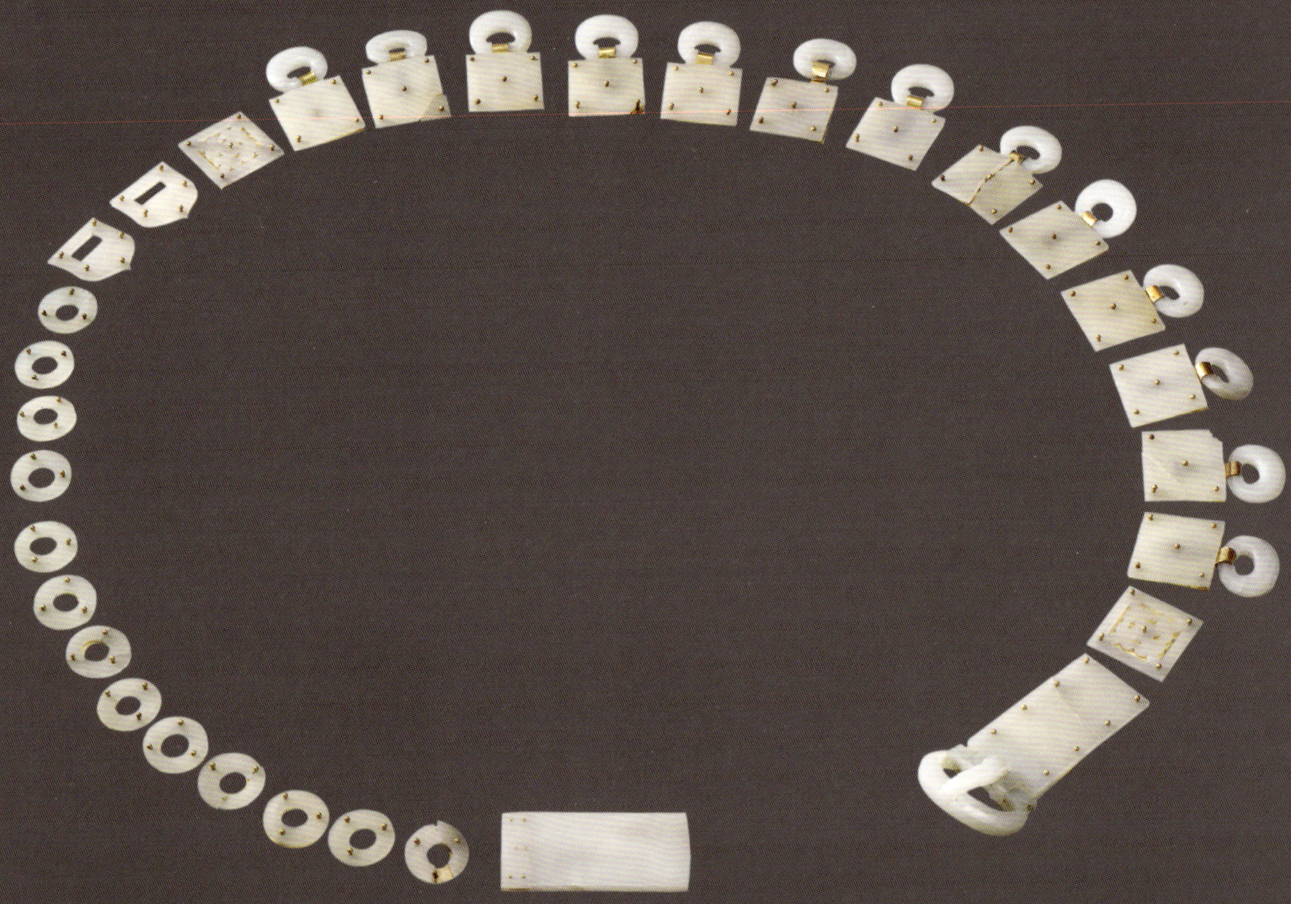

金玉带出土状态

十三环金玉带

北朝—隋
椭圆形带头：直径 3.45—5.45 厘米，厚 0.26 厘米
尖拱銙：底边长 3.9 厘米，厚 0.3 厘米
方形镂空透雕柿蒂纹銙：边长 3.8—4 厘米，厚 0.26 厘米
方形附环銙：边长 3.8—4 厘米，厚 0.26 厘米
圆形偏心孔扣环：外径 2.95 厘米，内径 1.2 厘米，厚 0.26 厘米
鞓尾：长 8.12 厘米，厚 0.53 厘米
2013 年江苏省扬州市曹庄隋炀帝墓出土
扬州市文物考古研究所藏

十三环金玉带由带头（玦）、各类銙、扣环、鞓尾构成，玉白莹润，光泽莹亮。玉带头与扣舌之间用铜轴连接，背面均有金片，玉与金片之间用金铆钉衔接。该类环带流行于北周、隋末唐初，在以长安为中心的山西、河南等高等级墓葬中偶有出土。十三环带是北朝至隋唐时期最高等级的带具，北周至隋代，只有帝王才能佩用十三环带，可见这套金玉带无疑为隋炀帝生前所用。（刘刚）

胡人伎乐玉带

唐
总长约 50 厘米，宽约 3.5 厘米
上海博物馆藏

白玉及铜质，整套玉带含 11 件玉方銙、一件一端圆弧的长方形玉鞓尾，另有一件铜质带头。每件玉方銙正面皆饰一奏乐胡人，演奏各式西域乐器；玉鞓尾饰一随音乐翩翩起舞的胡人，造型灵动。玉带背面均光素，四角钻有“牛鼻穿孔”，以供缝系于革带。胡人伎乐纹主要流行于唐代，是东西文化交流的缩影。（郑昕雨）

玉梁钗（一组2件）

隋
长7.1厘米
1988年陕西省咸阳市底张仁寿元年（601）贺拔氏墓出土
陕西省考古研究院藏

玉梁钗白玉质地，洁白温润，形状均为双股，上端略宽厚，外沿呈弧形，内侧高直角，钗脚前端呈尖形，双股断面为椭圆形，通体抛光莹亮。北朝晚期至隋唐时期人们重视美发，喜高发髻，因此使用折股的长脚梁钗最为适合。玉不类金银耀目，成为贵族女性头饰低调奢华的首选。（刘思哲）

1

2

水晶、玛瑙首银梁钗（一组2件）

唐
1 水晶钗：长29厘米，宽3厘米
2 玛瑙钗：长40.4厘米，宽2.8厘米
1995年江苏省扬州市蓝天大厦工地唐代水井出土
扬州博物馆藏

同出木匣内存放40多件簪、钗类饰物。钗体修长、双股，上扁下圆。两钗头部分别镶嵌水晶、玛瑙。钗身为范铸的两根单股钗焊接而成，左右、正背面图案纹样相同，水晶钗为半浮雕摩竭鱼纹，玛瑙钗则为半浮雕果叶纹。钗身部鎏金，使头饰更加富丽华贵，光彩夺目，充分显示了唐代工艺美术的发展水平。（刘永红）

珍珠宝石金耳坠（一组 2 件）

唐

球径 1.6 厘米，高 8.2 厘米，重 21.5 克

1983 年江苏省扬州市三元路西首建设银行工地唐代水井出土

扬州博物馆藏

耳坠由挂环、镂空金球和坠饰三部分组成。上部挂环断面呈圆形，环中横饰金丝簧，环下对称穿两颗珍珠；中部的镂空金球用花丝和单丝编成七瓣宝装莲瓣式花纹，上下半球花纹对称。球顶焊空心小圆柱和横环，上部挂环穿横环相连，下部有七根相同的坠饰。每根坠饰的上段均做成弹簧状，中段穿花丝金圈、珍珠和琉璃珠，其下坠一红宝石。耳坠制作精细，装饰华丽。（刘永红）

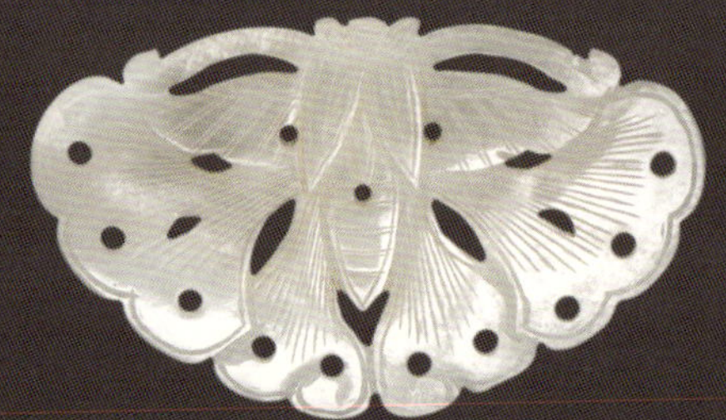

玉头饰一组

五代吴越国
蝴蝶形：长 6.6 厘米，宽 4 厘米，厚 0.12 厘米
牡丹形：长 7.2 厘米，宽 4.4 厘米，厚 0.15 厘米
凤纹：长 10.7 厘米，宽 4.4 厘米，厚 0.13 厘米
对凤玉梳背：长 5.3 厘米，宽 2.4 厘米，厚 0.23 厘米
玉飞凤：身长 3.2 厘米，片厚 0.35—0.5 厘米，高 2.15 厘米
盘状玉花：直径 3 厘米，厚 0.11 厘米
玉滴：长 1.3 厘米，宽 0.6 厘米，厚 0.11 厘米
半圆十字玉花节：宽 3.2 厘米，厚 0.1 厘米，高 1.4 厘米
玉毬子：直径 2.1 厘米，高 1.8 厘米
菱形十字花节：宽 2.8 厘米，厚 0.1 厘米，高 2 厘米
杏叶形花片：长 1.5 厘米，宽 0.8 厘米，厚 0.08 厘米
1996—1997 年浙江省杭州市临安区祥里村天福四年（939）康陵出土
杭州市临安区博物馆藏

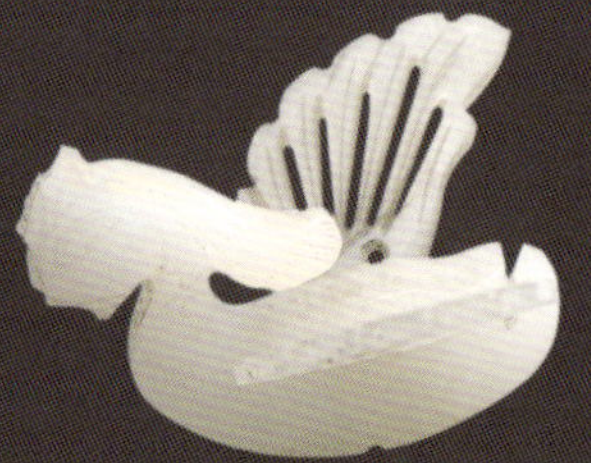

康陵是五代时期吴越国国王钱元瓘王妃墓葬，因早年被盗，墓内较为凌乱。墓中出土玉器70余件（组），主要是小件类头饰。其中，玉花片可能装饰在金属编织的小型花冠上，玉簪首原本有金属包镶的簪脚，玉梳背与角质的梳身结合。玉步摇中，组合式的飞凤、毬子、十字花等部件，与传世《簪花仕女图》中贵妇高发髻正面的步摇结构如出一辙。

玉步摇以飞凤为领，口下依次衔盘状花、十字花节、毬子等，组成垂直悬挂的一组头饰，各部件上垂有小型的杏叶花片、玉滴，部件间以金属相连，表面或贴有金箔。唐末罗虬诗中“金凤双钗逐步摇”（《比红儿诗》）及五代和凝“凤凰双飐步摇金”（《临江仙》）都形容了此类发饰；前蜀薛昭蕴《浣溪沙》中有“越女淘金春水上，步摇云鬟佩鸣珰”之语，将步摇垂挂的琳琅满目的头饰描述得更是贴切。（左骏）

唐—五代 《簪花仕女图》 辽宁省博物馆藏

玉臂环

唐

外径 8.1 厘米，内径 7 厘米，厚 1.9 厘米

1970 年陕西省西安市何家村窖藏出土

陕西历史博物馆藏

玉色洁白温润，细腻晶莹。三段弧形玉等长，表面雕琢三条凸棱，玉条两端均包以金兽首铰链，并以两枚金铆钉从内向外销固，以金铰链将三段弧形玉连为一体环形。其中一个兽首的销钉轴可灵活插入或拔出，以便开闭，可见设计精巧。置物的银罐盖面墨书“玉臂环”，是唐时名谓。宋人沈括在《梦溪笔谈》中自云曾于南京见过盗掘自六朝陵寝的古物，其中一件“玉臂钗”按描述当与何家村这件相类。以金铰链上的兽首形态风格更偏于南朝来看，这套臂环的制作年代或早于隋唐时期。（左骏）

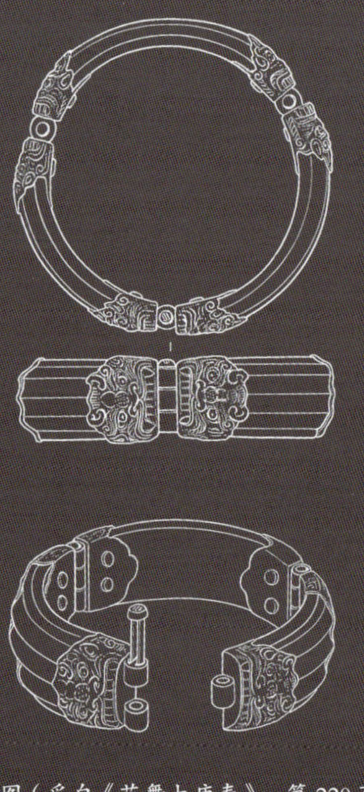

线图（采自《花舞大唐春》，第 220 页）

鸟衔绶带“千秋万岁”铭玉盖盒

唐—五代
长 5.2 厘米，宽 3.1 厘米，高 1.6 厘米
1969 年河北省定州市静志寺塔地宫出土
定州市博物馆藏

玉盒呈腰圆形，子母口。盒前中部内凹刻一竖棱。盖面刻双鸟衔绶带纹，盒底刻“千秋万岁”四字。（梁聪）

持镜的唐代贵族仕女（贞顺皇后敬陵石椁线刻，采自《皇后的天堂：唐敬陵贞顺皇后石椁研究》，第97页）

嵌宝石螺钿平脱八出镜

唐

直径9.5厘米，边厚0.4厘米，钮高0.2厘米

南京博物院藏

八出花瓣形镜体，体形精小，盈盈一握。镜背中心圆钮为花蕊，外套一周镂空螺钿的宝相花。以宝相花为中心、轴对称排布的螺钿花蕊、垂叶花束组合将镜体分成多个空间。顶端一花触顶，四叶垂于两侧，两端花束则以花为中心向四侧垂叶。底部空间饰镂空层叠的山石；上端两侧则对称饰鹦鹉、蝴蝶、云气等。镜背纹饰均为螺钿工艺制作，表面线刻细节纹样，螺钿镂空处原或镶嵌琥珀类宝石，饰片之间则以漆为底，填满绿松石颗粒，惜已脱落。画面轻柔飘逸，装饰多彩绚烂，体现了盛唐时代特有的富丽堂皇的美。（左骏）

唐 螺钿紫檀五弦琵琶局部 日本正仓院藏

高士抚鹿图玉饰

唐—五代
宽 4.4 厘米，厚 1 厘米，高 7.6 厘米
1976 年江苏省无锡市扬名乡万历二十四年（1596）顾林墓出土
无锡博物院藏

玉饰受沁，色如甘栗。饰物正面中央，一位居士头戴莲花冠，身穿广袖高领衫，腰束带，脚蹬云头履，右手抚摸身旁鹿背，左手食指轻抚鹿嘴。玉佩右侧有一小童，手捧一钵，表情恭敬而稚气，背面是正图的背影，两者呼应，增添了佩饰的立体效果。盛唐开始，由于信道修仙的流行和社会的变化，表现隐逸高士的题材开始成为风尚，常见于绘画及各类器具装饰上。此玉饰出自明墓，当是墓主珍藏的前代古玉。（吴玲、张帆）

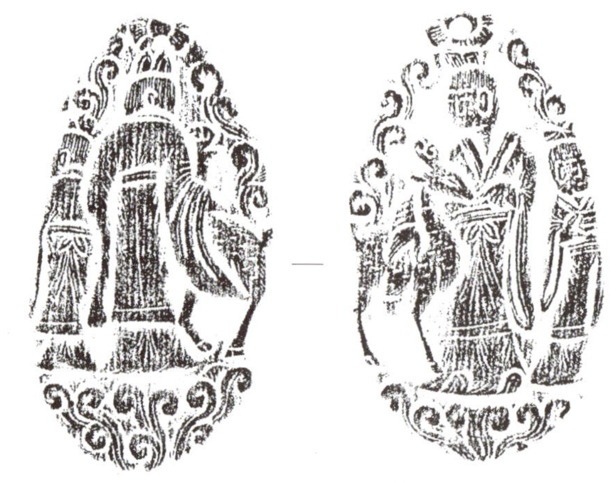

拓片（采自《斑斓璀璨：中国历代古玉纹饰图录》，第 37 页）

羚羊首玛瑙来通杯

唐

长 15.5 厘米，杯口径 5.9 厘米，高 6.5 厘米

1970 年陕西省西安市何家村窖藏出土

陕西历史博物馆藏

以西亚的缟玛瑙制作，通体抛光。杯口圆形，口沿下琢出凸弦，尖端雕成羚羊首（或牛首），动物头顶有双曲的长角，角尖接在杯口外侧，口鼻端装有塞形金帽，可以卸下，有孔道与杯腔相通。类似的角杯称为“来通”（Rhyton），最早出现在地中海一带，此后一路东传，在南北朝时期进入中原。有关这件来通的来源，或认为是舶来品，或认为是出自中国工匠之手，这些猜想皆展现出隋唐时期通达繁荣的东西文化交流盛景。（高波）

持来通杯的粟特人，展现了来通杯的使用方法
（北朝石屏局部线图，美国波士顿美术博物馆藏）

镶玉嵌宝石鎏金银漆盒

唐—五代
边长 25—26 厘米，高 13 厘米
2003 年内蒙古自治区通辽市吐尔基山辽墓出土
内蒙古自治区文物考古研究院藏

盒为漆胎，银鎏金外包，盖面正中嵌浮雕团龙玉片，各层之间镶嵌玉片、红宝石、水晶和绿松石等玉石。盒盖侧面和盒身侧面，有四组 12 个玉饰片，玉饰片之间以宝石或花草纹相隔，花纹中心镶嵌绿松石。盒盖内镶一层银片，其上以鎏金錾刻的技法饰庭院赏乐图。盒身底部中心有一圆孔，外侧包裹有錾刻花纹的银片，围绕中心圆孔有四只飞翔的龙首鱼身的摩竭，摩竭四周是叶纹。玉饰片和宝石周围均饰双层连珠纹，花草纹均以单层连珠纹装饰。（孙斯琴格日乐）

海水云龙纹玉炉

宋

口径 12.8 厘米，高 7.9 厘米

故宫博物院藏

玉炉为清宫旧藏，玉质青白，曾经火烧，故表面有黑色。原附有玉顶木盖，玉顶镂雕蟠龙形，有宋代之风。炉圆形，胎体厚重，圆撇口，腹大且深，圈足。炉身两侧雕长方形龙首吞流耳，外壁高浮雕海水云龙纹，以墙格纹为锦地，两面主题纹饰皆为龙纹，略有不同，但均回首，鼻上翘，发后飘，团身，三爪，以细网格纹为龙鳞。龙两侧祥云缭绕，身下波涛起伏，动感十足。器内底阴刻楷书，为作于乾隆四十三年（1778）的御制诗《题旧玉飞龙彝炉》。此炉造型仿青铜簋，纹饰图案又有宋代流行风尚，显示了宋代仿古不泥古的玉雕特点。（徐琳）

周蟠夔彝（采自《重修宣和博古图》）

贯耳玉壶

南宋—元
口径 2.75—3.25 厘米，盖径 2.76—3.22 厘米，
厚 1.11 厘米，通高 7.1 厘米
1956 年安徽省安庆市棋盘山大德五年（1301）
范文虎墓出土
安徽博物院藏

玉壶造型仿自商周青铜壶。研究者认为，这类玉壶主要用于盛装香料，与小玉饰配合使用，悬挂于腰间。用绳子穿过小玉饰的穿孔，与玉瓶盖及瓶颈两侧的贯耳相连，保证瓶盖可随时开闭，且不会丢失。此玉壶玉质上乘，工艺精湛，出土信息明确，是宋元时期不可多得的一件仿古标准器。（程露）

玉壶使用复原

商贯耳“弓”壶（采自《重修宣和博古图》）

仿古玉件（一组 3 件）

南宋
水晶璧：直径 6.4 厘米，孔径 2.9 厘米，厚 0.6 厘米
螭虎玦：长 8 厘米，宽 5.8 厘米
玉辟邪：长 2.8 厘米，宽 0.9 厘米，高 1.7 厘米
2004 年江苏省南京市江宁区建中南宋绍兴二十五年（1155）墓出土
南京市博物总馆藏

白玉质，玉有沁。辟邪为圆雕，呈挺胸伏卧状，昂首前视，张口露齿，头顶有独角，尾部蜷起，四肢短粗有力，背腹间有一穿孔。器身阴刻旋涡、短曲线等纹饰。（陈欣）

莲花玉冠

宋—元
长9.5厘米，宽6.5厘米，高6.5厘米
1970年江苏省苏州市吴中区嘉庆二年（1797）毕沅家族墓出土
南京博物院藏

冠白玉质，顶及身中部有裂与褐色沁斑。冠体轻薄，四面以方形层叠的荷花瓣攒成，翻卷自然流畅，顶部两花瓣相接。莲花冠之制始于唐五代，与道教盛行有关。宋徽宗《听琴图》中的抚琴者即身着缁衣道袍，头戴玉发冠。此器出土于毕沅家族墓，是其收藏古玉。毕沅在《六十岁生朝自寿十首》诗中有“玉冠新琢换朝簪”之句，可能与此冠有关。（张长东）

莲花冠（采自《中国古舆服论丛》，图20-2）

高士人物图排方玉带（一组 9 件）

宋

銙尾：长 10 厘米，宽 5 厘米，厚 0.7 厘米

銙：长 5.2 厘米，宽 4.6 厘米，厚 0.7 厘米

扣：长 2.7 厘米，宽 3.1 厘米

1956 年江西省上饶市茶山寺建炎四年（1130）赵仲湮墓出土

江西省博物馆藏

全套共九件，计鉈尾一、銙七、扣一。带具均呈池面，浅浮雕纹饰，人物纹用细阴线刻法。銙带装饰人像，人物盘腿而坐，或手捧果盘、方盒，或弹阮咸，或吹排箫，或拍手击节，或饮酒谈话，着方领大袖长袍，衣褶多平行的长弧线，细挺有弧度。鉈尾正面饰一高士立像，头戴莲瓣冠，身穿大袖长袍，右手执麈尾。根据背面编号，研究者认为玉带并非完整一组，但从形制来看，或为文献中记载的“排方玉带”。（汤敏丽）

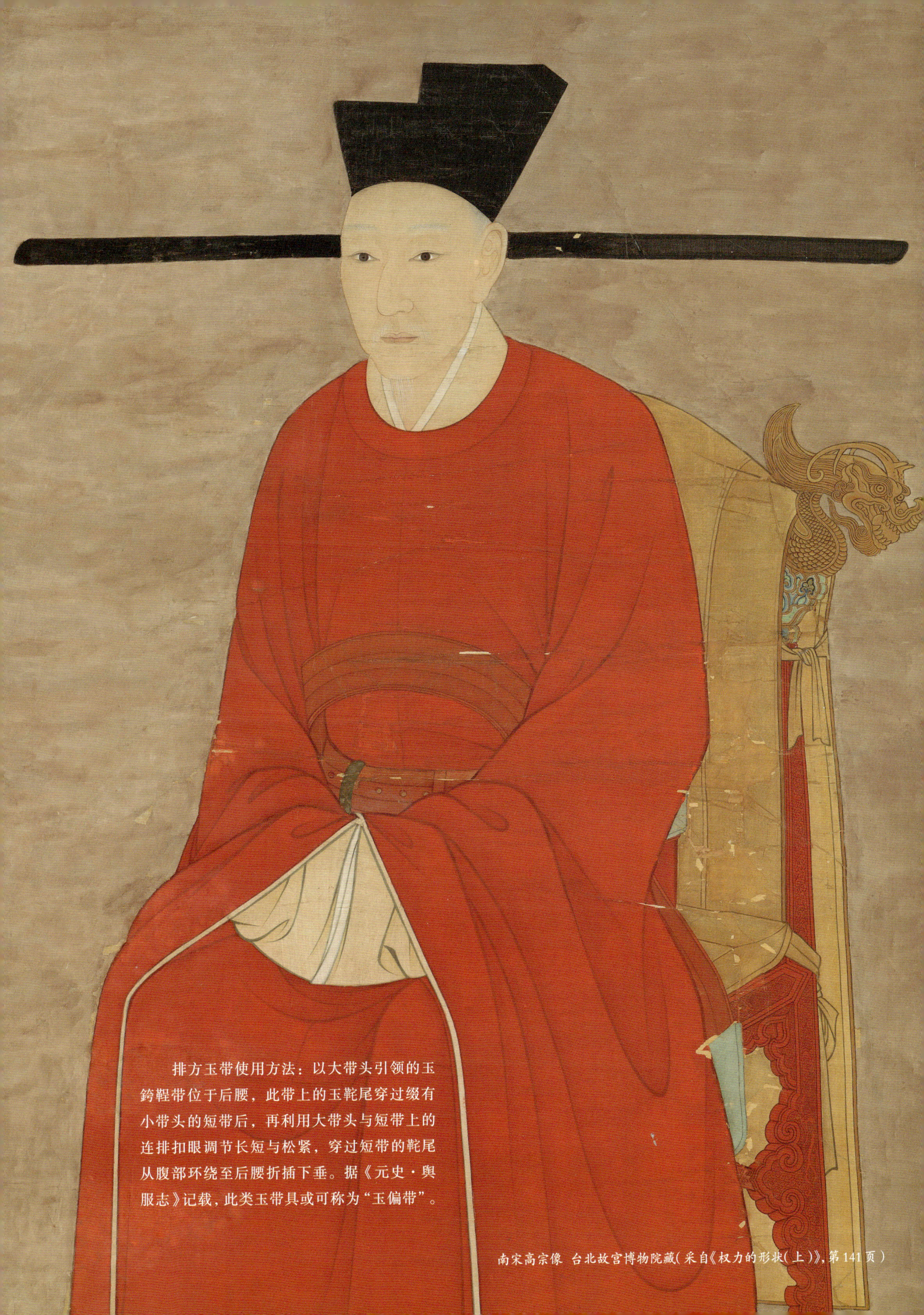

排方玉带使用方法：以大带头引领的玉銙鞓带位于后腰，此带上的玉鞓尾穿过缀有小带头的短带后，再利用大带头与短带上的连排扣眼调节长短与松紧，穿过短带的鞓尾从腹部环绕至后腰折插下垂。据《元史·舆服志》记载，此类玉带具或可称为“玉偏带”。

南宋高宗像 台北故宫博物院藏（采自《权力的形状（上）》，第141页）

水晶绦环

南宋
长 6.7 厘米，宽 4.6 厘米
1975 年江西省吉水市李家山南宋墓出土
江西省博物馆藏

整体呈剑环式，外廓椭圆形，内孔海棠形。器物加工工艺精湛，光滑如绸，晶莹剔透。（汤敏丽）

南宋　周季常《五百罗汉图》，图二局部
日本京都大德寺藏
可见绦环的使用方法

双螭玉绦环

南宋—元
长 5.7 厘米，宽 5.1 厘米，厚 0.85 厘米
南京博物院藏

水晶孔雀簪首（一组 2 件）

北宋
长 6.8 厘米
1969 年河北省定州市静志寺塔地宫出土
定州市博物馆藏

用四块水晶雕成，先雕出身躯、两翼和长尾，再用铜丝缀结成形。孔雀自古即为祥瑞之象征，这两件水晶孔雀缩颈昂首，长冠后迤，振翅欲飞，形象生动地表现了百鸟之王的美丽姿态。（贾昊茹）

玉梳

南宋
长 14.7 厘米，宽 6.3 厘米
2004 年江苏省南京市江宁区建中南宋绍兴二十五年（1155）墓出土
南京市博物总馆藏

宋时，女性头上插梳的风气十分流行，梳子用材多样，有木、骨、角、玉、金、银等。贵族使用的梳子在实用基础上更强调装饰性，往往用材奢侈，装饰华美，这件玉梳正是实用性与装饰性结合的典型代表。它也是南京地区迄今发现的保存最完好、雕刻最精美的玉梳，代表了南宋时期卓越的琢玉水平，为研究我国宋代玉器制作工艺及发展史提供了重要的实物资料。这件玉梳出土于一处等级较高的宋代墓葬，有一件形制相似的玉梳与之同出。（边昕）

对鸳鸯盒形玉帔坠

宋

直径 7 厘米，通高 9.5 厘米

1958 年北京市密云区董各庄清代皇子墓出土

首都博物馆藏

白玉质，抛光精湛，上立体雕琢一对鸳鸯，昂首，口、胸部相连，以均匀的细阴刻线琢出冠、眼、羽毛，栩栩如生，寓意姻缘和美，富贵绵长。帔坠为子母口，平剖为二，内可装盛香料。（韩冰）

对凤玉帔坠

南宋

长 7.5 厘米，宽 5 厘米

2006 年江苏省南京市江宁区清修镇南宋绍熙三年（1192）秦熺妻燕国太夫人曹氏墓出土

南京市博物总馆藏

白玉质，双面透雕，体扁平，两面纹饰相同，皆镂雕双凤图案。双凤翅部用网格纹及斜线表现羽毛，长长的尾羽向上扬起，并在玉帔坠顶部交会，两凤脚踏花朵，其间用缠枝花卉连接，纹饰富丽繁密。（陈欣）

北宋宣祖皇后像 台北故宫博物院藏
（采自《权力的形状（上）》，第56页）
可见双龙玉帔坠

骑鹅持荷玉童子

宋
宽 2.2 厘米，厚 1.1 厘米，高 5.8 厘米
天津博物馆藏

和田白玉质，单面做工，透雕童子蜷腿骑鹅。童子一手扶鹅，一手持荷绕肩须于背，圆脸梳髻，日字眼，葱管小鼻，小嘴微张，面相恬静，阴刻线细挺有力，具有典型的宋代风格。荷叶开闭自然，生动写实。据《东京梦华录》记载，宋时乞巧节，百姓多供奉一种玩偶，叫磨喝乐（又称"磨合罗"，梵语 mahoraga 音译），即为手持莲花或荷叶的童子。莲蓬多子，持莲童子寓意多子多福。磨喝乐多为泥质，也有蜡、玉和瓷的。玉童子往往也作为扇坠使用，因此才有宋高宗遗失玉孩儿扇坠、十多年后复得的传奇故事。（邵雯）

持莲戏毬双童子

宋
宽 3.8 厘米，高 5.8 厘米
首都博物馆藏

青白玉，圆雕一男一女两个童子站在台座上。两童子发丝细密，八字眉，直鼻小口，身穿无领对襟马甲，衣裤上用细阴刻线雕米字纹。男童头顶留桃形发，一手执莲花，一手牵飘带。女童梳双环髻，一手执莲花，一手执球状物。童子之间有由上而下贯穿的通天孔。（闫娟）

抱狸玉童子

宋
身宽 1.7 厘米，孔径 0.4 厘米，高 4.6 厘米
1970 年江苏省苏州市吴中区嘉庆二年（1797）毕沅家族墓出土
南京博物院藏

玉质洁白莹润，整体为圆雕。童子五官清晰，神态安然，头戴圆帽，身穿圆领长衫，腰间有七块长方形銙。狸猫温顺地把头伏在童子右臂，尾巴搭落在童子左臂，身部用极细的阴刻线表现毛茸茸的质感。器物顶至脚底有一通天孔，便于穿系。玉雕童子是宋代创新器物，表现天真烂漫、自由活泼的世俗生活情趣，深受时人喜爱。（张长东）

玉雕动物（一组 4 件）

南宋
鹅：长 3.4 厘米，宽 2 厘米，高 2.5 厘米
鸡：长 3.5 厘米，宽 1.2 厘米，高 2 厘米
鱼：长 5.1 厘米，宽 1.6 厘米，高 1.9 厘米
兔：长 2 厘米，宽 0.6 厘米，高 1.5 厘米
2004 年江苏省南京市江宁区建中南宋绍兴二十五年（1155）墓出土
南京市博物总馆藏

动物均为白玉质，圆雕，背腹间有穿孔。鹅体态圆润丰满，鹅冠高耸，圆眼，尖喙长颈，屈腿卧坐，腿脚收于身下，呈回首状，似在休憩理毛。腹部两侧有双翼，翼上用多种阴刻线条勾勒装饰。尾部肥厚，臀尖略上翘，亦饰有阴刻线条。

鸡呈卧姿，体态肥硕，尖嘴，眼睛平视，头略向下，头顶有鸡冠。颈部阴刻线条呈羽毛分绺下披状，羽翼向下后摆，其上亦有数种阴线勾勒线条。尾部高耸，尾羽分数绺自然下垂。造型圆润，形神兼备。

鱼体肥硕，鱼唇、鱼眼、鱼鳃用阴刻线条勾勒。鱼鳍用阴刻线条装饰，背鳍竖立，腹鳍后摆，尾鳍上翘。鱼儿似在水中悠游，栩栩如生。

兔头部高昂，前脚立地，后脚蹲地。兔耳、兔身、兔尾处阴刻有线条，凸显皮毛的质感。造型逼真，生动可爱。（陈欣）

法器玉饰（一组 2 件）

金刚杵：长 4.8 厘米，直径 1.4 厘米
法轮：宽 2.6 厘米，高 3.7 厘米
2004 年江苏省南京市江宁区建中南宋绍兴二十五年（1155）墓出土
南京市博物总馆藏

金刚杵为白玉质，圆雕，两头为菡萏花苞，中间有一穿孔。佛教认为，金刚杵象征着智慧，可以断除各种烦恼。

法轮为白玉质，双面透雕。轮内有六根辐条，轮心部分正反两面均有六瓣花形装饰，反面多一穿孔。辐条顶端呈箭头状，从轮心指向轮外。轮外上端有一火焰形装饰，上阴刻线条。（陈欣）

水晶念珠

北宋
复原周长 60 厘米
2016 年上海市青浦区青龙镇隆平寺塔地宫出土
上海博物馆藏

在铁函与木贴金椁的空隙内共发现 300 颗水晶珠，皆有穿孔，原应是置于木贴金椁的盖板上的几串佛珠，串珠的线绳氧化朽蚀，致使珠子散落。北宋中期，佛珠尺寸似乎尚未固定，因此，发掘者精准测量了每一颗珠子的尺寸，根据报恩寺塔地宫出土的念珠形制，并结合叠压关系进行了初步复原。（王建文）

青玉镂雕松下仙人长方嵌件

宋

长 9.6 厘米，宽 7.8 厘米，厚 1.5 厘米

故宫博物院藏

青玉质，颜色发白，局部有黄色沁斑，镂雕成扁平椭圆形。嵌件以一株松树、几朵浮云为背景，松荫下一仙女身穿宽袖长裙，神情端庄，旁边立两侍女，一长身站立，手持灯幡，一立于云上，手托果盘，近脚边立一只仙鹤、两株灵芝，一幅仙境景象，寓意幸福长寿、吉祥如意。背部有孔，为结系、嵌饰之用。（刘晶莹）

（传）五代 阮郜《阆苑女仙图》局部 故宫博物院藏
（采自《宋画全集》第一卷第一册，第 72 页）

山林高士玉图画

宋一金
宽 6.8 厘米，厚 5.8 厘米，
连座高 13.3 厘米
南京博物院藏

青白玉，外部留红皮巧雕，应为一椭圆形籽料雕成。整器镂雕一高士和童子游逸于山林树石的场景。玉的皮色为整个画面增添了静谧悠远的意境，好似在人间独辟一片仙境，供高士沉思凝望，使其与天地合一，超然物外。玉图画的整体构图颇有宋代山水画中山林高士图的神韵。（张长东）

南宋 马远《松寿图》局部 辽宁省博物馆藏（采自《宋画全集》第三卷第二册，第 203 页）

北宋 赵佶《芙蓉锦鸡图》局部 故宫博物院藏（采自《宋画全集》第一卷第二册，第 87 页）

孔雀园林玉图画

宋—金
宽 7 厘米，厚 5.2 厘米，高 11 厘米
南京博物院藏

青白玉，整体镂雕孔雀园林图（或称“凤凰牡丹图”）。孔雀红皮巧雕，在枝繁叶茂的花草间回首凝望，呈现出一片安静祥和的图景，兼有宋代花鸟画的意韵。在镂雕和巧雕基础上，玉匠采用圆雕、阴雕等技法，刻画园林草木和孔雀羽毛，设计精美，形象生动。此器构思独特，意境优美，用料精良。（张长东）

孔雀山石玉图画

宋—金
长 7.9 厘米，宽 6.8 厘米
首都博物馆藏

白玉质，细润无瑕。扁片倭角，采用浮雕和透雕技法琢磨三层纹饰。正面雕琢嶙峋山石，双孔雀上下交错立于石旁。孔雀高冠，尖喙，圈形眼，曲颈，微展双翅，用单阴刻线琢羽毛、尾翎，尾部伸展，尾翎排列呈鳞片状。玉图画上下有小孔，背面光素，但有琢磨遗痕及四组对穿孔，可缝缀。宋代花鸟玉雕中，表现园林的孔雀山石题材较为多见。（韩冰）

越窑银釦青瓷瓜形持壶

五代—北宋
口径 5.5 厘米，底径 6.4 厘米，高 20.5 厘米
1958 年江苏省扬州市胡场乡出土
南京博物院藏

龙泉窑青釉鬲式炉

南宋
口径 15 厘米，高 12.7 厘米
南京博物院藏

以瓷类玉，除了颜色上的比照外，更贴切的则是质感上的比附。青瓷似玉，这种青的极致，古人常用造化来比拟。白瓷似雪，被誉称“饶玉”的湖田窑青白瓷仍是宋人的心头好。“玉枕纱厨，半夜凉初透”，浓情与薄凉，尽在青白釉瓷枕的温与凉之间。君子比德于玉，宋代士人又“以瓷类玉”。瓷器因此被赋予更高的美学和道德要求，完美地契合了宋人的世风，在郁郁乎文哉的昌明之世中，是展示宋韵理想的物质代表。（高杰）

嵌宝石金座玉帽顶（一组 2 件）

元

云龙玉帽顶：底径 5.9—6.6 厘米，通高 6.3 厘米

蓝宝石帽顶：底径 5.1 厘米，高 3.9 厘米

2001 年湖北省钟祥市正统六年（1441）梁庄王墓出土

湖北省博物馆藏

这类镂空玉饰的年代功用，随着梁庄王墓中出土的几件嵌宝石金顶而尘埃落定。元代，各类帽顶不仅是帽子的装饰，也是辨尊卑的标志之一。沈德符《万历野获编》记载："元时除朝会后，王公贵人俱戴大帽，视其顶之花样为等威。尝见九龙而一龙正面者，则元主所自御也。"帽顶用玉品级高于用金，宝石及龙纹玉帽顶应是皇室贵族佩用。而庶人帽笠，则"不许饰用金玉"。明以后风俗改变，不再以玉器饰帽顶，于是把许多元代旧帽顶改为炉顶使用，金座的底面尚保留着缝缀用的小孔。（曾攀）

元文宗半身像 台北故宫博物院藏（采自《权力的形状（下）》，第72页）
可见檐笠帽帽顶

穿花龙纹玉帽顶

元

底径 4.5 厘米，高 4 厘米

南京博物院藏

玉帽顶为青白玉质，光泽莹润，整体镂雕一龙在茂盛的牡丹花叶及云气中穿行游玩。在镂雕的基础上又采用浮雕、阴雕等技法，使龙和花草立体感强，栩栩如生。（张长东）

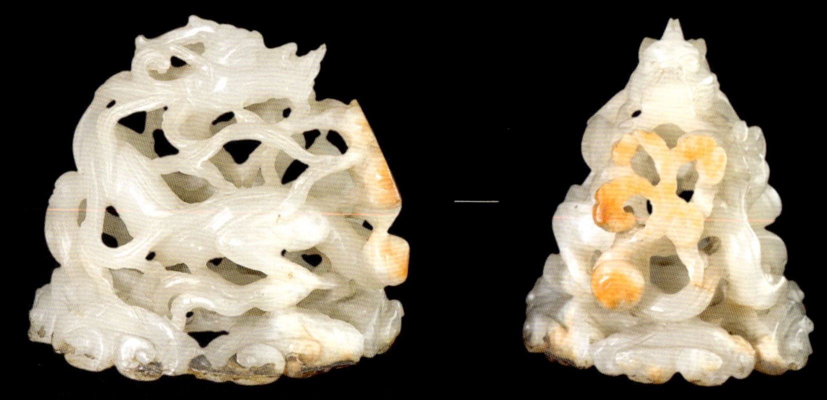

渎山大玉海局部（采自《渎山大玉海科技监测与研究》）

龙首玉嵌饰

元
长 9.1 厘米，宽 3.7 厘米
上海博物馆藏

青玉质，龙首五官刻画细致，粗眉压眼，鼻梁下凹，鼻翼呈蒜头形，口部上颌长而尖翘，向上翻起，獠牙出露，龙角粗短有力，形似短棍，须发后曳。元代早期玉龙多承唐宋之遗风，精工细琢间尽显玉龙威风凛凛、仙气飘飘之态。（郑昕雨）

镂雕云鹤纹白玉逍遥

金

长 7.5 厘米，宽 5.7 厘米

故宫博物院藏

玉质洁白温润，微有沁，镂雕相对起舞的双鹤。双鹤嘴翅相连，亲密无间，足踏云朵，双翅舒展，翩翩起舞，上部共有一环饰。

唐代以后，对称图案常常出现在玉雕设计中，如对鹤、对鸟、对称花卉等，所用玉料一般较好，常表达和谐祥瑞之意。1988 年在黑龙江阿城巨源乡发掘的金代齐国王完颜晏墓，其王妃头上所戴头巾中央缀有类似之物。经孙机先生考证，《金史·舆服志》有“妇人……年老者以皂纱笼髻”的记载，这种头巾“散缀玉钿于上，谓之玉逍遥”。故此类玉器应称为玉逍遥，为金代女式头巾上的玉饰。（徐琳）

双鱼玉逍遥

金

宽 6 厘米，厚 1.2 厘米，高 3.8 厘米

天津博物馆藏

圆雕 C 形双鱼相对，口衔一丛水草。鱼眼中原嵌物已佚，阴刻线表现鱼鳍、鱼尾细部，鱼身圆润无纹，充满跃动感。背面琢有三组对穿孔。此器造型饱满，雕琢精湛。（袁伟）

金 花珠冠及玉逍遥 （采自《金代服饰》，图一〇七）

飞天玉耳饰（一组 2 件）

辽
长 4.7 厘米，宽 3.5 厘米，高 0.7 厘米
1979 年辽宁省喀喇沁左翼蒙古族自治县白塔子北岭 1 号墓出土
辽宁省博物馆藏

白玉质，两件形体一致，飞天面作男相。以驾云飞翔的飞天形象为耳饰，极为罕见，将飞天头发延长作为系耳之钩，构思奇绝，说明玉工设计思想的活跃和大胆。耳饰制作玲珑剔透，飞天面容虽小于豆粒，却眉目传神，笑容可掬。（温科学）

金链竹节形玉盒

辽
盒高 7.7 厘米，提挂通高 18.2 厘米
1967 年辽宁省阜新市塔营子辽塔地宫出土
辽宁省博物馆藏

白玉温润，整体琢成竹节式圆筒形盒，一盖一底，子母口，盖底同式。金链通过贯耳相连接，提起金链的同时，盒盖在重力作用下自然扣合。玉盒设计精巧，造型别致清雅，便于随身携带，盒内或曾盛装香料或油膏。（温科学）

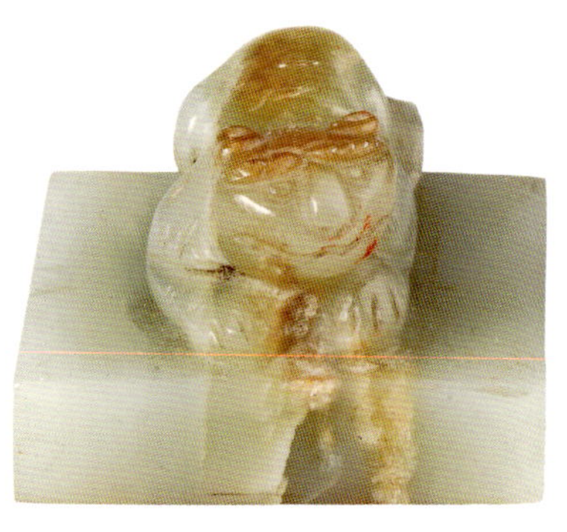

虎钮玉押

元

边宽 3.4—3.6 厘米，高 2.7 厘米

1956 年安徽省安庆市棋盘山大德五年（1301）范文虎墓出土

安徽博物院藏

元代官吏用押较为普遍。陶宗仪《南村辍耕录》载：“今蒙古色目人为官者，多为不能执笔花押，例以象牙或木刻而印之。”花押的材质很多，有象牙、木、铜等，能够使用玉押者，一般等级较高。玉押使用者范文虎为南宋降元将领，官至元代尚书右丞。此玉押以实物证明了文献所载元代统治者对官吏的管理方式。（程露）

花押印文

螭虎莲叶玉杯（洗）

南宋—元

口径 3.2—5.2 厘米，高 5.8 厘米

南京博物院藏

玉质青白，留红皮处巧雕螭虎头尾等部位，荷叶向上翻卷呈椭圆杯状，边缘自然弯曲，莲蓬梗集成杯柄，顺杯外侧而下，至杯底卷为杯足。唐宋时期，荷叶杯在文士中盛行，受其影响，金、银、玉、瓷、琥珀等各种材料制作的荷叶形器具大量出现。苏东坡在《和陶连雨独饮》小引中记载：“吾谪海南，尽卖酒器以供衣食。独有一荷叶杯，工制美妙，留以自娱。”此杯设计巧妙，情趣高雅。南宋史绳祖墓的同类型器，有玉笔架、玉兔镇纸等文房用具伴出，可见荷叶杯不仅用来饮酒，也是文房雅玩。（周纮、张长东）

绦环

宋—元
长 10.6 厘米，内径长 4.9 厘米，宽 8.5 厘米，内径宽 2.7 厘米，厚 0.9 厘米
1959 年江苏省苏州市吴中区元大德八年(1304)吕师孟墓出土
南京博物院藏

白玉质，器形扁平，中间随形琢椭圆形孔，通体光素无纹，玉质优良，简约大气。元人画虞集像中，其腰间所绘钩环与该件一致，与玉带钩配合使用，是元代流行的玉绦环，用于束带。(张长东)

龙首玉带钩

元
长 8 厘米
江苏省苏州市吴中区东山王有仁墓出土
吴文化博物馆藏

玉带钩整体呈琵琶形，由钩首、钩身、钩钮三部分组成。龙首形钩首，龙双目细长，宽鼻，耳朵双卷，头上长双角，细线阴刻毛发，后飘至肩部并分叉，钩身四道凸棱，钩背有方孔形钮，造型古朴。龙首形象粗犷豪放，为典型元代风格。(郭笑微)

《元四学士图》虞集像　美国辛辛那提艺术博物馆藏
可见绦环使用方法

契丹和女真人以狩猎、游牧为生，逐水草而居，随季节变化游徙，进行以狩猎为主要表现形式的游幸活动，即“四时捺钵”制度。其中包括春日在河湖捕猎的“春水”、秋天入山狩猎的“秋山”。《金史》中对此也有记载，并将有鹘攫天鹅图案的服饰称为“春水之饰”，将有熊鹿山林图案的服饰称为“秋山之饰”。

明 殷偕《鹰击天鹅图轴》局部 南京博物院藏

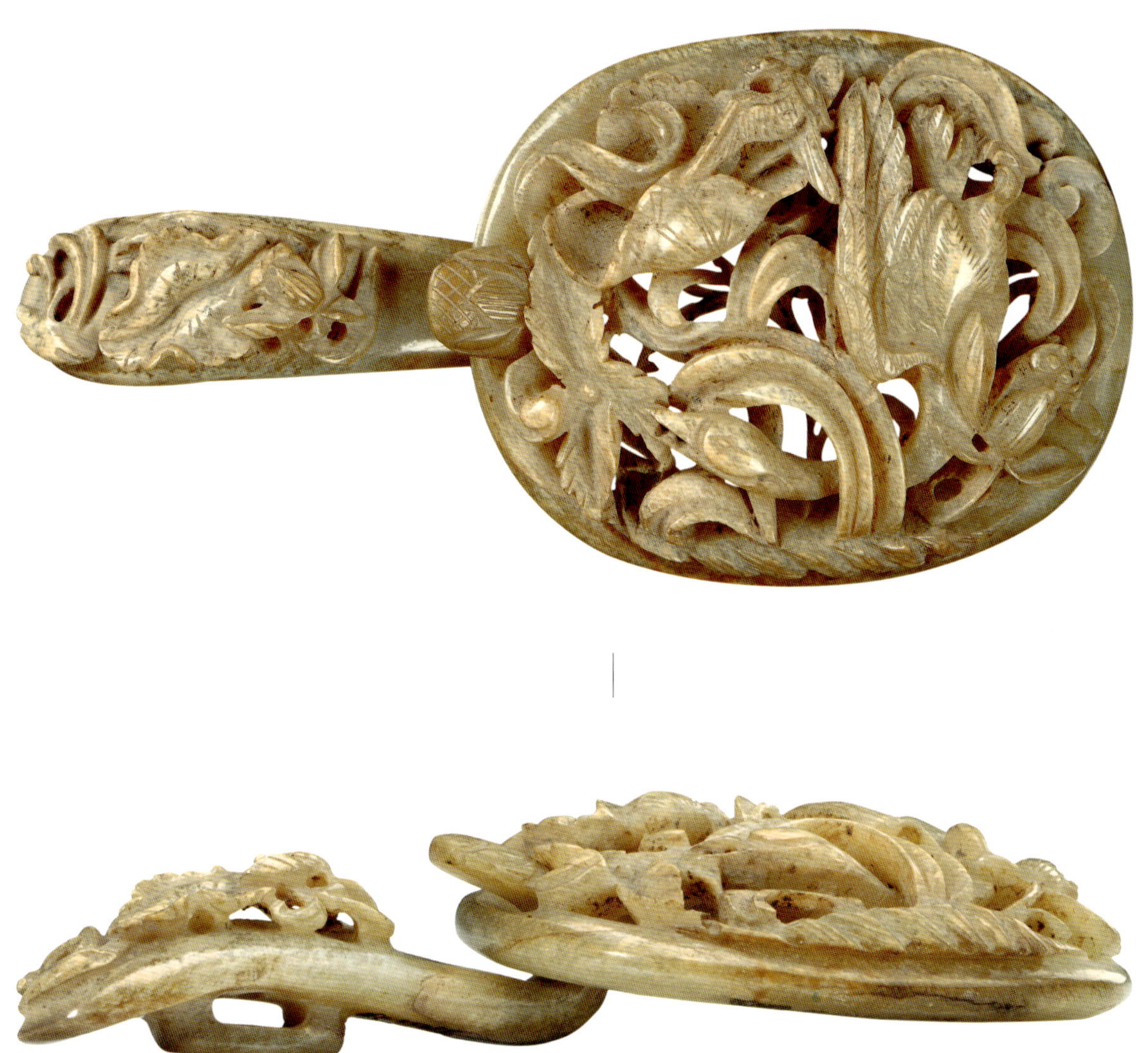

春水图玉钩、绦环（一组 2 件）

元
钩：长 7.4 厘米，宽 2 厘米，高 2.4 厘米
绦环：长 8.3 厘米，宽 6.7 厘米，厚 2.2 厘米
1960 年江苏省无锡市嶂嶂山至治元年（1321）钱裕墓出土
无锡博物院藏

带钩和绦环两部分组成一套完整的玉带具。绦环镂空透雕“春水”图案，以水、荷、芦苇、草卉为背景，上方一只海东青飞于荷上，正回首寻觅猎物，下方一只天鹅惊惶地潜入荷丛。玉雕抓住了双方最佳的情态瞬间，极富艺术感染力。带钩正面以荷花、莲蓬为饰，腹上镂雕荷莲水草纹，背部为一桥形钮，用以系带。这组器物采用了浅雕、深雕、镂雕相结合的制作方法，玉器背部留有较明显的砣碾痕，棱角锋利，使线条更显质朴、硬朗、浑厚，是同类题材中的精品。（张帆、吴玲）

鱼戏莲图玉带饰

金—元
长 10 厘米，宽 6.3 厘米
首都博物馆藏

青玉质，使用“巧作”技法进行设计，利用金黄的玉皮色渲染荷花和水草的层次感，花叶卷曲。鳜鱼圆眼噘嘴，鱼尾上翘，鱼身用细阴线雕刻出鱼鳞。整件作品采用立体镂雕工艺勾画出鱼戏莲叶间的图画，朴拙而不失灵气。（闫娟）

荷塘小景玉帽顶

元
直径 4—5.4 厘米，高 4.6 厘米
南京博物院藏

白玉质，光泽莹润，整体镂雕鸳鸯等水鸟在荷塘里栖息的画面。繁密的花卉枝叶间有荷花、鱼、蜻蜓等，动静结合，充满生机与情趣。采用圆雕、镂雕、阴雕等琢制技法，细节处却不着意打磨，呈现出北方民族粗犷豪放、喜欢自然野趣的特点。（张长东）

元 青花池塘小景盘 南京博物院藏

双鹿柞树纹玉饰

辽一金
宽 8.8 厘米，厚 2 厘米，高 6.5 厘米
天津博物馆藏

背玉略闪灰，局部保留褐红色皮子。此器透雕双鹿在崎岖山地穿行于柞树林中，前鹿回首，似在召唤后鹿放心前行，后者引颈向前，似在回应前者。制作者独具匠心，保留了玉材本身的皮色，巧雕红色的柞树枝叶以表现秋景，烘托秋山中的勃勃生机。此器物的整体构图和表现方式与传世名画《丹枫呦鹿图》有异曲同工之妙，二者虽一为玉雕，一为绘画，但今人观之，仿佛均能于灿若云霞的秋林间听闻呦呦鹿鸣。（徐春苓）

白玉秋山图佩 故宫博物院藏

五代 佚名《丹枫呦鹿图》 台北故宫博物院藏（采自《精彩一百》，第 253 页）

第二单元　巧思

统一的多民族国家和繁荣的商品经济，激发了明清玉器的勃勃生机。从选料、造型到琢制，文人对玉的“美”和“韵”有了更加卓越的追求。玉，因此蕴含了更多的温情和雅致。

在苏州、扬州的街巷、市井里，匠人以巧思创作出清雅的玉器；在紫禁城内的殿宇楼阁中，因帝王亲自参与、要求而制作的玉器，其样式品味、巧思匠艺，都引领着时代的新风尚。

Unit 2　Remarkable Ingenuity

In Ming and Qing dynasties, unification of multiple ethnicities and prosperous commodity economy effected the improvement of prior artistic treatment of jade. From material selection, shape design to carving, literati laid down higher standards of “beauty” and “charm” of jade ware. Therefore, jade showed more warmth and elegance.

In the lanes and marketplaces in Suzhou and Yangzhou, skilled artisans crafted elegant jade articles with ingenuity. In the Forbidden City, new fashion of the times was initiated with the emperors’ participation or under their specific requirements and precious jade transformed into *objet d’art*.

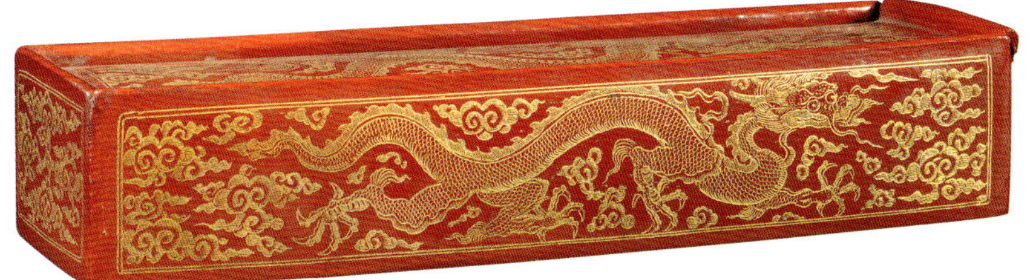

圭及匣（一套 2 件）

明早期
墨玉圭：长 29.6 厘米，宽 6 厘米，厚 1 厘米
戗金云龙纹漆匣：长 36 厘米，宽 11 厘米，高 7.2 厘米
1971 年山东省邹城市洪武二十二年（1389）鲁荒王墓出土
山东博物馆藏

圭是明代重要的礼器。墨玉圭尖部为青白色，玉质莹润，表面磨制光滑，器表素面无纹，朴实无华，端庄稳重，出土时置于戗金云龙纹漆匣中。漆匣为木胎，内外髹朱漆，盒盖面及两侧饰戗金云龙纹，两端饰云纹。戗金工艺可以追溯到秦汉时期，至明代达到新的高度。鲁荒王墓出土的戗金漆器代表了明初戗金工艺的最高水平。墓中共出土两件漆匣，分别盛放白玉圭、墨玉圭，漆匣色彩鲜艳，纹饰精美，极具视觉冲击力。（庄英博）

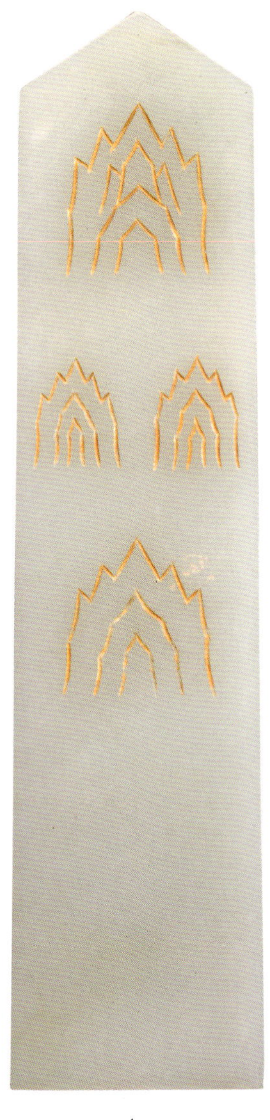
1

2

圭（一组2件）

明晚期
1 镇圭：长25.8厘米，宽6.6厘米，厚0.9厘米
2 （脊）圭：长26.8厘米，宽5.9厘米，厚0.9厘米
1958年北京市昌平区十三陵定陵万历皇帝棺内出土
明十三陵博物馆藏

玉圭作为瑞器，是明代帝后、藩王礼制的一部分，是使用者身份地位的象征。明代玉圭的使用有严格的等级制度，不同级别使用玉圭的尺寸、纹饰、玉质不同。《明会典》记载帝王使用的“圭长一尺二寸”。明代皇帝所用玉圭，为周尺规格（一尺约为今23厘米），定陵所见四山纹玉圭合约一尺二寸，即镇圭。圭是礼仪中重要的信物，《明会典》记载玉圭多用在郊祀、社稷等祀礼中，皇帝多有“搢圭”“出圭”的仪轨。（王雪峥）

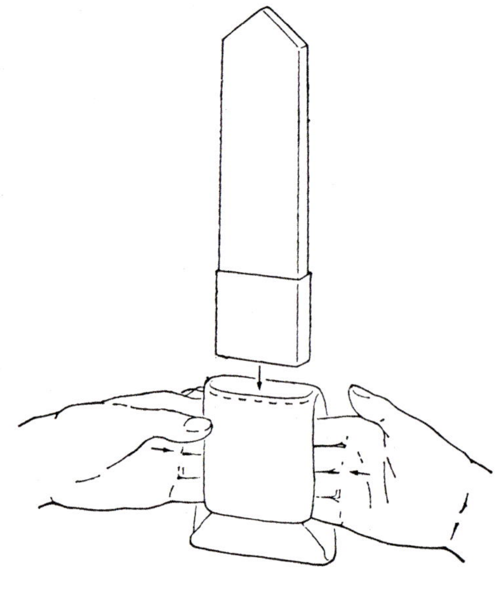
圭的使用（采自《定陵》，图二二七：5）

明孝端皇后半身像 台北故宫博物院藏（采自《权力的形状（下）》，第145页）

明神宗皇帝半身像 台北故宫博物院藏（采自《权力的形状（下）》，第 144 页）

嵌宝石乌纱翼善冠（冠体为复制品）

明晚期

复原直径 16.8—20 厘米，高 26 厘米

1958 年北京市昌平区十三陵定陵万历皇帝棺内出土

明十三陵博物馆藏

发现时冠纱腐朽残碎。冠上现存红宝石 10 块，蓝宝石 10 块，黄宝石 4 块，猫睛石 4 块，绿宝石 2 块，珍珠 11 颗。冠体用细竹丝编成六角形网格为胎，后山前面嵌二龙戏珠，龙身为金累丝编结制成，每条龙上嵌有宝石和珍珠，中有金火焰一个。下部为金质扁筒形插座，正面浮雕有升龙，三山形。龙首托字，一为“万”字，一为“寿”字。背面饰云纹。明洪武三年（1370），朱元璋下诏重新规定了服饰制度，至永乐三年（1405），确定皇帝常服冠以乌纱覆之，称为“翼善冠”。（王雪峥）

素面玉带（一组 20 块）

明晚期

周长 146 厘米，宽 7 厘米

1958 年北京市昌平区十三陵定陵万历皇帝棺内出土

明十三陵博物馆藏

带体由两层黄色素缎中间夹一层皮革制成，发现时带体已残朽，上缀白玉饰件 20 块。每件玉饰背面都有孔，用铜丝与缎带连缀在一起。明张自烈《正字通》记载：“明制，革带前合口处曰三台，左右排三圆桃，排方左右曰鱼尾（鞓尾），有辅弼二小方。后七枚，前大小十三枚。”故以“三台”为中心向两侧展开，组合成圆桃、鱼尾、辅弼等结构。（郑红艳）

明光宗皇帝半身像　台北故宫博物院藏（采自《权力的形状（下）》，第 130 页）

龙纹玉带（一组 20 块）

明中晚期
鞓尾：长 16 厘米，宽 6.2 厘米
銙：长 9.1 厘米，宽 5.9 厘米
辅弼：长 6.1 厘米，宽 1.9 厘米
圆桃：长 5.6 厘米，宽 5.4 厘米
南京博物院藏

白玉质，具有明代中晚期玉带特点。玉带采用双层透雕工艺，又称“花下压花”。玉带上层主纹葵形开光内雕四爪蟒龙，开光外四角均饰花卉，花卉纹与下层的卷草纹交错，形成穿花效果。自明代起，玉饰带同朝服冠帽一起成为制度化的服饰，在考古发现与传世的明代玉带中，以一组20块为多见。明代革带尺寸较大，超过腰围很多，一般虚悬于腰部而非束扎起来，装饰价值大于使用价值。清初叶梦珠《阅世编》记载：“带宽而圆，束不着腰，圆领两肋各有细钮贯带于巾而悬之，取其严正整饬而已。”（周竑）

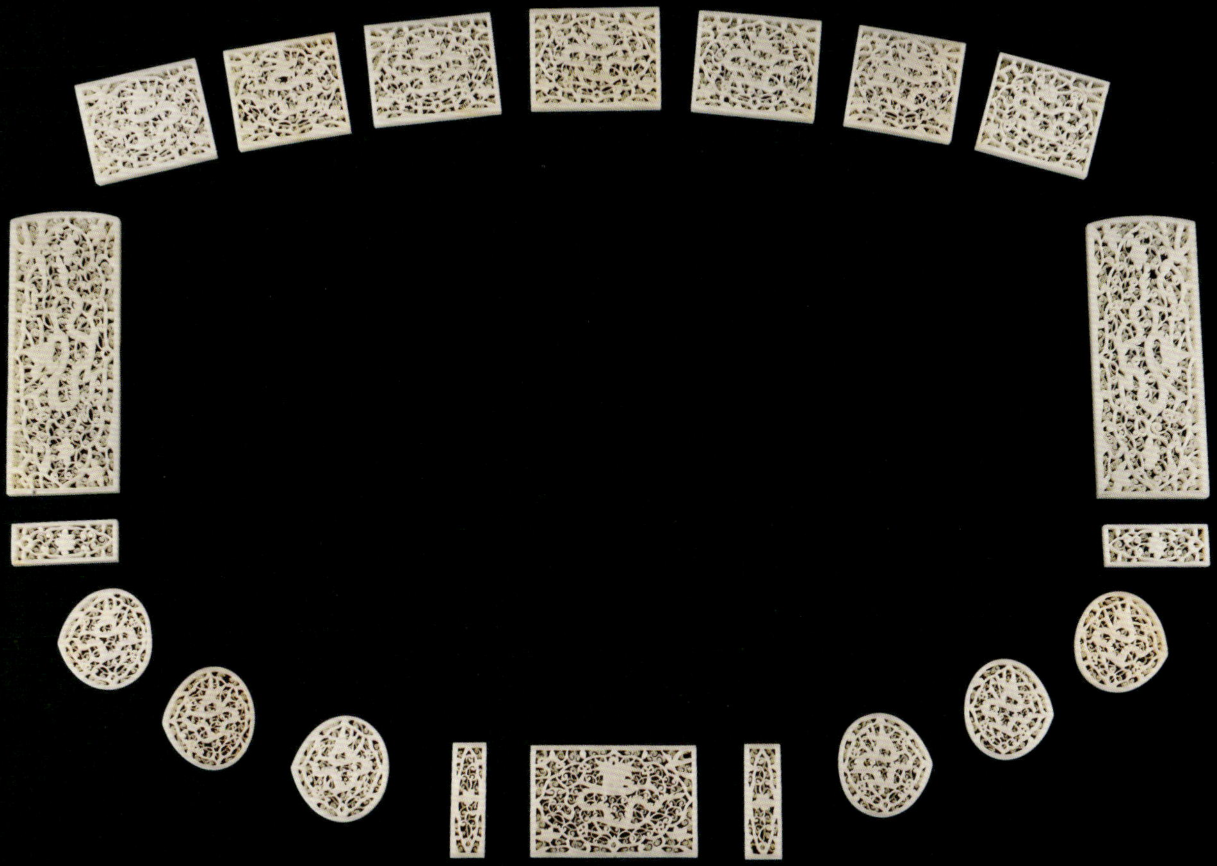

描金玉组佩（一套 2 组）

明晚期

通长 78.7 厘米

1958 年北京市昌平区十三陵定陵万历皇帝棺内出土

明十三陵博物馆藏

玉组佩一套 2 组，总计玉珠 755 个、各式玉片 37 件。每套上有玉饰件 19 件，分作 7 排。《明史·舆服志》所记玉佩结构为“玉珩一、玉瑀一、琚二、冲牙一、璜二、下垂玉花一，玉滴二，缘饰云龙纹描金。自珩而下系组五，贯以玉珠”。定陵出土玉组佩中，万历皇帝玉组佩相较其他更加复杂华丽，体现了帝王的尊贵地位。所有饰件两面均刻相同纹饰，除第二排的云朵形饰、第三排的磬形饰和下端的叶形饰上浅线刻云形纹外，其他饰件上均刻云龙纹，与制度相符。（曹新月）

誥封光禄大夫
柱國少師兼
子太師
吏部尚書
極殿大學士
品封君永懷李老夫子
治癸丑歲十月二十六
日累
封一品大人徐老夫人
治癸丑歲十一月初四
日同庚八袠雙壽
弓庵相公洎
壒村參軍榮慶於三樂
堂中位得觀一樂圖像
敬題一聯
人聞諸福備
天下達尊三

明 《李镗家乐图》 南京博物院藏

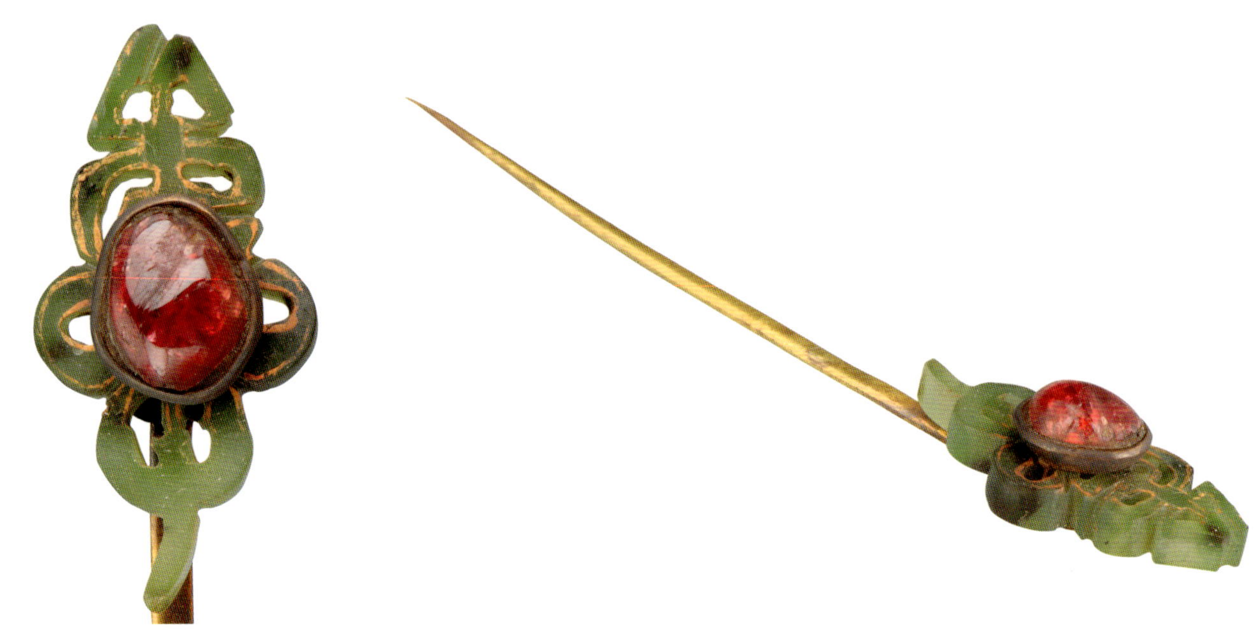

嵌玉宝石金簪（啄针，一组 2 件）

明晚期
“寿”字啄针：长 9.3 厘米，宽 1.5 厘米
“佛”字啄针：长 7.7 厘米，宽 2.3 厘米
1958 年北京市昌平区十三陵定陵孝端皇后棺内出土
明十三陵博物馆藏

“寿”字啄针呈扁锥形，顶部在金托上附有碧玉“寿”字玉饰，其上有描金纹饰，中心嵌红宝石一块，背面有铭文“大明万历年造”。明宫廷帝后佩戴的首饰，随年节时令不同而变更，圣寿、大喜、大典时也会换戴含有相应吉庆内容的簪钗。出土首饰上丰富多彩的纹样，正是这一风尚的反映。（柏宁）

“佛”字啄针呈扁锥形，顶部饰一白玉“佛”字，下部与白玉花形饰相连，字中心嵌红宝石一块。定陵出土的金簪，有的装饰金、玉佛像，有的装饰菩萨、喇嘛塔式宝塔、八吉祥、佛字等。这大概与万历皇帝和皇后崇尚佛教有关。（柏宁）

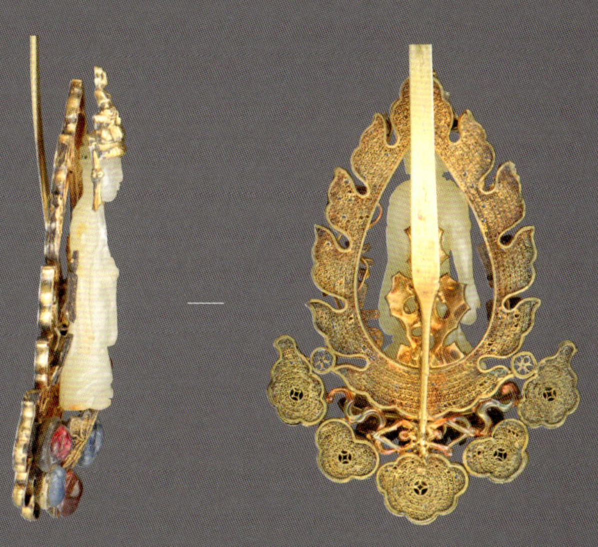

嵌宝镶玉佛金簪（挑心）

明晚期
长 15 厘米，宽 5.7 厘米
1958 年北京市昌平区十三陵定陵孝靖皇后棺内出土
明十三陵博物馆藏

顶部焊接有花丝制作的佛光背托，下部为轮、飘带、云纹及莲花组成的宝座。中间镶嵌白玉制作的佛像一尊，两侧各装饰梵文。莲花托下部嵌红宝石三块、蓝宝石两块。该簪的制作流程包括打制、雕刻、累丝、琢玉、镶嵌、焊接等，是明代宫廷首饰的经典之作。（柏宁）

镶玉梵文金挑心

明
长 4.15 厘米，宽 3.4 厘米
1955 江苏省无锡市大墙门出土
南京博物院藏

金镶玉观音挑心

明
长 4.85 厘米，宽 3.6 厘米
1955 年江苏省无锡市仙蠡墩 13 号墓出土
南京博物院藏

镶玉佛金簪（一组 2 件）

明
长 9.9 厘米，簪首长 4 厘米，宽 2.5 厘米
（2 件尺寸一致）
1955 年江苏省无锡市大墙门出土
南京博物院藏

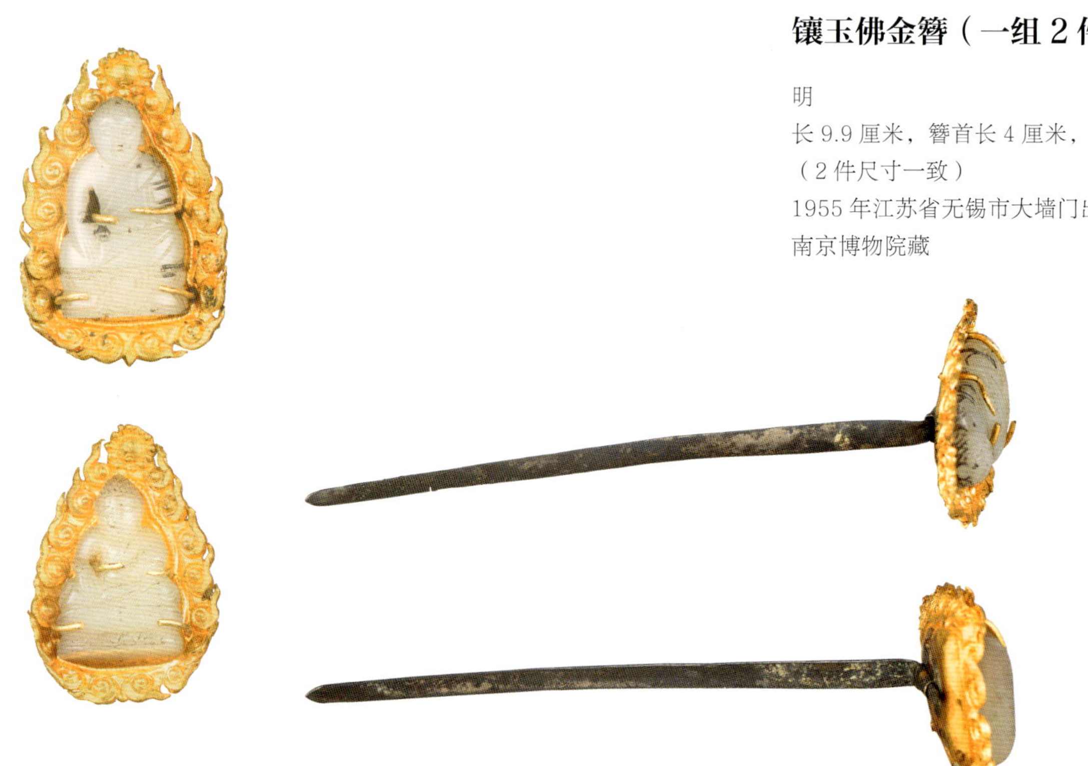

嵌宝石金花簪首（一组 4 件）

明
1 长 5.4 厘米，宽 5.35 厘米
2 长 5.7 厘米，宽 4.1 厘米
1955 年江苏省无锡市大墙门出土
南京博物院藏

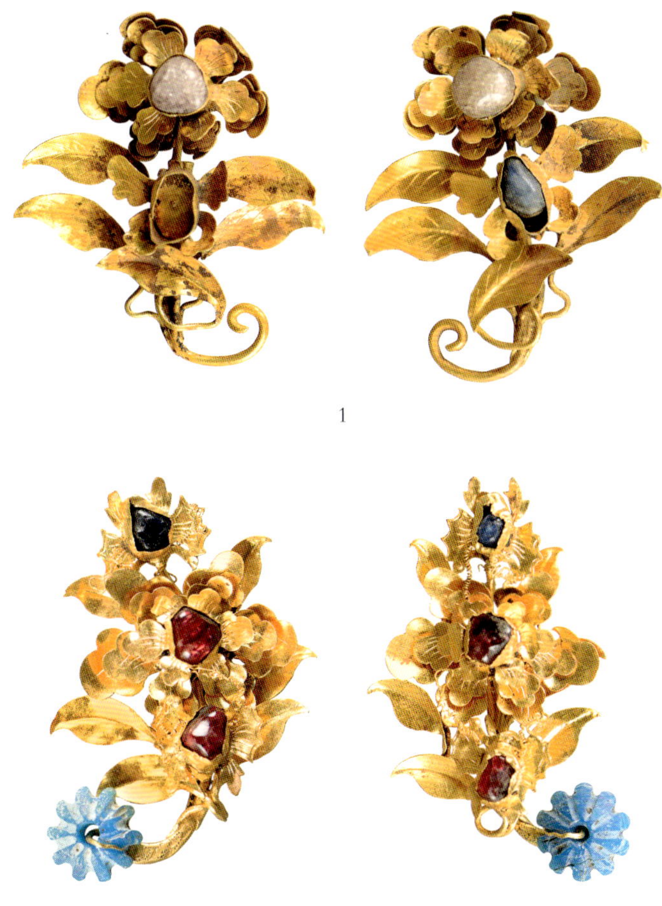

1

2

金环镶宝玉兔耳坠

明晚期
通长 5.8 厘米，环径 2.5 厘米，兔高 2.4 厘米
1958 年北京市昌平区十三陵定陵孝靖皇后棺内出土
明十三陵博物馆藏

金环镶宝玉兔耳坠出自孝靖皇后棺内头北部。金耳环圆形，下系白玉耳坠。玉兔竖耳，两前肢抱玉杵，下有臼，呈捣药状。兔头顶系红宝石一块，两眼各嵌红宝石一块，下部有云头形金托三个，金托中心嵌猫眼石一块，两侧各嵌红宝石一块，正、背两面镶嵌样式相同。定陵出土首饰上丰富多彩的纹样，反映了这批首饰制作之精细，装饰之华丽，纹样勾勒的人物、动物造型惟妙惟肖，生动逼真。（苏静）

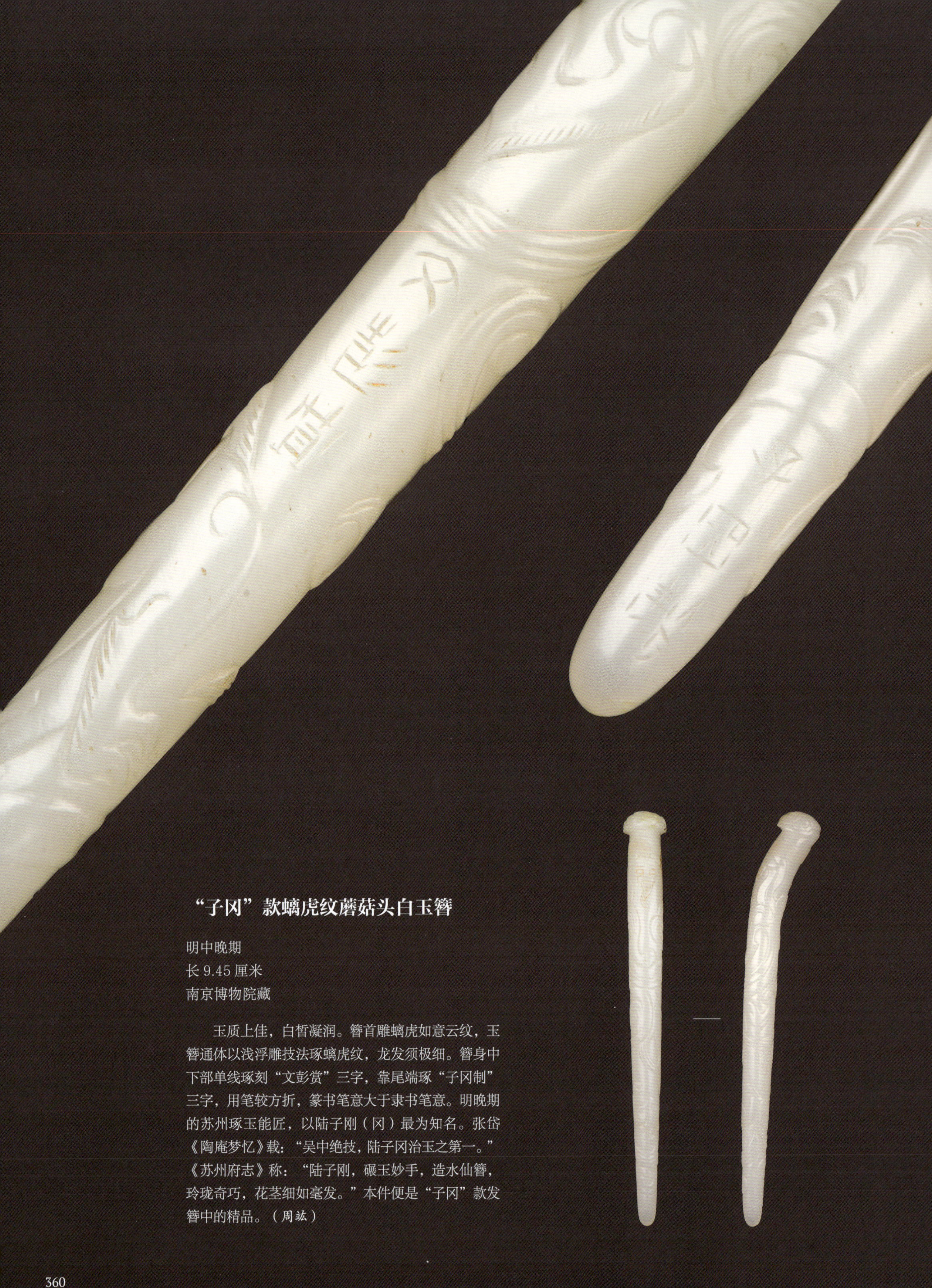

“子冈”款螭虎纹蘑菇头白玉簪

明中晚期
长 9.45 厘米
南京博物院藏

玉质上佳，白皙凝润。簪首雕螭虎如意云纹，玉簪通体以浅浮雕技法琢螭虎纹，龙发须极细。簪身中下部单线琢刻“文彭赏”三字，靠尾端琢“子冈制”三字，用笔较方折，篆书笔意大于隶书笔意。明晚期的苏州琢玉能匠，以陆子刚（冈）最为知名。张岱《陶庵梦忆》载：“吴中绝技，陆子冈治玉之第一。”《苏州府志》称：“陆子刚，碾玉妙手，造水仙簪，玲珑奇巧，花茎细如毫发。”本件便是“子冈”款发簪中的精品。（周玹）

1

2

嵌宝石金绦环（一组 2 件）

明早期
1 通长 20.6 厘米，宽 10 厘米
1971 年山东省邹城市洪武二十二年（1389）鲁荒王墓出土
山东博物馆藏
2 长 13.4 厘米，宽 7 厘米，厚 2.6 厘米
2001 年湖北省钟祥市正统六年（1441）梁庄王墓出土
湖北省博物馆藏

绦环原为丝绦上用作带扣的圆环，使用时将绦带分别系在圆环上，宋明时期流行。绦环款式丰富，材质多样，有金、铜、铁以及各类玉石、玛瑙等，以金玉为贵。迄今所见明代墓葬出土的绦环多为“金镶宝石闹装”，这两件绦环即为典型的明初闹装绦环。《老乞大》载：“系腰也按四季……冬里系金厢宝石闹装。”此种绦环当为“冬里系”。（高波）

明 佚名《宪宗调禽图》 中国国家博物馆藏
可见嵌宝绦环、带钩使用方法

团龙玉带饰（绦环）

明晚期

长 9.7 厘米，宽 5.1 厘米

1958 年北京市昌平区十三陵定陵万历皇帝棺内出土

明十三陵博物馆藏

定陵出土的带饰均出自棺内西端，出土时基本保存完好。此带饰云头形，背面两端有两个四合如意云纹方形钮，底部为花丝云形纹，四壁在花丝上嵌金锭、古钱、云头形杂宝等纹样。正面中心嵌元代旧玉团龙绦环，两端嵌宝石和珍珠，现存红宝石四块，蓝宝石两块。（苏静）

嵌宝碧玉龙带钩

明晚期

长 11 厘米，宽 2 厘米

1958 年北京市昌平区十三陵定陵万历皇帝棺内出土

明十三陵博物馆藏

定陵出土带钩五件，分别放在棺内西端南北两侧。按材质可分为玉、玛瑙、镶金嵌珠宝木带钩三类。该钩碧玉质，龙首，背部有一圆形钮，上刻一灵芝。龙额嵌珍珠一颗，腹部嵌红、蓝宝石各两块，黄宝石一块。（苏静）

双螭灵芝玉饰

明
长 7.7 厘米，宽 5.8 厘米
南京博物院藏

玉饰中部镂雕一小圆璧，平整一面减地浅琢乳钉纹，璧上两螭沿顺时针方向绕璧盘旋，身形矫健，探向璧内灵芝。《周礼·玉藻》云："古之君子必佩玉。"玉因其内在品格一直为世人所称道，而集实用性、装饰性、便携性于一体的玉配饰更是文士钟爱之物。（周玹）

龙凤螭虎戏梅活环玉饰

明
连体横长 11.6 厘米，单环直径 5.9 厘米
南京博物院藏

龙凤纹玉牌

明
宽 2.6 厘米，厚 0.6 厘米，高 4.8 厘米
1970 年江苏省苏州市吴中区嘉庆二年（1797）毕沅家族墓出土
南京博物院藏

白玉质，润滑匀净。玉牌两面剔地浅浮雕工艺，一面雕琢仿古双夔凤纹，另一面雕龙纹，边框侧面有锦地S形纹。玉牌顶部镂雕双身螭虎，中间有供扣系的小孔。器物纹饰古朴雅致，线条流畅，技法纯熟，与上海宝山明代朱守城墓出土的"子刚牌"风格、料工都十分接近，应为明末高手所做。（周玹）

明 佚名《徐渭像》 南京博物院藏

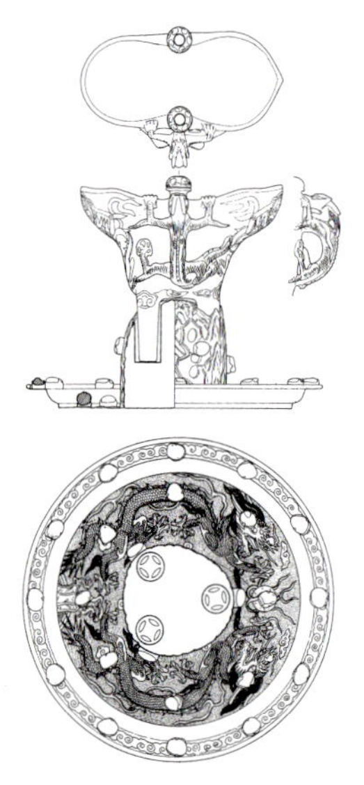

线图（采自《定陵》，图二九四）

嵌宝金托玉爵

明晚期

盘径 19.7 厘米，通高 14.5 厘米

1958 年北京市昌平区十三陵定陵万历皇帝棺内出土

明十三陵博物馆藏

玉爵两柱顶刻涡纹，三柱状足一侧附透雕龙形把，龙的前爪抓玉爵沿部，口与柱根相接。金托盘外折平沿，盘中部为一树墩形柱，上有三孔，底部以三个铆钉与盘底铆在一起，三孔中部有古钱形横隔，三爵足插入三孔。爵流及尾的外壁各刻一正面龙纹，龙的两只前爪上各托一字，流部为“万”字，尾部为“寿”字。两龙之间刻一组四合如意云纹。三柱足根部各刻一如意云纹。整个爵身布满云龙纹。盘沿刻勾连云纹，盘内为沙地，由外壁向内压出纹饰，主纹为二龙戏珠，下部为海水江崖，上部为云纹。在盘沿、盘底和墩形柱上分别嵌有红、蓝宝石，现存红宝石 13 块，蓝宝石 13 块。（郑红艳）

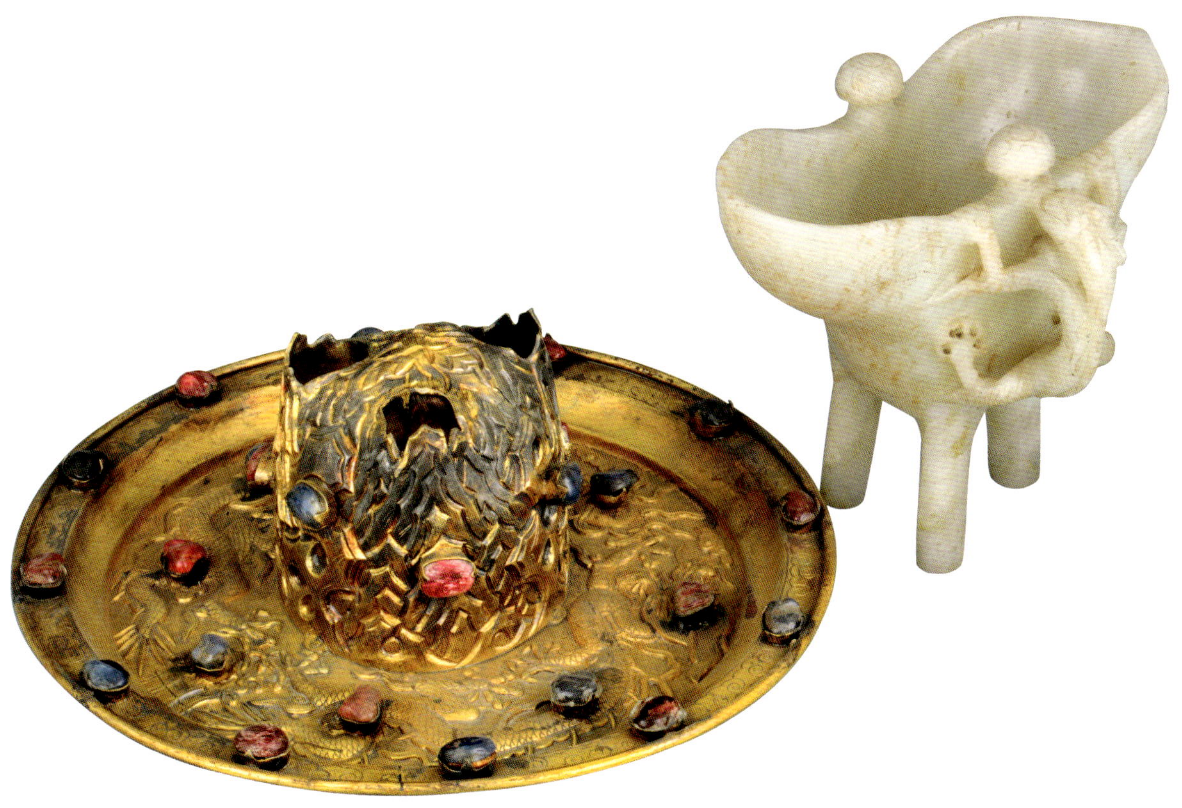

金花丝云龙纹盒并龙纹玉盂

明晚期

金盒：口径 14.9 厘米，底径 10.7 厘米，通高 11 厘米

玉盂：口径 10.8 厘米，底径 10.4 厘米，高 4.2 厘米

1958 年北京市昌平区十三陵定陵万历皇帝棺内出土

明十三陵博物馆藏

铭文：大明隆庆庚午年，银作局造八成色金盒一个，槃全重二十八两六钱。

金盒口下部一周为累丝花纹带，上嵌花丝二龙戏珠纹饰两组，腹部刻云龙赶珠及海水江崖纹，圈足上刻海水江崖纹。盖全部以累丝镂空制作，纹样分为三组：盖口一周花纹带与盒口部花纹带纹样相同，腹部饰龙赶珠纹，顶部为正面龙及云纹。玉盂腹部饰变形凤纹，凤爪持灵芝。盂底原有髹黑漆的圆形木托。（曹新月）

“子刚”款白玉凤螭万寿纹合卺杯

明中晚期
口径 5.8 厘米，高 8.3 厘米，连座高 10 厘米
故宫博物院藏

白玉质。双筒相连式杯，两筒间镂雕一凤为杯柄，杯前雕双螭攀趴于杯壁，外饰上下两周绳纹，于两道绳结间雕一方形饰，其上琢“万寿”二字。杯两侧分别减地阳文琢凸篆文诗句和款识。其中一侧杯口沿琢“子刚制”。

古时“合卺”多指婚姻，合卺杯是新人成婚时共饮合欢酒的器具。此杯署“子刚制”，陆子刚为明晚期治玉名家，其作品多为后人所仿。此合卺杯后配随形铜胆、紫檀木座，应该是在清代宫廷里作香熏容器和陈设器之用。（刘梦媛）

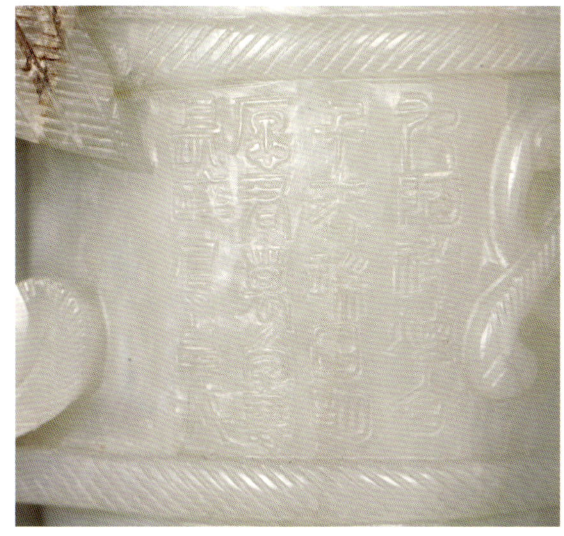

明 陈栝《平安连瑞图》 南京博物院藏

仿古龙把玉杯

明

口径 7.9 厘米，高 10 厘米

南京博物院藏

青玉带褐色瑕斑，口微侈，带流，整体造型仿商中期至西周早期的青铜斝，恰似一口沿无柱的矮足玉斝。口沿饰锦地 S 形纹，颈部光素，腰饰夔龙纹、绳纹、涡纹，腹部肥圆，饰覆莲纹。三足刻螭首，杯侧镂雕一游龙为鋬。器体厚重，花纹繁缛，典雅庄重。（周竑）

仿古玉觚

明

口径 8.4 厘米，底径 6 厘米，高 14.1 厘米

南京博物院藏

觚是盛行于商周时期的一种青铜酒器，宋以后大量仿古摹制。该觚为整块玉料琢制，保留了觚的长颈、鼓腹、高足。觚横截面椭圆，喇叭口边沿呈六边形，颈饰仰蕉叶纹，腰部浅浮雕双螭逐宝珠，圈足外饰覆蕉叶纹，足底边为双层六边形，内圈凸出便于卡放底座，整体气息仿古而出新。明代文人常在室中插花自娱，商周青铜器或摹古器是花器首选。（周竑）

1

2

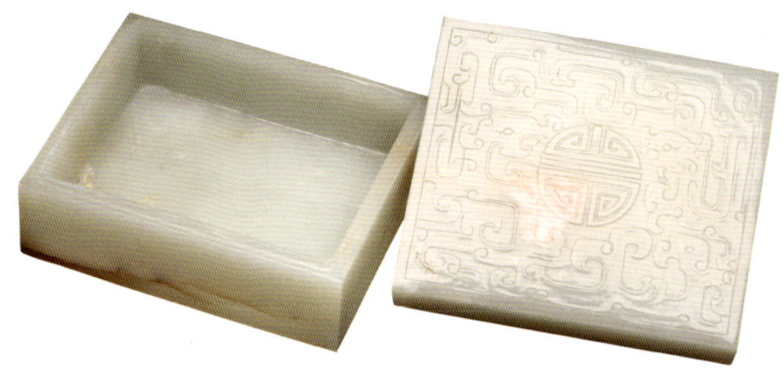

3

玉炉瓶三事

明

1 仿古玉炉：带耳宽 16.1 厘米，口径 10.1 厘米，带盖通高 12.4 厘米

2 仿古螭虎贯耳玉瓶：高 18.7 厘米

1956 年江苏省南京市牛首山弘觉寺塔基地宫出土

3 玉盒：长 9.3 厘米，宽 7.7 厘米，高 4.6 厘米

南京博物院藏

玉炉造型仿商周时期的青铜簋，镂空木盖配镂雕玉炉顶，雍容规整，工艺精熟，古意盎然。玉瓶在贯耳及腹部浅浮雕卧爬状螭虎，可插放拨火用的金属制香匙与香箸。玉盒及盖为子母口，盖上用浅浮雕加阴刻线方法雕琢纹饰，团寿纹居中，夔龙纹环绕周围，纹饰古朴典雅。盒四壁光素，打磨精致，可用来贮存香料、印泥等，存放印泥的亦称印台、印色池、印奁。

早在元代绘画中，炉、瓶、盒三件香器就已同时出现。明清时代，专为焚香制作的“炉瓶三事”即香炉、箸瓶、香盒广为流传，也成为室内精巧的陈设小品。（周竑）

明　文征明《中庭步月图》南京博物院藏

青玉交龙钮“太上皇帝之宝”

清嘉庆

印面边长 6.3 厘米，钮高 2.8 厘米，通高 5.7 厘米

故宫博物院藏

方形玺，印文为汉文篆书。钮上二龙相交，脊背呈串珠状，方口露齿，卷须，头上两角均向后，两龙中间有孔，附黄色绶带。

康熙帝在位六十一年。乾隆帝“不敢上同皇祖”，早年立誓，若得在位六十年当即归政。乾隆六十年（1795）九月，乾隆帝在圆明园勤政殿宣谕建储，命于次年改元嘉庆，皇十五子为嗣皇帝，自己为“太上皇帝”。退位之后，乾隆帝仍训政，自称“朕”，其谕旨称“敕旨”，宫中仍称乾隆年号，直到他去世。乾隆帝并镌“太上皇帝之宝”数方，在内府收藏的书画上多有钤盖。（刘苒）

太上皇帝之寶

乃得從容移師捕剿若使逆苗句結兩
處同時起事未免難以兼顧今幸楚孽
早靖狆苗勢孤正同阱
是誠曲直理
獸籠禽較易搜理耳
天恩昭鑒剖
治極以來惟々地方官
安養苗民嚴禁漢奸生
事即改土歸流之為亦不擅舉茲楚狆
二苗之亂或誠劫數彼自害生靈也我
直彼曲天理
原無伐彼心彼
國法豈能容之

實國恩負予蒙
昊蒼垂佑大
武十全皆因不得已而
用兵非敢稍存黷武之念翊此諸苗蠢
類俱在生聚涵育之中年來內外屯墾
任土日增亦從無加役賦科之々惟有
息事寧人俾役各享樂利乃竟背恩倡
逆實出意外不得不興師
致討以申天罰也
然亦有煩
言左民置苗右
前者楚苗滋擾
時即以仇殺客

民奪田侵占之言藉詞煽惑遂降旨詢
問果有郡孫左袒百姓苦累苗人或役
使不給僱值或任聽客民盤剝不為公
剖以致激而生變之語因嚴飭該督撫
等於善後章程內劃清疆界設立
苗弁俾民苗各安生業永斷葛藤
細
咨或不無却待議善後因
思
黔省狆苗無端構釁或亦有如湖南三
廳之左袒百姓苦累苗人之處此二事

旌次第施恩厚
該處文武紳士
各效勤勞實堪
嘉獎特加恩分別陞拔弁蠲免一年租
稅々該督撫加意賑卹兵丁普賞一月
錢糧俾得
均沾實惠
更興錫府名興義
新額茂
叶戊申歲平定臺灣
以諸羅縣官民固守改
縣名為嘉義今仿其例改南
籠為興義府以示彰善之風
獨惜

紛戰時首兇乃竄藪搜擒
郡城既
弗可遲根拔枝易朽
復賊首
梁阿戴王仙姑韋朝元李阿六王抱羊
五犯乘間兔脫自應亟為追捕其黨匿
之所不外該郡所屬搜鋤永豐冊亨黃
草壩四處然郡城根株既拔則彼皆係
枝稌想
易芟除
粵兵自南來黔兵從

北扣
月前命兩廣總督吉慶京領官
兵將廣西遷累西隆新扣等受
屯聚從苗亟類疊加殲戮進克亞稿賊
東肅清粵境今復江玉黔與勦保夷攻
會剿所有未獲首兇真如釜底
夾攻
游魚想無竄匿苟延之路矣
各順道釜魚郡抖擻捧節
及永豐傍支分踐蹤
該郡所
屬應行

均俟大功告蕆當論之合督撫等據實查究並於善後事宜妥籌

請楚已伐狆移師酌樞紐督臣

上年十一月中復有貴州青

定青溪

溪教匪滋事經官兵進剿賊退據大兕坒勒保復擊破賊巢殲斃生擒無一漏網

統軍命

掃蕩

本年正月貴州巡撫馮光熊奏南籠府屬狆苗糾衆焚掠時勒保原同福寧籌辦黃柏山教匪即令其由彼輕騎減從馳赴南籠督兵剿捕

一戰克關嶺大路得通走總解新城圍遂克卡河口獲賊目卜厭是爲賊臂手

勒保於三月中攻克關嶺滇黔大路始通四月進解新城之圍一路掃平要害卡寨六月進克卡子河隘口擒賊之得力頭目老卜厭等餘斬馘無算

旋由普坪進數千賊拒守兵分兩路攻繞道渡河陸雄兵似天降直抵南籠趨

本日勒保奏攻克卡子河後於本月十三日派令總兵張玉龍等由卡子河後路取道前進親率副將施縉等由普坪一路攻剿捕地方擒斬永豐冊亨三處附近粵西現在吉慶渡江即可順道圍擊其黃草壩苗匪附近滇省亦令滇撫江蘭與總兵德英額等帶兵協剿似可克刻餘蕆永靖邊隅捷音亦近矣

指日定黔疆功

全恩酌授

叶南籠圍解已即時酌賞待執賊首及傍賊穴淨奏全功告成仍降旨齎賞

權息一處籌仍廑三方

垢楚蜀教匪經官兵剿捕屢戰屢克殲戮過半惟首逆黨逃現在宜綿明亮迎擊自陝入川之賊首姚之富王廷詔李全等德楞泰之圍剿徐添德王三槐額勒登保追捕林之華覃家耀當未就獲雖掙苗平定在即而此三路教匪猶未剿淨不能不籌盡背令速蕆功也

軍務

癸數十成辛

以數言十成其八

寸衷畧安

宿叶屈指數上聲時刻甘寢二十九

一夜廿四刻爲三時仍餘五刻則廿九刻也

眷佑榮爲慙便宜八七叟

乾隆丁巳閏季夏中澣

御筆

紀績嘉誠

紀績嘉誠
紀績嘉誠

《纪绩嘉诚》玉册

（一套 10 册）

清嘉庆
玉册：长 22.6 厘米，宽 10.3 厘米，厚 0.5 厘米
木函：长 25.4 厘米，底长 27.3 厘米，底宽 15.1 厘米，通高 15.4 厘米
南京博物院藏

玉册外有硬木函，周边云龙纹填金，正中螺钿嵌“纪绩嘉诚”，函内叠放玉册。玉册作于嘉庆二年（1797），不过落款纪年依然为乾隆年号，共 10 册，由含墨点的青灰玉剖成。首页为题名“纪绩嘉诚”，满布云龙纹，尾页浅刻龙纹，均填金，正文两面均有字，行书填金。玉册记述乾隆末年西南爆发叛乱，勒保、吉庆等名将出征，即将凯旋，皇帝作诗记功之事，显示了乾隆帝捍卫国家一统的决心。（高波）

释文：

第一册：纪绩嘉诚

云贵总督勒保奏报剿捕狆」苗，南笼围解，诗以志事三」十六韵：」狆苗与楚苗，其类本同丑。饕」餮虽人形，原非中土有。杂处」

第二册：黔楚间，国朝归流受。元明时湖广贵州诸苗叛服弗顺，至本朝康熙雍正年间陆续或征服或改土归流，其后时亦不常安静，用师即平靖归顺无事，历数十年至乙卯岁始有楚苗滋扰之事。乙卯楚苗叛，定以二年久。乙卯正月，楚苗石三保、石柳邓、吴半生等互相煽胁、劫掠凤凰、乾州、永绥三厅」

地方，朕先几筹画指示机宜，以地阻瘴深，办理二年至丙辰腊月始克蒇事，逆首或廷讯市诛、或阵斩俘献，余孽净尽，振旅告成，论功爵赏。楚苗」既剿净，狆苗乱接肘。必其有」宿谋，预结共逞狃。设时起一」时，官军弗暇取。楚苗既经平定，今春狆苗复扰南笼，」

第三册：乃得从容移师捕剿，若使逆苗勾结，两处同时起事，未免难以兼顾，今幸楚孽早靖，狆苗势孤，正同阱兽笼禽，较易办理耳。是诚曲直理，」天恩昭鉴剖。御极以来，惟令地方官安养苗民，严禁汉奸生事，即改土归流之为亦不擅举，兹楚、狆二苗之乱或诚劫数，彼自害生灵也，我直彼曲，天理国法岂能容之？原无伐彼心，彼」

实国恩负。予蒙昊苍垂佑，大武十全，皆因不得已而用兵，非敢稍存黩武之念，矧此诸苗蠢类，俱在生聚涵育之中，年来内外屯垦，任土日增，亦从无加彼赋科之令，惟有息事宁人，俾彼各享乐利，乃竟背恩倡逆，实出意外，不得不兴师致讨，以申天罚也。然亦有烦」言，左民置苗右。前者楚苗滋扰时，即以仇杀客」

第四册：民、夺回侵占之言藉词煽惑，遂降旨询问，果有郡县左袒百姓、苦累苗人，或役使不给雇值，或任听客民盘剥、不为公剖以致激而生变之语因，严饬该督抚等于善后章程内划清疆界，设立苗弁，俾民苗各安生业，永断葛藤。细」咨或不无，却待议善后。因思黔省狆苗无端构衅，或亦有如湖南三厅之左袒百姓苦累苗人之处，此二事」

均俟大功告蒇，当谕令各督抚等据实查究，并于善后事宜妥办。靖」楚即伐狆，移师酌枢纽。督臣」定青溪，上年十一月中，复有贵州青溪教匪滋事，经官兵进剿，贼退据大鬼坉，勒保复击破贼巢，歼毙生擒无一漏网。统军命」扫莠。本年正月，贵州巡抚冯光熊奏南笼府属狆苗纠众焚掠，时勒」

第五册：保原同福宁筹办黄柏山教匪，即令其由彼轻骑减从驰赴南笼，督兵剿捕。一战克关岭，大路得通走。继」解新城困，遂克卡河口。获贼」目卜厌，是为贼臂手。勒保于三月中攻克关岭，滇黔大路始通，四月进解新城之围，一路扫平要害卡寨，六月进克」

卡子河隘口，擒贼之得力头目老卜厌等，余斩馘无算。旋由普」坪进，数千贼拒守。兵分两路」攻，绕道渡河陡。雄兵似天降，」直抵南笼赳。本日勒保奏攻克卡子河，后于本月十三日派令总兵张玉龙等由卡子河后路取道前进，亲率副将施缙等由普坪一路攻」

第六册：剿贼卡，分布山险，因伏兵丛箐之内，贼见大兵进逼，率众数千下山邀截，经伏兵齐起围剿歼戮，十九日进抵坝弄，该处为郡城外最大村落，贼众在彼悉力阻拒，适张玉龙等所领之兵前来会合，并力夹击焚毁贼卡，二十一日至五孔桥，桥已先为贼所拆毁，官兵一面在桥南发大炮轰击，一面绕道由水浅处涉渡直抵郡城，我兵奋前追击，贼众惊窜，生擒贼目王阿报等五犯，围城立解。」

立解半载围，万户欢声吼。」飞章捷报来，」昊贶谢稽首。总统善用将，」将佐均英偶。故迅解城围，」守者劳非苟。细披疾苦状，」

第七册：恻然心动忸。南笼围解，守城官民欢跃出迎，众约数万，内有署经历金淳、把总杨文海，率领兵民同心固守，因日久粮食殆尽，有生员谭明礼等出米谷银两陆续接济，又有举人王秉心等招集义勇，昼夜登城环御，又城中柴尽，有生员周琛家有树园，尽伐以供炊爨，然以被围半载，情状殊形疲惫，披览勒保奏章为之心恻。吏民胥合」

旌，次第施恩厚。该处文武绅士各效勤劳，实堪嘉奖，特加恩分别升拔并蠲免一年租税，令该督抚加意赈恤兵丁，普赏一月钱粮，俾得均沾实惠。更与锡府名，兴义」新额茂。叶戊申岁平定台湾，以诸罗县官民固守改县名为嘉义，今仿其例，改南笼为兴义府以示彰善之风。独惜」

第八册：纷战时，首凶乃窜薮。搜擒」弗可迟，根拔枝易朽。郡城既复，贼首梁阿戴、王仙姑、韦朝元、李阿六、王抱羊五犯乘间兔脱自应，亟为追捕，其窜匿之所不外该郡所属捧鲊、永丰、册亨、黄草坝四处，然郡城根株既拔，则彼皆系技干，想易芟除。粤兵自南来，黔兵从」北扣。月前命两广总督吉庆率领官兵，将广西边界西隆、新州等处屯聚从苗匪类叠加歼戮，进克亚稿贼巢，肃清粤境，今渡江至黔，与勒保夹攻会剿，所有未获首凶真如釜底游鱼，想无窜匿苟延之路矣。夹攻」各顺道，釜鱼那抖擞。捧鲊」及永丰，傍支分践蹂。该郡所属应行」

第九册：剿捕地方捧鲊、永丰、册亨三处附近，粤西现在吉庆渡江即可顺道围击，其黄草坝苗匪附近滇省亦令滇抚江兰与总兵德英额等带兵协剿，似可尽剿余孽，永靖边隅，捷音亦近矣。指日定黔疆，功」全恩酌授。叶南笼围解，已即时酌赏，待执贼首及傍贼穴净尽，全功告成仍降旨爵赏。权息一处筹，仍」

廑三方垢。楚蜀教匪经官兵剿捕屡战屡克、歼戮过半，惟首逆窜逃，现在宜绵明亮迎击自陕入川之贼首姚之富、王廷诏、李全等，德楞泰围剿徐添德、王三槐，额勒登保追捕林之华、覃家耀尚未就获，虽狆苗平定在即，而此三路教匪犹未剿净，不能不筹画督令速蒇功也。」军务」癸十数成辛八数，言十成其八，寸衷略安」

第十册：宿。叶屈指数上声时刻，甘寝二」十九。一夜廿四刻为三时，仍余五刻则廿九刻也。眷佑荣为惭，便宜八七叟。」乾隆丁巳闰季夏中澣，」御笔。」

印鉴：太上皇帝　十全老人

（《御制诗余集》卷十四《云贵总督勒保奏报剿捕狆苗南笼围解诗以志事三十六韵》）

雲貴総督勒保奏報剿捕狆苗南籠圍解詩以誌事三十六韻

狆苗與楚苗其類本同醜饕餮雖人形原非中土有襍處黔楚間國朝歸流受

元明時湖廣貴州諸苗叛服弗順至本朝康熙雍正年間陸續或征服或改土歸流其後時亦不常安靜用師即平迄歸順無事歷數十年至乙卯歲始有楚苗滋擾之事

乙卯楚苗叛定以二年久

乙卯正月楚苗石三保石柳鄧吳半生等互相煽脅刦掠鳳凰乾州永綏三廳地方朕先幾籌畫指示機宜以地阻瘴深箐理二年至丙辰臘月始克蕆事逆首或廷訊市誅或陣斬俘獻餘孽淨盡振旅告成論功賞賚

楚苗既勦淨狆苗亂接肘必其有宿謀預結共逞狃後使起一時官軍弗暇取

楚苗既經平定今春狆苗復擾南籠

勦賊卡分布山險因伏兵叢箐之內賊見大兵進逼率眾數千下山逐截經伏兵齊起圍勦殲戮十九日進抵壩弄該處為郡城分最大村落賊眾在彼悉力阻拒逼張玉龍等所領之兵前來會合併力夾擊焚燬賊卡二十一日至五孔橋〻已先為賊所拆燬官兵一面在橋南安大礮轟擊一面繞道由水淺處涉渡直抵郡城我兵奮前追擊賊眾驚竄生擒賊目王阿報等五犯圍城立解

立解半載圍萬户歡聲吼飛章捷報來昊貺謝稽首総統善用將將佐均英偶故迅解城圍守者勞非苟細披疾苦狀惻然心動恤

南籠圍解守城官民歡躍出迎眾約數萬內有署經歷金淳把総楊文海率領兵民同心固守因日久糧食殆盡有生員譚明禮等出米穀銀兩陸續接濟又有舉人王秉心等捐集義勇晝夜登城環禦又城中業耆有生員周琛家有樹園盡伐以供炊爨然以被圍半載情狀殊形瘦憊披覽勒保奏章為之心惻

吏民胥合

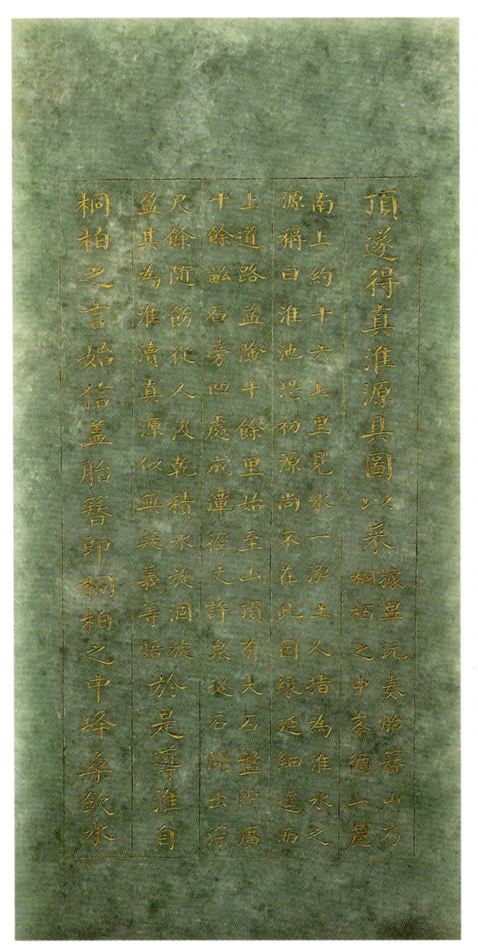

頂遂得真淮源具圖以來據畢沅奏胎簪山乃桐柏之中峯循山麓
南上約十六七里見水一泓土人指為淮水之源稱曰淮池恐初源尚不在此因緣延細逕而
上道路益險十餘里始至山頂有大石盤陀廣十餘畝石旁四處成潭徑丈許泉從石間出浮
尺餘隨飭從人汲乾積水旋涸旋盈其為淮瀆真源似無疑義等語於是導淮自
桐柏之言始信蓋胎簪即桐柏之中峰桑欽水

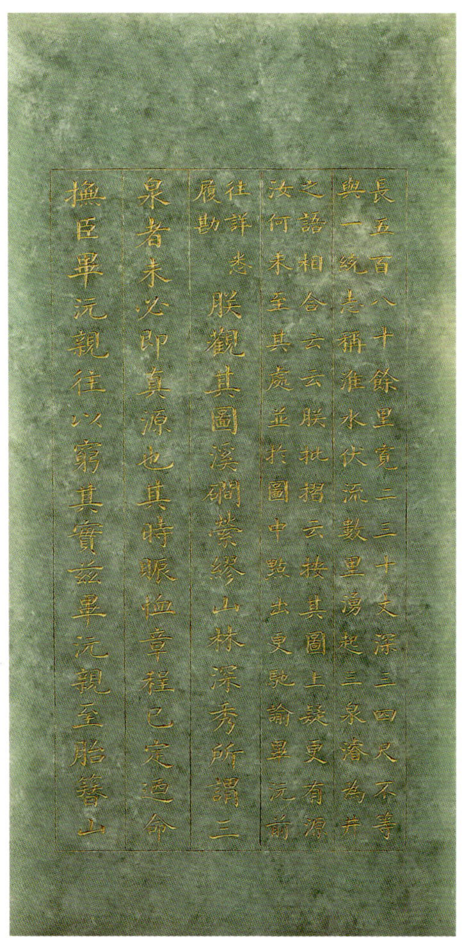

長五百八十餘里寬二三十丈深三四尺不等與一統志稱淮水伏流數里湧起三泉瀦為井
之語相合云云朕批摺云按其圖上疑更有源汝何未至其處並於圖中點出更馳諭畢沅前
往詳悉履勘朕觀其圖溪磵縈繆山林深秀所謂三
泉者未必即真源也其時賑恤章程已定適命
撫臣畢沅親往以窮其實茲畢沅親至胎簪山

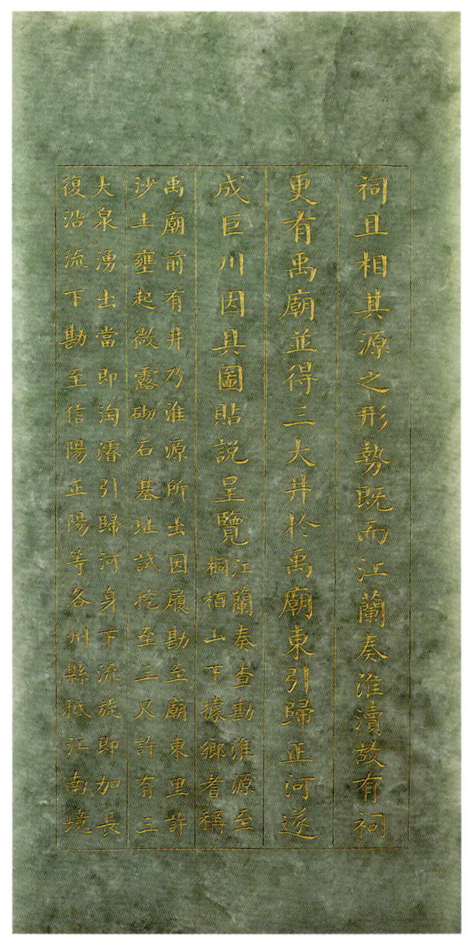

祠且相其源之形勢既而江蘭奏淮瀆故有祠
更有禹廟並得三大井於禹廟東引歸正河遂
成巨川因具圖貼說呈覽江蘭奏查勘淮源至桐柏山下據鄉耆稱
禹廟前有井乃淮源所出因履勘至廟東里許沙土壅起微露砌石基址試挖至三尺許有三
大泉湧出當即淘濬引歸河身下流旋即加長復沿流下勘至信陽正陽等各州縣抵江南境

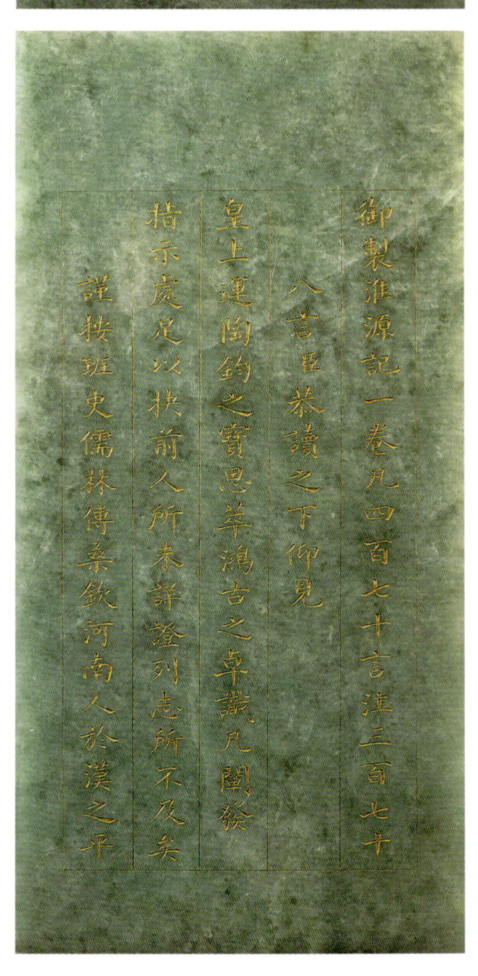

御製淮源記一卷凡四百七十言注三百七十
八言臣恭讀之下仰見
皇上運陶鈞之寶思萃鴻古之卓識凡闡發
指示處足以抉前人所未詳證列志所不及矣
謹按班史儒林傳桑欽河南人於漢之平

《淮源记》翡翠册（一套 8 册）

清乾隆

长 23.6 厘米，宽 11.4 厘米，厚 0.6 厘米

南京博物院藏

由同块翡翠剖制，共 8 册。首页正面楷书刻“御制淮源记”，填金，装饰寿山福海双云龙纹，尾页为寿山福海云龙纹，正文皆楷书填金，注释文字略小。《淮源记》为乾隆帝所作，毕沅在御制文后作赞文一篇。

《淮源记》记述了当时淮河连年水患，乾隆帝为了治理淮河，命河南布政使江兰前往探寻淮河源头。因江兰探源结果不符合《水经注》等典籍的记载，乾隆帝又派河南巡抚毕沅继续探源，毕沅最终在桐柏山上发现了一个泉眼，认定其为淮河正源。（高波）

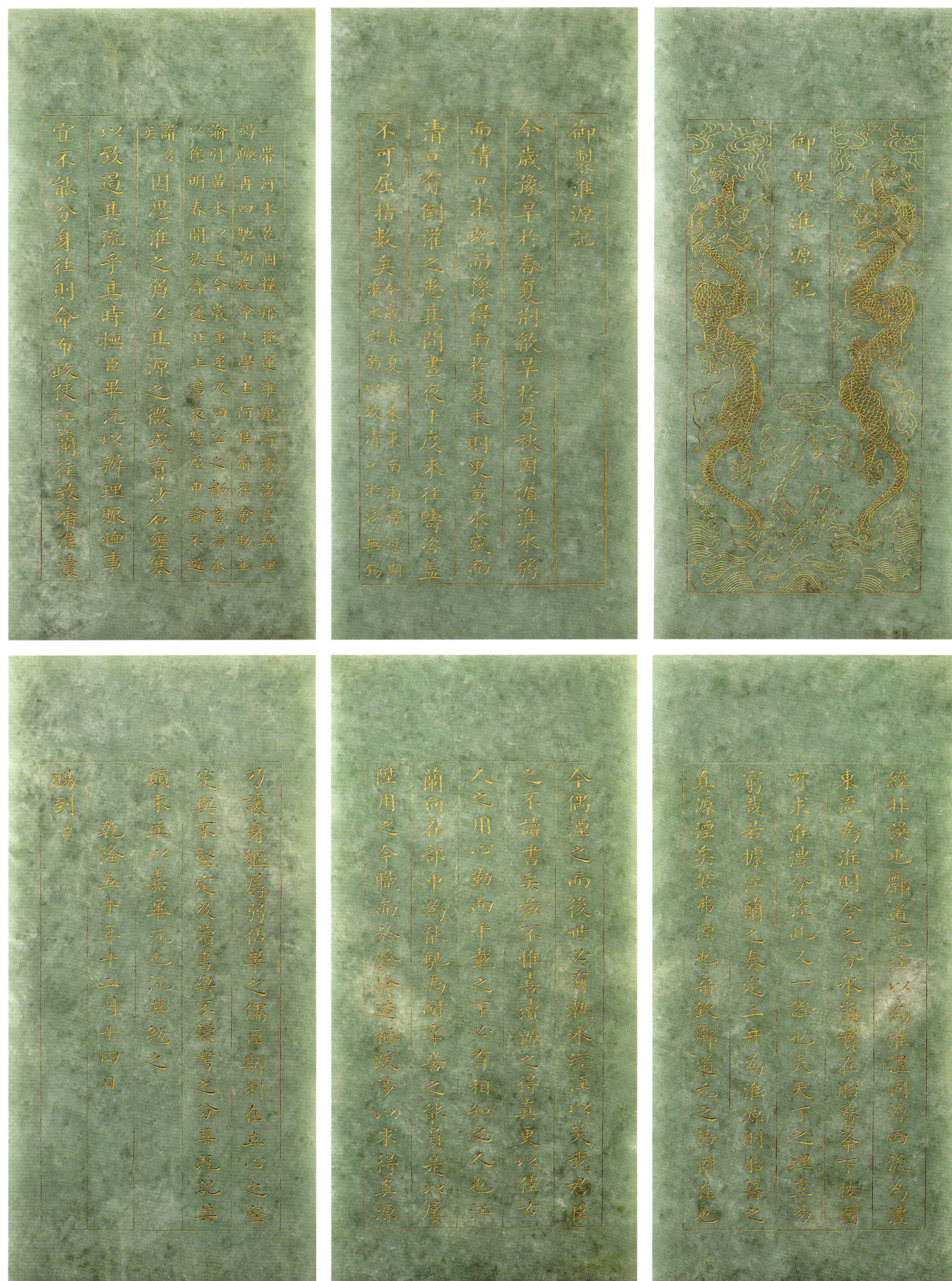
御製淮源記
御製淮源記
今歲豫旱於春夏剏歛旱於夏秋因循淮水弱
而清口淤既而豫得雨於夏末則更黃水盛而
清口有倒灌之患其間晝夜卜度來往疇咨蓋
不可屈指數矣今歲春夏以來東南雨澤愆期淮水微弱以致清口淤淺無鍚
一帶河水乾涸糧艘挽運維艱河漕諸臣辦理
竭蹶再四馳詢旋命大學士阿桂前往會勘並
諭引黃水以送今歲重運及回空之船蓄清水
以俟明春開放濟運北上晝夜懸廑申諭不避
辭多矣
因思淮之弱必其源之微或有沙石壅塞
以致遏其流乎其時撫臣畢沅以辦理賑恤事
宜不能分身往則命布政使江蘭往致禱淮瀆
經非誤也酈道元注以為淮澧同源西流為澧
東流為淮則今之分水嶺實在胎簪峯下按圖
可求淮澧分流此又一證也夫天下之理豈易
窮哉若據江蘭之奏定三井為淮源則胎簪之
真源湮矣然弗湮也桑欽酈道元之語固在也
今偶湮之而後世必有執水經注以芖我君臣
之不讀書矣茲不惟喜瀆源之得真更以佳古
人之用心勤而千載之下必有相知之人也江
蘭向在部中為能馳馬耐辛苦之能員是以屢
陞用之今職而於登峰造極跋涉以求得真源
乃讓身軀孱弱佔畢之儒臣斯則在立心之堅
定與不堅定及讀書與不讀書之分耳既記其
顛末並以嘉畢沅也沅其勉之
乾隆五十年十二月十四日
賜到臣

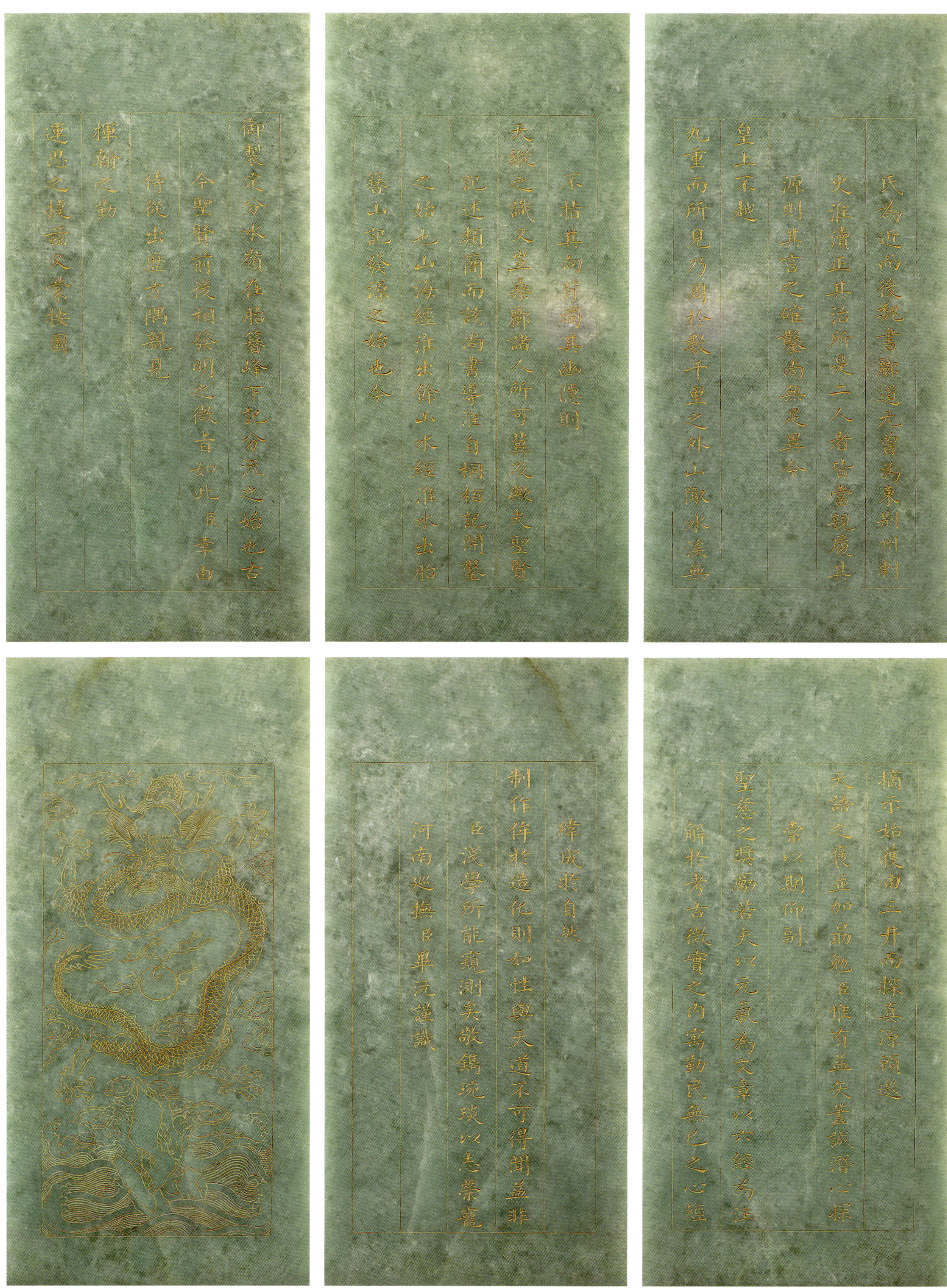

御製定分水嶺在胎簪峰下記分流之始也古
今聖賢前後相發明之微旨如此臣幸由
侍從出歷方隅親見
揮翰之勤
運思之捷茲又蒙按圖

不指其向背獨其幽隱則
天縱之識又豈桑酈諸人所可冀及歟夫聖賢
記述類簡而該尚書導淮自桐柏記開鑿
之始也山海經淮出餘山水經淮水出胎
簪山記發源之始也今

氏為近而後魏書酈道元曾為東荊州刺
史淮瀆正其治所是二人者皆嘗親履其
源則其言之確鑿尚無足異今
皇上不越
九重而所見乃周於數千里之外山陬水涘無

摘示始獲由三井而探真源頤邀
天語之褒並加勗勉臣惟有益矢葵誠潛心探
索以期仰副
聖慈之獎勵若夫以元氣為文章以六經為注
解於考古徵實之內寓勤民無已之心經

緯成於自然
制作侔於造化則如性與天道不可得聞並非
臣淺學所能窺測矣敬鐫琬琰以誌榮寵
河南巡撫臣畢沅謹識

释文：
第一册：御制淮源记
御制淮源记。」今岁豫旱于春夏，荆歙旱于夏秋，因循淮水弱」而清口淤，既而豫得雨于夏末，则更黄水盛而」清口有倒灌之患，其间昼夜卜度，往来畴咨，盖」不可屈指数矣。」今岁春夏以来东南雨泽愆期，淮水微弱，以致清口淤浅，无锡」
第二册：一带河水干涸，粮船挽运维艰，河漕诸臣办理竭蹶，再四驰询，旋命大学士阿桂前往会勘，并谕引黄水以送今岁重运及回空之船，蓄清水以俟明春开放济运北上，昼夜悬廑申谕不避辞多矣。」因思淮之弱必其源之微，或有沙石壅塞」以致遏其流乎？其时抚臣毕沅以办理赈恤事」宜，不能分身往，则命布政使江兰往致祷淮渎」
祠，且相其源之形势，既而江兰奏淮渎故有祠，」更有禹庙，并得三大井于禹庙东，引归正河遂」成巨川，因具图贴说呈览。」江兰奏查勘淮源至桐柏山下，据乡耆称」禹庙前有井乃淮源所出，因履勘至庙东里许，沙土壅起微露砌石基址，试挖至三尺许有三大泉涌出，当即淘浚引归河身下流，旋即加长复沿流下，勘至信阳、正阳等各州县抵江南境，」
第三册：长五百八十余里、宽二三十丈、深三四尺不等，与《一统志》称淮水伏流数里，涌起三泉浚为井之语相合云云，朕批折云：按其图上，疑更有源，汝何未至其处？并于图中点出，更驰谕毕沅前往详悉履勘。」朕观其图，溪涧萦缪山林深秀，所谓三」泉者未必即真源也，其时赈恤章程已定，乃命」抚臣毕沅亲往以穷其实，兹毕沅亲至胎簪山」
顶，遂得真淮源具图以来。」据毕沅奏：胎簪山乃桐柏之中峰，循山麓南上，约十六七里见水一泓，土人指为淮水之源，称曰淮池，恐初源尚不在此，因缘延细径而上，道路益险，十余里始至山顶，有大石盘陀，广十余亩，石旁凹处成潭，径丈许，泉从石间出，深尺余，遂饬从人汲干积水，旋涸旋盈，其为淮渎真源似无疑义等语。」于是导淮自」桐柏之言始信，盖胎簪即桐柏之中峰，桑钦《水」
第四册：经》非误也，郦道元注以为淮沣同源，西流为沣、」东流为淮，则今之分水岭实在胎簪峰下，按图」可求淮、沣分流，此又一证也，夫天下之理岂易」穷哉？若据江兰之奏，定三井为淮源，则胎簪之」真源湮矣，然弗湮也，桑钦、郦道元之语固在也，」
今偶湮之，而后世必有执《水经注》以笑我君臣」之不读书矣，兹不惟喜渎源之得真，更以佳古」人之用心勤，而千载之下必有相知之人也，江」兰向在部中为能驰马耐辛苦之能员，是以屡」升，用之今职，而于登峰造极、跋涉以求得真源」
第五册：乃让身躯孱弱占毕之儒臣，斯则在立心之坚」定与不坚定，及读书与不读书之分耳，既记其」颠末，并以嘉毕沅也，沅其勉之。」乾隆五十年十二月十四日，」赐到臣。」
《御制淮源记》一卷，凡四百七十言，注三百七十」八言，臣恭谨之下仰见。」皇上运陶钧之宝，思萃鸿古之卓识，凡阐发」指示处，足以抉前人所未详证，列志所不及矣。」谨按《班史儒林传》：桑钦，河南人，于汉之平」
第六册：氏为近，而《后魏书》：郦道元曾为东荆州刺」史，淮渎正其治所，是二人者皆当亲履其」源，则其言之确凿尚无足异，今」皇上不越」九重，而所见乃周于数千里之外，山陬水涘无」
不指其向背，烛其幽隐，则」天纵之识，又岂桑、郦诸人所可冀及？钦夫圣贤」记述类简而该，《尚书》导淮自桐柏，记开凿」之始也，《山海经》淮出余山，《水经》淮水出胎」簪山，记发源之始也，今」
御制定分水岭在胎簪峰下，记分流之始也，古」今圣贤前后相发明之微旨如此，臣幸由」侍从出历方隅，亲见」挥翰之勤、」运思之捷，兹又蒙按图」
第七册：摘示，始获由三井而探真源，顾邀」天语之褒，并加勖勉，臣惟有益矢尽诚，潜心探」索，以期仰副」圣慈之奖励，若夫以元气为文章，以六经为注」解，于考古征实之，内寓勤民无已之心，经」
第八册：纬成于自然，」制作侔于造化，则如性与天道不可得闻益，非」臣浅学所能窥测矣，敬镌琬琰以志荣宠。」河南巡抚臣毕沅谨识。」
（《御制文二集》卷十五《淮源记》）

御製淮源記

《御临王羲之帖》玉册（一套 4 册）

清乾隆
长 18.9 厘米，宽 8.8 厘米，厚 0.4 厘米
南京博物院藏

同料白玉剖为四片，刻字填金。首页隶书“御临王羲之帖”，以春水竹石图为底纹，雕刻白鹅浮水，寓意王羲之爱鹅，尾页则为兰竹石图，均浅刻填金。正文是乾隆皇帝临摹的王羲之《十七帖》部分尺牍，分别为第十一通《七十帖》、第十七通《严君平帖》和第二十四通《旃罽胡桃帖》。（高波）

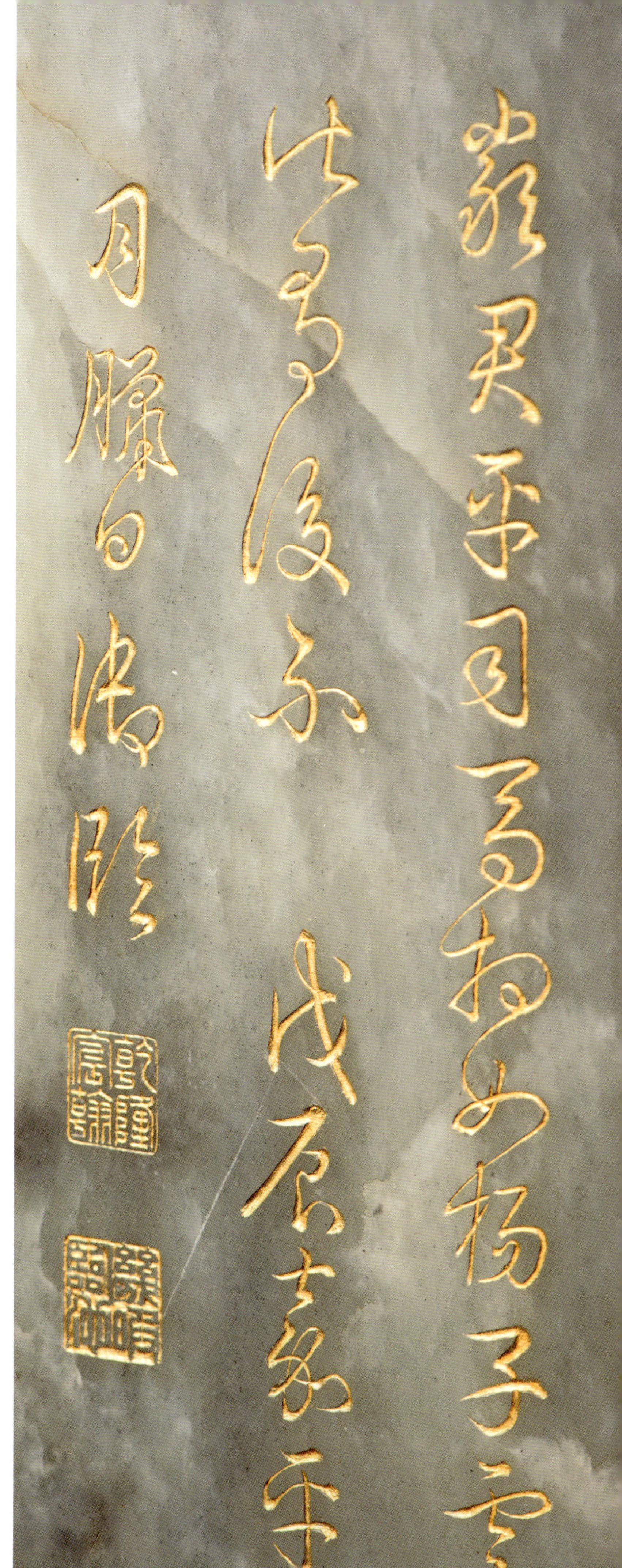

释文：
第二册：之人理，得尔以为厚幸，但恐」前路转欲逼耳，以尔要」欲一游目汶领，非复常言。」
足下但当保护，以俟此期。」勿谓虚言，得果此缘，一段」奇事也。」（《七十帖》）

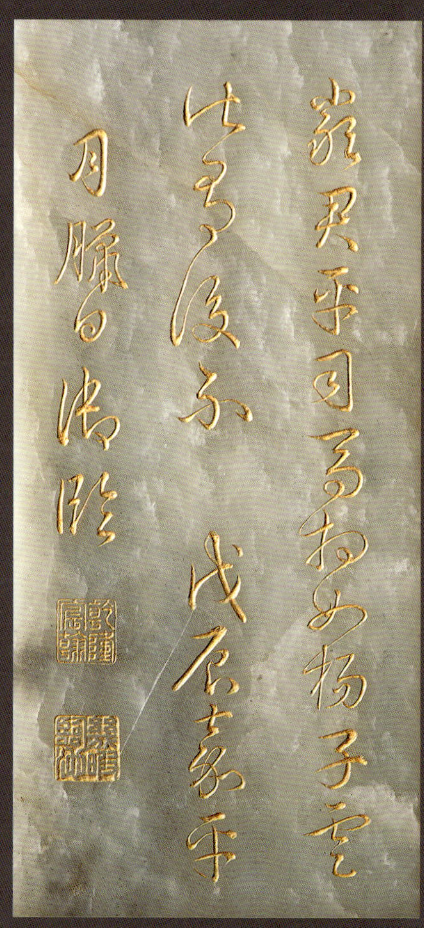

释文：
第四册：严君平、司马相如、扬子云」皆有后不？（《严君平帖》）戊辰嘉平」月腊日御临。」
印鉴：乾隆定翰 几暇临池

释文：
第一册：御临王羲之帖
足下今年政七十耶？知体」气常佳，此大庆也。想复」勤加颐养。吾年垂耳顺，推」

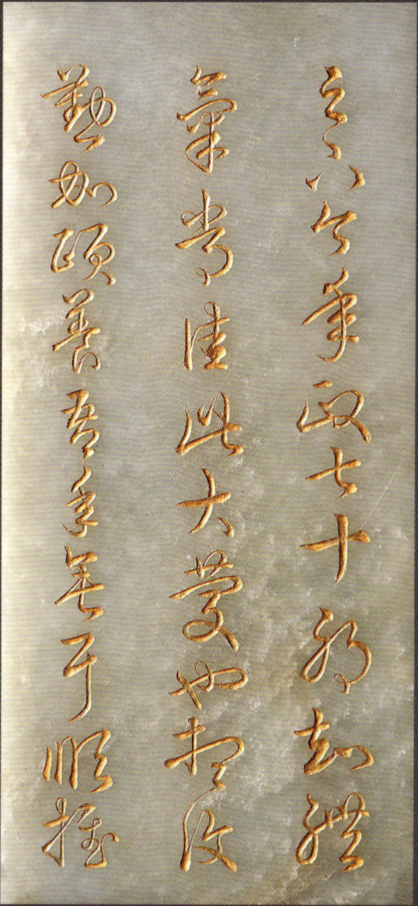

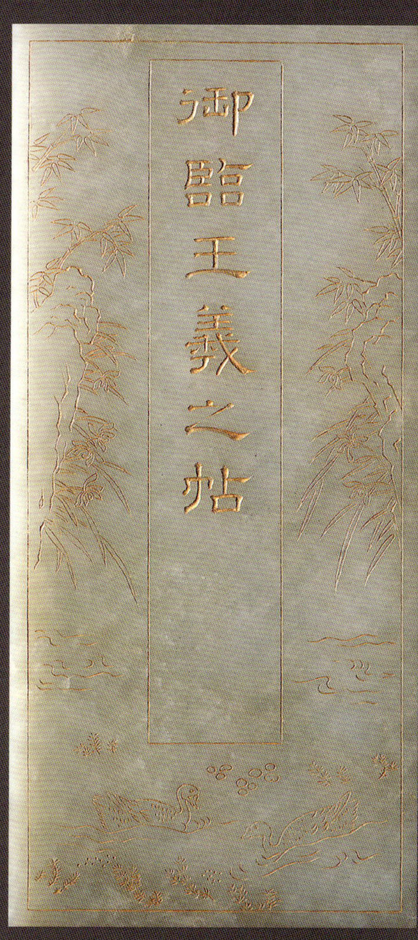

释文：
第三册：得足下旃罽、胡桃药二种，」知足下至戎盐，乃要也，是」服食所须。知足下谓须服食，」
方回近之，未许吾此志。知」我者希，此有成言。无缘」见卿，以当一笑。（《旃罽胡桃帖》）

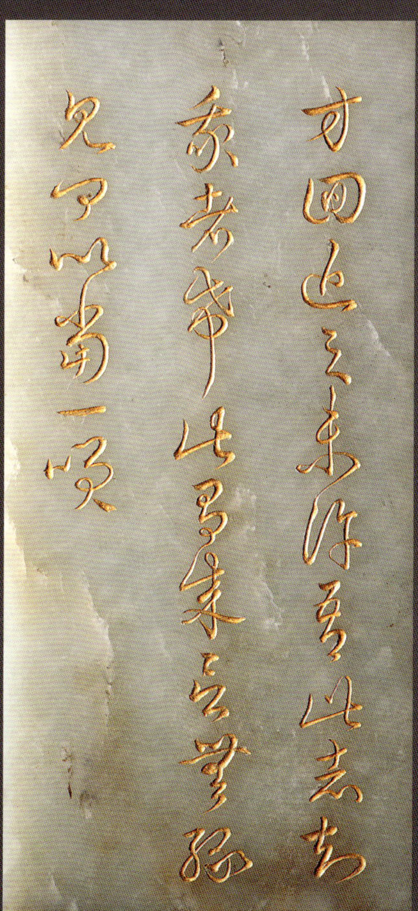

白玉熏

清乾隆
口径 11.8 厘米，高 11 厘米
南京博物院藏

熏以花开富贵为主题，盖、身、钮、耳均雕琢花团锦簇。盖壁透雕缠枝花卉，钮亦镂雕牡丹。熏身为整玉掏膛制成，内圆外瓜棱形，其中有一凸出棱，俯视整体似如意。器身满浮雕花卉，镂雕牡丹双耳。香熏玉质、工形俱佳，有痕都斯坦玉器风格，为清宫用品。（周竑）

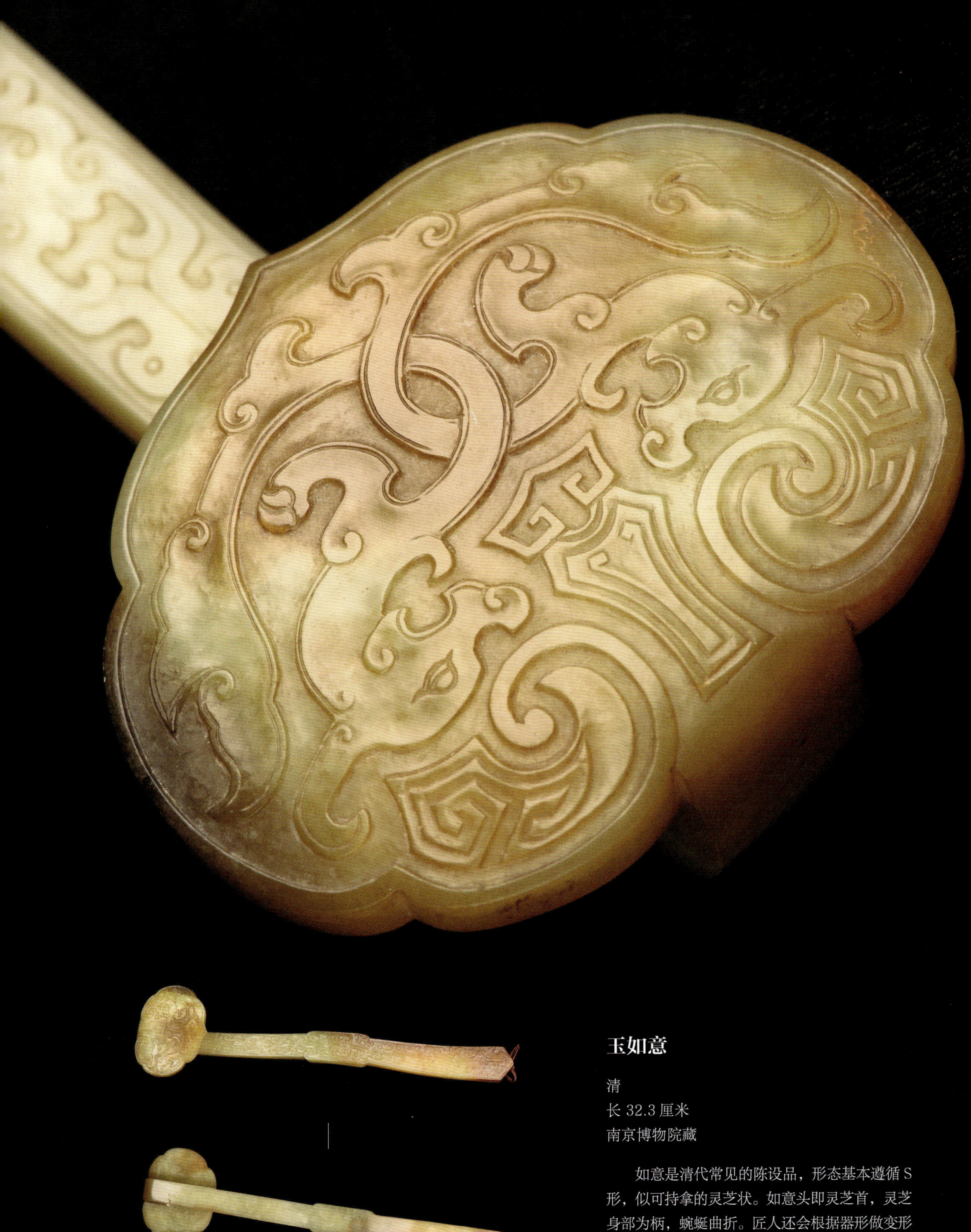

玉如意

清

长 32.3 厘米

南京博物院藏

如意是清代常见的陈设品，形态基本遵循 S 形，似可持拿的灵芝状。如意头即灵芝首，灵芝身部为柄，蜿蜒曲折。匠人还会根据器形做变形或图案化处理，或浅浮雕或高浮雕，纹饰多寓意如意吉祥、富贵长寿。（**周竑**）

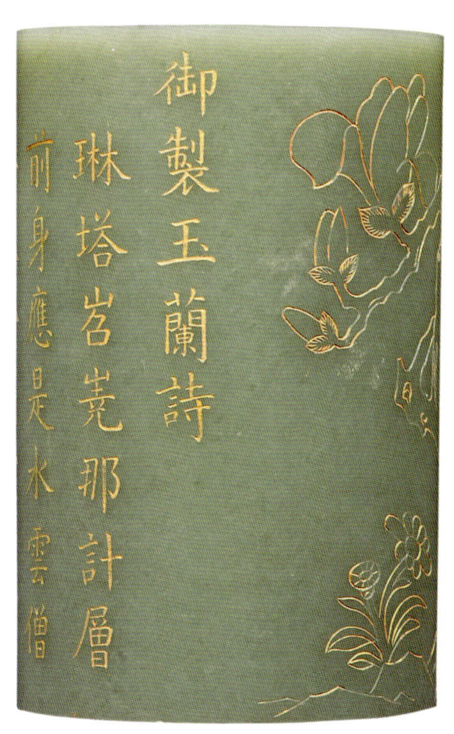

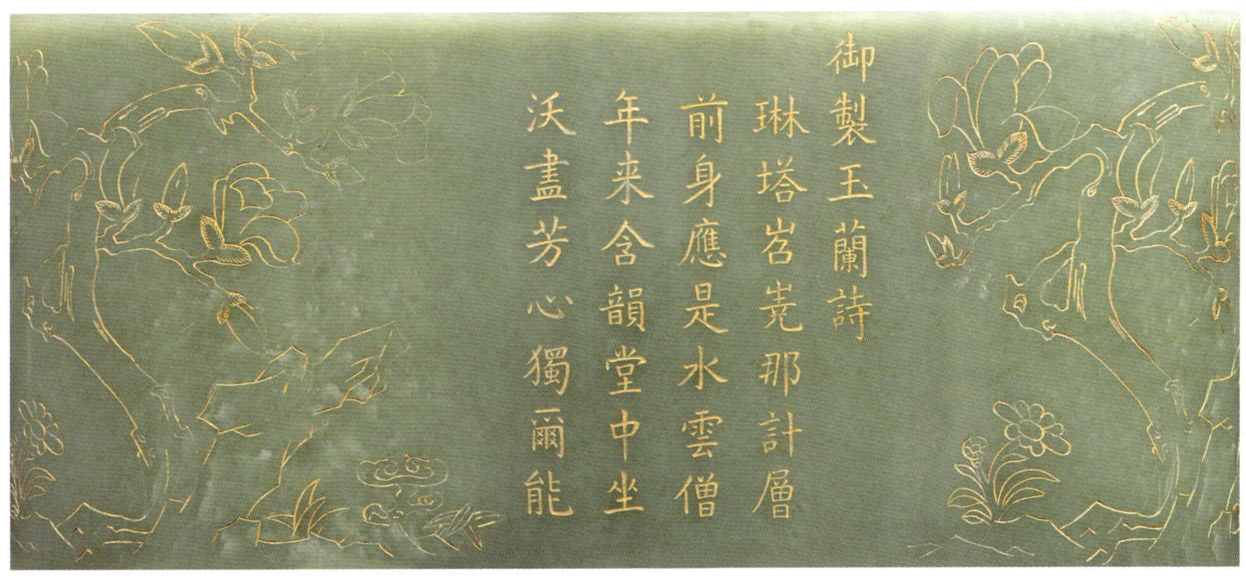

描金御题诗青玉笔筒

清乾隆
口径 7.5 厘米，厚 0.5 厘米，高 11.8 厘米
南京博物院藏

笔筒为青玉材质，圆柱形，莹润透光，质地均匀。筒身浅刻乾隆帝御制玉兰诗一首，楷书填金。筒身其余部分浅刻玉兰花树图，填金。玉兰花或含苞待放，或花开正好，一派春日繁荣景象。（高波）

释文：
御制玉兰诗」
琳塔岧峣那计层，」前身应是水云僧。」
年来含韵堂中坐，」沃尽芳心独尔能。」
（《御制诗三集》卷三十九《玉兰》）

御题诗《三江源》屏

清嘉庆
屏：宽 30.5 厘米，厚 2.6 厘米
木座：宽 33.5 厘米，厚 7.5 厘米，高 8 厘米
南京博物院藏

石插屏材质为端石，石质温润如玉。碑额两面篆刻“御制”，填金彩，边廓刻双云龙纹，底座为楠木，木座刻云龙纹。碑文正面为嘉庆皇帝御制《三江源》，正文七十五字，背面为御制诗一首，均隶书填金，嘉庆十八年（1813）作。正文描述了鸭绿、混同、爱滹三江源头闼门潭的壮阔之势与景象，御制诗则寄予了宗族同气连枝、永保太平的美好祈愿。（高波）

释文：
正面：三江源」荡荡天门，云拥初」升日，巍巍长白，陵」空形势崒，最高峰」顶有潭曰闼门，鸭」绿、混同、爱滹三江」出，上通银汉，一派」汲清澄，下润苍生，」万方泽洋溢。」
圣迹聿昭，仰止欢」予衷，源远流长，瑞」应纪其实。」
嘉庆十有八年岁次癸酉秋月之吉，臣赵秉冲敬书。」
背面：赋得：相辉保羽仪，」承家建邦国。夹辅」倚宗枝，桢干原同」气。屏藩固本支，相」辉怀庇荫。共勉慎」威仪，永保棣棠茂。」时殷葛藟思，旧章」勿改易。流俗任迁」移，守位先为善。存」心戒好奇，秉无二」三德。事有百千岐，」自旧循前轨，擒词」意在兹。
臣赵秉冲敬书。」
印鉴：臣 秉冲

百宝嵌条屏

清乾隆
长 102 厘米，宽 54.2 厘米
南京博物院藏

挂屏为紫檀边框，镶嵌各色玉石。靛蓝为底，青玉为松，白玉为藤蔓花朵，刻画细致入微，一派欣欣向荣景象。挂屏右上角题字“壬寅长至月御笔”。该件粉本应为乾隆皇帝亲笔绘制，工匠后按图画制成挂屏。壬寅年即乾隆四十七年（1782），农历五月为一年中白昼最长的月份，雅称长至月。（**高波**）

像生盆景的盆多为錾胎或镶玉珐琅，呈菱花、方口或仿古花插形。盆景利用不同载体，经过组合搭配构建而成，材料包括各色玉片、碧玺、芙蓉石、绿松石、青金石、虎睛石、象牙、珊瑚、琥珀、玳瑁以及琉璃等。全景意态生动，花繁枝茂。盆景工艺精巧，镀金灿烂，整体风格富丽堂皇，是清宫中常见的玉器类陈设。（周紘）

玉石梅花铜镀金珐琅盆景

清
盆径 33 厘米，通高 40 厘米
南京博物院藏

玉石菊桂花铜镀金珐琅琮形盆景

清
琮瓶宽 9.5 厘米，通高 50 厘米
南京博物院藏

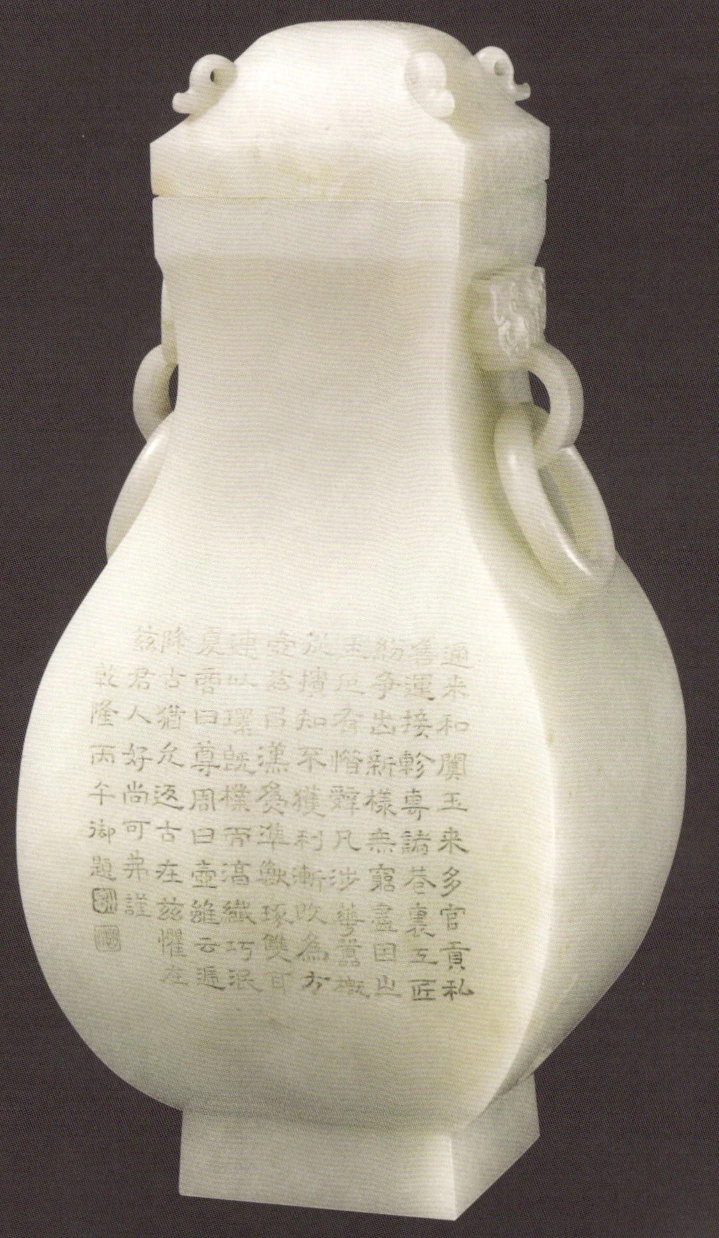

乾隆御题白玉仿汉带盖方壶

清乾隆
口径6.8厘米，底径6.3厘米，腹径11.7厘米×10.5厘米，通高27厘米
故宫博物院藏

白玉质，一侧有浅褐色斑。壶体方形，方口，大腹，两侧有兽首衔活环耳。有盖，盖顶微凸，盖面光素，仅在四角斜棱上凸起鸟首形饰。壶体光素无纹。腹部一侧阴刻隶书乾隆御题诗。该诗作于乾隆五十一年（1785），时年乾隆皇帝76岁。根据御题诗可知，当时内廷玉材数量增多，玉工为出新样，争奇炫，损良材，希厚利，这种风气被乾隆斥责，称之为“玉厄”。此器为苏州专诸巷玉匠仿汉兽耳方壶式样制成，古雅淳朴，制作规矩，被乾隆大加赞赏，为乾隆朝仿古器之代表作。（刘晶莹）

释文：
迩来和阗玉来多，官贡私」售运接轸。专诸巷里工匠」纷，争出新样无穷尽。因之」玉厄有惜辞，凡涉华嚣概」从摈。知不获利渐改为，方」壶兹以汉为准。兽琢双耳」连以环，既朴而淳纤巧泯。」夏商曰尊周曰壶，虽云递」降古犹允。返古在兹惧在」兹，君人好尚可弗谨。」
乾隆丙午御题」
印鉴：比德 朗润
（《御制诗五集》卷二十八《咏和阗玉汉兽环方壶》）

乾隆款碧玉仿古雷纹瓶

清乾隆
口径 10.9 厘米 × 8.3 厘米，底径 12 厘米 × 8.8 厘米，高 32.4 厘米
故宫博物院藏

此瓶碧玉质，为整块玉石雕琢而成。瓶圆口，颈部浮雕蝉纹，活环双兽耳，腹部扁圆，遍饰雷纹，扁圈足，足内刻“乾隆年制”四字篆书款。玉瓶体形硕大，即使宫廷中亦不多见，应为陈设器，无实用功能。

乾隆时期，因皇帝喜好，仿古之风盛行，加之优质和田玉材供应增加，仿古玉器的制作在数量和工艺水平方面均达到高峰，宫廷中有大量的仿古玉器。此类玉器虽造型、纹饰等类古，但有着自己的风格。（杨立为）

仿古碧玉炉、香盒（一组 2 件）

清乾隆
炉：长 14.2 厘米，宽 7.8 厘米，高 12.6 厘米
盒：长 6.3 厘米，宽 5.5 厘米，厚 3.4 厘米
南京博物院藏

四管式炉，以整块碧玉雕琢而成。盖上以镂雕技法琢制龙钮，龙四足分踏于盖角四管上端浅浮雕的盘螭上。炉身两侧高浮雕龙耳，下套活环。炉身上部浅浮雕 26 条夔龙，呈波浪式穿插交错。炉身下部饰团寿纹和蝉纹。炉角四管出于腹部，往下逐渐收敛成底足。盒造型呈四管方形，盖上浅浮雕勾连如意云纹，四管上端盖面琢串联的如意纹。四管式器物是以商周时期四管形铜器为蓝本的创新作品。乾隆时期有不少仿制的同类玉器、瓷器等。（周竑）

仿古白玉熏

清乾隆

口径 11.5 厘米，通高 9.5 厘米

南京博物院藏

熏盖顶部镂雕一盘龙钮，盖与钮不相通。熏身子口，折腹，圈足，熏体两侧镂雕龙头双耳。盖面及熏身均以回纹为地，浅浮雕兽面纹。炉颈部两面居中，各琢一兽首。圈足外亦饰有三兽首，各向下凸出三棱以为足。整个玉熏玉质温润，形制简洁，纹饰严谨。（周紘）

仿古雕龙黄玉方觥

清乾隆
上口边长 6 厘米，通高 15.8 厘米
南京博物院藏

黄玉纯净温润。器呈方柱形，器身一侧镂雕爬龙，另三面中部双弦纹内减地浅浮雕纹饰，中间方框内琢“寿”字纹，左右各饰仿古龙凤纹，器底高圈足内阴刻“乾隆年制”款。整器用料考究，龙身形弯曲灵动，器底刻制年款，这些都是乾隆年间仿古玉器的特点。（周竑）

仿古芙蓉石蟠螭耳盖炉

清

口径 14.9 厘米，通高 17 厘米

南京博物院藏

盖炉为粉红色，整器采用芙蓉石打造，通体布满长短不一的天然纹理，造型古朴敦厚，雕琢精细，腹部雕饰对称的两组蟠螭和铺首衔环耳，盖顶也雕饰有四条小蟠螭。芙蓉石是石英的一种，又称“粉晶”，质地较脆，打磨时易碎，颜色粉红，晶莹剔透，常用于打造首饰等比较娇小玲珑的饰品。整块芙蓉石雕琢成如此大件的器物，极为罕见，器物整体色泽温润均匀，造型古朴，又隐含灵秀之气。（高波）

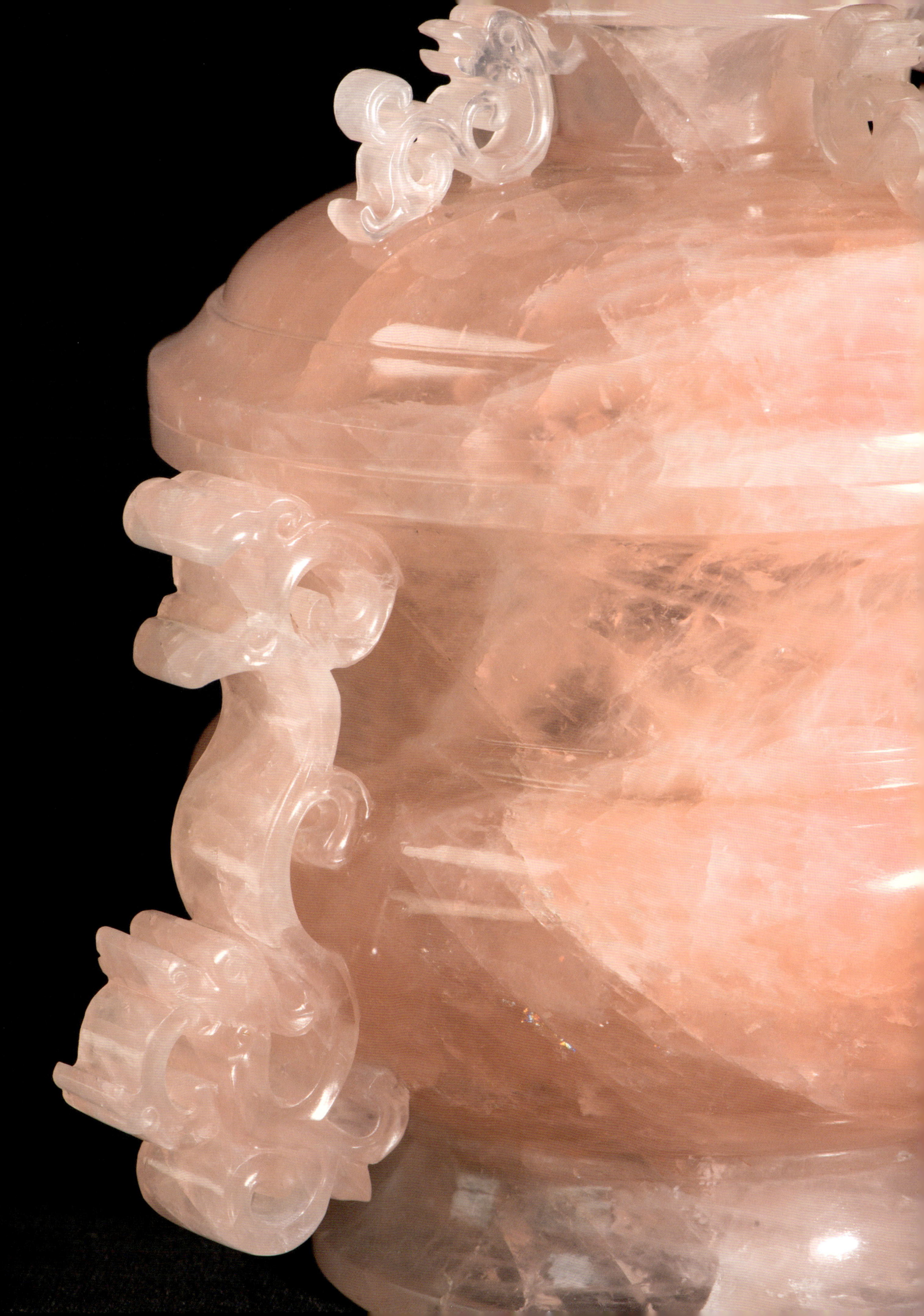

御题诗仿古龙凤玉磬

清乾隆
宽 29.6 厘米，最大径 33.1 厘米，厚 1.6 厘米
南京博物院藏

由整块青白玉雕琢而成，整体呈不规则圆形。器物表面经处理成赭黄色沁，做旧后显得古色古香。器物两面各雕琢龙凤图案，所雕龙凤均为侧面，龙凤刻画细致入微，下半身及尾部装饰勾连云纹，寓意“龙凤呈祥”。中部内孔壁用楷书微雕乾隆御制诗《夔磬》，字体工整，字口填金，灿然夺目。（高波）

释文：
黎绿呈瑰宝，」神魑写异形。」
五城难论价，」九德早扬馨。」
庇谷征多稔，」葆光出太宁。」
徒观戛击物，」喜起企虞廷。」
乾隆御题。」
印鉴：比德
（《御制诗二集》卷四十六《夔磬》）

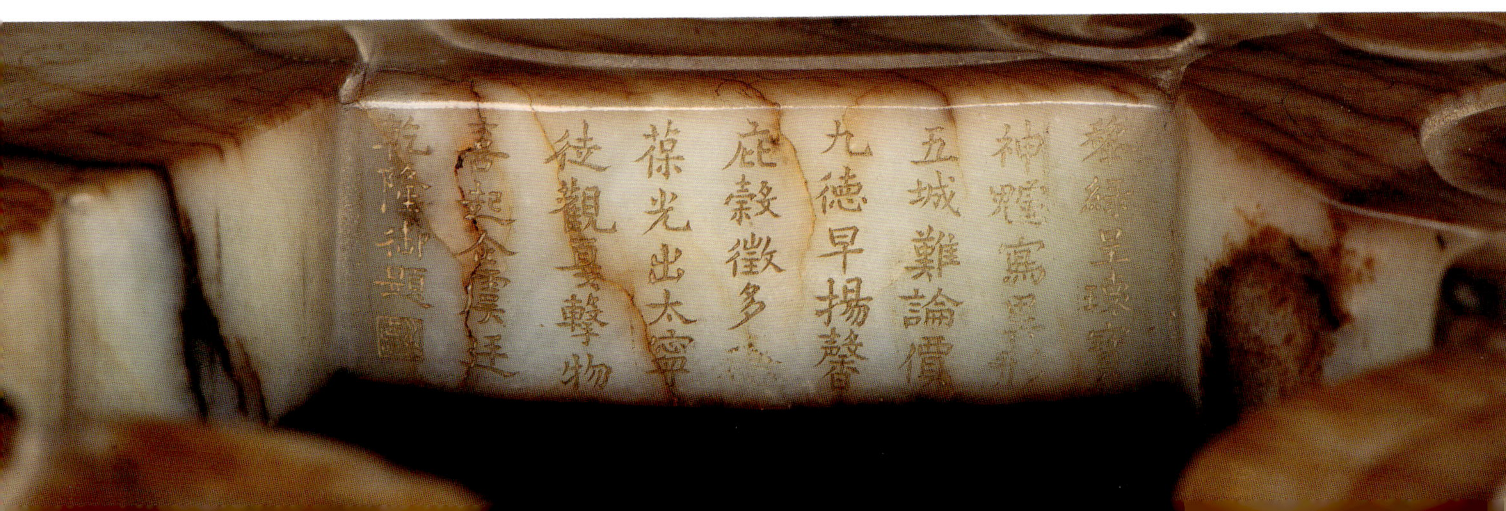

御题诗仿古云龙纹玉盂

清乾隆

长 18.8 厘米，内径长 12 厘米，宽 14.5 厘米，内径宽 8.6 厘米，高 9 厘米

南京博物院藏

释文：

白为玉骨赤为」皮，云宛蓊濛龙」宛飞。

不是眼看」匠人琢，谁能血」浸辨希微。」

乾隆甲午仲夏」御题。」

印鉴：会心不远 德充符

（《御制诗四集》卷二十三《再题和阗玉云龙小盂》

和田玉，呈青白色。整体雕琢仿古云龙纹，龙身盘旋在盂壁外沿，龙头伏在盂上沿，龙身刻画细致，利用沁色自然雕琢浮动云雾，底部云气纹呈螺旋状，盘龙似有腾空欲飞之态。盂内壁底部用隶书刻乾隆皇帝御制诗《再题和阗玉云龙小盂》一首，落款为乾隆三十九年（1774），字体工整，刻痕较浅。（高波）

清 《是一是二图》 故宫博物院藏

青玉丹台春晓图山子

清乾隆
宽 14.5 厘米，厚 7.6 厘米，高 24.2 厘米
故宫博物院藏

释文：
御题丹台春晓图」
元圃昆墟王母都，一峰不胫」走中区。遂教玉府他山错，写作」丹台春晓图。炉火未寒鹤为守，」桥波回看鹿堪呼。列仙传合旅」獒训，彼弗须求此愧吾。」
（《御制诗四集》卷三十三《题镂玉丹台春晓图》）

青玉，有烤色。山子正面雕仙人、童子在八卦炉中炼丹，烟气缭绕，周围仙桃、瑞鹤和古松环绕，营造出仙境的氛围，一块巨石上刻乾隆御题诗。山子背面雕松鹿图。

玉山子为清代宫廷中常见的陈设品。此山子为苏州工匠依据宫廷恭造式样制作，乾隆帝曾在其《咏和田玉石室藏书图》诗注中称赞它“摹写山水形胜，率以古式为宗”。（张林杰）

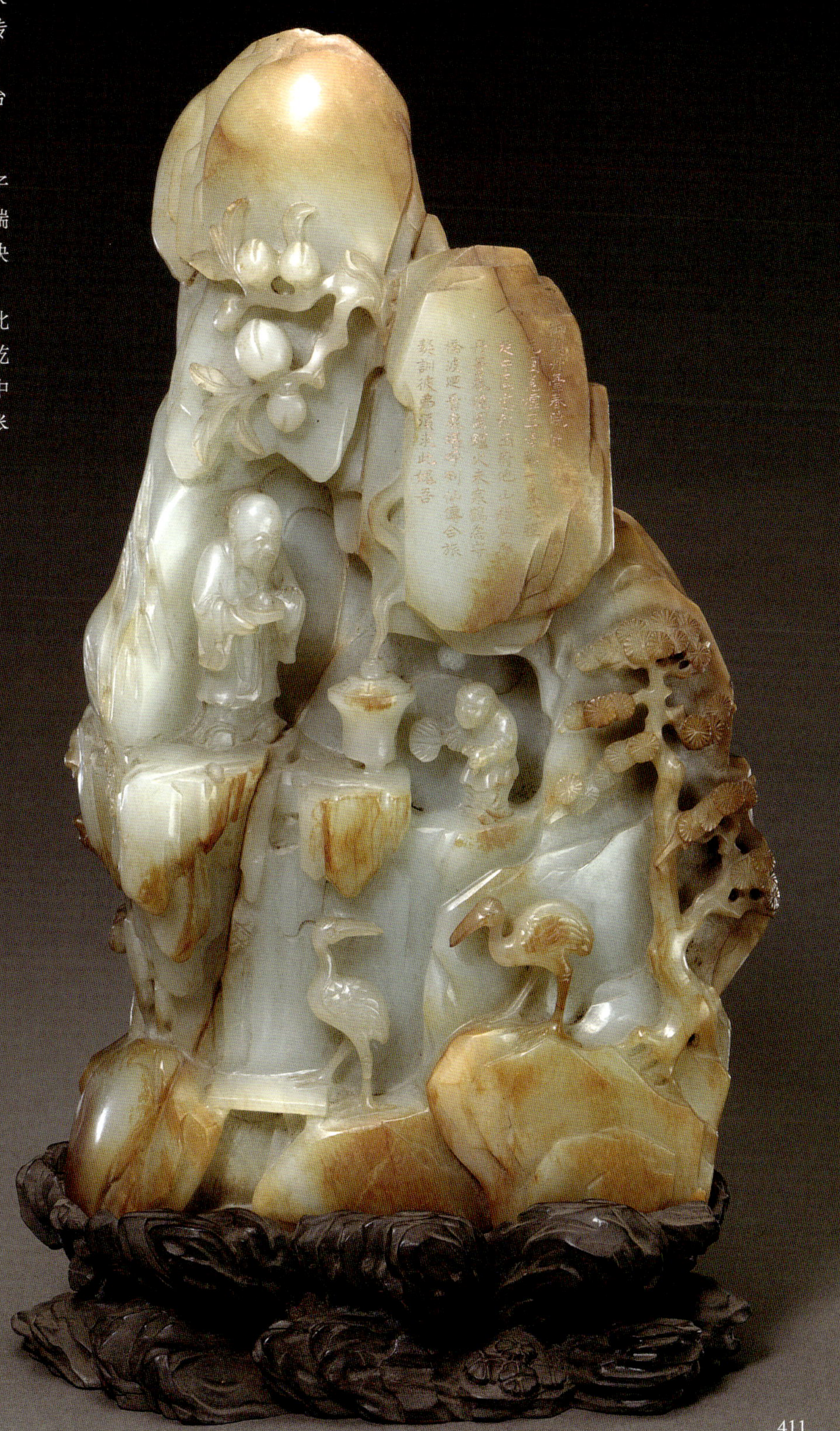

痕都斯坦青玉嵌宝石长颈盖瓶

莫卧儿帝国　17—18 世纪
腹径 6.8 厘米 × 6 厘米，高 20 厘米
故宫博物院藏

玉质青灰色，瓶腹稍扁，瓶身用金托镶嵌三圈红宝石，盖顶中心镶嵌一块祖母绿宝石，盖腹及瓶口沿各镶嵌一圈红宝石，近器底腹周一圈镶嵌青玉雕琢的叶片。器身嵌银花叶，因为时间久远，银被氧化，已经发黑，瓶底浮雕花瓣纹。整器造型优美，嵌宝华丽，为印度莫卧儿帝国时期制作的玉器，应在乾隆晚期进入宫廷，但具体年代制作年代已很难考证。

乾隆三十二年（1767），乾隆帝写了一篇长文《天竺五印度考讹》，第一次对痕都斯坦这个名词进行了详细的考证。该文认为，天竺一国分为东西南北中五印度，痕都斯坦位于北印度，在叶尔羌以西，过葱岭，拔达克山南克什米尔的西部地区，其正确译音为“痕都斯坦”，而非“温度斯坦”。这篇洋洋洒洒的考证文章，最早被全文刻在故宫博物院收藏的一函青白玉册上。第二年（1768），这篇长文又择其精要被刻在叶尔羌办事大臣进呈的一对雕花玉盘上，乾隆帝将其定名为“痕都斯坦玉盘”。此后，这些带有伊斯兰风格的异域玉器常被统称为痕都斯坦玉器。现在看来，这些玉器有相当一部分是印度莫卧儿帝国和奥斯曼土耳其帝国的作品。（徐琳）

乾隆御题痕都斯坦青玉菊瓣式盘

莫卧儿帝国 17—18 世纪
口径 19.8 厘米，底径 13.4 厘米，高 2.2 厘米
故宫博物院藏

释文：
初琢」继磨细，」花攒」叶簇精。」目原」睹其叠，」手乃」抚之平。」表里」都圆洁，」色形」若混成。」新疆」岁贡果，」三品」恰宜盛。」
乾隆」乙未仲」春月」御题」
印鉴：几暇怡情
（《御制诗四集》卷二十八《咏痕都斯坦玉盘》）

盘为青玉质，薄壁，折沿，折沿处浅浮雕花叶一周。外壁近足处饰八瓣花卉纹，花瓣边缘微内卷，内壁琢一周密集的花瓣纹，盘心中央所雕花卉似为菊花。旧藏颐和轩。

盘面阴刻楷书乾隆四十年（1775）御题诗《咏痕都斯坦玉盘》，并“几暇怡情”隶书印。乾隆皇帝在诗注中提到，曾以此盘盛放苹果、石榴、木瓜三种水果，陈设在宫殿中，且“曾与乾清宫西暖阁几上虎錞内所供之吉祥草同绘为岁朝图”。此处所说的吉祥草，“乃皇祖手植，历数十年弗敢移植”。（黄英）

各类帽顶（一组 3 件）

清
高 4.2—6.4 厘米
南京博物院藏

清代官员的帽顶安置在冠帽上部中央。不同级别的官帽顶分别镶嵌不同质地的珍宝，以帽顶分官阶、以顶戴见大小成了清代官制特点。

冠顶主要分为吉服冠顶和朝服冠顶。顶子采用红宝石、珊瑚、蓝宝石等珍贵宝石制作，顶座用料考究，以金银铜为主，制作工艺繁复精湛，包括鎏金、累丝、镂空雕、珐琅彩等，因此帽顶经济价值不菲。清中期后，常见用与品级宝石同色的玻璃饰物替代稀缺的宝石。（周竑）

玉、翡翠翎管（一组 2 件）

清
长 7.3—8 厘米
南京博物院藏

翎管是清代特有的器物，用来将羽翎固定于帽顶下。羽翎与帽顶组成“顶戴花翎”。羽翎是官位品级的象征，可以辨等威、昭品秩，有着重要的制度规范导向作用。清代冠服制度对翎管的材质没有特别限制，制作翎管的材料大多是玉石，比如翡翠、玛瑙等。（周竑）

清 孔昭新《关天培朝服像》 南京博物院藏

翡翠碧玺金背云朝珠

周长 150 厘米
1970 年江苏省苏州市吴中区嘉庆二年（1797）毕沅家族墓出土
南京博物院藏

清代冠服制度规定，皇帝后妃以及文官五品、武官四品以上，凡穿朝服或吉服，必于胸前挂朝珠。随着时间的推移，朝珠演变为体现身份尊贵、区分等级的标志。翡翠朝珠由 108 颗色泽相同、大小一致的翡翠珠穿成，四颗稍大的粉红色碧玺佛头间隔其中，佛头塔为同质的碧玺，背云鎏金嵌宝。整盘朝珠虽无记捻与坠角，但其奢华美丽已让人赞叹不已。108 颗翡翠珠，颗颗翠色浓艳欲滴，水头鲜亮润泽，由一块品质上乘的翡翠玉料切割琢制而成，为出土品中罕见。这套朝珠为研究清代翡翠在中国流行、发展的情况提供了实物参考。（周竑）

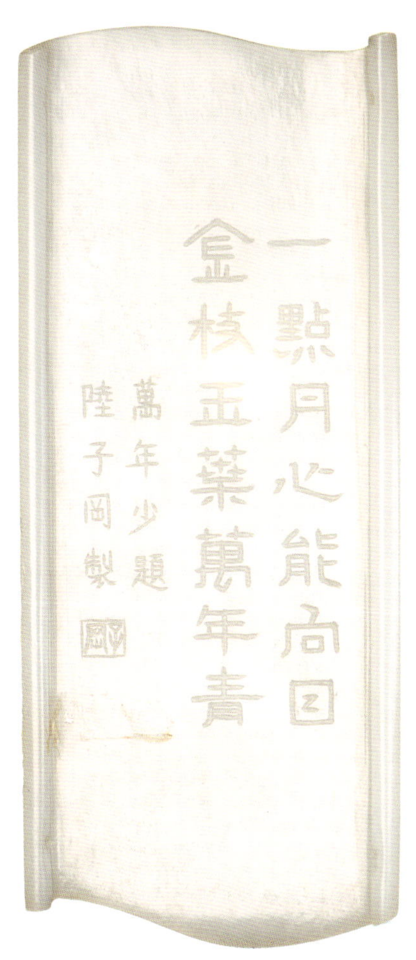

“子冈”款花卉诗文玉臂搁

清

长 13.4 厘米，宽 5.7 厘米

1956 年贝祖武先生捐赠

南京博物院藏

诗文：一点月心能向日，」
　　　金枝玉叶万年青。」

款识：万年少题」陆子冈制」

印章：子冈

臂搁由上等白玉料制成，长侧两端内卷作为支足，短侧两端呈流线型，具动态美。器表浅浮雕花卉草虫纹样，器背砣刻隶书题诗两行。从整器制作风格和诗文款识来看，具有清中期仿子冈器的特征。（周竑）

清 李岳云《林则徐像》 南京博物院藏

玉牌（一组2件）

清

1 长5.35厘米，宽3.5厘米，厚0.65厘米

释文：水神梦助风，落」笔夸文雄。

惊涛」倏奔海，叹惜诸」葛功。

款识：子冈制」

印章：子冈

2 长5.5厘米，宽3.7厘米，厚0.55厘米

释文：秋风霜落更」研华，

篱下初」开爱绣花。」

印章：文玩

南京博物院藏

明清两代盛行玉牌饰。据说，玉牌是明末治玉高手陆子冈首创，清代人又称其为“别子”，或作扇坠，或为腰佩。清代玉牌形状多样，纹饰题材丰富，如山水人物、吉祥图案，背面刻诗句或其他铭文钤印，寄托了文人群体对君子高尚品德的追求。（高波）

1

2

翡翠松鼠葡萄

清

长6.2厘米，宽2.6厘米，厚0.2厘米

南京博物院藏

翡翠多产于缅甸北部，又被称为“缅甸玉”，明末开始流行于云贵地区，《徐霞客游记》记为“翠生石”，清雍正年间贡入内廷，逐渐蔚为风尚。翡翠色泽艳丽，晶莹剔透，乾隆之后逐渐为皇室所重，或被制成摆件以供赏玩，或制成各色坠饰、佩饰、首饰用来点缀。19世纪法国矿物学家德穆尔将翡翠命名为jadéite，又称“硬玉”。（周竑）

尾篇

玉，
见证了华夏先民奋进的过往，
代表了华夏儿女恒久以来的品格。

玉器，
凝聚着中华民族的“礼”与“德”，
形成了中华民族多元一统的磅礴气概。

玉文明，
承载的中华灿烂文化仍在赓续，
润泽和涵养的中华文明血脉，
生机勃勃、绵延不绝……

Epilogue

Jade,
Witnesses the endeavours of ancestors of the Chinese people,
And represents the characters of the Chinese people handed down from generation to generation.

Jade ware,
Symbolic of the Chinese etiquette and ethics,
Forms the majestic spirit in the diversity and unity of the Chinese nation.

Jade cultures,
Supporting the splendid Chinese culture to be long flourishing,
And invigorating and nurturing the Chinese civilization,
Will continue vigorously and unceasingly...

御制《圭瑁说》青玉圭

清乾隆
最宽处 10.6 厘米，厚 1.1 厘米，高 41.2 厘米
故宫博物院藏

释文：
御制圭瑁说」
圭之名见于《夏书》之《禹锡》，瑁之名见于《周书》之《王受权舆于此》，而《虞书》之《辑五瑞》并未明言，其圭之」名各别，及其短长与瑁底之邪、圆也。注疏之家多耳食口传，愈晰愈不明，曰近曰更远。予近为石刻」《十三经》序，以为以注疏解经，不如以经解经者以此也。夫虞至周、周至汉，率数千百年，其唐宋更无」论矣！后人据图作圭已属赝鼎，而瑁则虽有图并伪作其器者，亦无也。今据其可考者言之，郑康成」云“名玉”曰：“瑁者，言德能覆天下。”此犹近理。而贾公彦曰：“见则覆之，以齐瑞信。”马端临遂增之曰：“有不」同者即辨其伪。”夫诸侯既受圭于天子，焉能有伪？更讹其传以为有过者留之三年、六年、九年之说。」此不过窃孟子“一不朝，则贬其爵”云云之语。夫不朝是其罪也，留圭而不许来朝，复以六年、三年为」别，其间有何罪乎？真成呓语矣！又王搢大圭祭天，其圭长三尺。夫玉至三尺，重物也，古之带最宽松，」不似今时带之紧束，搢重物于腰间必至落地，反不成敬。且天子祇双手，既搢大圭、又执镇圭以祭，」其于献奠之际，将何以行礼？权付旁人持之，更非所以式威仪也。圭之说既明，则瑁之形之制可想」而知，不过寓义“覆冒天下”而已。然总以德为要，德不能冒、无其器实可，有其器适足增愧。更有因圭」首有邪、有圆之殊而图其形者，遂有瑁底圆缺、邪缺之异，实为入海算沙，将何适从？不值一噱矣。暇」著是说，以杜千古之饕口。臣朱珪敬书。」
（《御制文三集》卷三《圭瑁说》）

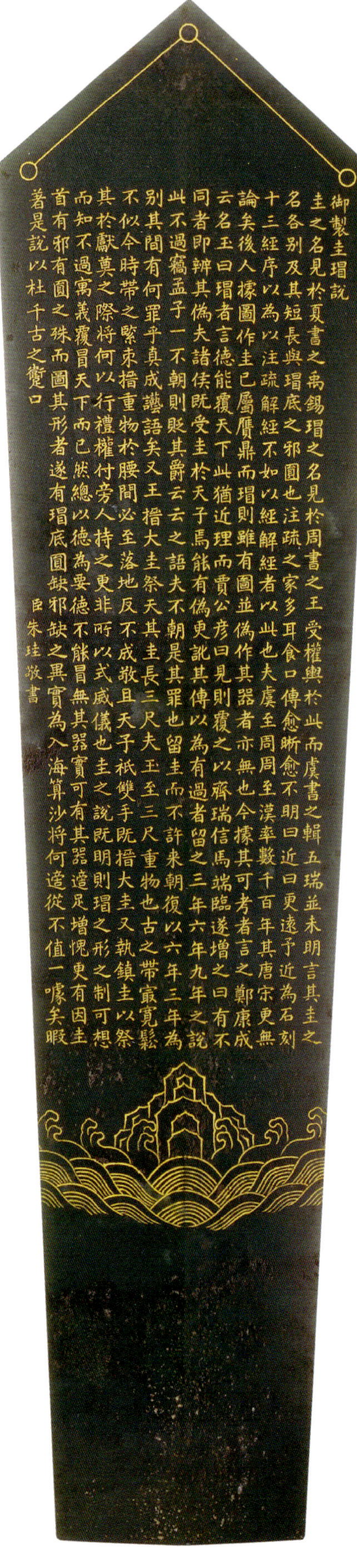

深色青玉质，有墨斑。圭顶呈三角形，并饰连线三星，圭身自上而下渐收窄，底平，正面中间一条棱线纵贯上下，背面平整。正面镌刻乾隆帝御制《圭瑁说》全文，计四百余字，末署“臣朱珪敬书”，文下饰海水江崖纹，背面饰五蝠及海水江崖纹。

圭为六瑞之一，是古时重要礼器，《周礼》载：“以青圭礼东方。”本器为乾隆时期仿古器。（张林杰）

乾隆御题碧玉兽面卧蚕纹璧

清乾隆
直径 25.5 厘米，孔径 4.35 厘米，厚 1 厘米
故宫博物院藏

碧玉质，局部可见淡色带状斑纹和黑色斑点。扁平，圆形，两面雕纹饰，中有孔。孔外纹饰分为两部分，以一周绳纹为界，界内满饰卧蚕纹，界外浮雕四组兽面，琢回纹锦地。玉璧外圈边缘阴刻楷书乾隆五十八年（1793）御题诗《咏和田绿玉璧》，并两方篆书印。（黄英）

《大禹治水》局部图

论文

绝地天通

——早期中国“六器”玉礼制的形成

邓淑苹

一、新石器时代玉礼制的形成

根据最新考古资料，公元前7200年左右，在黑龙江饶河县乌苏里江畔的小南山文化，已发展了较原始的玉作工艺，[1]公元前6000年前后，该地区的新开流文化以及辽西地区的兴隆洼文化，玉雕工艺逐渐成熟。[2]所以中国有长达近万年的玉器发展史。

远古先民制作的玉器主要有两类：工具与装饰品。因为先民是在磨石头制作工具武器时才体认出玉的物理特性：坚韧耐用且色美质润。但在近万年玉器发展史的最初三千年，只有简单的玉工具与玉饰品，并没有发展出礼制上的意义。

岁月悠悠，随着社会的复杂化，公元前4000年左右，美玉制作的装饰品或工具，逐渐成为所有者身份地位的象征。此时就具备玉礼制中“瑞器”的意义了。华东地区的东山村、华西地区的龙岗寺，均是很好的例证。

江苏苏州张家港东山村马家浜文化晚期墓葬，出土闪玉制作的、[3]由五件玉璜构成的“列璜佩”，[4]学者研究分析认为在马家浜文化晚期，玉器已有了昭示墓主身份地位的功能。[5]陕西南郑龙岗寺仰韶文化早期墓群中，也出现以墓圹尺寸、随葬玉工具及体大精良石工具来象征墓主身份的现象。[6]笔者认为这就是中国“玉礼制”的萌芽。

又过了五百年，至公元前3500年左右，华夏大地上的玉作更为多元化，且普遍地出现用美玉沟通人神的现象。华东地区比较潮湿低平，华西地区则高亢干旱，华东、华西之间以一条略呈东北—西南走向的山脉链——大兴安岭、太行山、巫山、雪峰山相互阻隔。或因生态差异，华东先民发展了“动物精灵崇拜”（以下简称“物精崇拜”）的神秘信仰，华西先民则发展了“天体崇拜”与“同类感通”的原始思维。

华东地区的红山文化、凌家滩文化、崧泽·良渚文化等遗址中，出现许多用美玉雕琢龙、虎、鸟、人、昆虫等母题的人体装饰品，或是先民认为巫觋们穿戴这类结合美玉精气与动物灵性的玉饰，就能增强巫师与神祇交流的法力。

华西地区从庙底沟文化、先齐家诸文化，[7]到齐家文化，逐步发展出以造型象征天地的玉礼器——圆璧与方琮；先民不但大量制作这种毫无生活实用功能的玉器，且以同等数量的璧与琮掩埋于墓葬或祭祀坑中。

换言之，中国玉器史近万年，但中国玉礼制史只有六千年。从公元前4000年开始，特殊的玉工具、玉饰品成为身份的标志——玉瑞器；公元前3500年左右，特殊纹饰（动物）、造型（圆方）的玉器，用作通灵的媒介——玉祭器。瑞器和祭器就是玉礼制的核心。

到了公元前2000年左右，或正是古史上第一个王朝——夏，崛起于中原之际。[8]从考古资料可知，当时在黄河流域、长江流域分布多个制作使用玉礼器的政体，用今日学术名词，多称之为考古学文化。华西地区有齐家文化、石峁文化、陶寺文化等，华东地区有山东龙山文化、肖家屋脊文化等。当时位于黄河中游的新砦·二里头文化，可能就是夏王朝的遗存。[9]

前述各考古学文化都发展了自身特有的玉礼器，[10]而位居中央的二里头，出土的玉器兼具华东与华西不同的风格。[11]此时玉礼器的普及性与多元现象，正合《左传·哀公七年》“禹会诸侯于涂山，执玉帛者万国”的记载。

“玉帛”是“玉”和“帛”二种物品的连称。从《国语·楚语（下）》记载观射父与楚昭王关于祭祀用“精物”的对话可知，古人认为“玉”和“帛”是两种含有“精”的物质。[12]“精”即“精气”“能量”。[13]

总之，既硬又冷的“玉”，自近万年前开始被先民用作制作器物的材料；自公元前4000年开始，玉器逐渐作为等分身份、沟通人神的礼器；到了公元前2000年左右，“玉帛”成为华夏大地上先民普遍用以祭祀与会盟的“信物”，这真是一段漫长的“玉帛文化”形成之路。[14]

二、西、东二系玉礼制在三代的融合

“三代”一词最早见于春秋时期的《论语·卫灵公》。一直到战国时期，该词都是指夏、商、西周，[15]即公元前2070至前771年，约一千三百年。秦朝之后，“三代”的含义才开始包括了东周，[16]总年数增加五百五十年，至公元前221年。

《论语·为政》：“殷因于夏礼，所损益，可知也；周因于殷礼，所损益，可知也。”说明孔子了解夏、商、周三代虽先后传承，但其礼制根源本是不同，后朝在前代礼制基础上再予以增减。事实上，夏、商、周是三个不同族系的先民，分别崛起自华西、华东、华西。商族起源自河北南部的下七垣文化，周族发迹于陕西渭水流域。[17]唯有夏族的起源地说法较多，但近年考古资料显示，夏文化与陕北石峁文化关系较为密切。[18]以玉器为视点剖析三代，也明确显示西、东二系玉礼制的轮替消长与渐进融合。笔者曾撰文详论。[19]限于篇幅此处仅能简述之。二里头文化的玉戈、牙璋、带格线多孔刀，呈现与华西的石峁文化关系密切；但柄形器来自华东的肖家屋脊文化，玉器侧边常雕刻华东式扉牙，则可溯源自河姆渡文化的“介字冠顶”。

商代早中期玉器品类少，以玉戈、柄形器为主，应分别用作瑞器与祭器。商中期晚段，出现了少量动物主题玉雕；[20]商晚期动物主题玉雕大盛，[21]人、鸟母题玉雕常在其下端有供插嵌于长杆的榫头，证明这是典礼中招降神灵的“玉梢”。[22]龙、虎等母题玉雕多带穿孔，可缀缀于巫觋作法时穿着的“宝玉衣”上。[23]

若仔细比较，即发现商晚期动物玉雕的主题及造型与红山文化晚期玉雕非常相似，但动物身上雕满细密旋绕纹饰的装饰手法又雷同于良渚文化。这充分说明古老的华东“物精崇拜”信仰随着东夷大族商人的壮大而复兴。除了动物主题玉雕大盛外，商晚期也流行器表刻有同心圆纹的玉璧，可能是盖天宇宙观中“七衡图”的萌芽期表现。[24]

三、周王朝的“璧圭礼制”与“圭璋礼制”

周族源起今日陕甘一带，从地缘关系可知，先周文化肯定与齐家文化关系密切。齐家文化（公元前2300—前1600年），[25]盛行以“天体崇拜”“同类感通”为基调的“璧琮组配”玉礼制。但从《尚书·金縢》记载周克商后三年武王病危时，[26]周公手秉玉圭，面对祭坛上竖植的圆璧，向依附于玉璧上三代祖先之灵祈祷的仪轨可知，周族的玉礼制主要为“璧圭组配”，祭祷的仪式就是“植璧秉圭”。[27]由此可知，公元前第二千纪中叶，黄河上中游原本盛行齐家文化的“璧琮组配”玉礼制，逐渐被周族“璧圭组配”玉礼制取代。

铜器铭文及先秦文献均记载西周施行“命圭制度”。《诗经·大雅·崧高》记载周宣王派王舅申伯保卫南方疆土：“锡尔介圭，以作尔宝，往近王舅，南土是保。”受封的诸侯回朝时需捧着命圭朝见天子。《诗经·大雅·韩奕》：“韩侯入觐，以其介圭，入觐于王。”

图 1 山东龙山文化 玉平首圭 高 16.9 厘米 安丘出土

那么文献和金文中的“圭”究竟是什么样的玉器呢？综合考古资料可知，史前先民所用的玉质斧钺铲类工具，就是祭典中代表个人身份的礼器——圭；可称为“平首圭”（图 1）。[28] 这样的玉器曾长期被误以为中药店的“药铲”，清末吴大澂将之考证并正名，功不可没。[29]

夏王朝遗址出土的玉戈，已非“戈”的萌芽期作品，据目前所见资料，可能神木石峁征集的墨玉戈更具原始性。[30] 商王朝时，玉质斧钺类（平首圭）与玉戈（尖首圭）大致并存；墓葬中的随葬数量与摆放位置大体相似。周王朝时玉戈（尖首圭）取代平首圭，成为主要的礼制用玉圭，[31] 且逐渐式样化，发展成一端带三角尖的长方片。

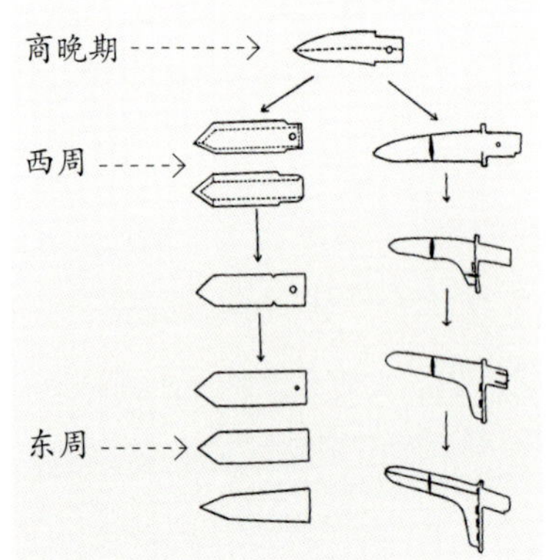

图 2 商晚期至东周 玉戈→圭（左）与铜戈（右）形制演变图

图 2 即图解从商晚期至东周战国时期，“戈”因质材差异而有了不同的发展。铜戈是实用的兵器，所以发展出“阑”和“胡”以增加绑缚在长杆上的稳定度。玉戈用作身份象征，所以中脊与刃线、戈身与戈柄的分野逐渐消失，发展成上端带三角尖的长方版，也就是礼制上的“玉圭”了。[32] 所以在周代礼制上，玉戈就是玉圭。

西周贵族墓中常随葬些年代较早的古玉，这些多得自西周初年分封诸侯国时。[33] 西周晚期晋、虢、芮等姬姓诸侯国特别讲究丧葬排场，墓主身上常铺排古董级的圭与璧（图 3）。[34]

图 3 西周晚期 成组圭璧 出自墓主胸前 天马曲沃 M8 出土

《诗经·大雅·卷阿》以“如圭如璋”形容相貌堂堂的男子。《诗经·大雅·棫朴》以“济济辟王，左右奉璋，奉璋峨峨，髦士攸宜”赞美君王仪态端庄。从西周金文可知，“璋”是与“圭”相关，但等次稍低的玉瑞器。如逨盘、逨鼎中记载“反入堇圭”，[35] 而颂壶与颂鼎的铭文中，相同的仪轨，却是“反入堇璋”。[36] 学者考证，西周的璋可能是扁平长条形的玉版。[37] 春秋早期芮国墓葬中出土的这类玉器被命名为“璋”（图 4）。[38] 若然，当从玉戈发展的“尖首圭”大行其道时，早一个阶段的“平首圭”就成了礼制地位较低的“璋”了。只是到了战国末年，又发展出斜刃的所谓“半圭为璋”。[39] 西汉时成组玉礼器中的“璋”也是斜刃的（见第六节）。

除了圭、璧、璋，组玉佩、柄形器也是西周至春秋早期重要礼器。

多璜组玉佩是周文化圈高级贵族不分性别所必备的身份象征。最初，其单片多来自齐家文化多璜联璧的散片，以各种色彩、质地的珠管类串系而成。先周时期已见散片，整个西周时期多璜组玉佩均是贵族身份的表征。[40]

柄形器是由肖家屋脊文化神祖面纹嵌饰器逐步简化演变而成，用作古人行“祼”礼时，代表祖先的“瓒”。[41] 柄形器沿用了夏商周三代，直到春秋早期，随着古典的宗教思维衰退而逐渐消失。[42]

四、东周时期“复古”元素中的“琥”与“璜”

春秋、战国之交，是上古时代一个重大的变局。[43] 由于犬戎入侵，周王室东迁且逐渐式微，原本长期被压抑的一些远古文化因子，此时以不同的面貌作了不同程度的复兴。

史前华东物精崇拜的传统，依凭长江中游楚文化强势崛起，进一步兼并吴、越及周边数十个小国，楚国一度成为战国时版图最大的诸侯国。“琥”与“璜”就是“楚式礼玉”里重要的葬玉。

良渚文化是史前华东地区的强势文化，盛行隐含“虎”“龙”意义的玉雕和璜形玉器。这一物精崇拜的文化传统在商晚期一度复兴，西周时则被压抑，到了东周时期，楚文化强势崛起成为战国时版图最大的诸侯国，在其发展的“楚式礼玉”系统中，“琥”与“璜”是重要的葬玉。

从甲骨、金文，[44] 以及《尚书》《诗经》《左传》等较传递周代史实的文献可知，史前华西“天体崇拜”里的“方琮”元素，不受商族、周族的重视。[45] 商周遗址中虽常见齐家文化玉琮，但多属贵族所藏之古董。到了春秋晚期至战国时期，在周文化圈的三晋地区至秦国，出现一波新制作体小工粗玉石琮的习尚。

换言之，南方的“琥”与“璜”，北方的“琮”，都是公元前 5 世纪，春秋、战国之交新出现的“复古”元素，儒者将之与周文化的“圭”“璧”“璋”相结合，完成了“六器”的架构（略详述于本节与下节）。

战国玉礼制最大的变革就是“楚式礼玉”的高度发展。过去，由于研究者甚少关注玉料差异，学界完全忽略“楚式绿玉”的出现与“楚式礼玉”的发展。

“楚式绿玉”是一种从镁质大理岩变质的、质感细腻的草绿色闪玉，[46] 目前尚不知其矿源所在何处。[47] 但考古资料显示，约于春秋晚期至战国早期，[48] 也就是公元前 5 世纪，突然大量被荆州地区楚国贵族用以制作祭玉与葬玉。前者有谷纹璧，[49] 后者有谷纹璧、谷纹璜，以及具蜿蜒身躯的动物。图 5—图 7 均出于望山 2 号墓，是楚墓里经常伴出的三类玉器。[50]

若从器形观之，大家都会称图 7 为“龙形佩”，但望山 2 号墓所埋遣册性质的竹简上写有“一双璜”“一双虎”的字样，报告者认为“虎”就是“琥”，璜、琥分别指随葬的图 6、图 7 这两类玉器。[51]

战国晚期楚式葬玉习尚传播至黄河下游，[52] 相同造型但光素的这类动物形佩出土于河北平山中山国墓，器表直接墨书“虎”或“琥”（图 8、图 9）。[53] 可知楚式葬仪中的“玉琥”具有似龙般的蜿蜒身躯。为易于沟

图 4 春秋早期 玉璋 高 21 厘米 出自芮国 502 号外棺顶中北部

图 5 战国 谷纹璧 外径 21.4 厘米

图 6 战国 谷纹璜一对 长 15.5 厘米

图 7 战国 琥龙一对 长 28 厘米

图 8　战国　玉琥佩线图　中山王国墓葬群出土

图 9　战国　玉琥佩线图　中山王国墓葬群出土

通，笔者建议称楚式绿玉制作的图 7—图 9 这类玉器为“琥龙”。[54]

望山报告中明确指出这类玉璜、玉琥龙常被压在人骨下，由于玉器上都有小穿孔，故报告者认为“在入葬时应是穿系于死者衣着上的组玉”[55]。换言之，根据这些玉器的位置，确知它们不是被串联成一组可悬饰在人的胸腹之前的“组玉佩”，而是分散摆放的，或是为了下葬时不会移位，所以钻有小孔，先缝缀在死者的衣着上。

这种在衣裳上缝缀玉雕动物的传统，可溯源自新石器时代良渚文化（约公元前 3300—前 2300 年）。[56] 如前节所述，商晚期（约公元前 1250—前 1046 年）墓葬出土大量玉雕动物，也可能是缝缀于巫师作法时所穿的“宝玉衣”上。玉璜的历史更悠久，新石器时代马家浜、崧泽、北阴阳营等文化中，玉璜已是拥有者身份的表征。[57]

由于楚式绿玉制作的璜与琥龙，多尺寸大、成对制作，器表常留有切割痕，没有盘摩久戴现象，且在墓中常对称铺排于左右腿的附近，笔者怀疑这类专为亡者制作的敛玉，在当时或被视为供墓主骑乘升天的法器？

战国楚墓中，圆璧比琥、璜更为常见且量大，墓中最大的玉璧常被放置于墓主头端。此一礼俗发展至西汉，除了头端的棺板常悬挂玉璧，更见用玉匣将亡者全身包裹密实，仅于玉匣的头端部位缝缀玉璧，应是希望亡者灵魂通过璧之中孔进入天界。足证在楚文化里，璧是引魂升天的法器。[58]

战国晚期时“琥”与“璜”逐渐消失，却发展出“双身合首琥龙纹璧”（图 10），就是将三四个“琥龙”，左右摊开地围绕于谷纹璧的外围。经统计，凡出土“双身合首琥龙纹璧”的墓葬，甚少再见到“琥龙”。[59] 笔者认为这是因为玉璧周缘的琥龙取代独立个体琥龙之故。

总之，战国晚期的楚系墓葬，以及齐、鲁等接受此一葬俗的墓葬中，常用大量谷纹璧配以一些“双身合首琥龙纹璧”，铺垫于墓主身体上下，甚为壮观。[60]

除了用作丧葬礼仪外，从包山楚简、葛陵楚简可知，楚文化中也常以“佩玉”祭祀神祇，较常被提及的器类有璧、环、璜、琥等。[61]

a 全器

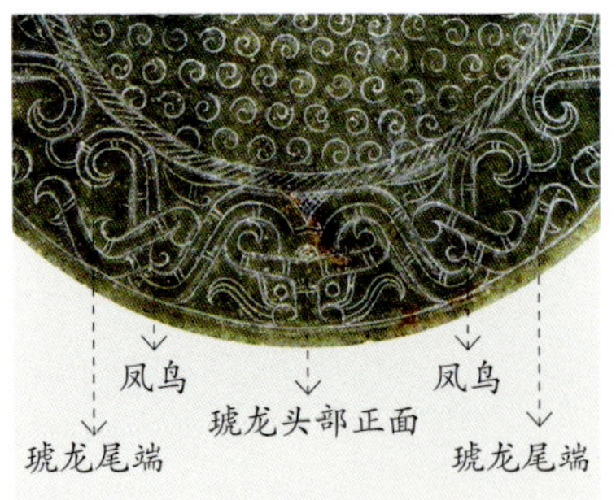

b 局部

图 10　战国　双身合首琥龙纹璧　外径 21.1 厘米　孔径 4.4 厘米　厚 0.55 厘米　荆州高台墓地出土

五、“璧琮礼制”回顾及东周“琮”的“复兴”

陈剑认为他从商代甲骨文、周代金文中辨识出“琮”字：形似“中央方圆形，上下左右对称伸出三角形”，也可再增加“玉”为意符。[62] 但是陈剑对自己所制作示意图的关键部分也直言：“没有字形上的证据，还有待进一步证实。”[63] 若接受陈剑的考证，从商、周甲骨、金文中，无法归纳“琮”在商周礼制中有何功能。在甲骨文里，该字主要作地名、人名和国族名，与“崇侯”有关。在西周早期亢鼎的铭文里，记录可用五十朋买一件大琮。显然在当时，琮是可购买的商品。[64]

先秦文献中，可能属春秋晚期的《仪礼》，与战国时代的《周礼》《墨子》《吕氏春秋》等书籍，记载了“琮”字。但从考古发掘与整个历史资料分析，新石器时代出现并相当盛行的带中孔方形玉石器，应该就是先秦文献中所称的“琮”。

由于海拔等自然环境的差异，自新石器时代起，华东、华西发展出不同的信仰。目前已知约公元前3637—前2920年的庙底沟文化杨官寨遗址，出土一件带中孔的圆形、二件带中孔方形玉石器，三者分坑各自埋藏。[65] 足以证明在庙底沟文化时期，华西地区先民发展了天圆地方的宇宙观，在“同类感通”思维下，先民制作“璧”与“琮”来祭祀天地（图11、图12）。

广袤的黄河上中游长期以来考古资源益注不足，缺乏有系统的调查与发掘。笔者曾走访陇山周围，确知甘肃的广河、静宁、会宁，宁夏的隆德、海原、固原等地区，曾密集出土半山、常山下层、菜园等先齐家诸文化，以及齐家文化的各式玉器。

笔者梳理各考古报告，确知在先齐家诸文化的阶段，已出现以相同的玉石料制作成组的圆璧、方琮，圆璧中孔可套在方琮中孔两端突出的浅浅的圆圈，即所谓“射口”之外。这种专门制作圆璧、方琮，并成组掩埋的祭仪，在齐家文化时期达于高峰。

目前从已公布的考古发掘与征集资料中，收集到九笔“璧琮组配”的资料，再依据齐家文化早期师赵村遗址出土玉琮射口的高低造型为标准，将陕西宝鸡市陈仓区贾村镇陵后村、咸阳市武功县杨凌李台乡胡家底、宝鸡市岐山县双庵村，三处的资料归为“先齐家阶段”。[66] 图13、图14即出自陵后村。

约于公元前2300年正式进入齐家文化阶段，属齐家文化早期的遗址，甘肃天水师赵村第七期第8号墓出土一璧一琮，[67] 二者似为同一块玉料制作。玉璧相当大而圆正，二条与器表略做平行的切割痕均经仔细磨平，其一已不明显，另一还留有与璧面呈水平的窄凹槽，显示此时的工艺较成熟，切割工具较锐薄（图15）。发展至此时的玉琮已有短射口，或因迁就玉料，器身略有歪斜，但保持四壁平直方正（图16）。[68] 据师赵村发掘参与者叶茂林确认，此期约公元前2300年。[69]

齐家文化晚期时范围逐步扩张，笼罩整个黄河上游及上中游的大部分。[70] 除了师赵村第8号墓出土资料外，还有六处出土成组璧与琮：陕西宝鸡扶风县城关镇案板坪村、陕西武功县杨凌李台乡胡家底、陕西西安长安上泉村、宁夏海原县海城镇山门村、宁夏隆德沙塘和平村、甘肃静宁后柳河村。[71]

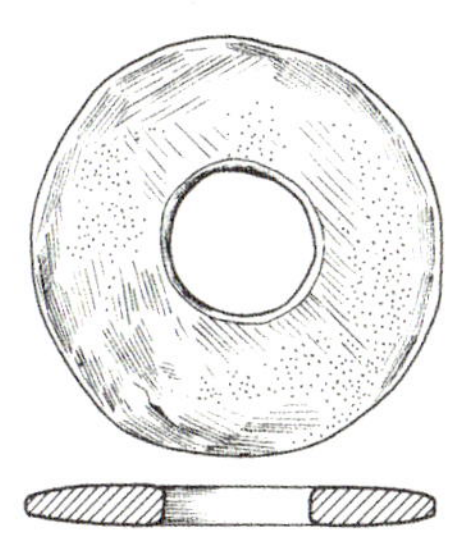
图11 庙底沟文化 石璧 外径16.9厘米 杨官寨出土

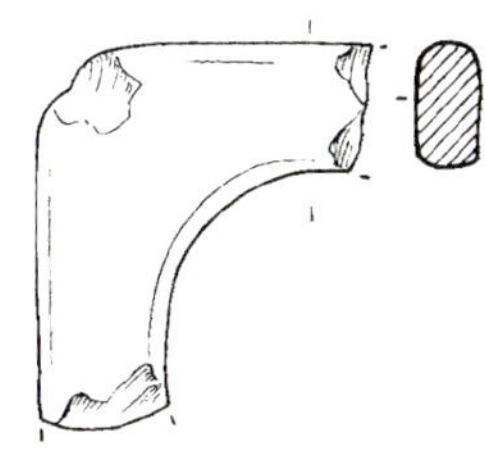
图12 庙底沟文化 石琮（局部） 肉宽5.5厘米 厚0.6—1厘米 杨官寨出土

图13 客省庄文化 玉璧 外径21.6厘米 孔径10.7厘米 陵后村出土

图14 客省庄文化 玉琮 高7.1厘米 射口外径约6.4厘米 陵后村出土

图15 齐家文化 玉璧 外径18.4—18.6厘米 师赵村出土

a 彩图

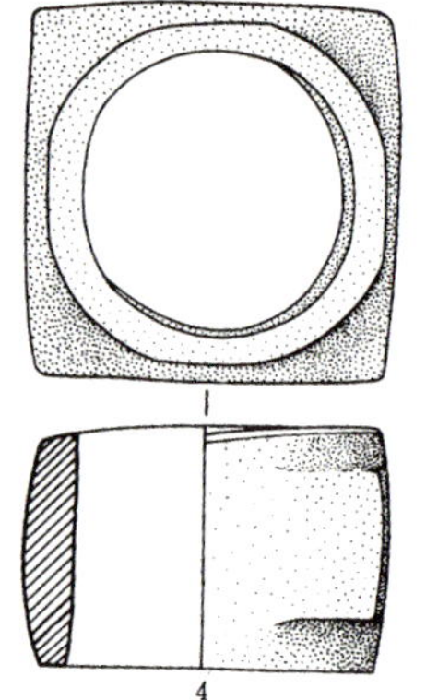

b 线图

图 16 齐家文化 玉琮 高 3.4—3.9 厘米 师赵村出土

齐家文化晚期向东扩张，适逢华东族系为逃避天灾向西迁徙，[72] 陕北高原成为东西文化的交融地，常见在齐家风格玉琮四个边壁刻以两条垂直阴线的作品。

光素的齐家玉琮与刻了双阴线的玉琮（图 17、图 18），都可能以商品交换的形式，被带至出产食盐的山西南端运城盆地清凉寺遗址一带。[73] 清凉寺墓地分四期，闪玉制作的玉器多出自第三期，据检测年代上限为公元前 2050 年。[74]

三十年多前，考古学界完全无知于黄河上中游史前非常发达的“天体崇拜”“同类感通”等思想，以及“璧琮组配”的祭仪，也完全未真正认识各种闪玉的色泽特征、各地区的玉作工艺特点，常仅以排比线绘图的方式，肤浅地推测黄河上中游史前玉琮文化来自长江下游良渚文化的传播。

事实上史前华东原本弥漫着“物精崇拜”，良渚文化早期巫觋手腕常套戴着雕有神祖面纹、器壁呈弧形的玉方镯。1980 年代瑶山、反山发掘者被 19 世纪末的金石学者误导，[75] 立刻在简报中将这类装饰性、器壁带弧形的玉手镯（图 19）定名为礼器的“琮”。还提出所谓“镯式琮”“琮式镯”等说法，完全偏离了中国礼制上“琮”的必要条件就是要全器作“方形”。

图 17 齐家文化 玉琮 高 6.7 厘米，边长 8.1—8.4 厘米，孔径 7.1—7.4 厘米 运城坡头出土

事实上，良渚早期遗址如瑶山、张陵山、赵陵山，以及反山墓群较早的墓葬中，都未出现可能作为祭祀礼器的玉璧，[76] 可知当时完全没有“璧琮礼制”的影子；公元前 2700 年左右，良渚文化中期晚段时，[77] 文化产生巨变，原本玉器上流行的所谓“龙首纹”消失，出现大量大型玉璧，以及不能当作手镯的“玉琮王”。到了良渚晚期才出现如图 20 这样，纹

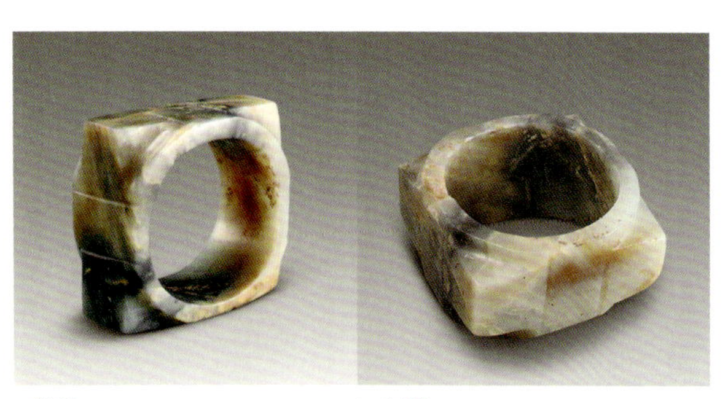

a 彩图　　b 彩图

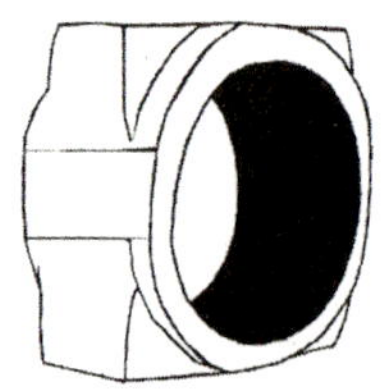

c 线图

图 18 齐家文化晋陕类型 玉琮 高 4.2 厘米 边长 7.3-7.5 厘米 孔径 6.2 厘米 清凉寺墓地第三期出土

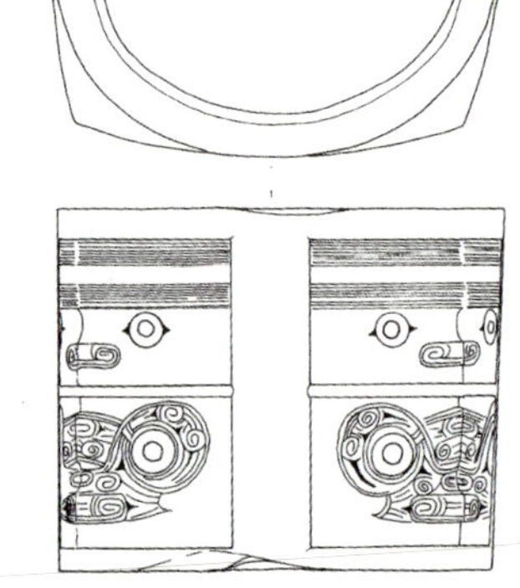

图 19 良渚文化早期 玉方镯 高 5.8 厘米 瑶山第 12 号墓出土

筒节多，鸟瞰面方正的高筒。造成此一文化突变的因素尚未被认真探索，笔者怀疑或是黄河上中游"天体崇拜"的信仰与"璧琮组配"礼制，通过"上层交流网"的传播方式影响良渚文化所致。

所以，如图 20 此种带孔方形玉器可算是"次生型玉琮"。

约公元前 1600 年，随着齐家文化的衰亡，黄河上中游依托于天体崇拜信仰的"璧琮组配"礼制也渐式微。同在黄河上中游的周族主要实行"璧圭组配"礼制。

如前文所述，有学者考证了甲骨文、金文的"琮"字，但仍难令人信服；在《尚书》《诗经》《左传》等文献中也找不到关于"琮"的记录，据此可推测"琮"并未进入商人、周人的礼制核心，[78] 商周墓葬中常见原型或改制加纹的齐家系玉琮，[79] 散布于墓葬的各部位，它们多为当时的古物。虽然持续有学者关注周代墓葬中玉琮的摆放部位，并试图探索其功能，[80] 事实上，它们在当时纯属古董，并无礼制意义。[81]

值得注意的是，春秋晚期至战国时期，在黄河上中游，尤其是三晋地区周文化的贵族墓葬中，[82] 常在棺内或棺椁间分散出现新制作的小琮。[83] 它们多为边长 3—5 厘米的带中孔方形厚玉片，做工多草率，有的边缘光平，有的每边刻出二凹槽，有的在中孔周围刻一圆形凹圈，看起来好像是玉琮的射口。也有的在器表琢以东周流行的云纹等。图 21—图 23 即是山西太原金胜村春秋晚期赵卿墓，[84] 以及长治分水岭战国贵族墓出土的小琮。[85] 林巳奈夫认为这些合于《周礼》所记载的"大琮"（图 24）。[86]

2018 年，陕西宝鸡吴城发现"吴阳下畤"遗址，共出土六组玉礼器，每组三件：玉人俑二件（一男一女）及一件方琮。[87] 其中第三号祭祀坑出土的一组（图 25），年代可能较早，随葬的人形片和玉琮也比较厚实；男像高 13.28 厘米，女像高 10.38 厘米，琮最宽 7.15 厘米、最高 2.89 厘米，考古报告记录琮的两面的四个角都"磨出三角形装饰"，实际是要做出"射口"的样子。其余五组比较一致，以图 26 为例，玉琮雕作中央有圆孔的四方形薄片，边长 6.99—7.07 厘米；男女人像也是薄片，分别高 12.09 厘米、11.71 厘米。

根据报告中的碳十四数据，参考同期另一篇关于此遗址殉牲的研究论文，[88] 笔者将图 25 的一组暂定为"战国至西汉"，图 26 一组定为"西汉"。

公元前 1600 年齐家文化结束后，华夏大地上，玉琮退出礼制范畴。千余年后，至公元前 5 世纪的春秋战国之交，玉琮在黄河上中游再度"复苏"。这个地理位置的巧合，证明礼制上"方琮"的原生地确实就在黄土高原。

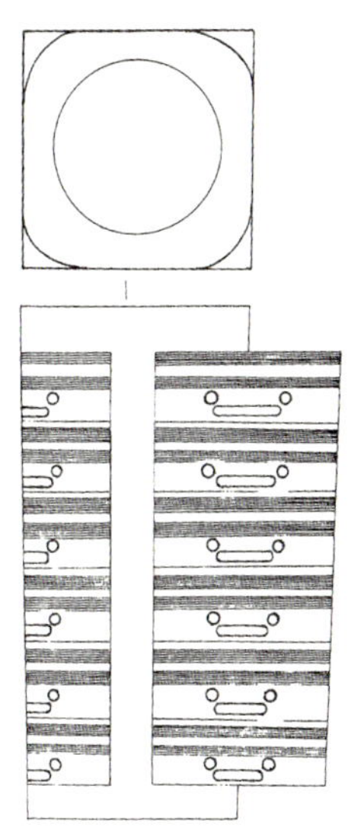

图 20 良渚文化晚期 玉琮 高 15.5 厘米 瓶窑出土

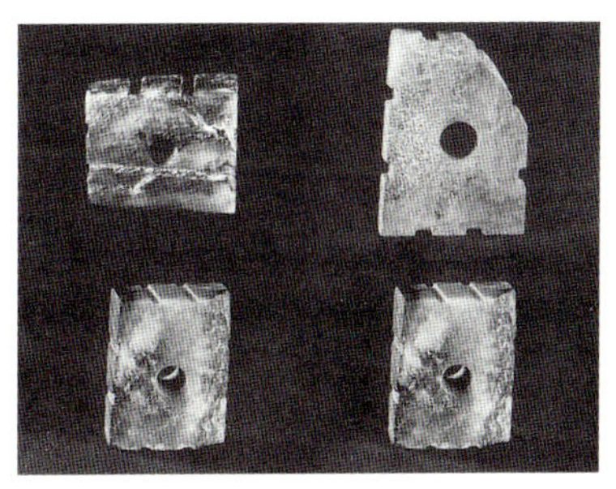

图 21 春秋晚期 小玉琮四件 最长 5.3 厘米 最厚 2.2 厘米 赵卿墓出土

图 22 战国 小玉琮（图 22、图 23 均摄于"玉礼中国"展场）

图 23 战国 小玉琮 边长 3.4—4.2 厘米 厚 1.4 厘米 分水岭 M126 出土

图 24 林巳奈夫所绘图解，说明这类小玉琮合于《周礼》里所记载的“大琮”

a 彩图

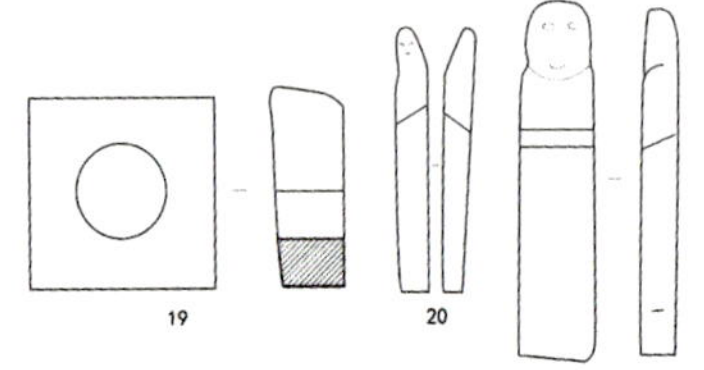

b 线图

图 25 战国至西汉 成组祭玉（男、女、琮）吴山第三号祭祀坑出土

a 彩图

b 线图

图 26 西汉 成组祭玉（男、女、琮）吴山第六号祭祀坑出土

六、《周礼》“六器”成形及其在西汉的实践

总之，周王朝玉礼制里的“圭、璧、璋”，战国时期楚文化里的“琥、璜”，黄河上中游复古风潮下的“琮”，这三股文化传统结合，成就了《周官·春官·宗伯》里的“六器”架构：“以玉作六器，以礼天地四方：以苍璧礼天，以黄琮礼地，以青圭礼东方，以赤璋礼南方，以白琥礼西方，以玄璜礼北方。皆有牲币，各放其器之色。”

据学者们的研究可知，《周官》的内容并非全为周代施行的礼制，而是将成书之前数千年，华夏大地上的多元文化内涵融合后，对理想社会政治制度、百官职守、礼制运作，提出规范化的总构思。所以，我们检视《春官·宗伯》里对这六件玉器的功能分配，似乎只有以璧琮礼拜天地的说法，应合于公元前 3500—前 1600 年黄河上中游的文化现象。其他四个功能分配，尤其是在每件器名前再增加青、赤、白、玄颜色描述，可能是作者的想象罢了。

据《汉书·景十三王传》记载，《周官》是西汉景帝之子河间献王刘德（公元前 155—前 129 年在位）从民间重金购得献给朝廷。从河间献王在位时间推算，很可能是汉武帝时该书被送进宫廷。[89]唐代贾公彦《周礼正义序》等资料多记载该书送进宫廷后只是深藏于秘府，至西汉末刘向、刘歆父子整理秘府藏书才予以重视。王莽时立为学官，改名《周礼》。东汉大儒郑玄为之作注，逐渐成为研究礼制最受重视的一部书。

但从今日考古发掘资料可推估，很可能《周官》一书献入宫廷就受到重视，且按照书中所记“六器”制作祭祀用玉。笔者的推论除了依据早年、近年出土几批祭祀用玉的对比研究外，玉料的确认也有助对实物的断代。

1979 年、1980 年分别在联志村、芦家口出土 85 件、100 多件玉器。约在 21 世纪初才择样发表，定为战国至秦代。[90] 但是梁云根据甘肃礼县鸾亭山出土祭祀用玉器中的玉人造型，认为联志村、芦家口二批祭祀用玉，也应该是西汉的，并根据文献推测：联志村是西汉长安城东南郊泰一坛，芦家口是未央宫内祭天地点。[91]

笔者认同梁云对这二批玉器年代的重新判读。笔者的理由是：除了器类、造型相似外，最重要的证据是玉质特征。从这两批玉器图片可知，它们主要采用“楚式绿玉”，这是战国时受到楚国统治阶层重视，甚至垄断的玉料。战国时黄河上中游是秦国范围，基本上很难获得大量楚式绿玉。前文已提及，近年始在长安神禾原战国末年秦国夏太后墓葬（公元前 240 年），看到一批楚式绿玉制作小圭、小璋。

但到了西汉，皇室来自楚地，楚式绿玉既作为刘姓诸侯王葬玉的绝对首选，祭祀神祇祖先当然也要选用这种可能被视为有特殊“精气”，可沟通神灵的楚式绿玉了。[92]

联志村、芦家口资料出土早且量大，所幸未严重流散，虽仅择样出版，但基本器类已发表（图 27），可知《周官》所载“六器”的圭、璧、璋、琮、琥、璜一应具备。[93]

陕西雍城血池发掘了西汉时的“北畤”遗址，在五个祭祀坑中各出土四件玉器：圆弧形璜、带孔方片的琮、男女人像各一。图 28 为这五组祭玉的合照。[94]

据发掘者田亚岐的分析，圆弧形玉璜象征天，带中孔方片就是象征地的玉琮。笔者颇同意此说，那么这五个祭祀坑所埋就是祭祀天、地的礼器，人像象征祭天所用人牲的“偶人”。[95]

《周官》一书在新莽时期改名为《周礼》，并设为学官。东汉时郑玄为之作注。此后逐渐成为历代礼学的范本。而“璧”“琮”作为礼神用“玉帛”的主要器类的制度也施行至清朝。[96]《明史·志第二十三·礼一·吉礼一》“玉帛牲牢”条目：“玉三等：上帝，苍璧；皇地祇，黄琮。”据此可知明代时玉璧、玉琮是祭祀天神地祇的礼器。

图 29 是明神宗定陵（公元 1620 年）出土成组玉礼器，[97] 笔者认为其中带孔圆玉片、带孔方玉片应分别为圆璧、方琮（图 29b、图 29c）。

虽然上距西汉武帝（公元前 141—前 87 年）已有约一千七百年之久，但联志村、血池、定陵三处出土礼拜地祇的玉礼器“琮”，也就是本文图 27b、图 28 和图 29c 却是惊人的相似，证明中国文化有极强的延续性。

a 璧　b 琮　c 圭　d 璋　e 琥　f 璜

图 27　西汉祭祀坑中的“六器”联志村出土

图 28　西汉 五组玉人、玉璜、玉琮 血池遗址出土

七、释疑：对学界长期误信资料的思辨

行文至此，基本已完成文章命题所该写的内容。但基于长期观察学界存在的误信盲区，笔者认为应该澄清二位前辈学者夏鼐、林巳奈夫所遗留的错误。

图 30 是夏鼐 1983 年两篇论文都引用过的图，不过夏先生文中只有粗黑条框住的部位，省去周围的字。[98] 夏鼐称之为“东汉石碑上的《六玉图》”，认为“这些图是汉人依据《三礼》经书和汉儒的注释而加以想象绘成的”。附注中说明引自洪适《隶续》，版本为：洪氏晦木斋丛

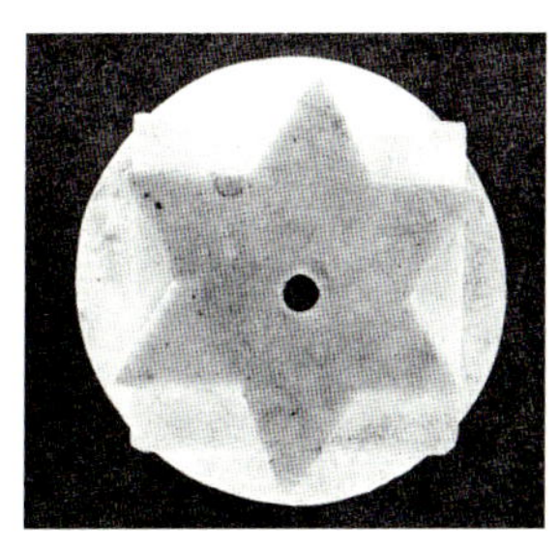

a 出土三片石片叠压状（采自《定陵》）

b 带孔圆玉片

c 带孔方玉片

d 带孔六角形玉片

图 29　明代万历皇帝定陵出土“玉礼器”（b、c、d 均摄于定陵博物馆陈列室）

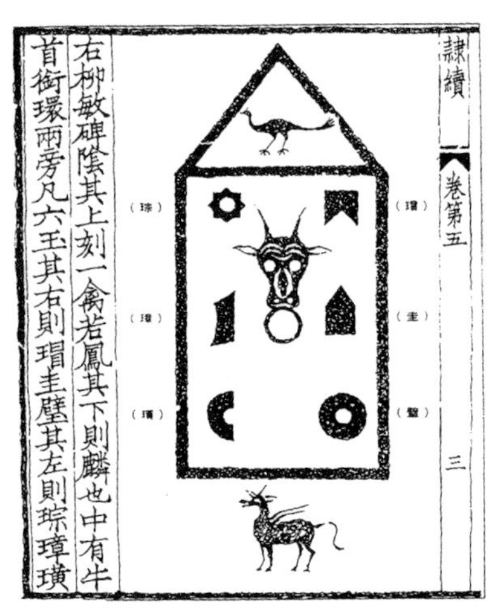

隸續 卷第五 三

右柳敏碑陰其上刻一禽若鳳其下則麟也中有牛首銜環兩旁凡六玉其右則瑁圭璧其左則琮璋璜

图 30 《四库全书》刊印宋人洪适《隶续》所录传为汉代柳敏碑阴的刻纹

书本，1872 年，卷五，第 3—6 页。[99] 事实上宋代的《隶续》早已佚失，他引的应是后世刻本。[100]

依笔者的研究，图 30 可能是宋人，甚至明人的杜撰之物。

熟悉汉代石刻艺术的人一眼即可看出该图根本不可能是汉代石刻的拓本。因为上中下所刻三个动物——凤鸟、牛首、麒麟的造型完全不合汉代艺术风格。此外，右上角的“瑁”就类似北宋聂崇义《新定三礼图》中的“冒”，[101] 只是下方的凹槽作倒 V 形，其大小与张合角度，正合于在其下方的“圭”的三角尖端。这完全是为了配合宋、明时期杜撰出“冒是用以覆盖在圭之上方的辨伪工具”说法所创造的构图。

在金石学传统的古玉器研究范畴里，“冒”或“瑁”是一个与“圭”有关的“谜样的玉器”。

“瑁”本无“玉”旁，写作“冒”。《周礼・冬官・考工记・玉人》首度提到有个名为“冒”的玉器，是天子的瑞玉：“天子执冒四寸，以朝诸侯。”东汉初年许慎在《说文解字》中对“冒”作了定义：“诸侯执圭朝天子，天子执玉以冒之，似犂冠。”东汉大儒郑玄给《周礼》作注就说：“名玉曰冒，言德能覆盖天下也。”

到了宋代陈祥道《礼经》更增添了新的说法：“冒之以知诸侯之信伪，犹今之合符也。”换言之，“冒”成了天子核对来朝见的臣子是否是“冒牌货”，所执拿的圭是否是“赝品”的“辨伪工具”了。明末张自烈撰《正字通》，出现增加玉字偏旁的“瑁”：“诸侯即位，天子赐以命圭，圭上邪锐，瑁方四寸，其下亦邪刻之，阔狭长短如圭头，诸侯执圭来朝，天子以瑁之刻处，冒彼圭头，以齐瑞信，犹今之合符然。”此说在当时应该广被接受，所以连康熙五十五年（公元 1716 年）颁行官修的《康熙字典》都引用此说。

换言之，玉器中的“冒”经过宋、明时期被喜好托古出新的儒者增添了臆想的功能，又变出新的字。

排比了上述资料，笔者怀疑根本没有那块所谓“汉代柳敏碑”，或者，宋代曾出现伪造托古的“汉代柳敏碑”。宋版的《隶续》佚失后，又出

图 31 《隶续》收录柳敏碑上“琮”的图像

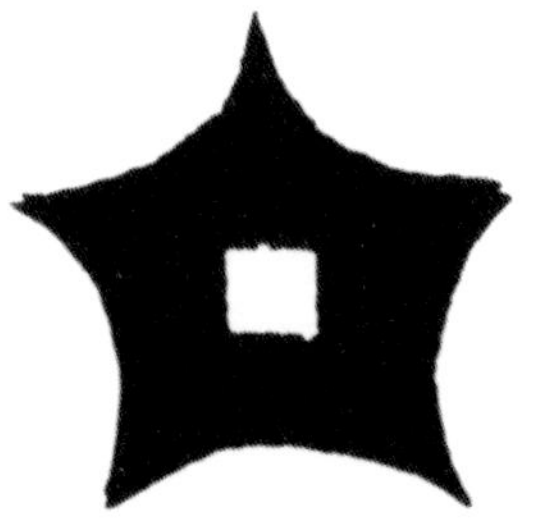

图 32 《隶续》收录益州太守碑上“琮”的图像

图 33 《隶续》收录六玉碑上“琮”的图像

图 34 《隶续》收录单排六玉碑上“琮”的图像

现可能是明代新创造的图像。

既然从图30上“瑁”的用名与造型可确定图30不是汉代石碑，那么，我们对图30上“琮”的图像（图31），也必须重新思考。

1969年林巳奈夫撰文讨论《隶续》所收柳敏碑、益州太守碑、六玉碑、单排六玉碑共四个所谓汉碑上的琮的图像，见图31—图34。

林巳奈夫认为这些图像合乎《说文解字》描述琮的形状“似车釭”。“车釭”就是“车毂（车轮中心插轴的部分）内外口用以穿轴的铁圈”，他努力从洛阳汉河南县城东区出土器中，找到汉代铁质多角形的“车釭”（图35），[102] 结合图31—图35，他推断出土于洛阳西郊4号墓的一件八角形石片（图36），[103] 就是战国中期的琮。[104] 谢明良据此推论，进一步推测唐代惠昭太子陵（公元812年）出土的八角形石片（图37），[105] 应该就是唐代的“琮”。[106]

图35 洛阳汉河南县城出土汉代铁质多角形“车釭”

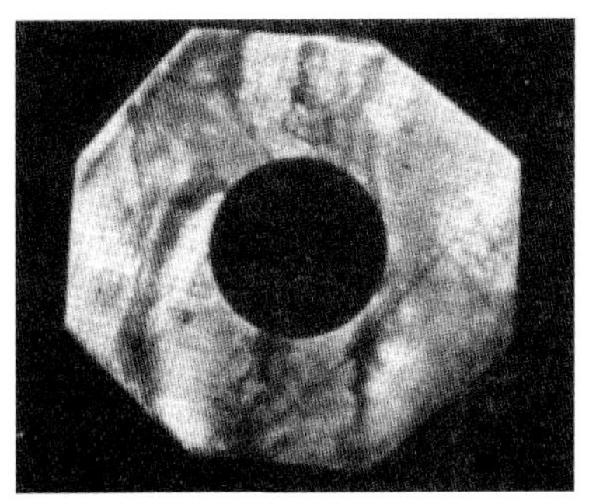
图36 洛阳西郊 战国中期墓出土石片 径11厘米

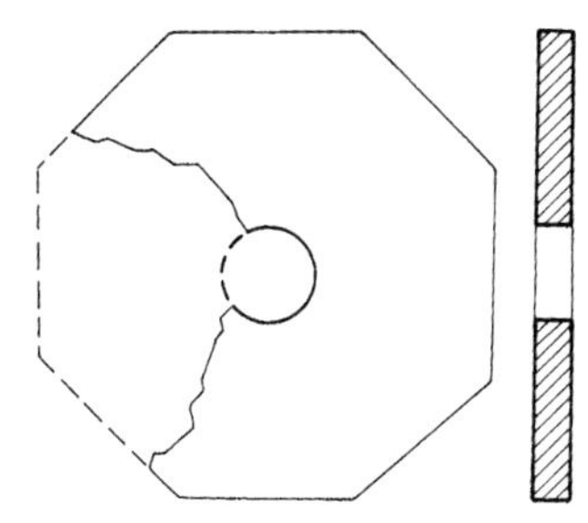
图37 唐惠昭太子陵出土石片

由于图31—图34这些图像很可能都是宋代或明代学者杜撰的，图35、图36都是考古出土的实物，老实说，它们的形状和图31—图34实在不像，我们真的不必继续追随林巳奈夫的误解加幻想，牵强附会地去相信图36是战国中期的琮。因为前文已考证战国时在中原周文化贵族墓出土，新制作的琮是比例上较厚的带中孔玉方片，出土于赵卿墓、分水岭、吴山（图21—图23、图25—图26），而西汉时新制作的琮是比例上较薄的带中孔玉方片，出土于联志村、血池（图27—图28）。

至于图37是不是唐代的“琮”？可能一时不易解答，有待继续研究。

［后记：笔者近年颇专注探索史前至战国、汉代中国玉礼制的发展演变，先后撰述多篇论文。此文是在2019年《考古所见〈周礼·六器〉的形成》基础上，增补近期考古新发现与个人读书心得而成，期收抛砖引玉之效。2019年论文发表于徐州博物馆编《汉代玉文化国际学术研讨会论文集（2018中国·徐州）》。］

注释：

[1] 黑龙江文物考古研究所等：《黑龙江饶河县小南山遗址2015年III区发掘简报》，《考古》2019年第8期。

[2] 孙长庆等：《黑龙江新石器时代玉器概论》，载邓聪主编《东亚玉器·第一册》，香港中文大学，1998年；赵宾福：《饶河小南山墓葬出土玉器的年代和性质》，《边疆考古研究》2013年第14辑；杨虎等：《兴隆洼文化玉器初论》，载邓聪主编《东亚玉器·第一册》；杨虎等：《玉器起源探索》，香港中文大学，2007年；辽宁省文物考古研究所：《查海——新石器时代聚落遗址发掘报告》，文物出版社，2012年。

[3] 闪玉（nephrite），亦可称为“透闪石玉”，是透闪石、阳起石组成的固溶体，早年称为“软玉”。过去考古资料只证明崧泽文化中出现闪玉制品，东山村资料将使用闪玉的年代提前至马家浜文化晚期。

[4] 南京博物院等：《江苏张家港东山村遗址M101发掘报告》，《东南文化》2013年第3期。

[5] 杨晶：《东山村遗址出土玉器型态研究》，载南京博物院等编《东山村——新石器时代遗址发掘报告》，文物出版社，2016年。

[6] 陕西省考古研究所：《龙岗寺》，文物出版社，1990年；邓淑苹：《论黄河上中游史前玉器文化》，载辽宁省文物考

古研究所编《郭大顺先生八十华诞纪念文集》，文物出版社，2018 年。

[7] 所谓先齐家诸文化是指在甘肃、宁夏、陕西境内，日后发展出齐家文化的地区，在公元前 2900 至前 2300 年间所分布的常山下层、菜园、半山、客省庄等，与齐家文化形成有关的几个考古学文化。

[8] 根据夏商周断代工程，夏王朝约在公元前 2070 至前 1600 年。

[9] 笔者较熟悉 20 世纪初流散欧美的古玉，经比较研究可知，流散的二里头风格玉器比二里头出土的玉器质美工精且尺寸更大。所以笔者怀疑有比二里头更重要的夏时期都邑已被破坏。

[10] 如齐家文化以圜璧、方琮、联璧为主，石峁文化以墨玉制牙璋、大刀为主，肖家屋脊文化多雕有神祖面的嵌饰器、佩饰器及鹰纹笄等。山东龙山文化除了牙壁外，窄长梯形斧钺类上出现神祖面纹也是值得注意的现象。

[11] 如二里头出土玉戈、牙璋、带网格线纹多孔长刀是与石峁文化有关的华西风格。二里头出土柄形器与肖家屋脊文化有关，出土玉器上常加琢从"介字冠顶"发展成的"华东式扉牙"，则与山东龙山文化、肖家屋脊文化有关。

[12]《国语·楚语（下）》："王曰：所谓一纯、二精、七事者，何也？对曰：圣王正端冕，以其不违心，帅其群臣精物以临监享祀，无有苛慝于神者，谓之一纯。玉帛为二精。"

[13] 很可能这两种物质都具有春阳般的光泽，太阳的运转掌控了日夜轮替、四季运转、生物成长，所以古人在太阳崇拜的思维下，特别重视会发光泽的物质。

[14] 邓淑蘋：《"玉帛文化"形成之路的省思》，《南方文物》2018 年第 1 期。

[15] 徐俊：《中国古代王朝和政权名号探源》，华中师范大学出版社，2000 年。

[16] 同前注。

[17] 中国社会科学院考古研究所：《中国考古学·夏商卷》，中国社会科学出版社，2003 年；中国社会科学院考古研究所，《中国考古学·两周卷》，中国社会科学出版社，2004 年。

[18] 邓淑蘋：《万邦玉帛——夏王朝的文化底蕴》，载许宏主编《夏商都邑与文化》，中国社会科学出版社，2014 年。

[19] 邓淑蘋：《玉礼器与玉礼制初探》，《南方文物》2017 年第 1 期；邓淑蘋：《玉礼所见之三代与三族》，《故宫文物月刊》2015 年第 7 期。

[20] 小屯殷墟一期小墓 M232 出土玉石鸟笄、玉虎等。石璋如：《小屯第一本·遗址的发现与发掘·丙篇·殷墟墓葬之三·南组墓葬附北组补遗》，"中央研究院历史语言研究所"，1973 年。

[21] 殷墟二期的妇好墓出土很多动物形玉雕，并非因为女性爱装饰品，而是妇好掌祭祀权，拥有缝缀玉雕动物的宝玉衣。

[22] "玉梢"一词见《汉书》与《宋史》。《汉书·礼乐志》："饰玉梢以舞歌，体招摇若永望。"颜师古注："梢，竿也，舞者所持。玉梢，以玉饰之也。"《宋史·乐志九》："玉梢饰歌，佾缀维旅。"

[23] "宝玉衣"语出《史记·殷本纪》："甲子日，纣兵败。纣走入，登鹿台，衣其宝玉衣，赴火而死。"商纣王即大巫，临死穿上宝玉衣，应是希望能借助玉雕动物法力以升天。

[24] 邓淑蘋：《圜与方——古人思维中的天地与阴阳》，《故宫文物月刊》2015 年第 5 期；邓淑蘋：《从黄道、太一到四灵》，《故宫文物月刊》2015 年第 9 期。

[25] 依据文明探源工程最新结案报告中的年表。见常怀颖：《早期中国视野中的夏王朝》，《三联生活周刊》2018 年第 23 期。

[26] 夏商周断代工程结案报告以公元前 1046 年为商周之交。故武王病危时，应在公元前 1043 年左右。

[27]《尚书·金縢》："公乃自以为功，为三坛同墠。为坛于南方，北面，周公立焉。植璧秉珪，乃告太王、王季、文王。"

[28] "平首圭"一词由笔者于 1977 年提出，指称从斧钺铲等端刃器发展的礼器，见拙作：《圭璧考》，《故宫季刊》1977 年第 3 期。图 1 引自山东省博物馆、良渚博物院编：《玉润东方：大汶口——龙山良渚玉器文化展》，文物出版社，2014 年。

[29] 吴大澂：《古玉图考》，上海同文书局，1889 年。在之前 18 世纪的乾隆皇帝及在之后 20 世纪的考古学家夏鼐，都认为"圭"的一端一定要有三角尖。详见拙作：《玉礼器与玉礼制初探》，《南方文物》2017 年第 1 期。

[30] 陕北神木石峁曾于 1976 年前后，由戴应新征集二件墨玉制作的戈，见戴应新：《神木石峁龙山文化玉器探索（四）——戈、斧、钺》，《故宫文物月刊》1993 年第 11 期。2011 年承蒙刘云辉局长协助，笔者曾于该馆库房目验石峁征集的玉戈，认为比二里头出土玉戈更为古拙。二里头出土玉戈数件，有的也有改制现象。

[31] 有关商晚期至西周早期未经破坏的墓葬中，斧钺类平首圭与戈类尖首圭的消长关系，见拙作：《解析西周玉器文化的多源性》，《赫赫宗周——西周文化特展》，台北故宫博物院，2012 年。

[32] 邓淑蘋：《圭璧考》，《故宫季刊》1977 年第 3 期。

[33] 孙庆伟：《俘玉与分器——周代墓葬中前代玉器的来源与流传》，《故宫文物月刊》2012 年第 9 期。

[34] 图 3 引自北京大学考古学系等：《天马—曲村遗址北赵晋侯墓地第二次发掘》，《文物》1994 年第 1 期。

[35] 陕西省考古研究所、宝鸡市考古工作队、眉县文化馆：《陕西眉县杨家村西周青铜器窖藏》，《考古与文物》2003 年第 3 期。

[36] 孙庆伟：《尚盂铭文与周代的聘礼》，北京大学考古文博学院编《考古学研究·十》，科学出版社，2012 年。

[37] 孙庆伟：《周代用玉制度研究》，上海古籍出版社，2008 年。

[38] 陕西省考古研究院等：《梁带村芮国墓地——二〇〇七年度发掘报告》，文物出版社，2010 年。图 4 引自此书。

[39] 目前考古出土年代最早的斜刃玉璋，是战国末年秦国夏太后墓葬出土，约公元前 240 年。见陕西省考古研究院：《陕西长安神禾原战国秦陵园大墓发掘简报》，《考古与文物》2021 年第 5 期。

[40] 黄翠梅：《形云暾日　珠玉光辉——西周至春秋时期的玉璜组佩》，载中国社会科学院考古研究所、良渚博物院编著《天地之灵》，浙江古籍出版社，2013 年。

[41] 林巳奈夫最早提出的观点，经过考古发掘的验证，基本正确。见氏著：《圭について（上）》，《泉屋博古館紀要》第 12 卷，1996 年。邓淑蘋：《肖家屋脊文化"神祖灵纹玉器"初探》，载湖南博物院编《中国玉学玉文化学术研讨会论文集》，湖南人民出版社，2023 年。

[42] 邓淑蘋：《柄形器：一个跨三代的神秘玉类》，载广东省博物馆编《夏商玉器及玉文化学术研讨会论文集》，岭南美术出版社，2018 年。

[43] 春秋、战国的分界年说法甚多，较普遍的说法有二：公元前 476 年、公元前 453 年。

[44] 较早期的论文有王宇信：《卜辞所见殷人宝玉、用玉及几点启事》、张永山：《金文中的玉礼》，均载邓聪主编《东亚玉器》，香港中文大学，1998 年。当时所识别的与玉相关的字较少，后因花园庄东地卜辞资料大量公布，学界有较多相关论述，资料整合较佳的见陆建芳主编，喻燕姣、方刚著：《中国玉器通史·夏商卷》，海天出版社，2014 年。

[45] 笔者于1999年论文即已提出此论点，见拙作：《试论新石器时代至汉代古玉的发展与演变》，载台北故宫博物院编《群玉别藏续集》。其他学者也有相似结论，如孙庆伟：《周代用玉制度研究》，上海古籍出版社，2008年。

[46] 谷娴子等：《徐州狮子山楚王陵出土金缕玉衣和镶玉漆棺的玉料组分特征及产地来源研究》，《文物保护与考古科学》2010年第2期。

[47] 由于狮子山楚王陵所用绿色玉料是镁质大理岩变质而成，故谷娴子进一步推测该玉料可能来自昆仑山。笔者认为有待继续研究。因为从考古资料可知，战国早期突然在湖北荆州一带，集中出现大量这种草绿色系、质感细腻的闪玉，该地区距离新疆昆仑山甚远，二地区之间亦未见这种绿玉器出土。因此，笔者怀疑这种绿玉的矿源很可能就在荆州附近。

[48] 荆州熊家冢出土玉器，一部分纹饰呈现春秋战国的过渡风格。笔者略作分析，见拙作：《楚式礼玉——远古"物精崇拜"与"天体崇拜"的融合创新》，载《湖南省博物馆馆刊》第14辑，岳麓书社，2018年。

[49] 熊家冢JSK1祭祀坑所埋直径21.3厘米谷纹璧。资料见荆州博物馆:《荆州楚玉——湖北荆州出土战国时期楚国玉器》，文物出版社，2012年。

[50] 图5—7引自中国玉器全集编辑委员会:《中国玉器全集·春秋战国》，河北美术出版社，1993年。

[51] 湖北省文物考古研究所:《江陵望山沙冢楚墓》,文物出版社，1996年，第163页。有关竹简中"璜""虎""琥"资料解读，见报告所附朱德熙等：《望山一、二号墓竹简释文与考释》，第278、300页。

[52] 因为在新石器时代，黄河下游本属华东文化圈，西周初年二次东征后，借封建制度将黄河下游纳入周文化体系，但战国时期以华东文化为底蕴的楚国崛起，黄河下游很快吸纳楚式葬仪与道家思维。

[53] 河北省文物考古研究所：《嚳墓：战国中山国国王之墓》，文物出版社，1996年。张守中：《中山王嚳器文字篇》，中华书局，1981年。但是在此墓中，这种玉器用盒子盛放，或许是墓主的收藏品。

[54] 春秋晚期至战国时期周文化圈也有具蜿蜒身躯的动物形佩，一般称为"龙形佩"，但不是用楚式绿玉制作。见拙作：《楚式礼玉——远古"物精崇拜"与"天体崇拜"的融合创新》，载《湖南省博物馆馆刊》第14辑，岳麓书社，2018年。

[55] 湖北省文物考古研究所:《江陵望山沙冢楚墓》,文物出版社，1996年，第122页。

[56] 牟永抗观察良渚文化玉雕玉雕鸟、鱼、龟等都钻有隧孔，推测是缝在巫觋作法时所穿的"宝玉衣"上，协助巫师通灵的法器。见氏著：《"断发文身"小议》，原载于《吴越地区青铜器研究论文集》，两木出版社，1997年。后收入《牟永抗考古学文集》，科学出版社，2009年。

[57] 杨晶研究员对马家浜晚期玉璜的意义做了深入分析。见氏著:《东山村遗址出土玉器型态研究》,载南京博物院等编《东山村——新石器时代遗址发掘报告》，文物出版社，2016年。

[58] 此观点最早由笔者于1994年提出。见拙作：《古玉的认识与赏析——由高雄市立美术馆展览谈起》，《故宫文物月刊》1994年第12期。

[59] 蔡庆良：《试论器物学方法在玉器研究中的应用》，载北京大学震旦古代文明研究中心编《古代文明》第2卷，文物出版社，2003年。

[60] 如曲阜鲁故城、临淄商王村齐国墓等。

[61] 孙庆伟：《从葛陵楚简看楚地的用玉习俗》，载成都金沙博物馆编《玉汇金沙——夏商时期玉文化国际学术研讨会论文集》，科学出版社，2018年；晏昌贵：《巫鬼与淫祀——楚地所见方术宗教考》，武汉大学出版社，2010年。

[62] 陈剑2007年发表论文《释"琮"及相关诸字》。他从战国金文入手，考证一个曾被唐兰等人释为"宁"的字。该字形状为"中央方圆形，上下左右对称伸出三角形"，对此，陈剑认为应读同"宠""从""宗""崇"。在商周甲骨文、金文中，常为地名。这个声符再加"玉"为意符，当释为"琮"之古字。陈剑认为字形相似于从上端俯视玉琮的形状。此一考证迄今并无文字学者提出异议。但笔者认为此考证说服力颇弱，因为今日读"琮"同"宠""崇"，但难以知道商周时是否如此发音，可知在汉代《说文》中，就释"琮"为"从玉宗声"。

[63] 陈剑认为："在玉琮上要看到一组完整的兽面纹，需要从四方的对角线来观察。由此可以设想，造字时人在表现玉琮射孔之外的部分时，注意到了从四方的对角线观察的习惯，是从方形的对角线出发来勾勒的。"但他对所做的示意图的关键部分，也认为"没有字形上的证据，还有待进一步证实"。事实上，真正的璧琮礼制源起于华西地区，该处先民制作光素圆璧方琮，并没有兽面纹。

[64] 陈剑：《释"琮"及相关诸字（一）》《释"琮"及相关诸字（二）》，复旦大学出土文献与古文字研究中心，2007年。杨州：《甲骨金文中所见"玉"资料的初步研究》，首都师范大学，2007博士论文。

[65] 王炜林：《庙底沟文化与璧的起源》，《考古与文物》2015年第6期。杨利平:《试论杨官寨遗址墓地的年代》,《考古与文物》2018年第4期。近日笔者请教目前杨官寨遗址发掘主持人杨利平副研究员，得知共出一璧、二琮（均残块），三者分别埋于三个无他物的灰坑。

[66] 高次若：《宝鸡市博物馆藏玉器选介》，《考古与文物》1995年第1期；刘云辉：《陕西关中出土的齐家文化玉器》，《2016中国·广河齐家文化与华夏文明国际论坛论文集》，甘肃文化出版社，2017年；秦岭：《龙山文化玉器和龙山时代》，《考古学研究十五·庆祝严文明先生九十华诞论文集》，文物出版社，2022年。笔者曾请教秦岭教授，据告双庵遗址是在废弃的灰坑中出土一组上下叠压的白石琮、璧（残存约一半），笔者据石琮的造型推估：该组琮璧的制作与使用，应该早于双庵遗址。

[67] 中国社会科学院考古研究所：《师赵村与西山坪》，中国大百科全书出版社，1999年。

[68] 图15由江美英教授摄于"玉泽陇西"展场，图16引自北京艺术博物馆等：《玉泽陇西：齐家文化玉器》，北京出版集团公司等，2015年。

[69] 师赵村第七期齐家文化标本检测数据见中国社会科学院考古研究所：《中国考古学中碳十四年代数据集（1965—1991）》，文物出版社，1992年。T307（4）的校正年代数据为公元前2317至前2042年间，T406（3）H1的校正年代数据为公元前2335至前2044年间。由于遗址地层情况复杂，1990年代对齐家文化年代认识偏晚，考古报告撰写统稿时曾将前述标本归入第六期。

[70] 从青海的黄河源头到内蒙古托克托县河口镇为黄河上游，以下至河南郑州桃花峪为黄河中游。据此，本文将甘肃、青海东北、宁夏至陕西统称为"黄河上中游"。

[71] 案板坪村资料见刘云辉：《周原玉器》，台湾"中华文物学会"，1996年。胡家底、上泉村资料均见刘云辉：《陕西关中出土的齐家文化玉器》，《2016中国·广河齐家文化与华夏文明国际论坛论文集》，甘肃文化出版社，2017年。山门村、和平村首度报道见罗丰：《黄河中游新石器时代的

玉器——以馆藏宁夏地区玉器为中心》，《故宫学术季刊》2001年第19卷第2期。静宁资料最初由杨伯达副院长报道，见氏著：《甘肃齐家玉文化初探》，《陇右文博》1997年第1期。当时公布是四琮、三璧。笔者2009年7月造访静宁博物馆，始知当初是四件璧、四件琮同埋一坑，坑上压着大石板。其中一件璧因已破为数块而未上缴。

[72] 张弛教授从考古聚落群的统计资料，直言在龙山时期至二里头时期，长江中下游、山东及黄淮地区持续衰落。见氏著：《龙山——二里头：中国史前文化格局的改变与青铜时代全球化的形成》，《文物》2017年第6期。张莉教授认为该时段黄河下游地区人口锐减，或是因黄河改道所致。只有黄土高原不受水患之苦，见氏著：《文献之外的夏代历史——考古学的视角》，《中国文物研究》2018年第3期。笔者从华西玉料有刃玉器上雕有华东神祖灵纹的现象，推测当时有从东向西的移民潮，落脚在陕北芦山峁一带。见拙作：《龙山时期"神祖灵纹玉器"研究》，《考古学研究十五·庆祝严文明先生九十华诞论文集》，文物出版社，2022年。

[73] 清凉寺遗址在未正式发掘前曾因乡民修理窑洞住房而意外出土一批玉器，因此引来外人盗掘，这些都收缴入运城博物馆，通称"坡头玉器"。图17属之，摄自运城博物馆挂图。清凉寺发掘正式报告见山西省考古研究所等：《清凉寺史前墓地》，文物出版社，2016年。图18彩图引自此书，图18线图由黄翠梅教授提供。

[74] 山西省考古研究所等：《山西芮城清凉寺史前墓地》，《考古学报》2011年第4期。近年笔者曾请教薛新明研究员，这年代数据仍属实可靠。

[75] 主要是端方的《陶斋古玉图》、吴大澂的《古玉图考》。见拙作：《"六器"探索与"琮"的思辨》，《玉文化研究》2019年第2期。

[76] 良渚早期只出现串作佩饰的小圆牌，或孔大肉窄的环镯。

[77] 2021年良渚博物院举办"良渚早期——良渚遗址考古特展"，将良渚文化(公元前3300—前2300年)以公元前3000年、公元前2600年两个定点，将该文化分为早、中、晚三期。反山遗址属中期。

[78] 邓淑苹：《试论新石器时代至汉代古玉的发展与演变》，载台北故宫博物院编《群玉别藏续集》，1999年；孙庆伟：《周代用玉制度研究》，上海古籍出版社，2008年。

[79] 所谓"齐家系玉琮"除了齐家文化玉琮外，还包括可能属半山、菜园文化的先齐家系（多为无射口或极短射口、器身常歪斜、孔壁留有较宽且不规整的旋痕）与晋陕地区齐家区域风格（如图18器表刻有直或横的线纹）。

[80] 可参考论文有林巳奈夫：《中国古代の玉器、琮について》，《东方学报》第60册，京都大学人文科学研究所，1988年(后收入氏著：《中国古玉の研究》，吉川弘文馆，1991年)；刘云辉：《西周玉琮形制纹饰功能考察——从周原发现的玉琮说起》《周原玉器》，台湾"中华文物学会"，1996年；朱乃诚：《殷墟妇好墓出土玉琮研究》，《文物》2017年第9期；汤超：《西周至汉代出土玉琮功能初探》，《南方文物》2017年第3期；黄翠梅：《遗古·仿古·变古：商代晚期至西周初期玉琮的文化传记学研究》，载成都金沙博物馆编《玉汇金沙——夏商时期玉文化国际学术研讨会论文集》，科学出版社，2018年；黄翠梅：《西周至战国早期玉琮的发展》，载杨晶等主编《玉魂国魄——中国古代玉器与传统文化学术讨论会文集（八）》，浙江古籍出版社，2019年。

[81] 由于琮具中孔，故放于手指部、头端、胯下的，常被释为指套、束发器、生殖器套等。

[82] 三晋指韩赵魏三国，所占地盘约今日山西、河南，括及陕西、内蒙古、河北。

[83] 先后被林巳奈夫（1988）、汤超（2017）、黄翠梅（2019）等学者论文指出的遗址有：山西的太原金胜村、长治分水岭、潞城潞河，河南的辉县琉璃阁、固围村、汲县山彪镇等。

[84] 山西省考古研究所等：《太原晋国赵卿墓》，文物出版社，1996年。图21取自此报告。

[85] 山西省考古研究所：《长治分水岭东周墓地》，文物出版社，2010年。图22—23由左骏2018年摄于"玉礼中国"展场。

[86] 图24取自林巳奈夫：《中国古代の祭玉、瑞玉》，《东方学报》，1969年。林氏另著《中国古代の玉器、琮について》，《东方学报》第60册，1988年。二文均增补后收入氏著：《中国古玉の研究》，吉川弘文馆，1991年。

[87] 中国国家博物馆等：《陕西省宝鸡市陈仓区吴山祭祀遗址2016—2018年考古调查与发掘简报》，《中国国家博物馆馆刊》2022年第7期。

[88] 杨苗苗、游福祥等：《吴山祭祀遗址祭祀坑殉牲的初步研究》，《中国国家博物馆馆刊》2022年第7期。

[89] 汉武帝在位为公元前141至前87年。

[90] 刘云辉：《东周秦国玉器大观》，载杨伯达主编《中国玉文化·玉学论丛（续编）》，紫禁城出版社，2004年；西安市文物保护考古所编著：《西安文物精华·玉器》，世界图书出版公司，2004年；刘云辉编著：《陕西出土东周玉器》，文物出版社、众志美术出版社，2006年。三份出版物分别将玉器定为"战国时秦国""秦代""战国晚期至秦代"。

[91] 梁云：《对鸾亭山祭祀遗址的初步认识》，《中国历史文物》2005年第5期。

[92] 根据《国语·楚语》："玉帛为二精。"当时祭祀需用玉，主要认为玉富含"精气"，也就是"能量"。

[93] 图27中六个单件，均引自刘云辉编著：《陕西出土汉代玉器》，文物出版社、众志美术出版社，2009年。

[94] 田亚岐、陈爱东：《陕西凤翔雍山血池秦汉祭祀遗址》，载国家文物局主编《2016中国重要考古发现》，文物出版社，2016年。

[95] 梁云：《对鸾亭山祭祀遗址的初步认识》，《中国历史文物》2005年第5期。

[96] 清朝官修编撰《皇朝礼器图式》于乾隆二十四年（1759）完成，乾隆三十三年（1768）武英殿刻本刊行。

[97] 北京市文物工作队等：《定陵》，文物出版社，1990年。

[98] 夏鼐：《商代玉器的分类、定名和用途》，《考古》1983年第5期；夏鼐：《汉代的玉器：汉代玉器中传统的延续和变化》，《考古学报》1983年第2期。

[99] 在《商代玉器的分类、定名和用途》一文中。

[100]《钦定四库全书总目提要》清楚记载宋版佚散及四库本的形成。

[101]《新定三礼图》中所绘之"冒"下方凹入不作倒V形，而作倒U形。

[102] 黄展岳：《一九五五年春洛阳汉河南县城东区发掘报告》，《考古学报》1956年第4期。

[103] 洛阳文物工作队：《洛阳西郊4号墓发掘简报》，《文物资料丛刊》1985年第9期。

[104] 林巳奈夫：《中国古代の祭玉、瑞玉》，《东方学报》第40册，1969年。后收入氏著：《中国古玉の研究》，吉川弘文馆，1991年。

[105] 图42引自刘庆柱：《唐代玉器的考古发现与研究》，载邓聪主编《东亚玉器》，香港中文大学，1998年。

[106] 谢明良：《琮瓶的变迁》，《故宫学术季刊》2005年第23卷第1期。

传承、交融与辉煌

——中国隋唐至明清时期玉器的发展历程

徐琳

纵观中国古代玉器的发展史，如果按最新考古发现，将黑龙江饶河小南山出土玉器视为目前中国发现的最早玉器的话，[1] 那么中国古代玉器已经走过近万年的历史。笔者综合治玉工艺、玉雕艺术将这段历史分为四个大的阶段：第一个阶段为史前至夏文化时期（约公元前 7000—前 1600 年），大约 5400 年，为中国玉文化的萌芽及发展期。此期以中国进入玉器时代（约公元前 3500—前 1600 年）为高峰时期。第二个阶段从商周至魏晋南北朝时期（公元前 1600—公元 581 年），大约 2181 年，为中国古代玉器的古典主义时期。两汉是这一阶段的高峰时期。经过魏晋南北朝的相对衰落期之后，进入第三个阶段：隋唐至明清、民国时期（公元 581—1949 年），大约 1368 年。此期是中国玉器的现实主义时期，无论宫廷玉器还是民间玉雕都有了长足发展，清代乾隆时期的玉雕艺术更是达到了中国古代玉器发展的历史最高峰。第四个阶段是中华人民共和国成立至今，是当代玉器的发展阶段。

中国玉器发展的前两个阶段，考古发掘资料颇多，备受考古文博界的关注，研究者也颇多。第三个阶段，从现存玉器来看，随着厚葬观念的逐渐淡化，隋唐以后各个时代的考古出土玉器较之以前大幅减少，大量玉器以传世品的形态流传后世，其中以明清玉器的数量最多。这也给玉器鉴定带来了一定的难度。此期的玉器研究，除了参照考古出土玉器，还要参考金银器、书画、瓷器等其他艺术门类，以文献、铭文、档案等为辅证，以考古出土品及传世玉器中可以明确时代的器物为标准器，综合所有，才能更好地还原这一千多年来的玉器发展变化。

隋唐以后中国玉器的发展，无论从玉料来源、玉器制作、玉雕匠人，还是从各类玉器使用状况等角度观察，都发生了非常明显的变化。一方面，历史背景的不同，统治思想的改易，使玉器在社会生活中的地位有所改变，礼制用玉的种类和功用都与以往不甚相同，传统礼仪用玉数量大为减少。另一方面，城市经济的兴起，市民阶层的扩大，使得玉雕工匠的自由度加大，玉器逐渐世俗化、商品化。大量实用性、装饰性的玉器开始出现，除了以往的宫廷王侯用玉，民间用玉也逐渐兴起，玉器产品出现于街巷店肆，使得较为富裕的百姓也能拥有。这一时期宫廷玉雕和民间玉雕均有长足进步，形成了并行发展的新阶段。以下笔者就从玉料、治玉状况、工艺特征、艺术特色等几个方面，对这一时期的玉雕艺术进行阐述。

一、玉料来源

笔者曾经对中国古代玉料来源进行过分析，认为从史前到汉代，中国古代玉料来源有一个由多元走向一体的过程。[2] 闪石玉的开采和使用由全国多玉料来源地到逐渐向中国西北地区集中，中国人对昆仑山的认识是由东向西逐渐推进的。而汉代张骞凿空西域是一个重要的历史节点，此后，优质的新疆和田玉源源不断地进入中原，中国古代玉器原料的使用，走过了漫长的“多元一体化”过程。

和田玉真正在玉器制作中占绝对统治地位，应该是自隋唐开始。隋唐时期，丝绸之路重新开启并畅通无阻。

图 1 隋李静训墓出土玉兔（采自《中国出土玉器全集》第 14 卷，第 180 页）

图 2 西安何家村唐代窖藏出土墨玉玉带（采自《中国出土玉器全集》第 14 卷，第 190 页）

唐贞观十四年（640 年），唐王朝在西域设置安西都护府，管理西域地区军政事务。贞观二十二年（648 年），唐军进驻龟兹国以后，将安西都护府移至龟兹国都城（今新疆库车）。同时在龟兹、焉耆（今新疆焉耆西南）、于阗（今新疆和田西南）、疏勒（今新疆喀什）四城修筑城堡，建置军镇，由安西都护兼统，简称“安西四镇”。以后，安西四镇虽时置时罢，军镇也有所变化，但是于阗一直为四镇之一。于阗所产的美玉一直畅通无阻地输入中原，其他地方的闪石玉材则基本退出了历史舞台。目前所见隋唐墓葬出土的玉器，精美的和田美玉比比皆是。如隋代李静训墓出土的和田白玉器皿和佩饰（图 1），唐代西安何家村窖藏出土的各类玉带板（图 2）等，[3] 从材质看，不仅有白玉，也有青灰玉、青花墨玉，是不同颜色和田玉的代表。此时，中国古代玉料来源的多元一体化进程最终完成。

五代十国时期虽然是个分裂且动荡的年代，但是和田玉依然源源不断地以贡玉、交换等形式输入中原，这一切得益于河西走廊的瓜沙二州在归义军政权统治下相对安定，一直延续到北宋时期。文献中即有西域小国于阗进贡中原玉材的记录，如《新五代史》记载，后晋天福三年（938 年），于阗国王李圣天遣使者马继荣来贡红盐、郁金、氂牛尾、玉、氎等，后来又遣都督刘再升献玉千斤及玉印、降魔杵等。[4] 由此可见，于阗曾向后晋进贡大量玉材，并且因为有自己的治玉业，也向中原地区输入玉器。另外西域诸国，例如西州回鹘、龟兹等国，向中原王朝朝贡的贡品中也时常有和田玉料，可能是通过与于阗的贸易往来或各国交换而来。

邓淑蘋先生曾统计，史料中关于三国至明代西域与中原双方玉器（包括少量水晶等美石作品）、玉料交流的记录至少有 83 条。其中，五代时期西域进贡中原地区玉料共 19 次，约 428 玉团，另有千斤重玉料。北宋时期文献记录有 8 次，共进玉团至少大小数百团，其中还有一超过二尺大的白玉料。[5]

“玉团”之称在唐宋关于玉的文献中常常出现。该词最早见于吐鲁番出土文书《杜相随葬衣物疏》中，此件衣物疏 1965 年出土于吐鲁番阿斯塔那古墓区第 42 号古墓，编号为第 40 号文书（65TAM42：40），名为《唐永徽二年（651 年）杜相随葬衣物疏》，文曰：“鸡鸣审（枕）一枚，玉团一双，脚靡一具。”有学者考证此处“玉团”应和后世朝贡的贡品“玉团”一致，只因形状似圆形或块状所以如此称之，并认为玉团并非一个上古词，而是大致产生于隋唐时期，后见于五代十国北宋时期西域各国进贡至中原的方物中。“团”是玉的单位词。[6]

从文献看，“团”一词常常用来计量玉。如《旧五代史》中回鹘派使者进贡时有：

长兴元年十二月，遣使翟未思三十余人，进马八十四、玉一团。……清泰二年七月，遣都督陈福海已下七十八人，进马三百六十四、玉二十团。……周广顺元年二月，遣使并摩尼贡玉团七十有七。[7]

通过文献中“玉 × 团”“玉团 ×”“× 玉团”等表述，可知“团”是玉的量词，相当于“块”的意思。大小块头都可以用“团”作为计量单位。

虽然也有学者认为，所谓“玉团”，是古代于阗人包装玉石的一种方法，把不大的子玉或山料用牛皮包装缝合成一团即一包，一团玉石数量不等，视其大小而定。有的装一二块成一包，有的装四五块成一包，视驮运方便而定。一般数十市斤一团（包）。采用这种装运方法，既方便又避免磨损玉石。[8]这种解释，是将团看作包或袋，一团就是一包的意思。虽然看似有些道理，但是在文献中完全找不到证据，反而据学者所引用的和田文书原文判断，团并没有“包”的意思。

北宋开宝三年（970 年），于阗王尉迟徐拉送给沙州大王曹元忠许多礼物，其书信中写道，有“一等中型玉一团四十二斤，二等纯玉一团十斤，三等玉一团八斤半。三种玉共六十斤半”[9]。在新疆和田的子（籽）料中，一块玉料重 42 斤、10 斤、8.5 斤非常正常，这三块玉加起来正好也是 60.5 斤，并不存在超标的情况，也完全符合玉料珍贵及送礼品一般送大件玉料的常识。至于如何驮运、如何包装，则视运输方式而定，没必要如此表述。

《说文・口部》：“团，圜也。”[10]现代汉语解释，团为圆形或球形的东西。这些进贡的玉团并不是经过加工的玉器，而是玉的原料。用“团”这个量词，也很形象地证明了此时所用的和田玉料，均为当时于阗所产的子料，因为只有河中的子料才有这样边角磨圆的形状，也说明直至宋代，新疆南疆一带的山料并未被开采，这也与文献及出土实物吻合。我们在出土品中，也未见有和田山料的踪影。

南宋以后，文献中西域输入中原的玉料似乎就不再用“玉团”，而是常用“玉璞”“玉石”等来表示。清代造办处档案记载玉料常常会直接用“块”作为计量单位。

从文献记载看，元代以前并没有开采昆仑山山料。元代是否开采？目前还没有证据，也就是说，隋唐至元，西域各国进贡给中原的玉料很可能都是来自新疆和田地区的子料。而和田子料的采集，最早是后晋时期高居诲记录的。后晋高祖天福三年（938 年），派遣供奉官张匡邺、假鸿胪卿彰武军节度判官高居诲前往于阗册封李圣天为大宝于阗国王。高居诲回来后写了《高居诲行记》，此书已遗失，内容被引用在《新五代史》中：

（于阗）其南千三百里曰玉州，云汉张骞所穷河源出于阗，而山多玉者此山也。其河源所出，至于阗分为三：东曰白玉河，西曰绿玉河，又西曰乌玉河，三河皆有玉而色异，每岁秋水涸，国王捞玉于河，然后国人得捞玉。[11]

以后历代文献关于和田子料产玉三条河的记载大多来源于高居诲，直至清代的文献亦是如此。唯有明代宋应星在《天工开物》中对此提出了质疑：

凡玉入中国，贵重用者尽出于阗，汉时西国名，后代或名别失八里，或统服赤斤蒙古，定名未详，葱岭。所谓蓝田，即葱岭出玉别地名，而后世误以为西安之蓝田也。其岭水发源名阿耨山，至葱岭分界两河，一曰白玉河，一曰绿玉河。后晋人高居诲作《于阗行程记》，载有乌玉河，此节则妄也。[12]

图 3 《天工开物》中记载的于阗白玉河

图 4 《天工开物》中记载的于阗绿玉河中捞玉情景

目前和田地区确实只有白玉河（玉陇哈什河）和墨玉河（哈喇哈什河）两条河，墨玉河估计就是高居诲所说的乌玉河。宋应星不知是否去过和田亲自考察，但其所述和田产子料玉只有两条河应该是有依据的（图 3、图 4），只是有可能混淆了绿玉河与墨玉河。那么，历史上的绿玉河在哪里？有学者曾考证墨玉河向东三四千米的地方，历史上有条河，为布朗其河，这条河的上游与下游都与墨玉河交汇，是墨玉河分出的一个支流，这条就是历史上的绿玉河，目前已消失断流。[13]

除了和田白玉河、墨玉河产子料外，和田以西的叶尔羌河也出产子料。笔者 2015 年前后在南疆考察时，发现叶尔羌河沿岸绿洲上居住的村民时常还能捡到河中子料。而整个昆仑山从西到东，似乎就是一个大的玉矿带，有很多玉矿的开采点，如喀什地区塔什库尔干县的大同乡小同村就出产山料玉矿，叶城县棋盘乡的密尔岱山也有山料开采等。明清时期，在新疆南部已明确开采昆仑山的山料。高濂在论述玉器欣赏时提及玉材出产曰：

> 今时玉材较古似多，西域近出大块劈爿玉料，谓之“山材”，从山石中槌击取用，原非于阗昆冈西流砂水中天生玉子，色白质干，内多绺裂，俗名“江鱼绺”也。恐此类不若水材为宝。[14]

也有学者通过考证葡萄牙传教士鄂本笃的记载，证明明代南疆已经开采山料。[15] 笔者在此不再赘述。

清代乾隆时期，贡玉制度的实施将和田玉的使用推向了历史高峰。乾隆二十二年（1757 年），清军分西、北两路进剿，彻底击溃盘踞南疆的准噶尔头领阿睦尔撒纳。乾隆二十四年（1759 年），清军又打败回部首领霍集占，完成了对西北的统一。清廷派遣将军、参赞大臣、领队大臣驻军西北，巩固了西北边疆的统治。此后盛产玉石的和田、叶尔羌地区归入大清版图，玉路更为畅通。乾隆二十四年（1759 年），“酌定和阗赋税……和田所产玉石视现年采取所得交纳”[16]，至此，和田玉石被当作赋税固定下来。乾隆二十五年（1760 年），叶尔羌伯克等采玉进献，拣选送京。乾隆二十六年（1761 年），官方正式开始管理和田玉石的开采权，“着令东西两河及哈朗圭山，每岁春秋二次采玉”[17]。从此，新疆叶尔羌、和田的玉料得以定期源源不断地运往京城进贡朝廷。在故宫博物院收藏的一件青玉采玉图玉山上，雕刻着乾隆皇帝于 1765 年撰写的一首《于阗采玉》诗，开首即为“于阗采玉春复秋，用作正赋输皇州”[18]之句（图 5.1、图 5.2），说明贡玉正式成为一种制度，按年例分春秋两季按时纳入清宫。

乾隆时期的贡玉制度，按规定每年贡玉四千斤，但最盛时清宫曾一年收进 30 万斤玉料。每年的贡玉中既包括子料，也包括山料。如《清宫内务府造办处档案》记载乾隆五十六年（1791 年）四月十八日：

图 5.1 故宫博物院藏采玉图玉山

> 叶尔羌、和阗等处送到采获大小青白玉子五千三百九十二块、大小山料玉一百九十三块，共计玉石大小五千五百八十五块。[19]

这样的记载在内务府造办处档案中非常之多，乾隆在其御制诗文中也会赞叹一些山料玉的玉质并不输子玉。例如乾隆五十三年（1788 年），他曾为一对玉碗题写《咏和阗大玉碗六韵（有序）》诗，诗文起首为“谁云山玉逊水玉，看此双盂本一盂”，并在诗注中进一步解释：

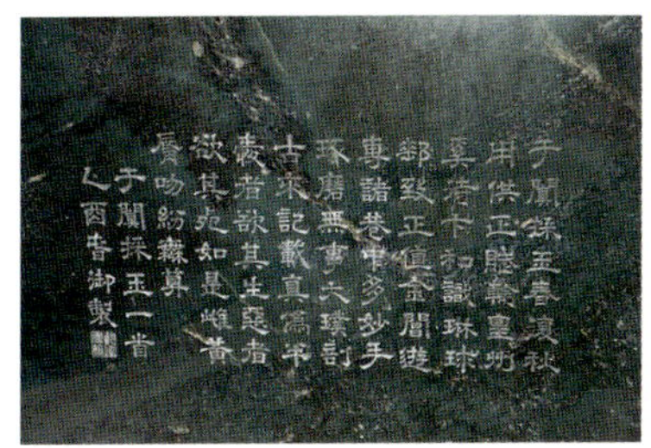
图 5.2 玉山反面御题诗

> 向称和阗玉有山产、水产之分，山玉易致大者，而色质每不如水玉之美，以受水性润故也。然此亦言其大概，此碗实山玉，乃知未始无美材也。……二碗形质如一，虽系山玉而质侔羊脂，自系巨材，故可剖制二碗，实亦不逊水玉云。

图 6 清乾隆山料玉制作刻有乾隆御题诗白玉碗

类似的玉碗在故宫至少收藏有两套，均为一块玉料所琢制（图 6），材质洁白细腻，确实不输子料玉。乾隆时期的山料玉大多出自叶尔羌（今叶城）的密勒塔山（今密尔岱山），著名的大禹治水图玉山等几件大型玉雕的原料即来自此地。但是一些白玉山料很可能来自于田和且末玉矿，而黄玉料来自若羌玉矿，详见于明先生的调查考证。[20]

玉料进宫后，先分等级，一般分五等，好些的一二等料会先挑选出一部分，立即画样呈览制作，剩下次玉交广储司银库收储，留待以后使用，大多由启祥宫或如意馆暂存，这些玉料制作的玉器在故宫收藏的上万件乾隆时期玉器实物中均有体现。目前，故宫博物院还藏有不少清宫留下的玉料，有山料亦有和田玉子料（图 7、图 8）。

图 7 故宫博物院藏清代和田白玉子料

大批玉料进入宫廷，为乾隆时期玉器的繁盛局面提供了充足的原料基础，成为中国古代玉雕艺术达到高峰的重要原因。

二、玉雕艺术

（一）隋唐五代时期

公元 581 年，杨坚取代北周静帝建立隋王朝，至公元 589 年南下灭陈，结束了长达 300 多年的分裂割据，开创了统一的繁荣局面。隋国祚虽短，仅 37 年，但在政治、经济、文化等方面进行重大改革，历史贡献并不亚于秦统一。隋唐五代似乎在某种程度上复制了秦汉魏晋南北朝的历史进

图 8 故宫博物院藏清代和田白玉子料

程，但总体上又是螺旋式上升。

在玉器的制作上，隋唐五代玉器的生产数量远不如秦汉时期。究其原因，一方面由于玉器的神秘性减弱，中国玉器彻底由神秘主义走向实用主义，玉器在丧葬、礼仪、神仙长生、礼神辟邪、君子比德等方面的象征意义远不如前朝，由神圣走向世俗。另一方面，隋唐时期经济发展、国力强盛，大唐盛世表现出对外来文化强大的包容能力，当时绘画、书法、雕塑艺术、金银器等均呈现新的气象。这些艺术品的发展也冲击着玉器的生产。唐代金银器，工艺精湛，已成为当时工艺品中最为辉煌的品种，大有取代玉器之态；大型石刻造像、雕塑的流行，气势雄伟，也有取代小巧精致的玉器之势。

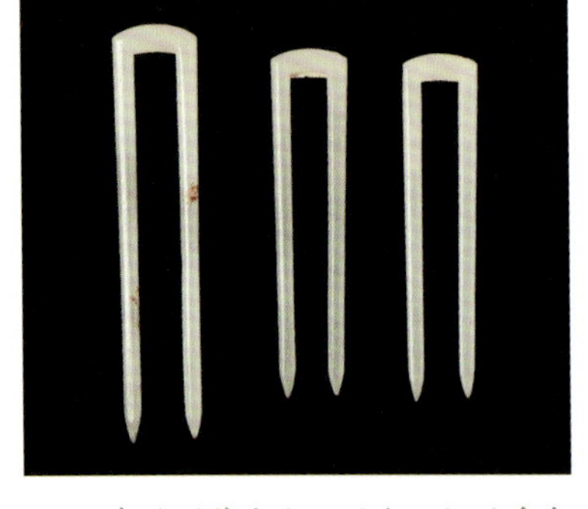

图 9　李静训墓出土双股白玉钗（采自《中国出土玉器全集》第 14 卷，第 179 页）

虽然如此，此期的玉雕艺术，依然广泛吸收域外的文化养料，玉器制作趋向写实，走出了先秦神秘主义的象征，以实用玉器为主体，以人体装饰玉为主流，集材质美与工艺美于一身，更注重玉器的观赏性与实用性，以及浓郁的生活气息。在器皿类玉器、玉带的碾琢，镶金嵌宝工艺与玉的完美结合，以及玉首饰器的发展等几个方面都有长足的发展，尤其是玉带板的琢制独具特色。

1. 隋代出土玉器不多，重要者有西安城西梁家庄隋代大业四年（608 年）九岁女孩李静训墓出土的金釦白玉杯、双股白玉钗（图 9）、白玉兔形佩等十余件精美玉器。[21] 李静训的外祖母杨丽华是隋文帝长女，她从小被养在皇宫，墓中所出玉器反映了隋代宫廷玉器工艺的最高水平。

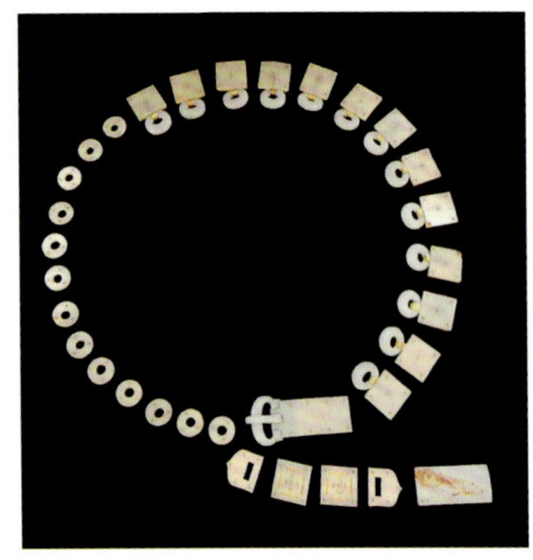

图 10　隋炀帝墓出土十三环金衬白玉蹀躞带

2. 江苏扬州邗江区西湖镇司徒村隋炀帝墓中出土的十三环金衬白玉蹀躞带（图 10），是迄今发现的最完整、等级最高的蹀躞玉带。[22] 其玉带形制、工艺与陕西北周若干云墓出土的八环蹀躞玉带极为相似，[23] 但十三环则是北周至隋帝王用玉带的最高等级。玉带也成为服饰用玉中最为重要的礼仪用玉。

入唐以后，玉带制作开始简化，逐渐摒弃北周至隋蹀躞带复杂的环扣、垂环和椭圆环，开始使用相对简单的半圆形、方形等带銙，并在唐中期以后形成定制，不同等级官员使用不同数量、不同材质的带銙。唐代玉带常常选用上等玉材，其上雕琢胡人形象（图 11），运用剔地隐起并加阴线的技法，从带銙四边向内斜刻，同时将形象外空白处减地，使人物形象浮雕凸起，形象丰满。胡人玉带板也为大唐盛世中的中外文化交流提供了十分珍贵的实物资料。需要注意的是，唐代的玉带可能有相当一批是于阗国制作的。《册府元龟》载：唐贞观六年（公元 632 年），于阗国王尉迟屋密曾遣使向唐太宗献玉带。[24]《新唐书・西域传》载，唐德宗即位时，曾“遣内给事朱如玉之安西，求玉于于阗，得圭一，珂佩五，枕一，带銙三百，簪四十，奁三十，钏十，杵三……并它宝等”[25]，说明

图 11　故宫博物院藏唐代胡人伎乐玉带板

隋唐时期，于阗国不仅进献玉料，也有自己的治玉业和治玉工匠，向内地输出成品。只是对于这些玉器，我们还需根据实物进行排比分辨。

这种在革带上缝缀玉带銙的玉带体系在以后的朝代中继续发展，[26]直到明代达到了使用顶峰。明初即确定了服饰礼仪中的革带制度。按明制，可使用玉带的人员较多，所用场合也较多，帝、后、妃、太子、亲王、郡王及其配偶，公、侯、伯、驸马及一品大臣，朝服、公服、常服均用玉带。所以明代玉带的制作数量明显多于其他礼仪用玉。明永乐以后，玉带形制逐渐统一、固定，形成“三台、六桃、两辅弼、双鉈尾、七排方”二十块玉带銙的定制。玉带在日常使用的几率大，实用性强。显眼的外在表现使其彰显等级身份的作用发挥到了极致，致使明代皇室及文武官员对玉带的迷恋达到了疯狂的地步，这也是明代玉带板存世颇多的重要原因。[27]

3. 五代十国时期，玉器的整体发展并不兴旺，但各国基本上都有自己的治玉业。其中吴越国可能是治玉规模最大的一个，曾多次向北宋王朝进贡奇珍异宝，珍宝数量甚巨。浙江杭州临安区玲珑镇康陵发现的吴越国二世恭穆王后马氏墓，[28]出土了70余件玉饰，以片状首饰饰件为主。优质的白玉，精细的纹饰，超薄的切割技术，代表了五代十国时期最高的治玉技术（图12）。

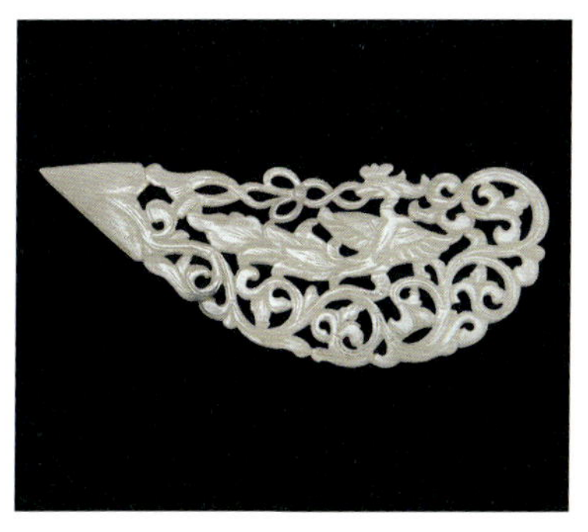

图12 吴越国马皇后墓出土凤纹玉簪首（采自《中国出土玉器全集》第8卷，第206页）

此期后晋、前蜀、南唐以及于阗小国等，也都有自己的治玉业。成都前蜀国王王建永陵出土一套琢有蟠龙纹的玉大带，使用经火玉料制成，颇为传奇，其上有浮雕精细的龙纹形象，此玉带也成为此期典型龙纹的标准器（图13）。[29]

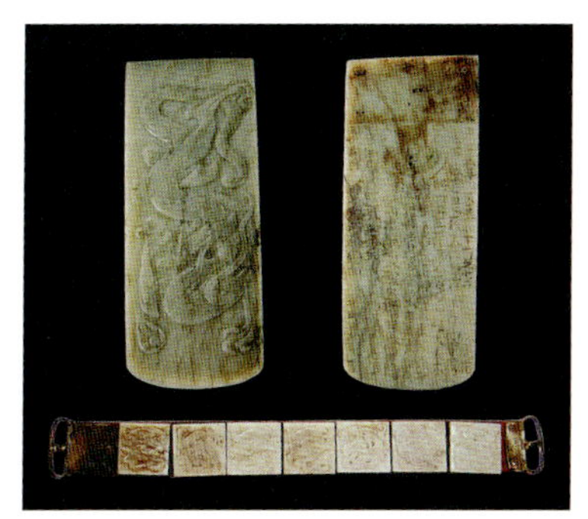

图13 前蜀王建墓出土龙纹玉大带（采自《中国出土玉器全集》第13卷，第175页）

（二）宋辽金元时期

经五代十国之乱世后，宋统一了汉族政权，带来较长时间的安定局面，并先后与辽、西夏、金、蒙古（元）南北对峙。这一时期的玉器，更远离了先秦汉代抽象、神秘、夸张的特色，继续着隋唐以后玉器写实化、世俗化的发展趋势，以生活用器、装饰品、赏玩器为主流，立体感增强，清新活泼，有着浓郁的生活气息。宋朝城市经济的发展，也促使玉器作为高档奢侈品更多地出现在市肆商号之中。

而辽金元在长期与宋的接触中，接受、吸收了宋的用玉制度，他们的玉工大多为俘掠来的宋代工匠，这些玉工不仅带来宋代中原地区先进的雕琢技艺，在玉材、玉雕艺术、碾琢技巧上均步宋玉后尘，而且结合本土文化，创造出独具特色的民族玉器。

此期虽然考古发现玉器较少，但所见传世玉器品种依然多样，在玉雕艺术中主要有以下几个特点：

1. 立体玉图画的出现

玉雕受当时成熟的绘画和雕塑艺术的影响，向立体化方向发展。而最能表现立体层次感的雕琢手法即为镂空透雕，当时称为“透碾”，雕有人物、花卉、动物、山水等玉器往往运用此法。玉工灵活运用各种实心钻和空心钻工具，充分结合圆雕、浮雕、减地、阴刻等多种技法表现层次，使玉雕作品渐渐摆脱了扁平片状造型，具有一定的厚度，图案也有较大的深度，向多层次的立体玉图画方向发展。这种立体玉图画集绘画、雕刻之长，形神兼备，直接影响清代的玉山雕琢风格。

图 14　吉林舒兰县小城子乡完颜希尹墓出土春水玉屏花（采自《中国出土玉器全集》第 2 卷，第 192、193 页）

描绘北方少数民族春天狩猎时用海东青捕捉天鹅情景的春水玉，既是玉图画，又是金元时期民族玉器的代表作品。考古所见最早的春水玉为吉林舒兰县小城子乡金代完颜希尹墓出土的一对玉屏花（图 14）。[30] 而用于腰带上的春水玉绦环，则多以环托高浮雕、镂雕的天鹅、水草及海东青构图，景致深远，往往在环的一侧有隐蔽的孔，可供相配的带钩穿入，成为充满图画色彩的服饰用玉，以无锡元代钱裕墓出土的成组春水玉绦钩环为标准器（图 15）。[31]

图 15　无锡钱裕墓出土春水玉绦钩环（采自《中国出土玉器全集》第 7 卷，第 187 页）

元代常见的各种帽顶，则是另一类空间感更强的立体玉图画。其雕琢亦采用多层次镂雕、深雕、阴线相结合的方式，利用圆形或椭圆形的形制，增强空间感。这类玉器为元人头上所戴之帽顶，在元代十分流行，但到了明代，由于服饰的更张，人们已渐渐忘却其原来的用途，更多地将其安装于炉上，成为炉顶，并仿其形制，制作出大批炉顶，使得每一个炉顶均成为一幅立体的玉图画。

与带钩相配的玉绦环均是在环的左侧留出一隐蔽的孔，其纹饰并不限于春水一种题材，而是有荷叶鹭鸶、龙穿牡丹、螭龙穿花等各类题材。同样，元代玉帽顶也多是此类题材。两者看起来十分搭配，也非常符合文献中“帽子系腰，元服也”[32] 的记载。无锡钱裕墓与甘肃漳县汪世显家族墓[33] 均出土带有玉顶的帽子和用于腰间的玉带绦钩环，推测元代高等级的贵族很可能是将头上的玉帽顶与腰间的玉带绦钩环配套使用，有条件的会连纹饰也一并匹配。

2. 实用器与吉祥玉大量增加

此期文房用品、香囊、帐坠、扇坠乃至各种实用器皿大量增加，具有民俗与吉祥纹饰造型的童子以及谐音寓意吉祥的玉器开始出现，成为新的玉器品种。宋元时期，世人十分喜爱以莲荷纹饰入玉，这种玉雕作品采用浮雕、圆雕、阴刻、钻孔等多种方式，有时又充分利用玉皮色进行俏色处理，十分流行和惹人喜爱。其中莲孩玉是较为多见的宋代玉佩，它与宋代生活习俗有关，逢七夕或其他节日，儿童都要择取莲花荷叶执玩，效仿摩睺罗或磨喝乐，其来源于唐代的化生求子习俗，但到了明代就衍生为具有莲生贵子或佛教莲花贵子寓意的吉祥玉。

玉魁是实用器皿类玉器中较为特殊的一个品种，仅流行于这一时期。龙首魁形器西周时就已出现，汉代流行，以后一直流行于北方地区。玉质魁形器目前所见最早者出现于汉代，辽金元时期均有，只是十分少见。南京大学博物馆收藏一件刻有契丹文字的辽代玉魁（图 16），乃清宫旧藏辽皇室用玉，故宫博物院也收藏有元代皇室用龙纹玉魁，[34] 它们均为宫廷用器皿类玉器的代表。

图 16 南京大学博物馆藏辽代玉魁

3. 宋代仿古玉器开始兴起

宋时，闲逸与富裕阶层崇尚复古，金石学兴起，宋徽宗本人也喜欢金石，这掀起了古玉研究的热潮，玉器作为文物成为贵族文人搜罗的对象。

北宋吕大临编撰的《考古图》，其中著录了 13 件古玉器，开中国玉器著录、研究之先河。南宋赵九成的《续考古图》，也著录有古玉器 3 件，由此带来对古玉器的热爱。当时的仿古玉器成为一种时尚开始出现。目前发现的唐、五代玉器中几乎没有仿古作品，而文献记载较早仿秦、汉玉器者为宋代作品，明高濂《燕闲清赏笺》称宋人刻意模拟汉工，“求物象形，徒胜汉人之简，不工汉人之难。所以双钩、细碾、书法、卧蚕则迥别矣，汉宋之物，入目可识”[35]。

宋代开始有仿古器和伪古器之分，仿古器基于喜爱古物，在新制玉器上沿用某些古器物的纹饰，而伪古器则是纯粹在利益的驱使下，以商业欺骗为目的制造的伪古物。从此，各朝代制作的玉器除了具有自身时代特色的时作器，都存在仿古玉器和伪古玉器两大类。

图 17 台北故宫博物院藏宋真宗禅地祇玉册

4. 礼制用玉减少

隋唐以后，除了玉带这种非常实用的服饰礼制用玉以及在隋唐及明代较为流行的组玉佩外，先秦以前流行过的六器类礼玉不再出现，只留下来六瑞的圭和璧，甚至在宋以后，发展出圭璧合体的式样。

值得一提的是，汉代出现的玉牒在唐宋时期得到了发展，称为玉册，玉册通过将帝王祈求之事刻在玉石上，并在封禅时埋下以期通神明的方式保留了下来，文字也由密告天地变为明告，成为多种祭祀场合的常用之物。台北故宫博物院现藏有唐宋的封禅玉册各一套，分别为唐玄宗开元十三年（725 年）禅地祇所用的献给正座皇地祇的玉册和宋真宗于大中祥符元年（1008 年）所用禅地祇玉册（图 17）。宋代玉册经检测，其玉质为真正的透闪石。[36]

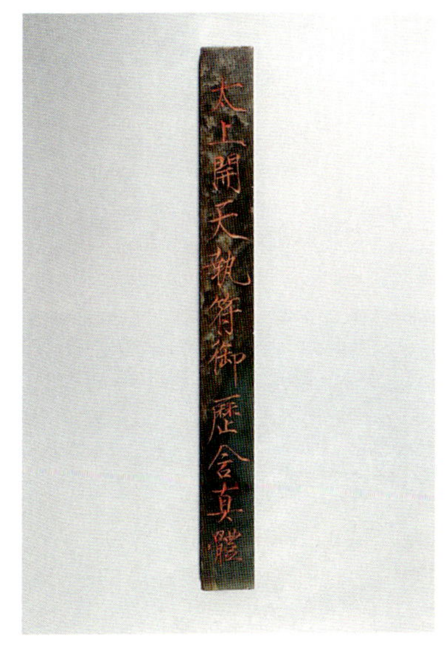

图 18 故宫博物院藏宋徽宗御题圣号玉册单简

现藏故宫博物院的宋徽宗御题圣号玉册单简，原玉册由大约 35 片玉简组成，目前仅剩一支单简（图 18），原文为“太上开天执符御历含真体道昊天玉皇上帝”，为政和六年（1116 年）徽宗为玉皇上帝加上圣号祀典时用，玉册文字是宋徽宗御书的瘦金体。玉册原被安奉在汴梁玉清和阳宫玉虚殿内，康熙年间被误作道教法器安奉入钦安殿内。这套玉册反映了国家礼制制度的一种变革。[37]

玉册发展到明清更为辉煌，成为国家礼仪制度不可或缺的内容，尤其到清代达到了顶峰，皇帝登基、后妃册封、国家祭祀仪典均会用到各类玉册。

（三）明代

明代通过朝贡、自行贸易及受贿私鬻等多种途径进入内地的和田玉料相当多。不仅皇家用玉，民间玉器的制作量也很大，这为玉器更为广泛的商品化制作创造了条件。此时，玉器不再只是帝王、达官贵族显示特殊身份的标志，而是走向世俗化、商品化，成为庶族地主、文人雅士、富商、城市富裕阶层也能享用之物。

明代玉雕艺术的主要特点有：

1. 明代前期玉器的制作基本保留了宋元遗风，但也开始形成自己的特点，尤其是明朝迁都北京以后，雕工趋向简练豪放，虽不及宋工精细，也受了元代粗犷简率的影响，但还是出现了一批精致且艺术水平较高的作品，尤其在器物纹饰造型的形神兼备和多层镂雕的工艺上，都与明中期风格有所不同。如洪武四年（1371 年）南京中央门外张家洼东胜侯汪兴祖墓出土的镶金云龙纹玉带，为明开国皇帝朱元璋御赐功臣汪兴祖之物。深层立体镂雕，表面有一定弧度，钻孔及凸雕减地处理得较为精细，抛光柔和，灵芝纹圆润饱满，层次之间过渡自然，枝梗穿插出入，立体感强（图 19）。[38]

图 19　洪武四年南京中央门外东胜侯汪兴祖墓出土云龙纹金镶玉带

2. 明代中晚期以后玉器的雕琢风格与前期相比有了较大变化，造型趋于程式化，镂雕作品多采用固定分层的技法。尤其到了晚期，由于城市经济的繁荣、手工业的兴旺、海外贸易的昌盛，资本主义的缓慢萌芽，促进了当时商品经济的巨大发展。民间玉雕业逐渐繁荣昌盛起来，在南方的苏州，逐渐形成一个治玉中心，从业人数众多，分工较细，规模扩大，治玉效率增加，碾制了大量玉器，其玉器手工业已成为维持市镇经济良性发展的主要产业。

但商品经济也造成了一定的负面影响：玉器造型和装饰纹样受到了很大的局限，如唐宋元那样富有人文情趣的花卉禽鱼大为减少，而带有吉祥内容的作品大量增加，所谓“图必有意，意必吉祥”。雕工上趋向粗犷简略、奔放不羁，分层镂雕的器物开始程式化，较多地使用各类锦地，如用“之”“十”“卍”字等来装饰玉牌、插屏、玉带板的地子等（图 20）。同时为追求制作速度，这类器物少做弧凸造型，且常常仅雕琢纹饰的大轮廓，有如剪影，工艺简单、粗率，器物背面多留下桯钻或管钻的痕迹。一些圆雕类器物，也多简括潦草的作风。故在玉器行中有“粗大明”之称，与明早期截然不同。为了适应大量快速制作的商业性需要，

图 20　故宫博物院藏白玉镂雕鹤寿文带板

商家为利益所趋，往往以牺牲工艺与艺术为代价，其艺术水平和工艺技巧比之宋元下降了许多。

3. 明代江南文人画的兴盛，带动了玉器装饰图案的变化。山水、诗句等开始被直接装饰到器物上，器物采用文人画的构图，利用浅浮雕的手法，营造一种悠远的空间意境。所刻山水楼阁，人物鸟兽俨若图画，时人称为佳绝。唯地子打磨不平，浅浮雕凸起极低且不明显。刻字多采用阳线凸雕技法。这些开启了清代山水人物雕刻盛行的先声（图 21.1、图 21.2）。

图 21.1 故宫博物院藏白玉子刚款过枝花卉山水图方盒

图 21.2 方盒拓片

4. 明代贵族用玉常见金玉珠宝复合工艺，这是明代在镶嵌工艺上的一个明显特点，是唐代“金玉宝钿真珠装”的延续，盛行于皇家和工商业较为发达富庶的东南地区。因珠宝金玉工艺要兼顾珍珠、宝石、金银等各种材料，涉及金细工艺和珠宝镶嵌工艺。金细工艺中还会涉及模铸、錾刻、金叶的掐累以及金粟珠等精细手工艺，如定陵出土的金盏、金托玉碗。而珠宝镶嵌工艺中珠宝格外凸出、炫目，使得这些“宝钿真珠装”的玉宝器十分富贵华丽（图 22）。

5. 明代中后期玉器中仿古风气盛行，明人高濂在《燕闲清赏笺》中曾说：

> 近日吴中工巧，模拟汉宋螭玦钩环，用苍黄、杂色、边皮、葱玉或带淡墨色玉，如式琢成，伪乱古制，每得高值。[39]

宋代编印的古代器物图谱《宣和博古图》与《考古图》，在 1588—1603 年间竟然翻印了七次，这大大启发了仿古玉器的制作，使得当时仿古玉器的碾琢十分活跃。著名苏州玉工陆子刚不仅制作时作玉，也制作了许多仿古玉，可惜到底哪些是真正的陆子刚玉目前还是一个谜。明代的仿古玉从传世及出土实物看，并非完全摹古，而是在一种似与不似的仿古中形成了自己的风格。这些仿古玉从形制上来说以器皿类玉器为主，大多仿青铜器，也有仿汉的佩饰，所用工艺以及伪沁也较为古拙粗犷。

图 22 明定陵出土嵌宝金托白玉杯（采自《中国出土玉器全集》第 1 卷，第 57 页）

（四）清代

清代玉雕艺术，是对历朝历代玉雕艺术的集成。此时，治玉的各项工具均已发明，各种技术均已完善，清代玉工有条件全面继承以往各时代玉器的多种碾琢技术和积累的丰富经验，在此基础上，无论是时作玉还是仿古玉均有所创新。尤其是乾隆时期，爱玉如痴的皇帝积极推动玉雕艺术发展，无论在玉器的设计还是雕琢工艺上，均调动一切最优质的资源，推动中国古代玉雕艺术达到顶峰。

从康熙到乾隆前期，因玉料不足，这一阶段大量改制或利用前朝旧玉，新做玉器并不太多，玉雕艺术在继承明代基础上逐步向精致转变。

乾隆二十五年（1760年）以后直至嘉庆中期，充足的玉材和技艺精湛的工匠，加上乾隆自己的艺术修养都影响着玉器制造，许多作品创作经其授意、首肯，并命令金廷标、余省、姚文翰等这样的宫廷画师参与玉器的设计、画稿，有力推动了治玉业的空前繁荣。此时碾琢了若干巨型玉器，治玉技术成熟并达到了中国古代治玉的高峰，形成了以“乾隆工”为代表的帝王用玉新风尚。

宫廷玉雕的鼎盛也带动了地方民间玉雕的繁荣。清代虽然在制度上严禁私采私鬻玉料，但一直没有真正杜绝民间走私玉料。玉路畅通后，走私玉料更是猖獗，每年都有大量的玉石出现在北京、苏州、上海、广州等市场，中心市场则是苏州的专诸巷，乾隆帝也只能睁一只眼闭一只眼罢了。

宫廷造办处除自己制作玉器供宫廷使用外，还分派活计给各地作坊。乾隆时期为宫廷制作玉器的尚有苏州、扬州、杭州、江宁、淮安、长芦、九江、凤阳等地。其中，苏州织造对造办处玉作来说尤为重要。苏州不仅为造办处、如意馆提供从选料、画样、碾玉、刻字到烧古的全套玉工和著名玉匠，还为九江、凤阳提供玉工，并为内廷加工玉器，成为造办处玉器加工的分支作坊。这些为皇家服务的地方玉作，很大程度上带动了当地民间玉作业的发展，在苏州、扬州，形成了两大民间治玉中心。

明清两代，苏州都是南方的治玉中心，玉工集中于苏州阊门外专诸巷，那里作坊林立，高手云集，琢玉的水砂声昼夜不停，比户可闻。姚宗仁、都志通均出自专诸巷玉工世家。行业内部实行专业分工，有开料行、打眼行、光玉行等，已形成一定规模生产。当时还组织了同业工会，以周王（宣王）为他们的祖师，在周王诞辰时展出名家杰作及前辈艺人的作品，人们借祭祖之名进行观摩。

扬州是清代另一重要的治玉中心。扬州玉作以大取胜，玉如意、玉山子是其特色，故而清宫造办处常令其制作玉山。著名的大禹治水图玉山、丹台春晓玉山均是由扬州玉作制作。民间小作坊也以玉山子、佩饰件见长。

嘉庆中期以后至清末，内廷玉器制造业渐趋萎缩，玉器数量急剧减少、技术水平下降，苏州、扬州的治玉业也逐渐式微。道光元年（1821年）停止玉贡，四年（1824年）张格尔叛乱，玉路再次受阻，北京并苏州、扬州等玉肆除了依靠储存的玉材外，也寻找地方玉替代，这种情况一直持续至清末。因玉材来源不济，玉器生产进一步下滑，碾琢技术降低，工艺粗糙。同治以后，只有玉首饰业有所复兴，玉器制造无论工艺水平还是产量均无法和乾隆时期相比。

清代玉器尤其是乾隆时期的玉器，主要有以下几个特点：

清代玉雕艺术虽承袭前代，但工艺制作的精致细腻程度超过了以往任何时期，设计纹样时更注意其文化内涵。高浮雕、浅浮雕、镂雕、减地、压地、磨、刻、钻等多种技法兼施，灵活多变。阴线、阳线、隐起、镂空、烧色、碾磨等传统工艺并用，有所损益。乾隆时期的玉器，尤其重视镂空处的抛光，不管是玲珑剔透的山石，还是花梗枝叶穿插掩映处，其孔穴内大多光滑舒适，细磨抛光，即使背面不易看见之处和深凹之处也会做些必要的粗光功夫，力求完美。这是清代玉雕，尤其是乾隆鼎盛时期玉雕和宫廷玉雕的显著特点。但民间玉雕则有精工与粗工的不同，不能一概而论。

1. 为了适应复杂精细的碾制工艺，清代玉器行业分工较细。从档案记载可知，无论是宫廷造办处，还是苏州玉器行，都有选料、画样、锯钻（包括掏膛、大钻、小钻）、做坯（做轮廓）、做细（镌刻细节花纹）、光工、刻款、烧古等工种。一件玉器需要这些工种的工匠分工合作才能完成（图23）。

2. 清以前历代虽然都出土过刻有文字的玉器，但总体数量并不多。与流畅的纹饰线条相比，文字的刻划、琢磨大多显得不甚规整。除规模有限的皇家治玉业，民间治玉少有带文字者，这也说明在玉器上刻字是有一定难度的。

明代，在官窑瓷器的影响下，玉器开始在器物上琢刻皇帝名号，不过目前所见仅有宣德与嘉靖年款。清代，这种刻款方式几乎覆盖了所有皇帝，“雍正年制”“大清乾隆年制”“大清乾隆仿古”“乾隆御用”“嘉庆年制”等纪年款均有出现，书体有楷书、隶书、篆书等（图 24）。

乾隆时期，在玉器上琢制诗文的风气兴盛，尤以乾隆御制诗文为多。这些文字，少则几十字，多则上千字，甚至两千字以上，每篇诗文后面也多刻琢印章（图 25）。

皇家的喜好，必然引起民间的广泛仿效。王府玉作和苏州、扬州的玉作，也多有在玉山、玉牌、玉插屏、镇纸等玉器上刻琢诗文的。

3. 清代出现了许多山水人物故事题材的玉器，这些图案或圆雕为各种玉山摆件，或表现在各类玉牌、插屏，以及笔筒之类的文房用具上。其图稿设计，许多出自当时的文人画家。他们大多属于“四王吴恽”派系，擅作山水花卉、人物故事，体现文人向往的山水景色，对当时玉器的图稿设计产生了相当大的影响。

这类玉器的碾琢，要求工匠能够把握描绘对象，将小小砣具变成自己手中之笔，利用圆雕、浮雕、镂雕、减地、浅刻等各种不同的碾法表现画家的用笔，体现人物的姿态、表情及山水的皴法，追求神韵与笔墨情趣。玉工们善于吸取绘画构图的“三远法”，注意层次远近，亦采用焦点透视法，碾琢深邃，使得整个玉雕如同一幅立体的山水画。如著名的大禹治水图玉山就是以清宫旧藏宋代《大禹治水图》为蓝本，宫廷画师再绘本而制成。而清代制作的第一件大型玉雕山子——秋山行旅图玉山，则是以宫廷画师金廷标所绘《关山行旅图》为样稿（图 26）。反映山林野逸情趣，也成为清代玉雕中常见的主题。

总之，中国古代玉器的发展，经历了史前多元文化的玉器时代，再到战国秦汉时期古典主义的高峰，走向隋唐以后，玉器开始生活化、世俗化，直至清乾隆时期达到古代玉器艺术的顶峰，走过了悠久、辉煌、独具特色的发展历程。

（作者系中国文物学会玉器专业委员会主任委员、故宫博物院研究馆员）

图 23　故宫博物院藏玉巧雕桐荫仕女图

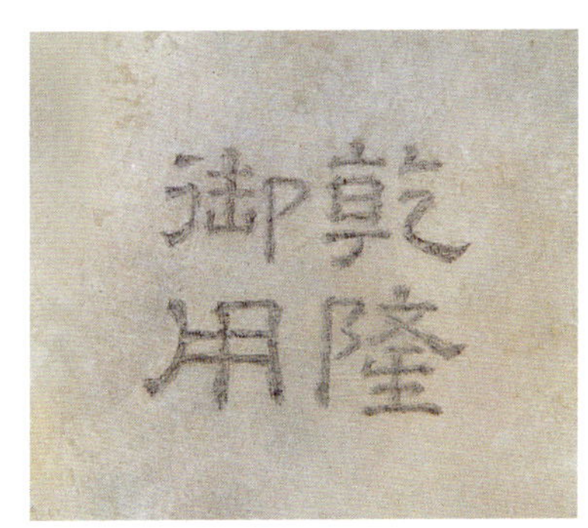

图 24　故宫博物院藏玉碗底部隶书“乾隆御用”款

图 25　故宫博物院藏青玉御制平定两金川告成太学碑文册

图 26　故宫博物院藏秋山行旅图玉山

注释：

[1] 2015—2017年和2019年，黑龙江省文物考古研究所与饶河县文管所对黑龙江饶河县新石器时代小南山遗址进行发掘，其早期遗存中出土了一批玉器，有匕形佩、弯条形器、玉管、玉珠、玉环、玉锛和玉斧等，据介绍，时代在距今8595年至9135年。比距今已有八千年历史的内蒙兴隆洼文化玉器还早千年，中国玉文化的上限可能推至距今九千年左右。参见李有骞：《黑龙江饶河小南山遗址发掘获新收获》，《中国文物报》2016年6月17日8版。

[2] 徐琳：《中国古代玉料来源的多元一体化进程》，《故宫博物院院刊》2020年第2期。

[3] 古方主编：《中国出土玉器全集》第14卷，科学出版社，2005年，第180、190页。后文引此套书仅作图注，不再作脚注。

[4]〔宋〕欧阳修撰，徐无党注：《新五代史》卷七十四，四夷附录第三，中华书局，1974年，第917、919页。

[5] 邓淑蘋：《从“西域国手”与“专诸巷”论南宋玉雕的关键意义》，载北京大学考古文博学院主编《考古学研究（九）：庆祝严文明先生八十寿辰论文集》，文物出版社，2012年。

[6] 吴娅娅：《“玉团”考略》，《现代语文（语言研究版）》，2011年第12期。

[7]〔宋〕薛居正等撰：《旧五代史》卷一百三十八，外国列传第二，中华书局，1976年，第1842、1843页。

[8] 殷晴：《唐宋之际西域南道的复兴——于阗玉石贸易的热潮》，《西域研究》2006年第1期。

[9] 黄盛璋：《和田文〈于阗王尉迟徐拉与沙州大王曹元忠书〉与西北史地问题》，《历史地理》第三辑，上海人民出版社，1983年。

[10]〔汉〕许慎撰：《说文解字》卷六下，中华书局，1963年，第129页。

[11]〔宋〕欧阳修撰，徐无党注：《新五代史》卷七十四，中华书局，1974年，第918页。

[12]〔明〕宋应星原著，罗振玉署：《天工开物》卷下，珠玉，据民国涉园重刊本影印，国际文化出版公司，1995年。

[13] 于明：《新疆和田玉开采史》，科学出版社，2018年，第84页。

[14]〔明〕高濂撰，钟惺校阅：《遵生八笺》卷十四，燕闲清赏笺，上卷，论古玉器，弦雪居重订遵生八笺，万历间刊本。

[15] 于明：《新疆和田玉开采史》，科学出版社，2018年，第84页。

[16]《清实录》第一六册，高宗纯皇帝实录（八），中华书局影印本，卷602，中华书局，1896年，第755—756页。

[17]〔清〕徐松：《西域水道记（外二种）》卷一，中华书局，2005年，第70页。

[18]《清高宗（乾隆）御制诗文全集》三集卷四十七，第五册，第42页，中国人民大学出版社，1993年。

[19] 中国第一历史档案馆、香港中文大学文物馆合编：《清宫内务府造办处档案总汇》，第39册，人民出版社，2005年，第600页。

[20] 于明：《新疆和田玉开采史》，科学出版社，2018年。

[21] 马秀银：《李静训墓出土玉器的再鉴定》，载杨伯达主编《出土玉器鉴定与研究》，紫禁城出版社，2001年，第25页。

[22] 南京博物院、扬州市文物考古研究所、苏州市考古研究所：《江苏扬州市曹庄隋炀帝墓》，《考古》2014年第7期。

[23] 刘思哲：《隋炀帝墓发现的十三环蹀躞金玉带及相关问题研究》，《考古与文物》2015年第5期。作者认为隋炀帝墓玉带制作年代当在北周时期。

[24]〔北宋〕王钦若等编：《册府元龟》卷九七〇，朝贡三，中华书局影印，1960年，第11399页。

[25]〔宋〕欧阳修、宋祁撰：《新唐书》卷二百二十一上，列传第一百四十六下，西域上，中华书局，1975年，第6236页。

[26] 左骏：《腰玉横金——中国国家博物馆藏元范文虎墓玉带具的考古学观察》，《中国国家博物馆馆刊》2017年第2期。

[27] 徐琳：《明前期礼仪用玉研究》，载《故宫学刊》第十辑，故宫出版社，2013年。

[28] 杭州市文物考古所、临安市文物馆：《浙江临安五代吴越国康陵发掘简报》，《文物》2000年第2期。

[29] 冯汉骥：《王建墓内出土玉“大带”考》，《考古》1959年第8期。

[30] 关于玉屏花的考证与定名，参见孙机：《玉屏花与玉逍遥》，《文物》2006年第10期；贾玺增：《巾环、玉屏花、玉逍遥与玉结子——宋元明时期巾帽类首服的固定与装饰用具》，《紫禁城》2011年第1期。

[31] 徐琳：《钱裕墓出土元代玉器综述》，《故宫文物月刊》1999年第4期，总193期。

[32]〔明〕陈全之撰：《蓬窗日录》卷之五，事纪一，明嘉靖四十四年祁县知县岳木刻本。

[33] 甘肃省博物馆：《甘肃漳县元代汪世显家族墓葬》，《文物》1982年第2期。

[34] 徐琳：《玉魁考释——从一件清宫流失的辽代玉器谈起》，载天津博物馆编《宋辽金元玉器研究学术研讨会论文集》，科学出版社，2018年。

[35]〔明〕高濂撰，钟惺校阅：《遵生八笺》卷十四，燕闲清赏笺，上卷，论古玉器，弦雪居重订遵生八笺，万历间刊本，第73页。

[36] 邓淑蘋：《唐宋玉册及其相关问题》，载氏著《古玉新释——历代玉器小品文集》，台北故宫博物院，2016年，第96页图。

[37] 陶金：《钦安遗珍——钦安殿藏宋徽宗玉简与十二雷将神像画》，《紫禁城》2015年第5期。

[38] 南京市博物馆编：《明朝首饰冠服》，科学出版社，2000年，第24页图。

[39]〔明〕高濂撰，钟惺校阅：《遵生八笺》卷十四，燕闲清赏笺，上卷，论古玉器，弦雪居重订遵生八笺，万历间刊本，第73页。

刚柔并济

——玉技术选择与史前砂绳切割考

邓聪

一、技术选择

法国国家科学研究中心、法国巴黎第一大学学者勒莫尼耶（Pierre Lemonnier）曾在新几内亚从事广泛人类学研究，提倡技术选择的概念，此类研究颇具启发性意义。他认为选择接受或拒绝技术的行为背后包含着丰富的象征意义。技术选择的考虑，背后受非技术因素的支配（Non-technical considerations），往往与社会的文化价值、人际关系密切联系，而并非仅是技术本身一成不变的发展。从人类学角度出发，技术选择的考虑始于石器时代工具制作之时，直至现今对技术支配的高科技社会。对技术选择的探索，需从技术出现因素、技术构造背景分析和功能等方面展开。[1]

技术选择的概念应用，目前在我国玉器研究领域尚未受到足够重视。中国有近万年的玉器文化历史。在东亚范围内，从北方俄罗斯西伯利亚，到日本、韩国，再到南方越南、菲律宾等地，究竟为什么从遥远的史前时期开始，在诸多自然矿物中，唯有软玉和翡翠硬玉，一直被选择为具有至高无上物质价值的代表？中国由软玉制作的玉器，成为我国新石器时代迄今，传统文化最重要的象征之一。加拿大哥伦比亚大学荆志淳教授强调玉技术选择中对玉物性因素的考虑。他企图从玉的物性出发，分析中国史前玉文化技术选择对社会的影响，即物性与社会依存的关系。[2] 玉的物性决定社会对玉概念塑造、玉使用方式、玉与人的思维展现。因此，玉、人、社会，三者之间存在互动依存的关系。换言之，玉的物性与人文思想的碰撞，是东方社会独特玉文化的体现。人为因素在玉器技术发展时展现了丰富的内涵。功能不同的技术，涉及不同时期玉器使用的选择因素，如实际制作玉器的过程中，特殊工具的配合和使用方式、玉匠的社会角色，甚至玉器在社会中的流通方式等。此外，对玉料来源的探索同样不可或缺：如探究玉原料的存在环境及采集玉料的条件，玉料初步制作、运输及分配等一连串的活动。从玉物质性追求的基础发展，到通过选择特殊技术生产方式来改造玉的物理形态、增添玉天然矿物的人文色彩，这一过程中出现了多种多样的玉器形态和类型创作。东亚地区史前人类对玉的物理性认识与人文思想结合，构建了以玉为至尊的传统人文社会特征，这是东方人类社会最早物质价值观形成过程的重大研究问题之一，意义深远。

二、玉物性与技术

技术选择的问题上，物性的分析是第一步，因为软玉物性与技术选择的关系密切。著名地质学家闻广对软玉矿物物性的分析鞭辟入里，他指出玉有真玉和假玉，真玉又分软玉和翡翠硬玉，中国玉文化则以软玉为代表。软玉不是矿物单晶体而是矿物的集合体，是透闪石—阳起石之具交织纤维显微结构，即具有软玉显微结构（Nephritic Microstructure）的变种矿物。透闪石—阳起石是自然界中分布广泛的常见造岩矿物，但软玉却分布不广且不常见。中国考古学研究的古代玉器，即由具有软玉显微结构的真玉所制作。因此，闻氏要求鉴别古玉是否为真玉之软玉，就是既要鉴定其矿物成分是否为透闪石—阳起石，又要研究其是否具有交织纤维结构。真玉中的软玉在显微镜的放大观察下，呈现出无数极细微的纤维复杂交织的特色构造。[3] 软玉最具特色的物理性之一是具有极强的韧性。实验研究指出，为了压碎软玉，必须在每平方厘米上施加 7 吨的压力，而压碎钢铁只要在同样的条件下施以 4—5 吨的压力。世界上韧性最强的矿物是黑金刚石，其次就是软玉，均比翡翠硬玉、红宝石、金刚石、水晶等的韧性大。软玉强大的韧性构成了其不易损坏的特质，符合贵重物品恒久不变的价值观标准。据日本矿物学研究，软玉矿物分子结构是二重锁构造，而翡翠仅是单锁构造。

东亚地区软玉的制作年代，目前可以追溯到旧石器时代晚期。现今我们知道贝加尔湖西岸安加拉河流域的马尔他和布列齐遗址，在其约 23000 年前的文化层中，均出土软玉制璧形饰、珠及仿赤鹿齿等坠饰，同时又发现了蛇纹岩、方解石和煤岩的制品。目前俄罗斯学者对贝加尔湖周边出土旧石器时代软玉饰物的研究，尚未形成详细报告，因此我们难以对此深入讨论。贝加尔湖是世界上迄今已知最早使用软玉饰物的地区，其重要意义有待探索。

近年在接近黑龙江中游的乌苏里江饶河小南山遗址，考古学家发现了全新世初期的软玉特色文化，这为人们考察中国史前软玉与当时社会出现的特殊加工技术等重大问题，提供了崭新的基础。在 2015—2021 年以来多次田野考古的基础上，黑龙江省文物考古研究所李有骞博士首次命名了小南山文化，在遗址距今 9200—8600 年间的地层中，出土玉石饰物 100 多件。加上同遗址过去的发现，迄今共出土 200 多件玉石饰物，初步鉴定其中软玉或占一半以上，这样的研究结果显示当时社会崇尚软玉的价值观念已萌芽。小南山玉器的制作技术，目前尚未有比较全面的研究报告公布。2019 年的简报中，作者指出 15M3-26 玉料断面上有砂绳切割的弧形痕迹。同年 10 月，笔者与李博士在日本出版的《桑野遗迹》报告书中，发表小南山玉玦玦口以砂绳切割的痕迹研究。[4] 其后在李博士发表演讲时，我们又看到一些环状饰物素材，也同样是以砂绳切割技术开料操作。笔者过去曾注意到 1991 年小南山 M1 墓地的出土玉器，其中约 20 件环状饰物上，用砂绳切割素材开料的技术痕迹相当普遍。最值得注意的是小南山 M1 号墓几件长条石片拼合的数据，显示对向砂绳切割痕迹长达 30 厘米。这反映了在小南山文化阶段，砂绳切割技术已高度发达，很可能是当时玉器开料的核心技术。

三、软玉与砂绳切割配合

玉的物性在一定程度上，决定了社会加工技术的选择。旧石器时代，石器主要因打制工艺发达。全新世后，在东亚玉文化的发展过程中，从石器打制工艺转化为玉工艺的特殊技术发展值得人们深入探索。玉石技术分化，必然产生玉工艺的创新。中国新石器时代最早的玉工艺，可能也是在全新世最早阶段就已出现。饶河小南山文化中玉石器上发现的砂绳切割技术，是迄今已知在东亚发现的最早使用此技术的证明。在此后数千年，中国新石器时代东北、黄河和长江的下游地区的砂绳切割技术成为玉器开料及加工最重要的工艺，如著名的红山文化、凌家滩文化及良渚文化玉器的制作，砂绳切割技术的使用十分普遍。[5]

从石器时代整体技术考察，全新世砂绳技术的出现，是对数百万年来打制开片技术的革新。这一方面与软玉被选择承载特殊文化及社会共同价值观的现象相关，同时又与软玉本身致密及具有极强韧性有着密切的关系。众所周知，旧石器时代以来最主要的石器原料如燧石、黑曜石及页岩等，在石料比较干燥的前提下，都具备良好破裂的脆性特质，适合以各种打击技术如勒瓦娄哇技术、石叶技术、细石叶技术，来生产大量定型的石片或石叶，如此打制形成石片沿边薄而锋利的刃部，再经二次加工成为各种石器，用来切割、刮削及钻孔等。然而，软玉本身的交织纤维显微结构有着强韧的物理特性，加之人们片解软玉原料的目的，是制作玉器饰物的毛坯，这与主要利用旧石器时代石器刃部功能的目的完全不同。由于软玉本身的物理特征及人们对片解素材形态目的追求上的差异，这样一种针对软玉加工新技术的选择，因当时社会的需求而生，而非直接继承传统技术。因此全新世砂绳技

图 1 砂绳切割玉石的考古实验

术的出现，既是摆脱此前旧石器时代的打制剥片技术而出现的革命性变化，同时也是在玉文化形成的初期，从传统石器技术向专门生产玉器而出现玉石分化现象的代表性变革。

砂绳技术本质是通过绳子带动解玉砂，以砂与玉的研磨做出精准切割，由此，切割技术可以确保被分解玉片的整体厚度较为均衡，而用打制技术生产的石片，往往在打面一方有打瘤的突起，石片沿边急呈锋利薄刃部。砂绳切割技术，以绳子作为解玉砂的载体，由玉匠用弓或者双手操作，拉动砂绳在玉上磨擦切割（图 1）。因此我们要把玉工艺中的砂绳技术，放在人与玉及社会这三者的互相影响下考虑。相对于石料来说，软玉的入手一定更加困难，因为软玉原料本身在自然界中就较为稀有，所以软玉往往是一种远距离运输的珍贵原料。贝加尔西岸安哥拉及其支流是古代软玉玉矿资源的重要产地，贝加尔湖以东布里亚特乌兰乌德的达克西姆和巴格达林地区，也出产十分优质的软玉。俄罗斯科学院西伯利亚分院蒙古研究所的娜塔莉娅·齐德诺娃把贝加尔湖周围的软玉按玉色分为白色、青白及深绿色几种：白色玉料来自维季姆高原，而深绿色软玉则来源于萨彦区域。从外贝加尔湖东向进入黑龙江上游是旧石器时代晚期以来重要的文化通道，小南山遗址过去出土的白色略带透明的软玉璧饰，比较接近贝加尔湖周边的白玉。然而，小南山 M1 出土的 60 多件软玉玉器中，最精美的玦饰、环及璧饰都是黄绿色调的玉器饰物，与贝加尔湖全新世初期的玉器风格有明显差异。我们无法否定小南山玉料来源于贝加尔湖周边的可能性，所以从最保守的角度考虑，小南山迄今出土的 200 多件玉石饰物中一半是软玉，便是十分重要的现象。玉工如何制作数量如此众多的玉器？也成为值得深入探讨的问题。

四、制作弓箭的弦及解玉砂

玉工艺中的砂绳切割是旧石器时代以来技术的全新发展。我们从东北亚更新世晚期文化推测，砂绳切割技术的基盘，很可能与弓箭技术的转移相关。弓箭技术主要是弓与箭配合，箭头上装置石镞，弓由弓体本身与弦结合构造，弦则是一种呈长条绳状的物体。世界考古学多次发现证明，旧石器时代晚期，即数万年前，绳子编制技术已经十分发达。绳子有可能以植物树皮或动物皮毛，甚至筋条韧带精心制作。因此，全新世初期绳子理所当然已经存在，只是绳子能否被发现要决定于其保存条件的偶然因素。东北亚晚更新世末至全新世，弓箭狩猎为重要的经济生业，制作弓需要使用结实及弹性强大的弓弦，古代按传统一般用牛筋和生牛皮混合调制弓弦，这些均是制弓的关键技术。《天工开物·佳兵》有载："凡牛脊梁每只生筋一方条，约重三十两，杀取晒干复浸水中析破如苎麻丝。北方无蚕丝，弓弦处皆纠合此物为之。"据此可见弓人制弦技术的精湛。推测史前东北亚史前阶段社会，鹿筋和皮普遍存在，以此制作的弓弦可能比牛筋条弹性更佳。过去我们的砂绳切割实验，因图便利会采用市场上买来的麻绳，它们因解玉砂的磨耗而经常折断，没法解决耐用性问题。而古人的弓弦制作技术，启迪我们找寻与古人所制弓弦相似的绳子，它们是史前砂绳切割解玉的最佳工具，为解玉砂提供了可靠的载体。

另一方面是木质箭枝的制作，研磨取直是十分重要的技术。欧亚大陆北部及美洲，在更新世新流行的一种组合有槽的石工具，被称"有槽箭杆整直器"，日语是"矢柄研磨器"，英语是"Grooved Abraders"。这种石器为成对双合式构造，纵向直槽用作磨擦箭杆，磨擦产生的热力有整直箭杆的效果。[6]这里我们重视的是有槽研磨石器最初直槽制作的技术。毫无疑问，这种有槽箭杆整直器的直槽制作，是在预制石质整直器的毛坯平面上，用片状砺石的研磨方式，切割纵向深度规整均匀的直槽。事实上石质整直器上直槽的制作，与玉器加工的锯片加工技术相同。因为直槽不可能由打制技术产生。更重要的是片状砺石研磨直槽过程中，工匠可能加入解玉砂，以协助产生研磨效果。就算工匠不加入解玉砂，在片状砺石与整直器毛坯研磨过程中，由于两者的磨擦，也会自然产生粉状细砂，同样具有解石砂的功能。这说明弓箭制作技术，包括弓弦、解玉砂、片状切割的几种技术因素。

我们推测解玉砂的出现可能与石器和骨角器的磨制技术相关。旧石器时代中期已出现不少石锯，欧亚大陆北部在旧石器时代晚期出现大量研磨骨角制品，研磨加工技术必然是骨角器制作的最后工序。由此可预见，可能受骨角器技术的影响，打制石器技术向研磨技术的逐渐发展，是必然的趋势。在日本发现的局部甚至全身磨制的三万多年前的精美石斧，也说明了解玉砂是属于旧石器时代晚期的发明。以上讨论阐释了弓箭的制作技术，是奠定玉工艺中砂绳切割技术的基础。当社会需要对软玉进行加工时，人们发觉在制作弓箭的技术上，绳子及解玉砂切割技术，比较合适于加工软玉，这解释了砂绳切割技术诞生的社会背景。考虑到软玉原料本就稀有，又可能是源自远距离交换的珍贵物品，而软玉物性强韧、难以分解，在旧石器时代对脆性岩石的打片技术难以对其直接开片，所以打制技术会造成软玉原料上的浪费。

距今14000—10000年间，是东北亚史前社会玉石器技术逐渐出现分化的关键阶段，更新世晚期末段，黑龙江两岸当时的社会出现重大革新。日本中央大学小林谦一指出，自距今约14000年始，东北亚尤其是日本列岛的文化同样出现巨大的变革。我们结合东北亚大陆尤其是黑龙江中游一带考虑，首先，这一时期陶器的出现与使用频率增加，表现了陶器制作技术的更新和功能上的多样化。在日本列岛方面，13000年前已形成涵盖数千公里以上的陶器群网络。其次，工具中弓箭的成熟发展，为狩猎技术的革新。弓箭和石枪成为狩猎工具中交替使用的重器，弓箭也成为当时普及的最先进工具之一。再者，成熟的石斧制作技术显示木工技术的发展，拓展了房子建筑、独木舟制作及各种木工生活的加工技术。当然，木弓本体的制作也是木工先进技术的体现。最后，是人体特殊装饰物的普遍出现，反映了生活精神文化的普及。约9000年前的小南山文化，已进入软玉文化开花结果的阶段。

从小南山文化阶段考虑，软玉、人与社会思想三者的碰撞，以及玉料来源的稀有性、软玉物性致密的特质、社会精神文化上对玉器的需求，这些因素都相互有着密切的关系。小南山M1出土的软玉玉器多达60多件：巨大的玉玦饰、造型奇特的匕形器、多数环状饰物、璧饰和坠等玉器，这些器物与同遗址其他50多处墓葬出土玉器相比，存在巨大差异。这些现象反映了玉器在当时社会的分配方式。玉匠在社会中的角色，与其对玉料的掌握、玉器的技术创作及继承等因素密切相关。小南山玦饰的中孔，普遍有偏离正中而使玦的肉宽窄不均的现象，但也有一些玉玦的肉相当匀称，这显示了玉工工艺技术的差异。

五、砂绳与锯片切割技术比较

最后，考古学不少起源性问题，是难以完满解释的。为什么中国文字最初以甲骨文方块字形式出现，而汉字三千多年一直沿用至今？中国最有价值的矿物，为什么从新石器时代初期开始就一定要选择软玉而不是玛瑙、水晶？这方面我们特别重视贝加尔湖畔两万多年前出现的软玉饰物。而在约9000年前小南山文化的玉器文化中，软玉已经从其他矿物中脱颖而出，M1墓中的玉玦、匕形器等，都证实了软玉崇拜的存在。而且，在小南山，人们还发现了针对软玉物性而出现的砂绳切割技术的使用：在软玉原料开料切割及玉玦断口的加工过程中都留下了清晰的痕迹。为什么玉器文化从一开始就使用砂绳切割，而不使用同时期存在的锯片切割技术？理论上，锯片切割技术在旧石器时代晚期加工骨角器时就已普遍使用。上文所提及的箭杆整直器直槽成形，就是锯片切割技术的制作成果。我们在西伯利亚新石器时代早期的玉斧侧沿上，也发现了锯片切割的痕迹。然而，对于旧石器时代体系脆性良好的岩石加工技术，打制技术基本上是无可取代的主体，而锯片切割技术在石器加工上，只是偶然的举措。晚更新世末期全新世初期以来，锯片切割技术在玉石加工方面并不占主导地位。

对于砂绳技术的出现，目前人们仍然在五里雾中。东北亚特别是黑龙江流域，史前弓箭狩猎技术十分发达。猎人弓不离身，对弓弦般的绳状物的使用方式产生多种创意，偶然一次将绳状物作为砂绳来切割玉器而得到良好效果，这种以柔制刚的神奇技术由此横空出世，其后在社会上得以广泛流传。西伯利亚中部贝加尔湖周围，迄今未见过由砂绳切割的玉器。目前主要认为最早出现砂绳切割技术的地区，很可能是黑龙江上中游一带。我们推测，在早期阶段，砂绳切割与玉崇拜可能合而为一，即砂绳切割技术可能被赋予神圣的特殊意义。

软玉与砂绳切割技术，将器物与神圣工艺合而为一，这或许构建了中国新石器时代玉器宗教性仪式形式上的信仰。砂绳切割技术对于玉器的神圣作用，在不少场合中显得十分特别。从切割技术效果来说，例如红山玉器的大型箍形器中间的掏空器芯，或者是良渚玉器中的一些梳背形器镂孔，砂绳切割可以在切割前进中不断转变，起着微调切割方向的效果，这是锯片切割的平直进行方式无法做到的。然而，砂绳切割依靠人手拉动，所以切割面不是平面而是起伏波浪状的。现今，我们根据新石器时代玉器表面的起伏波浪状态，去判断砂绳切割技术的使用痕迹。而用锯片技术切割玉料，切割面一般平整而光滑，切割效率也比砂绳技术高。最后，锯片切割技术由于上述各种优点，在龙山至青铜时代逐步取代砂绳切割技术，成为软玉原料主要的开片技术。

六、砂绳技术的象征意义

新石器时代早期，玉匠表现出对砂绳切割技术的沉迷，然而也掺杂着爱恨交织的情绪。从小南山时代开始，我们看到不少环状玉器表面仍遗留砂绳切割起伏后被磨平的一些残余凹坑，约占全体面积不到十分之一。这反映从小南山人时代开始，人们对砂绳切割后玉料表面的起伏面，并非毫不在意，而是有一种必欲除之而后快的心态。但如果砂绳切割起伏太大，考虑到全面磨平会使玉料的磨损太多，人们只有无可奈何地遗憾妥协。发展到了兴隆洼文化时代，以一般玦饰为代表的玉器器身，已被全面研磨得较为光滑。最值得注意的是兴隆洼文化玉玦玦口的位置，有砂绳与锯片切割两种手法的痕迹：在砂绳切割玦口开口处，可见有锯片开槽引导的工序。如此，既然玦口已用锯片切割开槽，何不顺水推舟，切开玦口了事？玉工反而在此后又改用砂绳完成玦饰玦口切割。纵观兴隆洼文化玦饰，主要是以砂绳切割开口。这使人想及此种技术使用背后，显示着人们因特殊信仰的执着倾向，而不是纯粹出于对技术效率的理性考虑来处理玉料，这甚至导致切割面上出现起伏不平的多种问题，此时，人们仍维持着砂绳切割在软玉加工过程中的特殊作用。

从小南山开始软玉与砂绳技术捆绑的组合，一直发展到新石器时代晚期登上高峰（图 2）。长江流域下游约 7000 年前河姆渡文化玦状坠饰和玦饰的玦口面上，仍可见砂绳切割技术的痕迹。众所周知，河姆渡玉石玦饰并非为真玉，显示此特殊技术传统、强大生命的延续力。到了约 5000 多年前的良渚文化，砂绳技术的使用的频率已经达到顶点。良渚人在玉器加工技术上选择坚守信念，其对砂绳切割的溺爱、近乎宗教信仰的狂热，笔者对此曾在《以柔制刚：砂绳截玉考》一文中指出，良渚文化“从各类玉器素材片解、管珠两端切断、环镯芯剜取、三叉形器叉部成形以及璜饰镂空等，线（砂绳）切割几乎无孔不入，是良渚玉工最擅长的技术之一”[7]。

良渚玉琮、璧充分反映自小南山以来软玉与砂绳技术的组合，构成一种具有宗教仪式般特殊的信仰象征。用历史皇朝观的术语来表达，砂绳技术切割玉器似乎有“祖宗之法”的意味，是人们奉守成规的信念。诚如勒莫尼耶在技术选择意义上的解释，技术本身是超乎单纯技术层次，因文化发展后加入了不同的社会因素，而这种因素又是一种象征性的体系。在小南山文化阶段以前，针对软玉而出现的砂绳技术，是适应软玉显微结构致密物性的工艺，因为技术的本质是创造和使用器物。到了新石器时代晚期的玉文化，良渚文化砂绳切割技术广泛使用在玉器的开料和加工上。良渚玉器仅有少数如塘山金村段出土 T13：118 的玉核，表面显示有锯片切割开料平整的痕迹。因此，良渚文化中，玉料锯片切割技术只是靠边站的角色，砂绳比锯片切割技术的使用更加普遍，这是不争的事实。良渚人对砂绳技术的广泛使用，究竟在多大程度上出于工艺上的实用需要？抑或砂绳切割已成为一种代表传统软玉加工技术的神圣象征？令人十分惊讶的是一些良渚玉琮毛坯的发现，它们是高度上接近 50 厘米的大型的玉器。对琮体毛坯的四个壁面进行切割，人们仍以砂绳切割技术施工的艰巨便可想而知了，而在切割后，玉琮壁面也留下了巨大的起伏波浪状痕迹（图 3）。众所周知，玉琮毛坯的壁面是雕刻复杂节面与神人眼鼻玉的空间，为此玉匠又必须把壁面磨平光滑，而令人遗憾的是常见的成品琮壁面上，往往留有砂绳切割后起伏的坑疤。[8]

图 2 黑龙江小南山及浙江良渚反山出土环状饰物，两者采用近似的砂绳切割技术，前者距今约 9000 年、后者距今约 5000 年

图 3 广东海丰三舵良渚文化玉琮射面的砂绳切割面，再研磨后留下高低起伏的凹槽

勒莫尼耶指出技术选择本身，包含着工艺与社会性这两部分。[9] 玉器的技术选择，早期小南山阶段砂绳切割以工艺为重心，到晚期良渚文化已向社会象征递变。因此，玉工技术上的选择，往往受当时社会背景及文化价值观的支配。砂绳技术的产生，可能因借鉴狩猎者制作先进弓箭的技术而产生，而并非单纯是玉文化工艺的内在发展。这种特殊的技术自约 9000 年前诞生后，就成为中国新石器时代针对软玉加工最具影响力的技术。中国北方早期软玉的物性、猎人及社会相互激荡，与偏好软玉与砂绳技术的选择，交织成东亚独特真玉文化的景观。目前，在新石器时代早期的中国东北、俄罗斯远东地区、朝鲜半岛南部、日本北海道及本州北陆地区，均发现过软玉与砂绳切割配套的玉饰制品。

（作者系山东大学特聘教授）

注释：

[1] Pierre Lemonnier, "Introduction", *Technological Choices: Transformation in material cultures since the Neolithic*, edited by Pierre Lemonnier, Routledge Press, 1993, pp. 1-36.

[2] 荆志淳：《辨玉：玉器的物质性和商代社会生活》，四川大学讲座纪要，2016 年 5 月 6 日。

[3] 闻广：《中国古玉地质考古学研究》，《中国地质科学院地质研究所文集（29—30）》，1997 年。

[4] 邓聪、李有骞：《東北アジアから見た桑野遺跡の玉玦》，载福井県あわら市教育委員会編《桑野遺跡：あわら市埋蔵文化財調査報告第 3 集》，2019 年。

[5] 邓聪、吕红亮：《以柔制刚：砂绳截玉考》，《故宫文物月刊》2005 年第 1 卷第 23 期，第 70—82 页。

[6] 大貫静夫：《矢柄用工具と弓矢—山内清男〈矢柄研磨器について〉を読む》，载共同體研究會《異貌　38 号　山村貴輝氏追悼号》，2021 年。

[7] 邓聪、吕红亮：《以柔制刚：砂绳截玉考》，《故宫文物月刊》2005 年第 1 卷第 23 期，第 70—82 页。

[8] 邓聪、曹锦炎：《良渚玉工 1》，香港中文大学中国考古艺术研究中心，2015 年。

[9] Pierre Lemonnier, "Introduction", *Technological Choices: Transformation in material cultures since the Neolithic*, edited by Pierre Lemonnier, Routledge Press, 1993, pp. 1-36.

金玉如何成良缘
——饰品中的“金镶玉”掠影

扬之水

图 1.1 银鎏金嵌玉带钩

图 1.2 银鎏金嵌玉镶琉璃珠带钩

图 1.3 错金银嵌金玉铜带钩（侧视）

图 1.4 错金银嵌金玉铁带钩

金玉良缘，其语不古。而“金镶玉”作为工艺的名称以及引申为对某种物象的比喻，明清方始流行。先秦以来至明代，虽然不乏“金镶玉”的实例，但在如此漫长的历史进程中却始终没有形成风气——顺带说明，本篇所讨论的“金镶玉”是狭义的，与此不无关联的绿松石嵌铜饰品近年已有不少研究成果，这里不涉及。

从世界范围来看，人类对黄金的利用始自公元前四千年左右，中国古代金银器制作的发生，已经是两千年之后，它早期阶段的发展，源自与欧亚草原文化的交流。如果站在华夏礼乐制度的立场去认识金银器在当时的地位和价值，那么可以说，金银器始终不是核心传统，因为中国人选择了玉器和青铜器作为礼乐制度的物质依托，依照礼所规定的等级，用来象征权力和地位。而金银进入玉的世界，就某种意义而言，是开启了传统之外的一种新秩序。反之，金银器制作中玉的加入，从演进的角度来看，乃是使它融入既有的秩序。至于金玉是否得结良缘，亦即设计制作是否成功，或可说主要取决于两个方面：其一，审美的维度；其二，功能也包括工艺的处理。这里还有一个前提，即财力，当然很多时候财力会同权势相连——从考古发现来看，金玉结缘之作几乎尽数集中在皇室贵胄及显宦之家。实际上，一二两项也总是紧密相连，毕竟美观与功能巧相结合，方是产品的最佳效果。

早期的“金镶玉”多见于带钩。出自西安未央区尤家庄的战国晚期银鎏金嵌玉带钩（图 1.1），钩头一个独角兽为带钩中腰露出一对獠牙的神兽衔住长颈，神兽上方又是一个钩喙长角的神鸟，两枚玉片分别镶嵌于兽和鸟身。带钩中腰下方圆钮上有“心”字铭。河南辉县战国墓地出土银鎏金嵌玉镶琉璃珠带钩（图 1.2），意匠与前件相似。白玉琢作雁首为钩头，下方兽首衔钩，末端也以兽首为收束，两侧各有鸟兽转腾，钩表三枚白玉玦，玉玦中心分别嵌一颗半球形的蜻蜓眼琉璃珠（中间一枚脱落），兽角长伸搭扶在玉玦之缘，造型与功用的相互结合，用了极为自然的方式，或可视作早期的“爪镶”。河南新郑胡庄墓地与信阳长台关楚墓出土错金银嵌金玉铜带钩和铁带钩（图1.3、图1.4）则是集众美于一身：钩首、钩身侧边和钩表的装饰框相间嵌错金银卷云，排布于钩表的方框内交错镶嵌金和玉，金则盘螭，玉则卷云，二者均作为装饰元素，使得纹样与不同的材质交相呼应。

魏晋南北朝时期金玉结合的饰品实例不多，但不乏可称道者，如咸阳底张湾北周若干云墓出土八环蹀躞金钉玉带。金钉固然是服务于工艺，但同时具备了审美效应，乃至这一样式作为历史记忆变身为后世的典故，即宋人诗中的“万钉宝带烂腰环”（欧阳修《子华学士傫直未满遽出馆伴病夫遂当轮宿辄成拙句奉呈》）。八环带中的一枚镂孔方銙（图2.1），更以金片与鎏金片材两重为衬，四角与中央贯以金钉，以是金不掩玉而玉得点点金光。同出小铁刀两件当是蹀躞带上系物，象牙刀柄与刀鞘两端均套以金箍。金箍在这里的使用也不是闲笔，乃功能与审美兼有之。

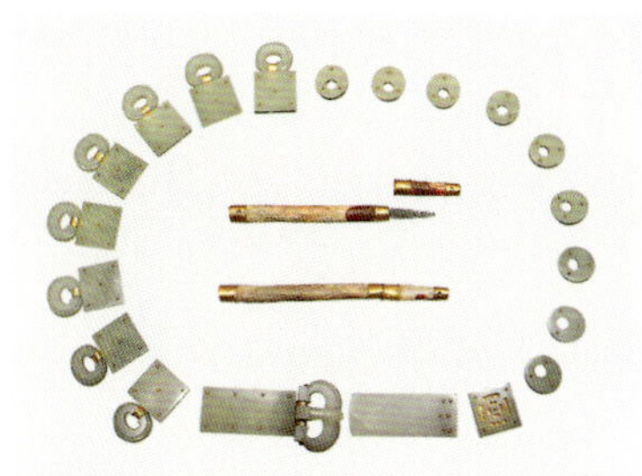
图2.1 八环蹀躞金钉玉带

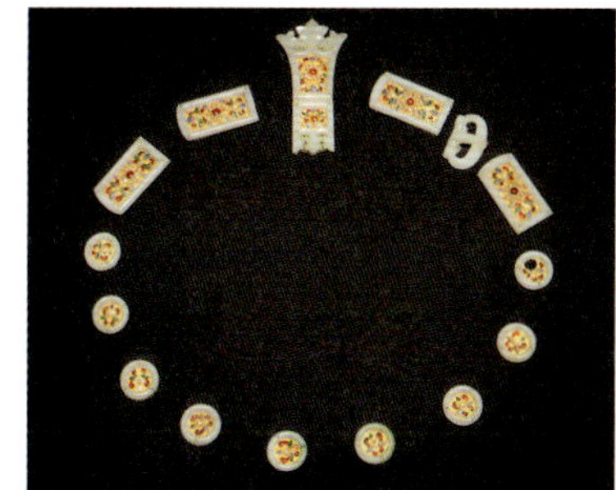
图2.2 玉梁珠宝钿带

之后的唐代，礼仪用器中有“起梁珠宝钿带”。依舆服制度，群臣之服的“起梁带”按照品级之异而有别，即“三品以上，玉梁宝钿；五品以上，金梁宝钿，六品以下，金饰隐起而已”（《新唐书》卷二十四《车服志》）。西安长安区南里王村唐窦皦墓出土一副玉带，正是玉梁珠宝钿带的完整实物（图2.2）。带銙白玉为梁，下衬铜板，用三五个小金钉上下固定，金粟铺地，其上以小金条围出花朵和枝叶轮廓，花瓣嵌珠，花心嵌宝，花叶依形填嵌彩色宝石和珍珠。

礼仪用器之外，唐代玉器更多进入日常生活成为装饰品，而依旧保持了雅洁的品格，它与金银的结合，既是主从关系，又各得其宜。比如多用于花钗及花钗式步摇的金银镶玉，用作镶嵌的镂空玉片轻薄如剪纸，是所谓“钗斜只镂冰”（李商隐《楚宫》），诗人所以有“玉钗头上风”之咏（温庭筠《菩萨蛮》）。西安交通大学兴庆宫遗址出土数枚花枝和花鸟纹玉片，应即以金银为钗脚的玉钗首（图3）。杭州临安区五代吴越国康陵出土一件银鎏金镶玉钗首（图4），银鎏金花萼为座，只有两毫米厚的一枚花叶式玉片嵌入其内，玉片碾作展翅于缠枝卷草间的一只衔绶凤凰。由唐代金银花钗的流行样式，可推知接焊钗首的钗脚当是细而长。出自山西永济西厢村的银鎏金镶玉钗首一枚，花叶式玉片，其表浅刻众叶相拥的一枝垂头花，下方托起玉叶的一弯银鎏金花枝镂空作，下缘花枝上有七个小孔，小孔内缀环，今存五枚。由此式样可知原初小环内必有坠饰，那么它是步摇一枝（图5）。合肥西郊南唐墓出土一枝银镶玉花叶步摇（图6），钗脚上方收束处做成顶着一朵桃花的花萼，花萼中含编绕出三个圆环的银丝，然后叶分两枝，即分别以“螺丝”送出造型相同的两个花萼，内里各个插入两枚银镂空花叶，碾琢出一朵桃花的花叶片也一起插入，花叶下缘的镂空处系坠子。以上几个实例，显示了金银镶

图3 玉钗首

图4 银鎏金镶玉钗首

图5 金镶玉步摇

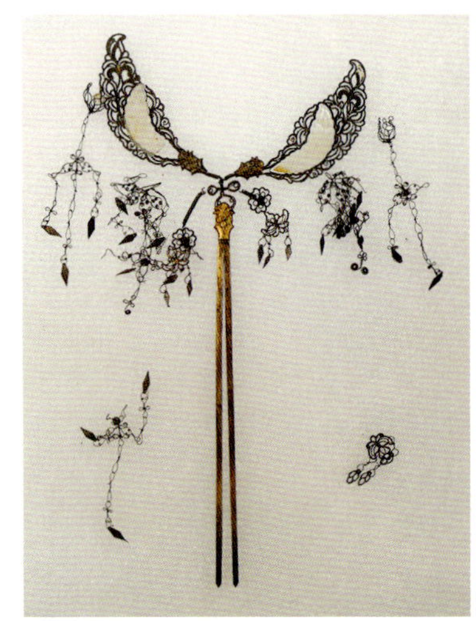
图 6　银镶玉花叶步摇

玉三种不同的处理方式，或金银镂空，或玉片镂空，总要虚实相间，互不夺色，以生出相谐之美。

前面说到，审美角度之外，又有功能的考虑，虽然二者很难明确区分。出自广州西汉南越王墓的玉龙金钩一枚（图 7），它的设计似偏重于功能，而适成金玉合璧之巧构。玉龙耸身卷尾，回颈张口衔住背鳍，金钩一首一尾都铸作虎头，下方的虎头头顶铸一个“王”字，虎口开张处成为一个卡头，正好套合在玉龙尾部的折断处，借势以成龙虎争斗，断口两边分别做出三个小孔用以固定。出自西安南郊何家村唐代窖藏的金镶玉手镯，系三节白玉以三个兽面金合页相衔而成，用作开阖的一个合页，中设活销，此外两个辖以小金栓而成活轴（图 8）。同出一共两对，存置其物的是一个银罐，器盖墨书“玉臂环四”，标明其称。沈括《梦溪笔谈》卷十九《器用》曰：“人有发六朝陵寝，得古物甚多，予曾见一玉臂钗，两头施转关，可以屈伸，合之令圆，仅于无缝，为九龙绕之，功侔鬼神。”据此形容，所谓“玉臂钗”，自是玉臂环，“两头施转关”之“转关”，必要金材方可与之般配。作者在金陵所见当是这一类唐物，如此“功侔鬼神”者，唐代难得，宋代也很少。

图 7　玉龙金钩

功能性比较直接的金玉结合之作，有两汉以来流行的折股钗，隋唐时期或以玉为钗梁，金银为钗脚。西安隋李静训墓出土水晶钗梁一对（图 9.1）、河北定州静志寺塔塔基出土玉钗梁数十枚（图 9.2），形制都十分相似，应该是同样的情况，即其下插接金银钗脚。由扬州唐井出土的银镶水晶、银镶玛瑙钗（图 9.3），可推知其式。宋元明时代均有性质相类的实例，如出自浙江龙游寺底袁宋墓的一枝包金玉簪（图 10.1），内蒙古通辽吐尔基山辽墓出土金镶宝包嵌墨玉耳环（图 10.2），哈尔滨新香坊金墓出土金穿玉荷叶莲苞耳环（图 10.3），石家庄元史天泽家族墓出土金穿玉凤簪（图 10.4）。出自南昌青云谱区京山学校明墓的金镶玉凤簪（图 11.1）与无锡黄钺家族墓的金镶白玉簪（图 11.2），都可视作对前朝工艺的继承。

图 8　金镶玉臂环

明代是中国古代设计史上的一个高峰。明人重巧思，爱巧艺，此际的士人之风雅虽多承继于宋人，但明代士人一个很大的贡献是将风雅推

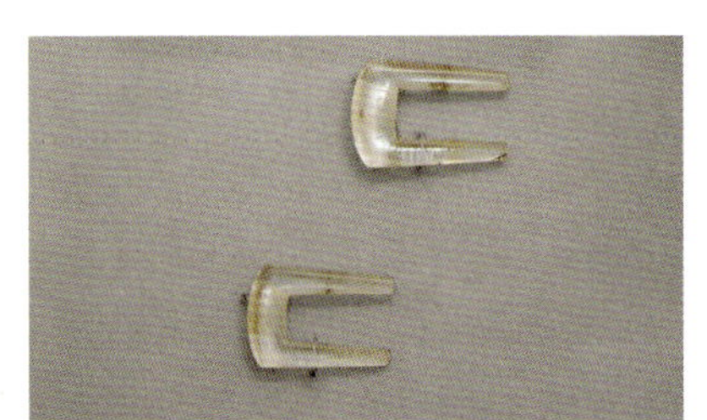
图 9.1　水晶钗梁

图 9.2　玉钗梁

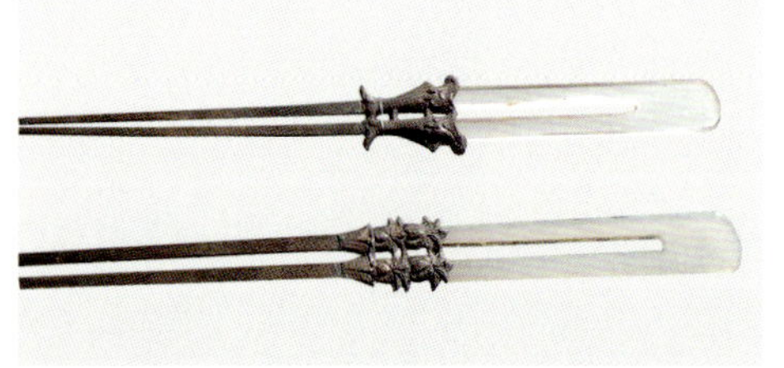
图 9.3　银镶水晶、银镶玛瑙钗（局部）

图 10.1 包金玉簪

图 10.2 金镶宝包嵌墨玉耳环（一对之一）

图 10.3 金穿玉荷叶莲苞耳环一对

图 10.4 金穿玉凤簪（簪首）

图 11.1 金镶玉凤簪（簪首）

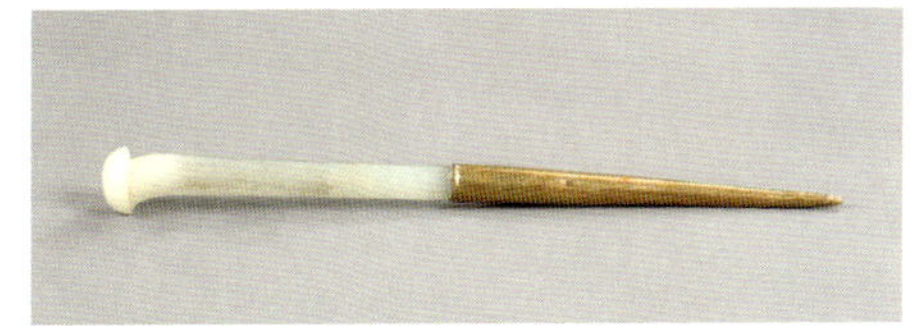
图 11.2 金镶白玉簪（无锡博物院供图）

及于匠人。在明代士人眼中，巧工乃近于“道”。闽人谢肇淛言及家乡以淘沙为业者有本领造景叠石，妙成殊构，遂感叹道：“以一贱佣，乃能匠心如此，其胸中丘壑不当胜纨袴子十倍耶？”（《五杂组》卷之三）张岱历数竹、漆、铜及陶瓷诸工，而赞之曰：巧匠“且与缙绅先生列坐抗礼焉，则天下何物不足以贵人”（《陶庵梦忆·诸工》）。工匠地位提高至此，诚前所未有。正是在这一风气下，金玉结缘进入它的盛期，主要成就便在于设计之妙。因此成品往往不是以玉工的出色取胜，而是更多体现在以搭配之巧生出的各种意趣，亦即今之所谓“设计感”。

明人对“奇巧”的欣赏，也多半是由洗练与圆熟的技艺所成就的趣味，金细工艺中的累丝，自是其中之一。它是金银器手工制作所能达到的精细之最。一方面，累丝以对原材料的精加工使得首饰立体造型或繁复的构图用材大为俭省；一方面，它把明代金银首饰的制作定型为技术化的风格，纤巧，秀丽，规整，精细至上。累丝的盛行，也使“金镶玉”的设计制作面目一新。湖北钟祥明梁庄王墓出土金累丝镶宝嵌玉牡丹鸾鸟满冠一枝（图 12.1），以累丝卷草纹为底衬，正面是嵌玉的边框和抱爪，边框周回是累丝花叶和十八个石碗，内嵌红、蓝宝石与绿松石。边框里嵌一枚玲珑玉：白玉碾作一幅牡丹鸾鸟图，一枝牡丹花开中间，鸾鸟一双回环左右，一只俯身昂首，一只转颈顾盼，长尾与花枝交相缠绕，把空间填满。与它合作一副的还有题材与制作工艺均相一致的一对掩鬓（图 12.2），造型为左右对称的云朵，中心边框内各嵌玲珑玉，不过是把满冠的牡丹鸾鸟图一分为二做成适合图案。这里金与玉的结合，使金银本身变得柔和轻盈，精光内敛，恰如其分地衬托玉石之温润、宝石之明艳，显示了一种成熟的设计理念。梁庄王墓墓葬年代为正统四年（1439），这些首饰的制作时间或当更早。

图 12.1 金累丝镶宝嵌玉牡丹鸾鸟满冠（湖北省博物馆供图）

图 12.2 金累丝镶宝嵌玉牡丹鸾鸟掩鬓（湖北省博物馆供图）

图 13 金累丝镶玉牡丹花头银脚簪（浙江临海明王士琦墓出土）

这一组实例中的累丝卷草纹底衬有很强的装饰意味，虽然它所具有的功能意义仍与此前的金银镶玉簪钗相同，却因累丝的精细而使功能与审美的融合更为充分。明代金银首饰的发达远愈前朝，纷纭的造型与样式自然为金玉结缘提供了更多的创造空间。简单者，如各式累丝镶玉花头簪（图 13），如金镶玉观音簪，及各种造型的耳环与耳坠。繁缛者，则有将数个金镶玉小件合而为一的群仙庆寿钿。与单一材质的金银首饰相比，金银镶玉丰富了图案的层次，增强了艺术表现力，当然更添得高雅的气息。

一枝出自无锡仙蠡墩十三号墓的金镶玉观音挑心（图 14.1），簪首以翻卷的海浪为托座，上方缭绕竹枝。观音之右，乃穿过竹林俯身飞来的一只鹦鹉，是正待依偎于观音身旁的一瞬。观音左边，一个插着柳枝的净瓶隐映于丛竹间。海浪、鹦鹉、柳枝净瓶，正是民间塑造的南海观音带有指向性的构图元素。如此造像，宋代已经出现，如江苏宜兴法藏寺北宋地宫出土一身以银片打制的观音坐像（图 14.2），宋元瓷器中更有多例。到了明代，这样的表现方法已差不多成为定式。此际总是同观音在一起的一只白鹦鹉，多半缘自其时盛传于民间的《莺哥孝义传》。《西游记》第十二回“玄奘秉诚建大会　观音显像化金蝉”道观音在法会现出真身，“面前又领一个飞东洋，游普世，感恩行孝，黄毛红嘴白鹦哥”，正是道得明白。上海嘉定明西安府同知宣昶家族墓出土成化年间北京永顺堂刻印说唱词话十二种，《新刊全相莺哥孝义传》便是其中之一。故事末了说道，莺哥为父母报仇之后去礼拜观音，“观音见了心欢喜，将言说与小莺儿：我今度你归南海，快乐逍遥过几时。……观音驾云前行去，小莺后面便高飞。……紫竹林中多景致，围山大海世间希。……莺儿得到观音殿，磻陀石上理毛衣”。南海观音挑心的设计未必与《莺哥孝义传》有直接关系，因为簪钗设计可资取用的纹样原有多种来源，不过进入俗文学的中土化的观音，大约比释典中的观音更为民众所熟知。将《莺哥孝义传》中的插图（图 15）与这一枝挑心相对看，构图之相似——包括紫竹林的表现形式，乃一目了然。而挑心设计与制作的可称道处，在于以玉工展现造像之美，以金工完足叙事之要，是金玉合璧的一个好例。

图 14.1 金镶玉南海观音挑心（南京博物院藏，南京博物院供图）

图 14.2 银观音（宜兴博物馆藏）

此外有出自兰州市白衣寺塔天宫的金镶玉嵌珠宝送子观音挑心一枝，金累丝的莲花台上伸展出镶珠嵌宝点烧蓝的莲蓬、花叶和慈姑叶，碾玉观音也是头罩观音兜，膝上一个小儿，衣裾下方的三朵浪花见出渡海之意（图 16.1）。背面一柄银簪脚，上有铭曰“肃王妃熊氏施伴读姚进兼装”（图 16.2）。又有金镶玉嵌珠宝鱼篮观音挑心一枝（图 16.3），它以金为托座，内嵌玉件。白玉碾作莲瓣式镂空背光，背光边缘镂雕卷草，金累丝做成莲台，莲台两边以莲茎、莲叶和宝石点蕊的五朵莲花伸展内合抱为托座，白玉观音高髻，衫裙，帔帛，手提鱼篮，纤腰微步翩然于莲台之上，簪脚铭文与送子观音挑心相同。熊氏系末代肃王朱识鋐之妻，天启二年（1622）册封为妃，挑心原是王妃施于白衣寺之物。同出一枚银花钱，其上铭作“崇祯伍年捌月初拾日 伴读姚进施”，簪与花钱的施舍当为同时。

图 15 明成化《新刊全相莺哥孝义传》插图（采自上海书店 2011 年影印本）

图 16.1 金镶玉嵌珠宝送子观音挑心

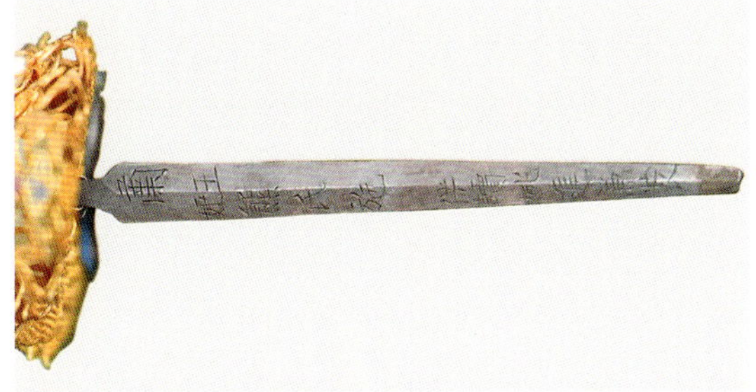

图 16.2 金镶宝送子观音挑心铭文

图 16.3 金镶玉嵌珠宝鱼篮观音挑心

图 17.1 金镶宝玉葫芦耳环一对

图 17.2 金镶宝玉葫芦耳环一对

葫芦耳环是明代最为通行的样式，它由元代继承而来，就基本造型而言，变化不大，但材质更为多样，金镶玉即可算作新式之一。南京江宁将军山沐瓒夫人刘氏墓、上海李惠利中学明墓出土金镶宝玉葫芦耳环（图 17.1、图 17.2），后者耳环的玉葫芦是两个碾作古禄钱纹的灯球相叠，上覆金镶宝花叶。玉寿字与金耳环或金耳坠，也是流行的搭配方式，如山西晋城泽州县陡坡村明张光奎墓出土金镶玉寿字耳环一对（图 18.1）、江西南城明益庄王夫妇墓出土金镶玉寿字耳坠一对（图 18.2）。兰州上西园明肃藩郡王墓出土金累丝镶玉灯笼耳坠（图 19），更以金玉相谐而成就它的细巧。装饰之部的上方一个五爪提系，提系顶端为圆环，五爪之端五个金累丝的云钩，钩坠五串金累丝事件儿，每串系着四事，即如意、金锭、古禄钱、铎铃。提系下边接焊一顶金累丝花朵式伞盖，其下缘用细金条做成披垂的沥水。伞盖之下又一个金累丝花叶盖，盖下穿缀两颗白玉珠，玉珠下面各有金累丝的花叶托。耳环脚的一端钩起提系顶端的圆环，然后于钩尖上焊一只小小的金累丝嵌宝飞凤，

图 18.1 金镶玉寿字耳环一对

图 18.2 金镶玉寿字耳坠一对

图 19 金累丝镶玉灯笼耳坠

一面为了装饰，一面也为着固定之用。耳坠看起来似乎金多玉少，但因为金事件儿都是玲珑作，故金光仍不掩玉之素雅，尽管物象所取皆为吉祥喜庆。

江西南城明益宣王夫妇墓出土金镶玉嵌宝群仙庆寿钿（图 20.1）系孙妃之物，双层的金制弯弧，上缘打作一溜朵云边，表层的每一朵云下各有一个嵌宝的小金龛，金龛里各立一个仙人，当心体量最大的是寿星扶杖，两边对称排着玉八仙：左侧何仙姑拈花枝，张果老两手分持简板和渔鼓，曹国舅执玉版，韩湘子吹笛；右侧铁拐李负葫芦，吕洞宾负剑，蓝采和捧花篮，汉钟离轻摇小扇。金钿背衬接焊四个扁管，中穿一根窄银条通贯整个金钿。这一类大型金钿的制作，似多以若干小件合为一副。出自浙江临海王士琦墓的金累丝镶玉嵌宝群仙庆寿钿（图 20.2），今日所见便是九个分别制作的金镶玉小饰件，其中一件玉人与金托分离。玉的质地非属上乘，刻工也很粗略，勉强认得广额而扶杖者是寿星，持笛横吹者为韩湘子，头顶一对抓髻者自是汉钟离，张果老持渔鼓和简板，吕洞宾负剑，铁拐李捧葫芦，曹国舅持拍板，何仙姑拈花枝，还有一个是蓝采和。两副金钿出自同一时代，式样、题材乃至尺寸大小都很相近，区别在于背衬的纹样和制作工艺。

宋元时代流行的“象生”依然为明代所用，这时候便多施于取样丰富的草虫簪，诸如蜜蜂、蜻蜓、螳螂、鸣蝉乃至鱼、虾、蟹、蛙，其时

图 20.1 金镶玉嵌宝群仙庆寿钿

图 20.2 金累丝镶玉嵌宝群仙庆寿钿

图 21.1 金累丝嵌宝镶玉凫鸭图掩鬓一对

图 21.2 金蟾玉荷叶银脚簪

或统称为“草虫”。草虫题材寄寓之意也与绘画相通，即以诗心看取阴阳大化而撷取自然中的欣欣生意，所谓“火气流天地，动植纷自形。阳卉耀春华，阴条敷夕荣。昆虫信微细，于以托生成”（元傅若金《题草虫图》）。“仰观造化心，无限惜春意”（明陈琏《草虫图》），可以概其大要。从今存实物来看，草虫簪子的设计纹样大约多来自绘画中的写生小品，构图元素则相对简要，造型相对灵活，要在伶俐轻盈，而别以肖形见出好来。金玉结缘，也在此见出不俗的设计。无锡博物院藏金累丝嵌宝镶玉凫鸭图掩鬓一对（图 21.1），以金累丝花叶为底衬，叶片上面嵌宝，上方边框内嵌玉鸭，其中一枝内玉鸭扭颈顾望若相呼，另一枝中的玉鸭鼗游向前若应答，用作底衬的金累丝花叶于是俨然水景。此外一对金蟾玉荷叶银脚簪（图 21.2），金托抱出一枚莹润的玉荷叶，叶心一只金蟾——以蟾背錾出若干梅花点而有别于蛙。仅从样式来说，它的近缘当是唐宋时代的荷叶蟾蜍。如洛阳出土唐三彩贴花钱柜（图 22.1），柜面有一个条状孔可投钱，前后各有一对兽面，后方两个兽面间一只伏在荷花花心扬首向上的蟾蜍；正面扣合处有锁钥，惜已残断，尚存的一部分，下方同样有一只蟾蜍呈啮锁状。如此设计，当以古有“蟾善闭气”之说，故用为锁饰。唐代马具或也借用锁闭之意，做成花叶蟾蜍（图 22.2）。北宋越窑青瓷荷叶蟾蜍砚滴（图 22.3），则将图案化的纹样做成立体的圆雕。李煜《金铜蟾蜍砚滴铭》“舍月窟，伏棐几。为我用，贮清泚”，可知是取意于“月者，水也”（《论衡·说日篇》）。首饰造型之所重，当是从传统题材中提取“写生贵活”的象生意趣，金蛙玉荷叶簪的匠心便特在于以金色融入水润，遂将富贵易为清新。

鸣蝉是明代草虫簪喜欢取用的象生。来自士人一端的大量词赋虽未必为工匠所知，清荫中的鸣蝉却是人人熟悉的夏景，何况它又是绘画中

图 22.1 唐三彩贴花钱柜（背面）

图 22.2 唐三彩马（局部）

图 22.3 越窑青瓷荷叶蟾蜍砚滴（浙江省慈溪市文物管理委员会藏）

图 23.1 明 孙龙《花鸟草虫图册》（局部，上海博物馆藏）

图 23.2 玉叶金蝉啄针一对

图 23.3 明郝杰夫人吴氏容像局部

图 24 金蝉玉叶

的常见题材（图 23.1），这些都有可能为首饰设计传递灵感。无锡明华复诚夫妇墓出土玉叶金蝉啄针一对（图 23.2），系以银片嵌的一枚玉叶为托，叶心用纤细的“螺丝”亦即细丝做成的弹簧斜挑出一只金蝉，三颗红石头分别嵌在金蝉的脊背和两个翅膀。背板嵌一个扁管，扁管里插一柄垂直后伸的细簪脚。蔚县博物馆藏明郝杰夫人吴氏容像，乃细心绘出插在鬓边的一对金叶玉蝉簪（图 23.3），显见得它是当日的流行题材，如此，则必要以选材精良、做工精细争胜。出自苏州五峰山张安晚家族墓十四号墓的金蝉玉叶（图 24），自是同类中的翘楚。金蝉材质上佳（含金量百分之九十五），叶则为和田羊脂玉，金蝉肖形如闻它振翅而鸣，玉叶碾琢之薄几同于树叶以象轻阴，由此成就视觉艺术转换为听觉的“玉振金声”。未采用嵌宝的做法，似因这里的意匠在于“写生贵活”——因为知道工匠不会是对景写生，故更觉金錾玉碾之高妙，乃至以金玉之用材和做工的精好而引动触觉之美。

明代列入舆服制度的玉饰，有玉佩和次于玉佩的“白玉云样玎珰”。它列在《明宫冠服仪仗图·中宫冠服》的“燕居冠服”下，曰：“白玉云样玎珰二：如珮制，每事上有金钩一，金如意云盖一件，两面钑云龙文，下悬红组五，贯金方心云板一件，两面亦钑云龙文，俱衬以红绮，下垂金长头花四件，中有小金钟一个，末缀白玉云朵五。”《明史·舆服志》所述基本相同。这是制度化的金玉结合，其中自然也有审美的考虑，由此还启发了另外的创作，即稍稍变换形制，而成制度之外的玎珰七事，或五事、三事——这一类金银事件儿和玉饰件原是早就有的。出自辽宁鞍山倪家台崔源族墓之崔鑑墓的一挂金玉佩件（图 25），可算作白玉云样玎珰的变通式样，上方的金如意云盖两面镂空为折枝花，下垂金长头花四，又一枚玉方心云板，云板所系坠件已失。来自“白玉云样玎珰”的“金如意云盖”与“金方心云板”，在金玉事件儿中又常常会做成一面金、一面玉，或以金玉搭配为图案。苏州博物馆藏金镶玉玎珰三事一副（图 26.1），云朵式的花题一面是金镂空螃蟹（图 26.2），镂空处隐约可见玉色，另一面则即玉荷叶上的金龟，正是唐以来流行的祥瑞题材龟游莲叶（图 26.3）。花题金框下缘的三个小环里系了三挂金链，当心一挂底端是金挑牙儿和金耳挖，中腰拴一个玉马，两边系链各缀一个上覆金叶的水晶紫茄。玎珰七事的设计，也或从绘画中借取雅意以丰富装饰趣味。出自湖北蕲春明荆恭王墓的一挂（图 27.1）通长将及三十厘米，顶端花题和中间的金镶玉圆板分别做成四幅小品画，金累丝的装饰框里两面各成画幅。花题一面是金折丝镶珠嵌玉折枝茶花，一面是金折丝镶玉石榴黄鸟，每个石榴嘴边都点了金粟粒做成的几颗石榴籽。金链拴着的一对金玉折

图 25 金玉佩件

图 26.1 金镶玉玎珰三事

图 26.2 金镶玉玎珰三事 花题·金镂空螃蟹

图 26.3 金镶玉玎珰三事 花题·龟游莲叶

枝石榴分置于金镶玉圆板上下。圆板一面嵌着玲珑玉：草坡山石间一只口衔瑞草的凤凰，玉凤回首处是枝头的一只小鸟，下方一大朵玉牡丹。另一面的金累丝画框里一幅庭园人物小景：牡丹、松枝、竹林山石布景，松间竹畔的玉人头戴小冠，支颐倚坐在山石边，浓荫里小鸟栖枝探身下望（图 27.2）。底端三事是一对玉花高耸的金累丝花盆分缀两边，满插着金玉花枝的一个累丝花瓶垂系在中间。作为“玎珰”的盆花和瓶花于是与花鸟画、庭园图相互映照，别成一种新的造型语言。

前面说到明代士人对工匠的看重，那么士人是否也会参与产品的设计呢，且看一例。高濂《遵生八笺》卷十五《论文房器具》，其“笔屏”条云：“宋人制，有方玉、圆玉，花板内中，做法肖生，山树、禽鸟、人物，种种精绝，此皆古人带板、灯板，存无可用，以之镶屏插笔，觉甚相宜。”笔屏也称砚屏。笔屏这一样式的设计是否可以追溯到宋且不论，上海卢湾打浦桥明顾东川夫妇墓出土一件紫檀座嵌玉砚屏（图 28.1），正是高濂说到的样式。如此再来看同墓所出金镶玉螭虎簪、金镶玉珠子箍饰件，

图 27.1 金镶玉玎珰七事

图 27.2 金镶玉玎珰七事（局部）

图 28.1 紫檀座嵌玉砚屏（采自《上海出土唐宋元明清玉器》，上海人民出版社，2001 年）

图 28.2 银鎏金镶玉嵌宝帔坠

特别是银鎏金镶玉嵌宝帔坠一枚（图 28.2），更可见设计理念之贯通。

清代，穿珠嵌宝点翠成为金银饰品的重要特色，玉则近乎隐退。不妨认为，明代是“金镶玉”的极盛期，也是结束期。

把目光放远，自会发现金银饰品中的“金镶玉”是中国的独特创造，它是金与珠宝相辉映之外的另一个艺术天地。本文开篇即言，今为人们耳熟能详的“金玉良缘”，其语不古，因为金和玉自古就不在一个审美层次。玉在中国自上古以来即为人所珍，由尊崇而制为礼器，赋予神秘的意义。金在中国的出现则远在其后，主要象征财富。即便唐以后玉在上古时期所具有的神秘色彩渐次衰减，但礼制范畴内的器服，玉仍排在首位。明人讲古玩，虽然把玉与金银同样列入珍宝一类，玉却仍高居第一。亦如前面所说，在早期阶段，金银进入玉的世界，是开启了传统之外的一种新秩序。而从演进的角度来看，金银饰品中玉的加入，乃是使它融入既有的秩序。工匠的贡献，即在于以设计与制作之巧，恰当展现材质的特性，包括各自包含的文化意蕴，使金与玉彼此相安，且臻于功能与审美的合一。

（作者系中国社会科学院研究员，文章配图除另有说明外，均为作者所摄）

参考文献

史料文献

〔汉〕司马迁：《史记》，中华书局，1959 年。

〔汉〕董仲舒：《春秋繁露》，上海古籍出版社，1989 年。

〔汉〕杨孚：《异物志》，广东科技出版社，2009 年。

〔晋〕陆翙：《邺中记》，商务印书馆，1937 年。

〔晋〕陈寿：《三国志》，中华书局，1959 年。

〔晋〕杨衒之：《洛阳伽蓝记校释》，中华书局，1963 年。

〔晋〕葛洪：《西京杂记》，中华书局，1985 年。

〔南朝宋〕范晔：《后汉书》，中华书局，1965 年。

〔南朝宋〕刘义庆著，余嘉锡笺疏：《世说新语笺疏》，中华书局，2010 年。

〔南朝梁〕萧子显：《南齐书》，中华书局，1972 年。

〔南朝梁〕沈约：《宋书》，中华书局，1974 年。

〔北齐〕魏收：《魏书》，中华书局，1974 年。

〔唐〕杜佑：《通典》，中华书局，1988 年。

〔唐〕徐坚：《初学记》，中华书局，1962 年。

〔唐〕令狐德棻：《周书》，中华书局，1971 年。

〔唐〕李百药：《北齐书》，中华书局，1972 年。

〔唐〕姚思廉：《陈书》，中华书局，1972 年。

〔唐〕姚思廉：《梁书》，中华书局，1973 年。

〔唐〕房玄龄：《晋书》，中华书局，1974 年。

〔唐〕李延寿：《北史》，中华书局，1974 年。

〔唐〕李延寿：《南史》，中华书局，1975 年。

〔唐〕魏征等：《隋书》，中华书局，1982 年。

〔唐〕虞世南：《北堂书钞》，中国书店，1989 年。

〔五代〕刘昫等：《旧唐书》，中华书局，1975 年。

〔宋〕李昉：《太平御览》，中华书局，1960 年。

〔宋〕孟元老：《东京梦华录》，中华书局，1962 年。

〔宋〕欧阳修、宋祁：《新唐书》，中华书局，1975 年。

〔宋〕沈括：《梦溪笔谈》，中华书局，1985 年。

〔宋〕周辉：《清波杂志》，中华书局，1997 年。

〔宋〕聂崇义：《三礼图》，清华大学出版社，2006 年。

〔宋〕吕大临：《考古图》，文物出版社，2019 年。

〔元〕朱德润：《古玉图》，岭南玉社，1925 年。

〔元〕脱脱：《宋史》，中华书局，1974 年。

〔元〕马端临：《文献通考》，中华书局，1986 年。

〔明〕宋濂：《元史》，中华书局，1976 年。

〔明〕宋应星著，钟广言注释：《天工开物》，广东人民出版社，1976 年。

〔明〕沈德符：《万历野获编》，中华书局，1979 年。

〔明〕高濂：《遵生八笺》，巴蜀书店，1988 年。

〔明〕徐溥：《明会典》，中华书局，1989 年。

〔明〕高濂：《燕闲清赏笺》，浙江人民美术出版社，2019 年。

〔清〕陈性：《玉纪》，益森公司铅印本（题校定玉纪精本），1912 年。

〔清〕唐荣祚：《玉说》，北京怡然印字馆石印本，1912 年。

〔清〕刘心珤：《玉纪补》，岭南玉社，1925 年。

〔清〕瞿中溶：《奕载堂古玉图录》，瑞安陈氏湫漻斋刻本，1930 年。

〔清〕郑文焯：《古玉图考补正》，艺海一勺本，1934 年。

〔清〕端方：《陶斋古玉图》，上海来青阁书庄，1936 年。

〔清〕吴大澂：《古玉图考》，中华书局，1948 年。

〔清〕张廷玉等：《明史》，中华书局，1974 年。

〔清〕爱新觉罗·弘历：《清高宗御制诗文全集》，故宫出版社，1976 年。

〔清〕阮元校刻：《十三经注疏》，中华书局，1977 年。

〔清〕赵尔巽等：《清史稿》，中华书局，1979 年。

〔清〕王念孙：《广雅疏证》，中华书局，1983 年。

〔清〕刘大同：《古玉辨》，上海人民美术出版社，1989 年。

〔清〕孙星衍：《汉官六种》，中华书局，1990 年。

〔清〕徐寿基：《玉谱类编》，江苏广陵刻印社，1993 年。

〔清〕程瑶田：《考工创物小记》，《续修四库全书本》，上海古籍出版社，2002 年。

〔清〕纪昀：《阅微草堂笔记》，上海古籍出版社，2005 年。

〔清〕冯云鹏、冯云鹓：《金石索》，浙江人民美术出版社，2018 年。

〔民国〕李凤廷：《玉纪正误》，岭南玉社，1925 年。

〔民国〕刘子芬：《古玉考》，梅县刘氏石印本，1925 年。

〔民国〕黄浚：《衡斋藏见古玉图》，北平尊古斋，1935 年。

〔民国〕李凤廷：《玉雅》，岭南玉社，1935 年。

〔民国〕钱启同：《玉说荟刊本》，上海神州国光社，1936 年。

〔民国〕梁慧梅：《古玉图说》，新会冷香园彩印本，1939 年。

〔民国〕黄浚：《古玉图录初集》，北平尊古斋，1940 年。

〔民国〕黄浚：《尊古斋古玉图录》，上海古籍出版社，1990 年。

〔民国〕刘子芬：《玉说汇编》，书目文献出版社，1993 年。

杨伯峻：《春秋左传注》，中华书局，1981 年。

赵超：《汉魏南北朝墓志汇编》，天津古籍出版社，1992 年。

方向东：《大戴礼记汇校集解》，中华书局，2008 年。

黄彰健校勘：《明实录》，中华书局，2016 年。

中国第一历史档案馆、香港中文大学文物馆：《清宫内务府造办处档案总汇》，人民出版社，2005 年。

专著

安徽省文物局编：《安徽省出土玉器精粹》，众志美术出版社，2004 年。

安徽省文物考古研究所编：《凌家滩文化研究》，文物出版社，2006 年。

安徽省文物事业管理局编：《安徽博物馆藏珍宝》，中华书局，2008 年。

北京大学考古文博学院编：《考古学研究（四）》，科学出版社，2000 年。

北京大学考古文博学院、北京大学中国考古学研究中心编：《考古学研究（九）》，文物出版社，2012 年。

北京大学震旦古文明研究中心等编：《強国玉器》，文物出版社，2010 年。

北京大学中国考古学研究中心、北京大学古代文明研究中心编：《古代文明（第 1 卷）》，文物出版社，2002 年。

北京大学中国考古学研究中心、北京大学震旦古代文明研究中心编：《古代文明（第 2 卷）》，文物出版社，2003 年。

北京大学中国考古学研究中心、北京大学震旦古代文明研究中心编：《古代文明（第 13 卷）》，文物出版社，2019 年。

北京大学中国考古学研究中心、北京大学震旦古代文明研究中心编：《古代文明（第 15 卷）》，上海古籍出版社，2021 年。

北京联合大学考古学研究中心编：《早期中国研究（第二辑）》，文物出版社，2016 年。

成都市文物考古研究所编：《金沙玉器》，科学出版社，2006 年。

赤峰学院红山文化国际研究中心编：《红山文化研究：2004 年红山文

化国际学术讨论会论文集》，文物出版社，2006年。
故宫博物院编：《古玉精萃》，上海人民美术出版社，1987年。
广东省博物馆等编：《夏商玉器及玉文化学术研讨会论文集》，岭南美术出版社，2017年。
广州市文物考古研究所编：《广州文物考古集》，文物出版社，1998年。
国家文物鉴定委员会编：《文物鉴赏丛录·玉器（一）》，文物出版社，1997年。
国家文物鉴定委员会编：《文物鉴赏丛录·玉器（二）》，文物出版社，1998年。
国家文物局编：《中国文物精华大辞典·金银玉石卷》，上海辞书出版社，1994年。
国家文物局文物鉴定委员会编：《文物藏品定级标准图例·玉器卷》，文物出版社，2006年。
河南省文物考古研究所编：《三门峡虢国女贵族墓出土玉器精粹》，众志美术出版社，2002年。
湖北省博物馆、荆州博物馆等编：《江汉地区先秦文明》，香港中文大学出版社，1999年。
湖北省博物馆编：《曾侯乙墓文物艺术》，湖北美术出版社，1992年。
湖南省博物馆编：《湖南博物馆文集》，岳麓书社，1991年。
吉林大学考古系编：《青果集：吉林大学考古学专业成立二十周年考古论文集》，知识出版社，1993年。
吉林大学考古系编：《青果集：吉林大学考古系建系十周年纪念文集》，知识出版社，1998年。
荆州市博物馆编：《石家河文化玉器》，文物出版社，2008年。
辽宁省文物考古研究所编：《牛河梁红山文化遗址与玉器精粹》，文物出版社，1997年。
洛阳市文物工作队编：《洛阳出土文物集粹》，朝华出版社，1990年。
洛阳市文物局、洛阳师范学院编：《洛阳古玉图谱》，河南美术出版社，2004年。
南京博物院藏宝录编辑委员会:《南京博物院藏宝录》,上海文艺出版社、三联书店（香港）有限公司，1992年。
南京博物院、江苏省考古研究所等编：《鸿山越墓出土玉器》，文物出版社，2007年。
南京博物院编：《金银器：南京博物院珍藏系列》，上海古籍出版社，1999年。
南京博物院编：《南朝陵墓雕刻艺术》，文物出版社，2006年。
南京市文物局、南京市文化局编：《南京文物精华·器物篇》，上海人民美术出版社，2006年。
南阳市文物考古研究所编：《南阳古玉撷英》，文物出版社，2005年。
山东大学考古学系编：《刘敦愿先生纪念文集》，山东大学出版社，1998年。
山东省文物考古研究所等编：《山东济阳刘台子玉器研究》，众志美术出版社，2010年。
上海博物馆编：《晋侯墓地出土青铜器国际学术研究会论文集》，上海书画出版社，2002年。
上海博物馆编：《中国隋唐至清代玉器学术研讨会论文集》，上海古籍出版社，2002年。
上海博物馆编：《周秦汉唐文明研究论集》，上海古籍出版社，2008年。
上海市文物管理委员会编：《上海出土唐宋元明清玉器》，上海人民出版社，2001年。
四川省文化厅文物处编：《三星堆祭祀坑出土文物选》，巴蜀书社，1992年。
苏州文物商店编：《集古聚珍》，上海书画出版社，1996年。
台北故宫博物院编：《海外遗珍·玉器》，台北故宫博物院，1986年。
台北故宫博物院编：《越过昆仑山的珍宝》，台北故宫博物院，2015年。
天津市艺术博物馆编：《天津艺术馆藏玉》，文物出版社、雨木出版社，1993年。
文物编辑委员会编：《中华人民共和国出土文物》，文物出版社，1975年。
文物编辑委员会编：《文物考古工作三十年》，文物出版社，1979年。
西安市文物管理委员会编：《玉器》，陕西旅游出版社，1992年。
西藏自治区文物管理委员会编：《西藏文物精粹》，紫禁城出版社，1992年。
新疆维吾尔自治区博物馆编：《丝路考古珍品》，上海译文出版社，1998年。
徐州博物馆编：《古彭遗珍》，国家图书馆出版社，2011年。
徐州博物馆编：《汉代玉文化国际学术研讨会论文集》，科学出版社，2019年。
徐州汉文化风景园林管理处、徐州楚王陵汉兵马俑博物馆编：《狮子山楚王陵》，南京出版社，2011年。
扬州博物馆编：《汉广陵国漆器》，文物出版社，2004年。
云南省博物馆编：《云南省博物馆》，文物出版社、日本讲谈社，1991年。
浙江省博物馆编：《越颂：中华文物中的浙江传奇》，上海书画出版社，2023年。
浙江省文物局编：《良渚古玉》，浙江人民美术出版社，1996年。
浙江省文物考古研究所编：《纪念浙江省文物考古研究所建所二十周年论文集》，西泠印社，1999年。
浙江省文物考古研究所编：《良渚文化研究：纪念良渚文化发现六十周年国际学术讨论会文集》，科学出版社，1999年。
浙江省文物考古研究所编：《浙江考古精华》，文物出版社，1999年。
浙江省文物考古研究所编：《中国古代玉器与传统文化学术讨论会论文集（四）》，浙江古籍出版社，2010年。
浙江省文物考古研究所等编：《良渚文化玉器》，文物出版社，1990年。
中国大百科全书编辑委员会编：《中国大百科全书·考古卷》，中国大百科全书出版社，2004年。
中国国家博物馆编：《中华文明》，中国社会科学出版社，2010年。
中国考古文物之美编辑委员会编：《中国考古文物之美·妇好墓卷》，文物出版社，1994年。
中国考古学编辑委员会编：《中国考古学·两周卷》，中国社会科学出版社，2004年。
中国美术全集编辑委员会编：《中国美术全集·工艺美术编》，文物出版社，1986年。
中国美术全集编辑委员会编：《中国美术全集·魏晋南北朝雕塑》，文物出版社，1988年。
中国美术全集编辑委员会编：《中国美术全集·墓室壁画》，文物出版社，1989年。
中国漆器全集编辑委员会编：《中国漆器全集》，福建美术出版社，1998年。
中国社会科学院考古研究所、广东省博物馆编：《妇好墓玉器》，岭南美术出版社，2016年。
中国社会科学院考古研究所、香港中文大学中国考古艺术研究中心编：

《玉器起源探索：兴隆洼文化玉器研究及图录》，香港中文大学中国考古艺术研究中心，2007 年。
中国社会科学院考古研究所编：《殷墟玉器》，文物出版社，1982 年。
中国社会科学院考古研究所编:《新中国考古发现与研究》,文物出版社，1984 年。
中国社会科学院考古研究所编：《中国考古学论丛：中国社会科学院考古研究所建所 40 年纪念》，科学出版社，1993 年。
中国社会科学院考古研究所编：《中国考古学 · 夏商卷》，中国社会科学出版社，2003 年。
中国社会科学院考古研究所编：《安阳殷墟出土玉器》，科学出版社，2005 年。
中国社会科学院考古研究所编：《张家坡西周玉器》，文物出版社，2007 年。
中国社会科学院考古研究所编：《中国早期青铜文化：二里头文化专题研究》，科学出版社，2008 年。
中国社会科学院考古研究所编：《中国考古学 · 新石器时代卷》，中国社会科学出版社，2010 年。
中国社会科学院考古研究所编：《中国考古学 · 秦汉卷》，中国社会科学出版社，2010 年。
中国魏晋南北朝史学会、四川大学历史文化学院编：《魏晋南北朝史论文集》，巴蜀书社，2006 年。
中国文物交流中心编:《中国文物精华 (1990) 》, 文物出版社, 1990 年。
中国文物交流中心编:《中国文物精华 (1992) 》, 文物出版社, 1992 年。
中国文物交流中心编:《中国文物精华 (1993) 》, 文物出版社, 1993 年。
中国文物交流中心编:《中国文物精华 (1994) 》, 文物出版社, 1994 年。
中国文物信息咨询中心编:《中国古代玉器》, 人民美术出版社, 2003 年。
中国玺印篆刻全集编辑委员会编：《中国玺印篆刻全集 · 玺印》，上海书画出版社，1998 年。
中国玉器全集编辑委员会编：《中国玉器全集》，河北美术出版社，1993 年。
《北京文物精粹大系》编委会、北京市文物局编:《北京文物精粹大系·玉器卷》，北京出版社，2002 年。
《北京文物精粹大系》编委会、北京市文物局编:《北京文物精粹大系·金银器卷》，北京出版社，2004 年。
《集古珍赏》编辑委员会编：《集古珍赏》，文物出版社，1989 年。
西泠印社编：《印记延年：周秦两汉玉印陶文掇英》，上海书画出版社，2015 年。
艺术家工具书编委会编：《中国玉雕大全》，艺术家出版社，1991 年。
震旦艺术博物馆编：《藏品图录》，震旦博物馆，2012 年。
震旦艺术博物馆编:《玉见设计: 中国古玉形纹设计特展》, 震旦博物馆，2018 年。
白寿彝：《中国通史》，上海人民出版社，1999 年。
蔡庆良、孙秉君：《芮国金玉选粹》，三秦出版社，2007 年。
蔡庆良：《实幻之间：院藏战国至汉代玉器特展》，台北故宫博物院，2020 年。
陈长松：《湖南古代玺印》，上海辞书出版社，2004 年。
陈光祖：《金玉交辉 —— 商周考古、艺术与文化论文集》，“中央研究院历史语言研究所”，2013 年。
邓聪编:《东亚玉器》, 香港中文大学中国考古艺术研究中心, 1998 年。
邓淑蘋:《故宫所藏痕都斯坦玉器特展图录》, 台北故宫博物院, 1983 年。
邓淑蘋：《中华五千年文物集刊：玉器篇》，中华五千年文物集刊编辑委员会，1985 年。
邓淑蘋：《〈古玉图考〉导读》，艺术图书公司，1992 年。
邓淑蘋：《台北故宫博物院藏新石器时代玉器图录》，台北故宫博物院，1992 年。
邓淑蘋：《蓝田山房藏玉百选》，台北故宫博物院，1995 年。
邓淑蘋：《群玉别藏》，台北故宫博物院，1995 年。
邓淑蘋：《群玉别藏续集》，台北故宫博物院，1999 年。
邓淑蘋：《玉石器的故事》，台北故宫博物院，1999 年。
邓淑蘋：《国色天香：伊斯兰玉器》，台北故宫博物院，2007 年。
邓淑蘋：《敬天格物：中国历代玉器导读》，台北故宫博物院，2011 年。
邓淑蘋：《乾隆皇帝的智与昧：御制诗中的帝王古玉观》，台北故宫博物院，2019 年。
杜金鹏、许宏:《二里头遗址与二里头文化研究》, 科学出版社, 2006 年。
费孝通编：《玉魂国魄：中国古代玉器与传统文化学术讨论会文集》，燕山出版社，2002 年。
傅惜华：《汉代画像全集》，巴黎大学北京汉学研究所，1950 年。
傅芸子：《正仓院考古记》，东京文求堂，1941 年。
傅熹年：《古玉精英》，中华书局香港有限公司，1990 年。
傅熹年：《古玉掇英》，中华书局香港有限公司，1995 年。
干福熹:《中国古代玻璃技术的发展》, 上海科学技术出版社, 2005 年。
干福熹编：《中国古代南方玻璃研究：2002 年南宁中国南方古玻璃研讨会论文集》，上海科学技术出版社，2003 年。
干福熹编：《丝绸之路上的古代玻璃研究：2004 年乌鲁木齐中国北方古玻璃研讨会和 2005 年上海国际玻璃考古研讨会》，复旦大学出版社，2007 年。
高春明：《中国服饰名物考》，上海文化出版社，2001 年。
古方：《中国出土玉器全集》，科学出版社，2005 年。
古方：《中国传世玉器全集》，科学出版社，2010 年。
关善明：《中国古代玻璃》，香港中文大学文物馆，2001 年。
关善明、孙机：《中国古代金饰》，沐文堂美术出版社，2003 年。
郭大顺：《郭大顺考古文集》，辽宁人民出版社，2017 年。
郭福祥：《明清帝后玺印》，国际文化出版公司，2002 年。
郭沫若：《中国史稿》，人民出版社，1976 年。
韩天衡、孙慰祖：《古玉印集存》，上海书店，2002 年。
贺西林：《古墓丹青：汉代墓室壁画的发现与研究》，陕西人民出版社，2002 年。
洪石：《战国秦汉漆器研究》，文物出版社，2006 年。
黄翠梅编：《2003 海峡两岸艺术史学与考古学方法研讨会论文集》，台南艺术大学，2005 年。
黄明兰：《洛阳北魏世俗石刻线画集》，人民美术出版社，1987 年。
黄佩贤：《汉代壁画墓研究》，文物出版社，2008 年。
黄宣佩：《上海出土唐宋元明清玉器》，上海人民出版社，2001 年。
翦伯赞：《中国史纲要》，人民出版社，2009 年。
江伊莉、古方:《玉器时代: 美国博物馆藏中国早期玉器》, 科学出版社，2009 年。
姜伯勤:《中国祆教艺术史研究》, 生活 · 读书 · 新知三联书店, 2004 年。
姜椿芳、梅益：《中国大百科全书 · 地质学》，中国大百科全书出版社，1993 年。
姜涛:《三门峡虢国女贵族墓出土玉器精粹》, 众志美术出版社, 2002 年。

刘国祥、于明编：《名家论玉：2009珠海“中国玉文化名家论坛”文集》，科学出版社，2010年。
刘国祥、于明编：《名家论玉（三）：2010海拉尔“中国玉文化名家论坛”文集》，科学出版社，2010年。
刘国祥、陈启贤编：《玉文化论丛4：红山玉文化专号》，众志美术出版社，2011年。
刘云辉：《周原玉器》，中华文物学会，1996年。
刘云辉：《北周隋唐京畿玉器》，重庆出版社，2000年。
刘云辉：《陕西出土东周玉器》，文物出版社、众志美术出版社，2006年。
刘云辉：《陕西出土汉代玉器》，文物出版社、众志美术出版社，2009年。
卢兆荫：《古玉史话》，中国大百科全书出版社，2000年。
卢兆荫：《玉振金声》，科学出版社，2007年。
栾秉璈：《中国的宝石和玉石》，新疆人民出版社，1994年。
栾秉璈：《古玉鉴别》，文物出版社，2008年。
罗福颐：《故宫博物院藏古玺印选》，文物出版社，1982年。
罗宗真、王志高：《六朝文物》，南京出版社，2001年。
孟宪松、吴元全：《中国独山玉》，河南人民出版社，2004年。
牟永抗等：《中国玉器全集·原始社会》，河北美术出版社，1992年。
那志良：《玉器》，广文书局，1964年。
那志良：《古玉鉴裁》，国泰美术馆，1980年。
那志良：《古玉论文集》，台北故宫博物院，1983年。
那志良：《中国古玉图释》，南天书局有限公司，1990年。
那志良：《古玉图籍汇刊》，正言出版社，1991年。
齐东方：《唐代金银器研究》，中国社会科学出版社，1999年。
钱宪和编：《海峡两岸古玉学会议论文专辑》，台湾大学理学院地质科学系，2001年。
钱宪和、方建能：《史前琢玉工艺技术》，台湾博物馆，2003年。
桑行之：《说玉》，上海科技教育出版社，1993年。
沈从文：《中国古代服饰研究》，香港商务印书馆，1981年。
史树青：《中国文物精华大辞典·金银玉石卷》，上海辞书出版社、商务印书馆香港有限公司，1996年。
孙秉君、蔡庆良：《芮国金玉选粹：陕西韩城春秋宝藏》，三秦出版社，2007年。
孙机：《中国古舆服论丛》，文物出版社，1993年。
孙机：《中国圣火》，辽宁教育出版社，1996年。
孙机：《汉代物质文化资料图说》，上海古籍出版社，2008年。
孙庆伟：《周代墓葬所见用玉制度研究》，上海古籍出版社，2008年。
孙庆伟：《周代用玉制度研究》，上海古籍出版社，2018年。
孙庆伟：《礼以玉成：早期玉器与用玉制度研究》，北京大学出版社，2022年。
孙周勇：《玦出周原：西周手工业生产形态管窥》，上海古籍出版社，2022年。
苏秉琦：《中国文明起源新探》，商务印书馆香港有限公司，1997年。
谭其骧：《中国历史地图集》，中国地图出版社，1996年。
唐兰：《唐兰先生金文论集》，紫禁城出版社，1995年。
唐延龄、陈葆章等：《中国和田玉》，新疆人民出版社，2006年。
王濮、潘兆橹等：《系统矿物学》，地质出版社，1982年
王时麒、赵朝洪等：《中国岫岩玉》，科学出版社，2007年。
吴棠海：《认识古玉》，台湾台中自然文化学会，1994年。
吴棠海：《中国古玉工艺展》，台湾台南艺术学院，1999年。
吴棠海：《中国古代玉器》，科学出版社，2012年。
巫鸿：《黄泉下的美术：宏观中国古代墓葬》，生活·读书·新知三联书店，2011年。
邢义田：《地不爱宝：汉代的简牍》，中华书局，2011年。
熊昭明、李青会：《广西出土汉代玻璃器的考古学与科技研究》，文物出版社，2011年。
徐湖平编：《东方文明之光：良渚文化发现60周年纪念文集》，海南国际新闻出版中心，1996年。
徐良玉：《汉广陵国玉器》，文物出版社，2003年。
徐琳：《中国古代治玉工艺》，紫禁城出版社，2011年。
许倬云、张忠培编：《新世纪的考古学：文化、区位、生态的多元互动》，紫禁城出版社，2006年。
薛贵笙：《中国玉器赏鉴》，上海科学技术出版社，2005年。
闫亚林：《西北地区史前玉器研究》，北京大学出版社，2010年。
严文明：《长江文明的曙光》，湖北教育出版社，2004年。
严文明：《中国考古学研究的世纪回顾·新石器时代考古卷》，科学出版社，2008年。
杨伯达：《古玉考》，徐氏艺术馆，1992年。
杨伯达：《中国玉器全集》，河北美术出版社，1993年。
杨伯达：《故宫文物大典》，福建人民出版社，1994年。
杨伯达：《关氏所藏中国古玉》，香港中文大学文物馆，1994年。
杨伯达：《清玉掇英》，美国中华艺文基金会，1995年。
杨伯达：《古玉史论》，紫禁城出版社，1998年。
杨伯达：《传世古玉辨伪与鉴考》，紫禁城出版社，1998年。
杨伯达：《出土玉器鉴定与研究》，紫禁城出版社，2001年。
杨伯达：《中国玉文化玉学论丛》，紫禁城出版社，2002年。
杨伯达：《传世古玉辨伪研究》，三余堂有限公司，2003年。
杨伯达：《中国玉文化玉学论丛续编》，紫禁城出版社，2004年。
杨伯达：《中国玉文化玉学论丛三编》，紫禁城出版社，2005年。
杨伯达：《巫玉之光：中国史前玉文化论考》，上海古籍出版社，2005年。
杨伯达：《杨伯达论玉：八秩文选》，紫禁城出版社，2006年。
杨伯达：《隋唐至明清古玉鉴定》，广东教育出版社，2006年。
杨伯达：《中国玉文化玉学论丛四编》，紫禁城出版社，2007年。
杨伯达、郭大顺等编：《古玉今韵：朝阳牛河梁红山玉文化国际论坛文集》，中国文史出版社，2008年。
杨汉臣等：《新疆宝石和玉石》，新疆人民出版社，1985年。
杨泓：《汉唐美术考古和佛教艺术》，科学出版社，2000年。
杨泓：《中国古兵器论丛》，中国社会科学出版社，2007年。
杨泓、郑岩：《中国美术考古学概论》，中国社会科学出版社，2008年。
杨建芳：《中国出土古玉》，香港中文大学出版社，1987年。
杨建芳：《中国古玉研究论文集》，众志美术出版社，2001年。
杨建芳：《长江流域玉文化》：湖北教育出版社，2006年。
杨建芳师生古玉研究会：《玉文化论丛1》，文物出版社，2006年。
杨建芳师生古玉研究会：《玉文化论丛2》，文物出版社，2009年。
杨建芳师生古玉研究会：《玉文化论丛3》，文物出版社，2009年。
杨晶：《中国梳篦六千年》，紫禁城出版社，2007年。
杨晶、蒋卫东编：《玉魂国魄：中国古代玉器与传统文化学术讨论会文集（四）》，浙江古籍出版社，2010年。
杨晶、蒋卫东编：《玉魂国魄：中国古代玉器与传统文化学术讨论会文集（五）》，浙江古籍出版社，2012年。

杨晶、蒋卫东编：《玉魂国魄：中国古代玉器与传统文化学术讨论会文集（六）》，浙江古籍出版社，2014 年。
杨宽：《西周史》，上海人民出版社，1999 年。
杨宽：《中国古代陵寝制度史研究》，上海人民出版社，2003 年。
杨树达：《汉代婚丧礼俗考》，上海古籍出版社，2000 年。
姚勤德、龚金元：《吴国王室玉器》，上海人民美术出版社，1996 年。
姚孝遂等：《殷墟甲骨刻辞类纂》，中华书局，1989 年。
殷志强、丁邦钧：《东周吴楚玉器》，艺术图书公司，1993 年。
殷志强：《中国古代玉器》，上海文化出版社，2000 年。
尤仁德：《古代玉器通论》，紫禁城出版社，2002 年。
俞美霞：《战国玉器研究》，南天书局有限公司，1995 年。
俞伟超：《古史的考古学探索》，文物出版社，2002 年。
喻燕姣：《湖湘出土玉器研究》，岳麓书社，2013 年。
于明编：《如玉人生：庆祝杨伯达先生八十华诞文集》，科学出版社，2006 年。
袁心强：《翡翠宝石学》，中国地质大学出版社，2004 年。
臧振华：《中国古玉文化》，中国书店，2001 年。
臧振华：《馆藏卑南遗址玉器图录》，台湾史前文化博物馆，2005 年。
张蓓莉、叶丹：《系统宝石学》，地质出版社，1997 年。
张光直：《考古学专题六讲》，文物出版社，1986 年。
张广文：《玉器史话》，天工书局，1990 年。
张广文：《古玉鉴识》，广西师范大学出版社，1993 年。
张广文、张寿山：《故宫藏玉》，紫禁城出版社，1996 年。
张广文：《故宫博物院藏文物珍品全集》，生活・读书・新知三联书店，1996 年。
张广文：《中国玉器鉴定与欣赏》，上海古籍出版社，1999 年。
张广文：《明代玉器》，紫禁城出版社，2007 年。
张广文：《故宫博物院藏文物珍品大系・玉器（上）》，上海科学技术出版社，2008 年。
张敬国：《凌家滩文化研究》，文物出版社，2006 年。
张丽端：《宫廷之雅：清代仿古及画意玉器特展图录》，台北故宫博物院，1997 年。
张明华：《中国古玉发现与研究 100 年》，上海书店出版社，2004 年。
张明华：《古代玉器》，文物出版社，2006 年。
张尉：《古玉鉴藏》，中国轻工业出版社，1996 年。
张尉：《新见古玉真赏》，上海古籍出版社，2004 年。
张尉：《上海博物馆藏品研究大系：中国古代玉器》，上海人民出版社，2009 年。
张绪球：《荆州楚王陵园出土玉器精粹》，众志美术出版社，2015 年。
张永昌、云希正：《中国古代玉器艺术》，人民美术出版社，2004 年。
张忠培、徐光冀编：《玉魂国魄：中国古代玉器与传统文化学术讨论会文集（三）》，燕山出版社，2008 年。
赵朝洪：《中国古玉研究文献指南》，科学出版社，2004 年。
赵德云：《西周至汉晋时期中国外来珠饰研究》，科学出版社，2016 年。
赵美、张杨、王丽明：《滇国玉器》，科学出版社，2003 年。
赵永魁、张加勉：《中国玉石雕刻工艺技术》，北京工艺美术出版社，1995 年。
周国平：《宝石学》，中国地质大学出版社，1989 年。
周南泉：《故宫博物院藏文物珍品全集・玉器》，香港商务印书馆，1996 年。
周汛、高春明：《中国衣冠服饰大辞典》，上海辞书出版社，1996 年。
朱晓丽：《中国古代珠子》，广西美术出版社，2010 年。
邹厚本：《江苏考古五十年》，南京出版社，2000 年。
［日］梅原末治：《洛阳金村古墓聚英》，小林出版部，1944 年。
［日］梅原末治：《中国古玉图录》，桑名文星堂，1945 年。
［日］正仓院事务所编：《正仓院宝物・南仓》，东京朝日新闻社刊，东京宫内厅藏版，1987 年。
［日］滨田耕作著，胡肇椿译注：《古玉概说》，中国书店出版社，1992 年。
［日］林巳奈夫著，杨美莉译：《中国古玉研究》，艺术图书公司，1997 年。
［日］出光美术馆编：《地下宫殿的遗宝：中国河北省定州北宋塔基出土文物展》，日本平凡社，1997 年。
［日］曾布川宽著，傅江译：《六朝帝陵》，南京出版社，2004 年。
［日］东京国立博物馆编：《上海博物馆展》，东京国立博物馆，1993 年。
［日］东京国立博物馆编：《中国新疆丝绸之路文物展》，东京国立博物馆，2002 年。
［韩］国立公州博物馆编：《公州国立博物馆》，国立公州博物馆，2004 年。
［英］罗森著，孙心菲译：《中国古代的艺术与文化》，北京大学出版社，2002 年。
［英］刘明倩著，张弛译：《中国古玉藏珍》，广西美术出版社，2006 年。
［美］爱德华・谢弗著，吴玉贵译：《唐代的外来文明》，陕西师范大学出版社，2005 年。
［美］林嘉琳、孙岩主编：《性别研究与中国考古学》，科学出版社，2006 年。
Peterson Harold, (ed), *Chinese Jades: Archaic and Modern, from the Minneapolis Institute of Arts*, C. E. Tuttle Co., 1977.
Tianlong Jiao, *Lost Maritime Culture: China and the Pacific*, Bishop Museum Press, 2007.
Max Loehr, *Ancient Chinese Jades: From the Grenville L.Winthrop Collection in the Fogg Art Museum, Harvard University*, Fogg Art Museum, Harvard University, 1975.
Sherman E. Lee, *China, 5000 Years:Innovation and Transformation in the Arts*, Guggenheim Museum of Modern Art, 1998.
Thomas Lawton, *Chinese Art of the Warring States Period: Change and Continuity 480-222 B.C.*, Freer Gallery of Art, Smithsonian Institution, 1982.
Jessica Rawson, *Chinese Jade: from the Neolithic to the Qing*, British Museum Press, 1995.
Alfred Salmony, *Carved Jade of Ancient China*, Han-ShanTang, 1982.

报纸、期刊论文

北京市玉器厂技术研究组：《对商代琢玉工艺的一些初步看法》，《考古》1976 年第 4 期。
旬阳县博物馆：《旬阳出土的独孤信多面体煤精组印》，《文博》1985 年第 3 期。
安家瑶：《中国的早期玻璃器皿》，《考古学报》1984 年第 4 期。
安家瑶：《北周李贤墓出土的玻璃碗——萨珊玻璃器的发现与研究》，《考古》1986 年第 2 期。
安家瑶：《玻璃考古三则》，《文物》2000 年第 1 期。
安家瑶：《丝绸之路与玻璃器》，《文物天地》2021 年第 12 期。
安志敏：《关于“玉器时代”说的溯源》，《东南文化》2000 年第 9 期。

安志敏：《红山玉器的质疑和论证》，《考古》2004 年第 2 期。
鲍怡等：《三门峡虢国墓地 M2012 墓玉器材质研究》，《中原文物》2015 年第 1 期。
鲍怡、叶晓红、辛军民等：《虢仲墓出土玉器的科技分析与相关问题》，《文物》2023 年第 4 期。
蔡庆良：《试论器物学方法在玉器研究中的应用》，《古代文明》2003 年第 2 期。
蔡庆良：《古器物学研究——原生形、次生形、再生形玉器的讨论》，《古代文明》2004 年第 3 期。
蔡庆良：《试论春秋至汉代玉器风格的演变》，《古代文明（辑刊）》2006 年。
蔡庆良：《质胜于文真性乃显——略论芮国出土的改制玉器》，《故宫文物月刊》2013 年第 9 期。
蔡庆良：《规范与设计——晋侯墓地出土玉器的风格特征》，《古代文明（辑刊）》2021 年。
曹芳芳：《石家河系统玉器与用玉特征研究》，《文博学刊》2018 年第 3 期。
曹芳芳：《中原地区史前用玉特征与进程》，《中原文物》2021 年第 3 期。
曹芳芳：《龙山时代环太湖地区玉器与用玉传统的嬗变》，《文博学刊》2021 年第 4 期。
曹芳芳：《甘青地区史前用玉特征与进程》，《四川文物》2022 年第 1 期。
曹楠：《试论晋侯墓地出土的葬玉》，《考古》2001 年第 4 期。
曹楠：《三代时期出土柄形玉器研究》，《考古学报》2008 年第 2 期。
常军、李云：《西周圆雕玉器的艺术特征》，《文博》2007 年第 4 期。
常素霞：《记张之洞旧宅出土的几件玉器》，《文物春秋》1993 年第 3 期。
常素霞：《记定州中山简王刘焉墓出土的玉器珍品》，《故宫文物月刊》1994 年第 5 期。
车广锦：《良渚文化玉琮纹饰探析》，《东南文物》1987 年第 3 期。
陈邦怀：《商玉版甲子表跋》，《文物》1978 年第 2 期。
陈剑：《说殷墟甲骨文中的“玉戚”》，《“中央研究院历史语言研究所”集刊》2007 年。
陈久金等：《含山出土玉片图形试考》，《文物》1989 年第 4 期。
陈丽新等：《武汉市盘龙城遗址出土玉戈》，《江汉考古》2018 年第 5 期。
陈廉贞：《苏州琢玉工艺》，《文物》1959 年第 4 期。
陈芗茗、王磊璞：《金村遗珍：佛利尔美术馆藏两件战国玉梳》，《美成在久》2019 年第 6 期。
陈志达：《殷代王室玉器和玉石人物雕像》，《文物》1982 年第 12 期。
陈志达：《商代的玉石文字》，《华夏考古》1991 年第 2 期。
程军：《蓝田玉的古文献记载之研究》，《文献季刊》2001 年第 1 期。
程秀岩：《辽宁省文物店收藏的几件红山玉器》，《辽海文物学刊》1994 年第 2 期。
褚馨：《汉晋时期的金玉带扣》，《东南文化》2011 年第 5 期。
褚馨：《汉唐之间组玉佩的传承与变革》，《考古与文物》2012 年第 6 期。
崔璨、周晓陆：《考古发现所见两汉琥珀印探述》，《文博》2022 年第 1 期。
戴应新：《神木石峁龙山文化玉器》，《考古与文物》1988 年第 5、6 期合刊。
戴应新：《神木石峁龙山文化玉器探索》（一至五），《故宫文物月刊》1993 年第 8—12 期。
邓聪：《香港大湾出土商代牙璋串饰初论》，《文物》1994 年第 12 期。
邓聪：《海洋文化起源浅释》，《广西民族学院学报（哲学社会科学版）》1995 年第 4 期。
邓聪：《东亚玦饰四题》，《文物》2000 年第 2 期。
邓聪：《从〈新干古玉〉谈商时期的玦饰》，《南方文物》2004 年第 2 期。
邓聪：《兴隆洼文化玉器与植物宇宙观》，《赤峰学院学报（汉文哲学社会科学版）》2008 年第 1 期。
邓聪：《夏家店下层文化中的二里头文化玉器因素举例》，《三代考古（辑刊）》2009 年。
邓聪、王方：《二里头牙璋（VM3 ：4）在南中国的波及——中国早期国家政治制度起源和扩散》，《中国国家博物馆馆刊》2015 第 5 期。
邓聪、邓学思：《新石器时代东北亚玉玦的传播——从俄罗斯滨海边疆地区鬼门洞遗址个案分析谈起》，《北方文物》2017 年第 3 期。
邓聪：《牙璋在中国西北的扩散——甘肃牙璋》，《黄河 . 黄土 . 黄种人》2017 年第 24 期。
邓聪、张强禄、邓学文：《良渚文化玉器向南界限初探——珠江三角洲考古新发现的琮、镯、钺》，《南方文物》2019 年第 2 期。
邓聪、许宏、赵海涛等：《中墨绿松石嵌片制作技术对比研究》，《江汉考古》2022 年第 4 期。
邓淑蘋：《香妃的玉碗》，《故宫文物月刊》1983 年第 1 期。
邓淑蘋：《玉的鉴定八法》，《故宫文物月刊》1985 年第 6 期。
邓淑蘋：《瑱与耳饰玦——由考古实例谈古玉鉴定》，《故宫文物月刊》1985 年第 9 期。
邓淑蘋：《古代玉器上奇异纹饰的研究》，《故宫学术季刊》1986 年第 4 卷第 1 期。
邓淑蘋：《漫谈清代玉器》，《故宫文物月刊》1986 年第 5 期。
邓淑蘋：《由“绝地天通”到“沟通天地”》，《故宫文物月刊》1988 年第 10 期。
邓淑蘋：《考古出土新石器时代玉石琮研究》，《故宫学术季刊》1988 年第 6 卷第 1 期。
邓淑蘋：《由勒子和蚩尤环谈古玉鉴定的新挑战》，《故宫文物月刊》1989 年第 2 期。
邓淑蘋：《伊斯兰的奇葩——雕有乾隆御制诗的痕都斯坦玉器》，《故宫文物月刊》1989 年第 6 期。
邓淑蘋：《古玉名家吴大澂评介——为纪念〈古玉图考〉出版一百年而作》，《故宫文物月刊》1989 年第 11 期。
邓淑蘋：《故宫博物院藏新石器时代玉器研究之三——工具、武器及相关的礼器》，《故宫学术季刊》1990 年第 8 卷第 1 期。
邓淑蘋：《皇帝的爱与憎——介绍本院展出的二件盛清玉雕》，《故宫文物月刊》1991 年第 6 期。
邓淑蘋：《谜样的玉角形杯》，《故宫文物月刊》1992 年第 2 期。
邓淑蘋：《龙兮？凤兮？——由两件新公布的红山文化玉器谈起》，《故宫文物月刊》1992 年第 9 期。
邓淑蘋：《良渚玉器上的神秘符号》，《故宫文物月刊》1992 年第 12 期。
邓淑蘋：《中国新石器时代玉器上的神秘符号》，《故宫学术季刊》1993 年第 10 卷第 3 期。
邓淑蘋：《也谈华西系统的玉器》（一至六），《故宫文物月刊》1993 年第 8—12 期、1994 年第 1 期。
邓淑蘋：《扑朔迷离话牙璋》，《故宫文物月刊》1994 年第 6 期。
邓淑蘋：《长乐又延年——东汉吉祥铭文玉璧的新认知》，《故宫文物月刊》1996 年第 1 期。
邓淑蘋：《“古玉后雕”的新认识》，《故宫文物月刊》1997 年第 10 期。
邓淑蘋：《谈谈红山系玉器》，《故宫文物月刊》1998 年第 12 期。

邓淑蘋:《晋、陕出土东夷系玉器的启示》,《考古与文物》1999年第5期。
邓淑蘋:《乾隆、嘉庆时期伊斯兰风格玉器东传的研究》,《故宫学术季刊》2003年第21卷第2期。
邓淑蘋:《玉瓢一握如瓜瓣,有蒂有叶还有花——谈谈痕都斯坦玉器的入传与影响》,《故宫文物月刊》2004年第10期。
邓淑蘋:《红山系古玉的工艺之美》,《故宫文物月刊》2005年第9期。
邓淑蘋:《院藏良渚文化玉礼器研究》,《故宫学术季刊》2005年第23卷第1期。
邓淑蘋:《天工巧艺——新石器时代玉雕工艺初探》,《故宫文物月刊》2006年第10期。
邓淑蘋:《"华西系统玉器"观点形成与研究展望》,《故宫学术季刊》2007年第25卷第2期。
邓淑蘋:《远古的通神密码——"介"字形冠》,《故宫文物月刊》2007年第1期。
邓淑蘋:《解开红山文化玉箍形器之谜》,《故宫文物月刊》2009年第2期。
邓淑蘋:《尚真、崇玄——南宋玉器精神之体现》,《故宫文物月刊》2010年第10期。
邓淑蘋:《探索"子刚"——晚明江南玉雕迷团的再思》,《故宫文物月刊》2011年第12期。
邓淑蘋:《夷玉·越玉·大玉——史前玉器三大系在商周的遗痕》,《故宫文物月刊》2012年第1期。
邓淑蘋:《探索历史上的中亚玉作》,《故宫学术季刊》2016年第33卷第2期。
邓淑蘋:《玉礼器与玉礼制初探》,《南方文物》2017年第1期。
邓淑蘋:《流散欧美的良渚古玉》,《中原文物》2020年第2期。
邓淑蘋:《史前至夏时期"华西系玉器"研究(上)》,《中原文物》2021年第6期。
邓淑蘋:《史前至夏时期"华西系玉器"研究(下)》,《中原文物》2022年第2期。
丁思聪:《殷墟玉器的发现、研究与新思考》,《三代考古(辑刊)》2015年。
董洁:《西周丰姬墓出土玉器初探》,《文博》2016年第4期。
杜金鹏:《关于大汶口文化与良渚文化的几个问题》,《考古》1992年第10期。
杜金鹏:《石家河文化玉雕神像浅说》,《江汉考古》1993年第3期。
杜金鹏:《论临朐朱封龙山文化玉冠饰及相关问题》,《考古》1994年第1期。
杜金鹏:《试论北京琉璃河西周墓出土的玉冠饰》,《文物季刊》1997年第4期。
杜金鹏:《红山文化"勾云形"类玉器探讨》,《考古》1998年第5期。
杜金鹏:《商代"玉"字新探》,《中原文物》2021年第3期。
方辉:《凌家滩出土"玉人头像饰"应为玉质钺瑁饰》,《中国文物报》2004年4月9日。
方向明:《良渚文化玉器所反映的原始宗教》,《江西文物》1991年第1期。
方向明:《良渚文化"鸟蛇样组合图案"试析》,《东南文化》1992年第2期。
方向明:《反山、瑶山墓地:年代学研究》,《东南文化》1999年第6期。
方向明:《良渚文化玉器研究的现实与方法探讨》,《东南文化》2002年第5期。
方向明:《良渚文化玉璧的考古学认识》,《故宫文物月刊》2003年第21卷第2期。
方向明:《良渚文化用玉种类的考古学认识》,《东方博物》2005年第2期。
方向明:《良渚玉琮的节和琮的切割等相关问题讨论》,《中国文物报》2009年1月26日。
方向明:《崧泽文化玉器及其相关问题的研究》,《东南文化》2010第6期。
方向明、方家洲:《新石器时代的专业玉石器制造场》,《中国文化遗产》2012年第6期。
方向明:《新石器时代最早的玉"神面"——凌家滩玉版》,《东南文化》2013年第2期。
方向明:《史前琢玉的切割工艺》,《南方文物》2013年第4期。
方向明:《聚落变迁和统一信仰的形成:从崧泽到良渚》,《东南文化》2015年第1期。
方向明:《琮·璧 良渚玉文明因子的接力与传承》,《大众考古》2015年第8期。
方向明:《良渚玉器研究琐谈》,《杭州文博》2018年第2期。
方向明:《成组玉礼器与良渚文明模式》,《博物院》2019年第2期。
方向明:《反山大玉琮及良渚琮的相关问题》,《东方博物》2019年第4期。
方向明:《玉见良渚,超时空的精神与艺术》,《杭州(周刊)》2019年第26期。
费玲伢:《长江下游新石器时代玉耳珰初探》,《东南文化》2010年第2期。
费玲伢:《长江下游新石器时代动物形玉器的研究》,《华夏考古》2016年第4期。
冯汉骥:《论南唐二陵中的玉册》,《考古通讯》1958年第9期。
冯汉骥:《记广汉出土的玉石器》,《文物》1979年第2期。
傅聚良:《湖南地区的商周玉器》,《湖南考古辑刊》1994年。
高西省:《商周玉琮功用初探》,《文博》1996年第5期。
高至喜:《论我国春秋战国的玻璃器及有关问题》,《文物》1985年第12期。
谷建祥:《五千年前的人、鸟、兽玉组合器》,《东南文化》2000年第2期。
谷娴子、丘志力、李银德等:《西汉狮子山楚王陵出土玉器中的石墨包裹体》,《中山大学学报(自然科学版)》2007年第6期。
谷娴子:《略论痕都斯坦玉器的地域来源特征——兼馆藏痕都斯坦玉器述例》,《文博》2016年第6期。
谷娴子、熊樱菲、龚玉武等:《上海博物馆馆藏俏色"春水""秋山"玉饰的材质、皮色及年代研究》,《文物保护与考古科学》2017年第4期。
谷娴子:《吴大澂玉器收藏和清代古玉作伪——从上海博物馆馆藏实物及文献记载出发》,《故宫博物院院刊》2017年第4期。
谷娴子:《从出土资料和文献记载看明代宝石的使用与来源》,《南方文物》2019年第6期。
谷娴子、黄翔、丘志力等:《上海青浦福泉山遗址出土崧泽至良渚时期玉器的材质特征与玉料来源》:《文物保护与考古科学》2022年第5期。
谷娴子、沈辰、熊樱菲:《加拿大皇家安大略博物馆藏密斋古玉再研究》,《黄河.黄土.黄种人》2020年第12期。
古方:《台湾史前时代人兽形玉器的用途和宗教意义》,《考古》1996年第4期。
古方:《曹操墓及曹氏家族墓出土的玉器》,《文物天地》2012年第4期。
光青:《西安发现唐代乐舞玉带銙》,《文博》1993年玉器研究专刊。
郭大顺:《玉器的起源与渔猎文化》,《北方文物》1996年第4期。
郭大顺:《红山文化勾云形玉佩研究》,《故宫文物月刊》1996年第11期。
郭大顺:《玉器的起源与渔猎文化》,《北方文物》1996年第4期。

郭大顺：《红山文化的“唯玉为葬”与辽河文明起源特征再认识》，《文物》1997年第8期。
郭大顺：《千禧年说万年龙——从龙的起源谈起》，《故宫文物月刊》2000年第3期。
郭大顺：《也谈红山系玉器》，《故宫文物月刊》2008年第12期。
郭大顺：《红山文化“玉巫人”的发现与“萨满式文明”的有关问题》，《文物》2008年第10期。
郭德维：《曾侯乙墓的玉器》，《收藏家》2001年第12期。
郭福祥：《平七与镟玉技术在宫廷的传播》，《故宫博物院院刊》2014年第3期。
郭福祥：《档案所见乾隆时期宫廷里的苏州玉工传略》，《故宫学刊》2015年第1期。
郭福祥：《苏州玉工在宫廷》，《故宫博物院院刊》2016年第8期。
韩建武：《汉代私印面面观》，《华夏文化》1996年第4期。
韩建武：《西安何家村唐代窖藏宝石玉器》，《收藏家》2001年第3期。
韩建武、邱子渝、王建荣：《陕西出土的唐代玉石器及相关问题》，《上海文博论丛》2005年第1期。
韩建武：《外来文化对唐代玉石器琉璃器的影响》，《收藏家》2006年第10期。
韩建武：《陕西历史博物馆藏秦式玉器》，《收藏家》2014年第7期。
韩建武：《陕西历史博物馆藏宋元明清玉器》，《收藏家》2015年第7期。
何景成：《试论裸礼的用玉制度》，《华夏考古》2013年第2期。
何驽：《山西襄汾陶寺城址中期王级大墓IIM22出土漆杆“圭尺”功能试探》，《自然科学史研究》2009年第3期。
何毓灵：《试析殷墟一座玉匠墓》，《三代考古（辑刊）》2017年。
洪石：《先秦两汉嵌绿松石漆器研究》，《考古与文物》2019年第3期。
黄翠梅、李建纬：《金玉同盟——东周金器和玉器之装饰风格与角色演变》，《中原文物》2007年第1期。
黄可佳：《应国墓地西周早中期玉器研究》，《华夏考古》2015年第4期。
黄宣佩：《略论我国新石器时代玉器》，《上海博物馆集刊》1993年第2期。
黄宣佩：《福泉山良渚文化玉器》，《收藏家》2001年第11期。
黄正宏：《蓝田玉初考》，《西北地质》1984年第4期。
姬乃军：《延安市芦山峁出土玉器有关问题探讨》，《考古与文物》1995年第1期。
吉琨璋、宋建忠、田建文：《山西横水西周墓地研究三题》，《文物》2006年第8期。
吉琨璋：《西周玉器与工艺》，《天工》2017年第6期。
贾峨：《关于河南出土东周玉器的几个问题》，《文物》1983年第4期。
贾连敏、姜涛：《虢国墓地出土商代王伯玉器及相关问题》，《文物》1999年第7期。
焦阳：《染山汉墓出土“玉衣”讨论——也谈汉代墓葬中的“玉席”》，《南方文物》2021年第4期。
姜涛、贾连敏：《虢国墓地出土商代小臣玉器铭文考释及相关问题》，《文物》1998年第12期。
蒋卫东：《试论良渚文化的锥形玉器》，《文物》1997年第7期。
蒋卫东：《神异灵鸟——良渚文化玉器别裁》，《收藏界》2009年第4期。
蒋卫东：《红山文化斜口筒形玉器新解》，《收藏家》2013年第9期。
李伯谦：《二里头类型的文化性质与族属问题》，《文物》1986年第6期。
李伯谦：《中国古代文明演进的两种模式：红山、良渚、仰韶大墓随葬玉器观察随想》，《文物》2009年第3期。
李朝全：《口含物习俗研究》，《考古》1995年第8期。
李零：《妇好墓“龙纽石器盖”、九沟西周墓“龙纽玉印”及其他》，《中国国家博物馆馆刊》2019年第6期。
李建纬：《三门峡虢国墓用玉等级之探讨——从用鼎制度谈起》，《故宫文物月刊》2002年第11期。
李缙云：《谈新干商墓的玛瑙套环人形饰》，《中国文物报》1991年1月13日。
李清丽：《虢国墓地所出三组联璜组玉佩考述》，《中国文物报》2011年11月23日。
李清丽：《虢国墓地出土的商代玉器》，《大众考古》2016年第12期。
李伟：《四片汉代玉材考析》，《中原文物》2011年第4期。
李小燕、井中伟：《玉柄形器名“瓒”说——辅证内史亳同与〈尚书·顾命〉“同瑁”问题》，《考古与文物》2012年第3期。
李新伟：《中国史前玉器反映的宇宙观——兼论中国东部史前复杂社会的上层交流网》，《东南文化》2004年第3期。
李学勤：《良渚文化玉器与饕餮纹的演变》，《东南文化》1991年第5期。
李学勤：《新干大洋洲商墓的若干问题》，《文物》1991年第10期。
李学勤：《乾隆帝与古玉》，《紫禁城》1989年第3期。
李学勤：《益门村金、玉器纹饰研究》，《文物》1993年第10期。
李学勤：《谈小臣系玉瑗》，《故宫博物院院刊》1998年第3期。
李学勤：《论金沙长琮的符号》，《四川文物》2002年第5期。
李银德：《徐州发现一批重要西汉玻璃器》，《东南文化》1990年增刊。
李银德：《徐州出土西汉玉面罩的复原研究》，《文物》1993年第4期。
李银德：《徐州发现西汉早期银缕玉衣》，《东南文化》2000年第2期。
李银德：《汉代楚（彭城）国葬玉研究》，《湖南省博物馆馆刊（辑刊）》2020年。
李银德：《王侯的威仪——以汉代玉牌贝带为中心》，《河南博物院院刊》2020年第2期。
李银德：《高祖故里　玺印新资——西汉楚国出土玺印概览》，《中国书法》2022年第3期。
廖薇：《西汉玉猪握形制及尺寸考》，《湖南省博物馆馆刊（辑刊）》2019年。
刘斌：《良渚文化的冠状饰与耘田器》，《文物》1997年第7期。
刘敦愿：《有关日照两城镇玉坑玉器的资料》，《考古》1988年第2期。
刘国祥：《大甸子玉器试探》，《考古》1999年第11期。
刘国祥：《牛河梁第二地点二十一号墓玉器新探》，《中国文物报》1999年8月4日。
刘国祥：《黑龙江史前玉器研究》，《中国历史博物馆馆刊》2000年第1期。
刘国祥：《辽西古玉研究综述》，《故宫博物院院刊》2000年第5期。
刘国祥：《牛河梁玉器初步研究》，《文物》2000年第6期。
刘国祥：《吉林史前玉器试探》，《北方文物》2001年第4期。
刘国祥：《中国玉器考古研究方法与实例探析》，《江汉考古》2019年第5期。
刘凌云：《西周玉器的斜刀技法实验考古研究》，《南方文物》2015年第4期。
刘思哲：《陕西历史博物馆藏“西周五孔玉璋”考异》，《文博》2019年第5期。
刘永生、李勇：《山西黎城神面纹玉戚》，《故宫文物月刊》2000年第3期。
刘云辉：《西汉墓葬中出土的秦式玉器》，《西部考古》2006年第10期。
刘云辉：《武库遗址出土的玉雕怪兽为貘豸考》，《文博》2007年第1期。

刘云辉:《陕西出土的古代玉器·夏商周篇》,《四川文物》2008年第5期。
刘云辉、刘思哲:《汉代圆雕人物和动物玉器艺术成就试析》,《河南博物院院刊》2020年第2期。
刘云辉、刘思哲:《陕西关中地区出土的齐家文化玉器及相关问题》,《丝绸之路》2022年第3期。
刘尊志:《汉代墓葬中的玉璧敛葬》,《华夏考古》2018年第6期。
刘钊:《安阳后岗殷墓所出“柄形饰”用途考》,《考古》1995年第7期。
刘照建:《汉代玉衣起源问题研究》,《考古》2022年第5期。
林华东:《良渚文化玉鸟》,《中国文物报》1995年3月12日。
林继来:《论春秋黄君孟夫妇墓出土玉器》,《考古与文物》2001年第6期。
林继来:《山东济阳刘台子西周墓的史前遗玉》,《东南文化》2002年第3期。
卢兆荫:《试论两汉的玉衣》,《考古》1981年第1期。
卢兆荫:《再论两汉的玉衣》,《文物》1989年第10期。
卢兆荫:《玉觿与韘形玉佩》,《文物天地》1995年第1期。
卢兆荫:《略论汉代礼仪用玉的继承与发展》,《文物》1998年第3期。
陆锡兴:《论明代玉圭制度》,《南方文物》2017年第3期。
栾丰实:《牙璧研究》,《文物》2005年第7期。
栾丰实:《花厅墓地玉器再认识——兼论中国史前时期海岱系玉器文化的形成》,《东南文化》2020年第3期。
栾丰实:《山东罗圈峪和上万家沟出土牙璋调查记——牙璋探源》,《大众考古》2020年第4期。
栾丰实:《试论陕北和晋南的龙山时代玉器——以石峁、碧村和陶寺为例》,《中原文物》2021年第2期。
罗丰:《黄河中游新石器时代的玉器——以馆藏宁夏地区玉器为中心》,《故宫学术季刊》2001年第19卷第2期。
罗涵、李琳娜等:《西汉早期出土金缕和丝缕玉衣部分玉料材质及其加工工艺特征管窥》,《文物保护与考古科学》2012年第2期。
罗宗真:《魏晋南北朝出土玉器研究》,《东南文化》2003年第2期。
罗新:《吐谷浑与昆仑玉》,《中国史研究》2001年第1期。
马金花:《山西芮城清凉寺墓地出土玉器浅说》,《文物世界》2009年第3期。
马萧林等:《灵宝西坡仰韶文化墓地出土玉器初步研究》,《中原文物》2006年第2期。
毛振伟等:《贾湖遗址出土绿松石的无损检测及矿物来源初探矿物来源初探》,《华夏考古》2005年第1期。
牟永抗:《良渚玉器三题》,《文物》1989年第5期。
牟永抗等:《试论玉器时代——中华文明起源的探索》,《中国文物报》1990年11月1日。
牟永抗、吴汝祚:《水稻、蚕丝和玉器——中华文明起源的若干问题》,《考古》1993年第6期。
牟永抗:《关于〈试论玉器时代〉一文的若干说明——答谢仲礼、张明华诸同志》,《中国文物报》1999年12月29日、2000年1月5日。
牟永抗:《也谈红山文化C形玉龙的工艺》,《东南文化》2013年第6期。
那志良:《珠襦玉匣与金缕玉衣》,《故宫学术季刊》1984年第2卷第2期。
彭适凡等:《关于新干大洋洲商墓年代问题的探讨》,《文物》1991年第10期。
彭适凡:《新干出土商代侧身玉“羽人”的再解读》,《文物天地》2020年第10期。
祁守华:《我国出土的煤精制品述略》,《文博》1986年第6期。
祁守华:《出土文物中的煤精雕刻制品》,《文物研究》1994年第9辑。
钱伊平:《汉龙螭纹玉带头》,《故宫文物月刊》1991年第2期。
秦小丽:《山西芮城清凉寺墓地出土玉器分析》,《江汉考古》2021年第6期。
饶宗颐:《未有文字以前表示“方位”与“数理关系”的玉版——含山出土玉版小论》,《文物研究》1990年第6期。
任式楠:《良渚文化玉三叉形冠饰与皇冠》,《中国文物报》1991年10月20日。
邵晶:《论石峁文化与后石家河文化的远程交流——从牙璋、鹰笄、虎头等玉器说起》,《中原文物》2021年第3期。
沈辰:《故人似玉由来重:吴大澂旧藏玉璧流传轶事》,《美成在久》2015年第5期。
沈建东:《院藏卑南耳饰玦的工艺研究》,《故宫文物月刊》2004年第8期。
沈建东:《长江流域史前玉璜制作工艺初探》,《故宫文物月刊》2005年第7期。
沈令昕等:《上海市青浦县元代任氏墓葬记述》,《文物》1982年第7期。
石荣传:《再议考古出土的玉柄形器》,《四川文物》2010年第3期。
石荣传、陈杰:《两周葬玉及葬玉制度之考古学研究》,《中原文物》2011年第5期。
石荣传、陈杰:《〈礼记〉所载佩玉制度的考古学研究》,《文史哲》2012年第3期。
宋建:《良渚文化的用玉与等级》,《上海博物馆集刊》2008年。
宋文薰、连照美:《台湾史前时代人兽形玉玦耳饰》,《考古人类学刊》1984年第44期。
孙泓:《从东北亚地区出土的玻璃器看丝绸之路的向东延伸》,《东方博物》2006年第6期。
孙机:《几种汉代的图案纹饰》,《文物》1982年第3期。
孙机:《玉具剑与璏式佩剑法》,《考古》1985年第1期。
孙机:《周代的组玉佩》,《文物》1998年第4期。
孙机:《蜷体玉龙》,《文物》2001年第3期。
孙机:《简论“司南”兼及“司南佩”》,《中国历史文物》2005年第4期。
孙庆伟:《两周“佩玉”考》,《文物》1996年第9期。
孙庆伟:《从〈说文·玉部〉看先秦两汉时期的相玉》,《古代文明研究通讯》2004年总第22期。
孙庆伟:《周代金文所见用玉事例研究》,《古代文明（辑刊）》2004年。
孙庆伟:《晋侯墓地M63墓主再探》,《中原文物》2006年第3期。
孙庆伟:《出土资料所见的西周礼仪用玉》,《南方文物》2007年第1期。
孙庆伟:《俘玉与分器——周代墓葬中前代玉器的来源与流传》,《故宫文物月刊》2012年第9期。
孙庆伟:《重与句芒:石家河遗址几种玉器的属性及历史内涵》,《江汉考古》2017年第5期。
孙守道、郭大顺:《论辽河流域的原始文明与龙的起源》,《文物》1984年第6期。
孙守道:《红山文化“玉蚕神”考》,《中国文物世界》1998年第11期。
孙守道:《论中国史上“玉兵时代”的提出》,《辽宁文物》1983年第5期。
孙守道:《三星他拉红山文化玉龙考》,《文物》1984年第6期。
孙守道、郭大顺:《论辽河流域的原始文明与龙的起源》,《文物》1984年第6期。
苏秉琦:《石峡文化初论》,《文物》1978年第7期。
苏秉琦:《关于考古学文化的区系类型问题》,《文物》1982年第5期。

苏德荣：《明代蕃王墓出土文物综述》，《中国文物报》1989年4月21日。
苏芳淑：《古人存古——玉琮在古代墓葬中的诸意义》，《古代墓葬美术研究（辑刊）》2013年。
田小娟：《论商周时期玉石容器》，《中国国家博物馆馆刊》2015年第7期。
田园：《苍鹰振羽　玉面冠巾——石家河出土玉器》，《江汉考古》1989年第1期。
汪遵国：《良渚文化“玉敛葬”述略》，《文物》1984年第2期。
王春云：《渎山大玉海及其玉料来源》，《中国文物报》1992年4月12日。
王方：《金沙玉器制作工艺的初步观察》，《中原文物》2006年第6期。
王方：《从石家河玉器看长江中游玉文化对古蜀青铜文明的影响》，《江汉考古》2022年第4期。
王辉：《殷墟玉璋朱书文字蠡测》，《文博》1996年第5期。
王军花：《洛阳北窑出土的西周玉器》，《美成在久》2021年第6期。
王倩：《两汉时期出土的玉舞人》，《美成在久》2018年第1期。
王青：《豫南地区商周西汉墓出土遗玉研究》，《中原文物》2017年第1期。
王世雄：《陕西西周原始玻璃的鉴定与研究》，《文博》1986年第2期。
王仁湘：《古代带钩用途考实》，《文物》1982年第10期。
王仁湘：《带钩概论》，《考古学报》1985年第3期。
王荣、吴在君：《中国玉器的古代修复工艺研究——以出土玉器为例》，《东南文化》2015年第3期。
王慎行：《商文化玉器渊源探索》，《考古》1989年第7期。
王炜林、孙周勇：《石峁玉器的年代及相关问题》，《考古与文物》2011年第4期。
王巍：《良渚文化玉琮刍议》，《考古》1986年第11期。
王秀玲：《定陵出土的明代宫廷玉器》，《收藏家》2005年第12期。
王宣艳：《浙江省博物馆藏北宋帝王金龙玉简考释：兼谈北宋时期帝王投龙简》，《收藏家》2014年第7期。
王煜：《汉代镶玉漆棺及相关问题讨论》，《考古》2017第11期。
王煜，李帅：《礼俗之变：汉唐时期猪形玉石手握研究》，《南方文物》2021年第4期。
王蕴智：《中原出土商代玉石文及其释读》，《中国国家博物馆馆刊》2013年第4期。
王永波：《牙璋新解》，《考古与文物》1988年第1期。
王永波：《成山玉器与日主祭——兼论太阳神崇拜的有关问题》，《文物》1993年第1期。
王永波：《耜形端刃器的分类与分期》，《考古学报》1996年第1期。
王永亚、顾冬红、干福熹：《中国蓝田玉的成分、物相及结构分析》，《岩石矿物学杂志》2011年第30期。
王正书：《上博玉雕精品鲜卑头铭文补释》，《文物》1999年第4期。
王正书：《上海打浦桥明墓出土玉器》，《文物》2000年第4期。
王正书：《元代玉雕带饰和腰佩考述》，《上海博物馆集刊》2002年。
王正书：《“司南佩”考实》，《文物》2003年第10期。
王正书：《齐家文化玉器考察及上海博物馆藏吴大澂玉器的文化归属》，《上海博物馆集刊》2005年。
王志高、周裕兴、华国荣：《南京仙鹤观东晋墓出土文物的初步认识》，《文物》2001年第3期。
王仲殊：《试论鄂城五里墩西晋墓出土的波斯萨珊朝玻璃碗为吴时由海路传入》，《考古》1995年第1期。
王自力：《西安西郊出土的唐代玉带》，《考古与文物》1992年第5期。
韦正：《东汉、六朝的朝服葬》，《文物》2002年第3期。
闻广：《苏南新石器时代玉器的考古地质学研究》，《文物》1986年第10期。
闻广：《中国古代的玉》，《建材地质》1989年第3期。
闻广：《中国古玉研究的新进展》，《中国宝玉石》1991年第4期。
闻广：《中国古玉地质考古学研究西汉南越王墓玉器》，《考古》1991年第11期。
闻广：《全世界最早的真玉器——古玉丛谈（一）》，《故宫文物月刊》1993年第6期。
闻广：《玉与珉——古玉丛谈（二）》，《故宫文物月刊》1993年第7期。
闻广：《中国古玉地质考古学研究的续进展》，《故宫学术季刊》1993年第11卷第1期。
闻广、荆志淳：《沣西西周玉器地质考古学研究中国地质考古学研究之三》，《考古学报》1993年第2期。
闻广等：《福泉山与崧泽玉器地质考古学研究》，《考古》1993年第7期。
闻广：《古玉的受沁——古玉丛谈（六）》，《故宫文物月刊》1994年第3期。
闻广：《古玉的血沁——古玉丛谈（七）》，《故宫文物月刊》1994年第4期。
闻广：《鸡骨白与象牙白古玉——古玉丛谈（八）》，《故宫文物月刊》1994年第5期。
闻广：《用玉的等级制度——古玉丛谈（九）》，《故宫文物月刊》1994年第6期。
闻广：《记召公太保二玉戈——古玉续谈（二）》，《故宫文物月刊》2000年第7期。
吴汝祚、牟永抗：《玉器时代说》，《中华文化论坛》1994年第3期。
巫鸿：《一组早期的玉石雕刻》，《美术研究》1979年第1期。
乌恩岳斯图：《略论匈奴玉器的来源及相关问题》，《内蒙古文物考古》2004年第1期。
夏鼐：《汉代的玉器——汉代玉器中传统的延续和变化》，《考古学报》1983年第2期。
夏鼐：《汉代的玉器——汉代玉器中传统的延续和变化》，《考古》1983年第2期。
夏鼐：《商代玉器的分类、定名和用途》，《考古》1983年第5期。
夏鼐：《所谓玉璿玑不会是天文仪器》，《考古学报》1984年第4期。
夏勇：《简析良渚文化刻符玉璧》，《杭州文博》2018年第2期。
谢仲礼：《“玉器时代”：一个新概念的分析》，《考古》1994年第9期。
徐春苓：《繁华而雕蔚，触目皆琳琅——记天津市艺术博物馆“清代玉器瑰宝展”》，《收藏家》1999年第5期。
徐良、王志高：《两汉玉舞人组佩研究》，《考古》2023年第2期。
徐琳：《钱裕墓出土元代玉器综述》，《故宫文物月刊》1999年第4期。
徐琳：《再谈“春水”玉》，《紫禁城》2008年第8期。
徐琳：《河北中山王刘畅墓出土玉座屏及“西王母”图像考》，《中原文物》2008年第1期。
徐琳：《两汉用玉思想研究之一——辟邪厌胜思想》，《故宫博物院院刊》2008年第1期。
徐琳：《两汉用玉思想研究之二——神仙长生思想》，《故宫学刊》2008年第1期。
徐琳：《从带饰到“如意瓦子”——一件“春水”玉绦环的名物变迁》，《紫禁城》2008年第4期。
徐琳：《三尊“红山玉人”像解析》，《中国社会科学报》2010年2月2日。

徐琳：《三件红山玉巫人评述》，《收藏家》2010 年第 4 期。
徐琳：《故宫博物院藏哈克文化玉石器研究》，《故宫博物院院刊》2012 年第 1 期。
徐琳：《温润精致与古朴原始 —— 中国与墨西哥玉器的第一次奇妙相遇》，《文明》2012 年第 11 期。
徐琳：《明前期礼仪用玉研究》，《故宫学刊》2013 年第 2 期。
徐琳：《故宫博物院藏齐家文化玉璧综述》，《故宫博物院院刊》2016 年第 3 期。
徐琳：《翠华玉意两逢迎 清代宫廷中的翡翠》，《紫禁城》2018 年第 5 期。
徐琳：《和田玉东进的时间问题》，《紫禁城》2018 年第 9 期。
徐琳：《中国古代玉料来源的多元一体化进程》，《故宫博物院院刊》2020 年第 2 期。
徐琳：《略论中国古代治玉工艺》，《中国社会科学报》2022 年 9 月 9 日。
徐琳：《良渚闪石玉料及其产源地问题探讨》，《故宫博物院院刊》2022 年第 10 期。
徐启宪等：《大禹治水图玉山》，《故宫博物院院刊》1980 年第 4 期。
许杰：《四川广汉月亮湾出土玉石器探析》，《四川文物》2006 年第 5 期。
许卫红：《再论甘肃礼县鸾亭山等地出土玉人的功用》，《中国国家博物馆馆刊》2015 年第 4 期。
许晓东：《辽代玉盒佩之我见》，《故宫博物院院刊》2003 年第 4 期。
许晓东：《琥珀及中国古代琥珀原料的来源》，《故宫学刊（辑刊）》2008 年。
许晓东：《金瓯永固 玉烛长调：清帝元旦试笔御用之金杯、烛台》，《收藏家》2011 年第 7 期。
许晓东：《乾隆时期的仿古玉》，《收藏家》2013 年第 9 期。
许晓东：《明代的玉簪》，《紫禁城》2016 年第 7 期。
许晓东：《契丹、蒙古与西域玉雕兼及新疆在中国玉雕传统西传过程中的特殊地位》，《紫禁城》2018 年第 9 期。
许勇翔：《唐代玉雕中的云龙纹装饰研究》，《文物》1986 年第 9 期。
薛婕：《首都博物馆藏痕都斯坦玉器》，《文物》1985 年第 8 期。
寻婧元：《招祥引瑞：汉代大型圆雕动物玉器的功能与象征意义》，《美成在久》2017 年第 6 期。
闫亚林：《关于"玉石之路"问题的探讨》，《考古与文物》2010 年第 3 期。
扬之水：《古器小识：琉璃瓶与蔷薇水》，《文物天地》2002 年第 6 期。
扬之水：《宋代花瓶》，《故宫博物院院刊》2007 年第 1 期。
扬之水：《明代金银首饰图说》，《收藏家》2008 年第 8 期。
扬之水：《读物小札："宝粟钿金虫"》，《南方文物》2013 年第 1 期。
扬之水：《"繁华到底"—— 明藩王墓出土金银首饰丛考》，《中国国家博物馆馆刊》2016 年第 8 期。
扬之水：《与正仓院的六次约会：奈良博物馆观展散记》，《紫禁城》2018 年第 10 期。
扬之水：《"金"风吹开一池莲 —— 金银器中的池塘小景》，《紫禁城》2020 年第 6 期。
杨伯达：《清代宫廷玉器》，《故宫博物院院刊》1982 年第 1 期。
杨伯达：《女真族春水秋山玉考》，《故宫博物院院刊》1983 年第 2 期。
杨伯达：《汉代玉器艺术》，《香港中文大学中国文化研究所学报》1984 年第 15 卷。
杨伯达：《仿古玉》，《文物》1984 年第 4 期。
杨伯达：《中国古玉研究刍议五题》，《文物》1986 年第 9 期。
杨伯达：《清宫旧藏翡翠器简述》，《故宫博物院院刊》1989 年第 3 期。
杨伯达：《清乾隆帝玉器观初探》，《故宫博物院院刊》1993 年第 4 期。
杨伯达：《仿古玉与伪古玉》，《收藏》1996 年第 6 期。
杨伯达：《辽金玉的特色及其与宋玉的异同》，《美术观察》1996 年第 5 期。
杨伯达：《中国古玉鉴定的传统方法与科学方法之比较》，《收藏家》1996 年第 18 期。
杨伯达：《传世古玉辨伪综论》，《故宫博物院院刊》1997 年第 4 期。
杨伯达：《中国传世古玉辨伪的文献考察》，《故宫文物月刊》1997 年第 7—11 期。
杨伯达：《"血玉"与血竭染玉》，《收藏家》1999 年第 3 期。
杨伯达：《见识清代伪古玉》，《中国文物报》1999 年 2 月 28 日。
杨伯达：《说玦》，《东南文化》2000 年第 2 期。
杨伯达：《玉杯记所记弘历古玉辨伪方法之探讨》，《收藏家》2001 年第 7 期。
杨伯达：《西周至南北朝自制玻璃概述》，《故宫博物院院刊》2003 年第 5 期。
杨伯达：《翡翠传播的文化背景及其社会意义》，《故宫学刊》2004 年。
杨虎、刘国祥：《兴隆洼文化玉器的发现及其意义》，《中国文物报》1995 年 4 月 30 日。
杨建芳：《玉韘及韘形玉饰 —— 一种玉器演变的考察》，《中国文物世界》1989 年第 7 期。
杨建芳：《商周越式玉器及其相关问题 —— 中国古玉分域研究之二》，《南方民族考古（辑刊）》1990 年。
杨建芳：《石家河文化玉器及其相关问题》，《故宫学术季刊》1991 年第 8 卷第 4 期。
杨建芳：《早期蜀国玉器初探 —— 商代方国玉器研究之一》，《故宫文物月刊》1993 年第 3 期。
杨建芳：《南越王墓玉器研究 —— 南越式玉器的识别及相关问题》，《故宫文物月刊》1994 年第 12 期。
杨建芳：《论三件玉杯的年代、产地及其他相关问题》，《故宫文物月刊》2008 年第 9 期。
杨建芳：《平山中山国墓葬出土玉器研究》，《文物》2008 年第 1 期。
杨建芳：《南越王墓玉器 —— 楚、汉、越文化交汇、融合的见证》，《南方民族考古（辑刊）》2012 年。
杨晶：《关于大甸子墓地玉器的分析》，《文物》2000 年第 9 期。
杨晶：《良渚文化玉质梳背饰及其相关问题研究》，《文物》2002 年第 11 期。
杨晶：《一件刻纹玉饰的辨识》，《故宫博物院院刊》2004 年第 5 期。
杨晶：《工艺探索科技先行 —— 良渚文化琢玉工艺研究的新进展》，《南方文物》2019 年第 1 期。
杨美莉：《多孔石、玉刀的研究》，《故宫学术季刊》1999 年第 15 卷第 3 期。
杨美莉：《晚明清初仿古器的作色 —— 以铜器、玉器为主的研究》，《故宫学术季刊》2005 年第 22 卷第 3 期。
杨美莉：《细述二里头文化的玉器风格》（上、下），《故宫文物月刊》1995 年第 3—4 期。
杨歧黄：《周原遗址与強国墓地出土玉器的特色比较与思考》，《考古与文物》2017 年第 5 期。
杨岐黄、陈爱东等：《凤翔雍山血池遗址出土玉器的几点认识》，《考古与文物》2020 年第 6 期。
杨岐黄：《甲骨卜辞所见玉器及相关问题研究》，《文博》2022 年第 5 期。

杨明星、范陆薇、狄敬如等:《湖北钟祥明代梁庄王墓出土玉器的特征》,《宝石和宝石学杂志》2005 年第 1 期。
杨育彬、孙广清:《河南出土三代玉器研究及相关问题》,《中原文物》2003 年第 5 期。
叶晓红、唐际根、何毓灵:《殷墟妇好墓出土玉器阴刻技术试析》,《考古学集刊》2017 年。
叶晓红:《妇好墓圆雕玉器工艺研究》,《中原文物》2018 年第 2 期。
叶晓红、田亚岐、张蕾:《陕西凤翔雍山血池秦汉祭祀遗址出土玉器工艺探讨》,《文物》2022 年第 11 期。
殷志强:《红山、良渚文化玉器的比较研究》,《北方文物》1988 年第 1 期。
殷志强:《元代玉器鉴定探微》,《故宫文物月刊》1999 年第 6 期。
尤仁德:《商代玉鸟与商代社会》,《考古与文物》1986 年第 2 期。
尤仁德:《战国汉代玉雕螭纹的造型与纹饰研究》,《文物》1986 年第 9 期。
尤仁德:《汉代玉佩刚卯严卯考论》,《人文杂志》1991 年第 6 期。
尤仁德:《由历史层面看中国的崇玉观念》,《故宫文物月刊》1994 年第 5 期。
尤仁德:《兽纹与鸮纹的诱惑——新发现的传世龙山文化玉器》,《故宫文物月刊》1994 年第 9 期。
尤仁德:《帝俊玉像——商族始祖神话考窥》,《故宫文物月刊》1996 年第 7 期。
尤仁德:《凌家滩玉版玉鹰释义》,《故宫文物月刊》1999 年第 7 期。
俞伟超:《含山凌家滩玉器和考古学中研究精神领域的问题》,《文物研究》1989 年第 5 期。
喻燕姣:《仿玉风格的玻璃器》,《收藏家》2002 年第 5 期。
喻燕姣:《略论湖南出土的商代玉器》,《中原文物》2002 年第 5 期。
喻燕姣:《湖南出土的新石器时代玉佩饰研究》,《河南博物院院刊》2020 年第 2 期。
于宝东:《辽代玉器的文化因素分析》,《内蒙古大学学报》2006 年第 6 期。
于明:《汉代玉器材料》,《文物天地》2012 年第 4 期。
于中航:《新石器时代有孔石斧的柄尾装饰物》,《中国文物报》1988 年 8 月 26 日。
员安志:《北周若干云墓出土蹀躞玉带考》,《文博》1993 年玉器研究专刊。
袁建平:《西汉长沙王、王后墓出土玉器及有关问题的探讨》,《湖南省博物馆馆刊(辑刊)》2014 年。
袁水明:《商代西周墓葬中出土前代玉器初识》,《中原文物》2000 年第 3 期。
院文清:《石家河文化玉器概论》,《故宫文物月刊》1997 年第 8 期。
院文清、余乔:《西周早期曾国墓出土玉器撷英》,《收藏家》2015 年第 8 期。
岳洪彬等:《良渚文化"玉琮王"雕纹新考》,《考古》1998 年第 8 期。
曾卫胜:《浅谈中西方宝玉石概念的差异》,《中国宝玉石》1996 年第 2 期。
曾卫胜:《论中原地区史前至商代玉材料应用及其文化特征》,《河南博物院院刊》2021 年第 1 期。
张昌平:《曾侯乙墓玉器的改制》,《中国历史文物》2008 年第 1 期。
张长寿:《记沣西新发现的兽面玉饰》,《考古》1987 年第 5 期。
张长寿:《记张家坡出土的西周"玉璇玑"——怀念夏鼐先生》,《文物天地》1994 年第 2 期。
张弛:《大溪、北阴阳营和薛家岗的石、玉器工业》,《考古学研究(辑刊)》2000 年。
张登毅等:《山西出土先秦绿松石制品初步研究》,《华夏考古》2015 年第 4 期。
张福康等:《中国古琉璃的研究》,《硅酸盐学报》1983 年第 1 期。
张广文:《清代乾嘉时期宫廷玉器的造型艺术》,《文物》1984 年第 11 期。
张广文:《清初制作的四件人工染色玉器》,《故宫博物院院刊》1986 年第 2 期。
张广文:《清代宫廷仿古玉器》,《故宫博物院院刊》1990 年第 2 期。
张广文:《明陆子刚款玉器》,《收藏家》2003 年第 9 期。
张广文:《明代玉器专题连载之五——明代的玉礼器》,《紫禁城》2008 年第 4 期。
张广文:《仿古玉与清宫旧藏明代仿古玉器》,《紫禁城》2008 年第 12 期。
张宏明:《宋代的仿古玉》,《收藏家》2009 年第 8 期。
张敬国:《凌家滩墓葬玉器测试研究》,《文物》1989 年第 4 期。
张敬国:《从安徽凌家滩墓地出土玉器谈中国的玉器时代》,《东南文化》1991 年第 2 期。
张敬国:《凌家滩玉器——中国文明的曙光》,《文物天地》2008 年第 1 期。
张敬国、张敏、陈启贤:《线性工具开料之初步实验——玉器雕琢工艺显微探索之一》,《东南文化》2003 年第 3 期。
张丽端:《从"玉厄"论清乾隆中晚期盛行的玉器类型与帝王品味》,《故宫学术季刊》2000 年第 18 卷第 2 期。
张丽端:《从〈活计档〉看清高宗直接控管御制器用的两个机制》,《故宫学术季刊》2006 年 24 卷第 1 期。
张敏、王志高:《薛城遗址的发现与古芜湖文化区》,《中国文物报》1998 年 7 月 8 日。
张敏:《句容城头山遗址出土的史前玉器及相关问题的讨论》,《东南文化》2001 年第 6 期。
张敏:《越国玉器的等级研究》,《东南文化》2011 年第 4 期。
张明华:《良渚玉戚的完整发现及其重要意义》,《中国文物报》1988 年 2 月 5 日。
张明华:《豪华型良渚玉戚组合附件的发现》,《文物天地》1988 年第 4 期。
张明华:《良渚玉戚研究》,《考古》1989 年第 7 期。
张明华:《良渚文化古玉的刻纹工具是什么?》,《中国文物报》1990 年 2 月 6 日。
张明华:《良渚玉符试探》,《文物》1990 年第 12 期。
张明华:《"玉器时代"之我见》,《中国文物报》1991 年 10 月 27 日。
张明华:《良渚古玉用途新论》,《南方文物》1993 年第 3 期。
张明华:《良渚文化的琮形镯》,《文物天地》1993 年第 4 期。
张明华:《关于"玉器时代"的再讨论》,《中国文物报》1999 年 5 月 19 日。
张明华:《玉胜考略》,《上海文博论丛》2003 年第 4 期。
张明华:《抚胸玉立人姿式意义暨红山文化南下之探讨》,《上海博物馆集刊》2005 年。
张庆捷、常一民:《北齐徐显秀墓出土的嵌蓝宝石金戒指》,《文物》2003 年第 10 期。
张培善:《河北满城汉墓玉衣等的矿物研究》,《考古》1981 年第 1 期。
张培善:《安阳殷墟妇好墓中玉器宝石的鉴定》,《考古》1982 年第 2 期。
张睿祥等:《两周组玉佩形制的嬗变及相关问题》,《中原文物》2015 年第 5 期。

张睿祥、杨筱平等：《周代多璜式组玉佩相关问题研究》，《四川文物》2020 年第 4 期。
张伟：《梁带村芮国墓地出土玉器几点认识》，《文博》2013 年第 6 期。
张尉：《从〈诗经〉、〈楚辞〉看中国古代玉文化》，《上海博物馆集刊》2002 年。
张尉：《陆子刚琢玉略考》，《上海博物馆集刊》2012 年。
张绪球：《石家河文化的玉器》，《江汉考古》1992 年第 1 期。
张治国、马清林：《甘肃崇信于家湾周墓出土玉器研究》，《考古与文物》2009 年第 2 期。
张忠培：《大道中国・变革时代下的两周时期玉器与玉文化》，《南方文物》2017 年第 1 期。
赵宾福：《吉林省新石器时代玉器初探》，《博物馆研究》2001 年第 1 期。
赵承泽、卢连成：《关于西周的一批煤玉雕刻 —— 兼论我国开始用煤作燃料的时间》，《文物》1978 年第 5 期。
赵丛苍：《记凤翔出土的春秋秦国玉器》，《文物》1986 年第 9 期。
赵瑞廷、于平、邵芳等：《湖南战国楚地贵族墓葬出土玉器黑色水银沁现象再研究》，《博物院》2020 年第 2 期。
郑绍宗：《汉代玉匣葬服的使用及其演变》，《河北学刊》1985 年第 6 期。
周南泉：《战国中山国及家族墓出土的玉石器》，《故宫文物月刊》1992 年第 5 期。
周南泉等：《北京团城内渎山大玉海考》，《文物》1980 年第 4 期。
周南泉：《玉具剑饰物考释》，《考古与文物》1982 年第 6 期。
周南泉：《痕都斯坦与其地所造玉器考》，《故宫博物院院刊》1988 年第 1 期。
周南泉：《吴大澂古玉图考》，《故宫博物院院刊》1988 年第 1 期。
周南泉：《论空前发达的清乾隆朝玉器》，《故宫文物月刊》1991 年第 5 期。
周南泉：《论西周玉器上的人神图像：古玉研究之五》，《故宫博物院院刊》1995 年第 3 期。
周晓晶：《辽东半岛地区新石器时代玉器的初步研究》，《北方文物》1999 年第 1 期。
周晓晶：《吉黑地区新石器时代玉器探究》，《北方文物》2000 年第 4 期。
周晓晶：《清乾隆时期“玉厄”现象略述》，《东南文化》2002 年第 8 期。
周晓晶：《辽宁省博物馆藏清代玉器》，《收藏家》2003 年第 10 期。
周晓晶：《红山文化玉勾云形器研究回顾及新探》，《鞍山师范学院学报》2004 年第 1 期。
周晓晶：《清代玉器染色技术的应用》，《鉴宝》2010 年第 7 期。
周晓晶：《关于古代玉器上的人工染色》，《收藏家》2010 年第 10 期。
周晓晶：《清代伪古玉的生产与辨伪》，《收藏家》2012 年第 1 期。
周晓陆、张敏：《治玉说 —— 长江下游新石器时代三件玉制品弃余物的研究》，《史前研究》1985 年第 1 期。
周晓陆、同学猛：《澄城出土西周玉质玺印初探》，《考古与文物》2017 年第 2 期。
朱捷元：《茂陵发现的西汉四神纹玉铺首》，《考古与文物》1986 年第 3 期。
朱乃诚：《良渚文化玉器刻符的若干问题》，《华夏考古》1997 年第 3 期。
朱乃诚：《金沙良渚玉琮的年代和来源》，《中华文化论坛》2005 年第 4 期。
朱乃诚：《论肖家屋脊玉盘龙的年代及有关问题》，《文物》2008 年第 7 期。
朱乃诚：《殷墟妇好墓出土有领玉璧与有领玉环研究》，《江汉考古》2017 年第 3 期。
朱乃诚：《殷墟妇好墓出土玉琮研究》，《文物》2017 年第 9 期。
朱乃诚：《红山文化弯板状玉臂饰研究》，《文物》2019 年第 8 期。
朱乃诚：《商代玉龙研究》，《文博学刊》2021 年第 3 期。
朱章义、王方：《成都金沙遗址出土玉琮初步研究》，《文物》2004 年第 4 期。
诸诣：《从起源到消亡：东周至西汉出土的绞丝纹玉环》，《美成在久》2020 年第 1 期。
宗时珍、叶晓红：《略论徐州狮子山楚王墓出土玉器工艺》，《故宫博物院院刊》2019 年第 3 期。
左骏：《魏晋南北朝玉佩研究》，《故宫博物院院刊》2007 年第 6 期。
左骏：《西汉至新莽宝玉石微雕 —— 从系臂琅玕虎魄龙说起》，《故宫文物月刊》2013 年第 12 期。
左骏：《腰玉横金 —— 中国国家博物馆藏元范文虎墓玉带具的考古学观察》，《中国国家博物馆馆刊》2017 年第 2 期。
左骏：《徐州狮子山楚王墓双联管形玉构件的功用研究》，《考古》2021 年第 10 期。
［日］林巳奈夫：《关于良渚文化玉器的若干问题》，《史前研究》1987 年第 1 期。
［日］林巳奈夫：《良渚文化和大汶口文化中的图像记号》，《东南文化》1991 年第 3—4 期。
［日］林巳奈夫：《关于偃师二里头遗址发现的玉器》，《美术研究集刊》1996 年第 3 期。
［日］冈村秀典：《中国史前时期玉器的生产与流通》，姜宝莲译，《考古与文物》1995 年第 6 期。
Yifan Li、朱珠：《从紫禁城到佛利尔美术馆：再论乾隆御题卵形玉石》，《美成在久》2019 年第 6 期。
G. L. Barnes, “Understanding Chinese Jade in A World Context”, *Journal of the British Academy*, 2018, vol. 6.
William Trousdale, “A Kushan Scabbard Slide from Afghanistan”, *Bulletin of the Asia Institute*, 1988, vol. 2.

展览鸣谢（按拼音排序）：

安徽博物院、安徽省文物考古研究所、北京市昌平区明十三陵管理中心、巢湖市博物馆、成都金沙遗址博物馆、定州市博物馆、故宫博物院、韩城市梁带村芮国遗址博物馆、河北博物院、黑龙江省文物考古研究所、湖北省博物馆、湖南博物院、湖南省文物考古研究院、江西省博物馆、溧阳市博物馆、辽宁省博物馆、辽宁省文物考古研究院、洛阳博物馆、南昌汉代海昏侯国遗址博物馆、南京市博物总馆、南越王博物院、内蒙古自治区文物考古研究院、青岛市黄岛区博物馆、三门峡市虢国博物馆、山东博物馆、山西博物院、山西省考古研究院、陕西历史博物馆、陕西省考古研究院、上海博物馆、首都博物馆、天津博物馆、天门市博物馆、无锡博物院、吴文化博物馆、咸阳博物院、徐州博物馆、扬州博物馆、仪征市博物馆、沂水县博物馆、张家港博物馆、浙江省文物考古研究所、淄博市博物馆

图片支持：

江西省文物考古研究院、扬州市文物考古研究所、杭州市临安区博物馆、二里头夏都遗址博物馆、寺墩遗址考古队、“良渚文化玉器工艺研究”课题组、锋雷工作室

邓淑蘋女士、张敬国先生、张敏先生、刘云辉先生、李银德先生、邓聪先生、于平女士、孙秉君先生、喻燕姣女士、杨军先生、张翔宇先生、赵瑞廷先生、夏勇先生、邵晶先生、于成龙先生、彭峪先生、史骏先生、黄翼先生、黄松涛先生、何少伟先生

图书在版编目（CIP）数据

玉润中华：中国玉器的万年史诗图卷 / 南京博物院编. — 南京：江苏凤凰文艺出版社，2023.11（2024.2重印）
ISBN 978-7-5594-7885-6

Ⅰ. ①玉… Ⅱ. ①南… Ⅲ. ①古玉器 — 中国 — 图录 Ⅳ. ①K876.82

中国国家版本馆CIP数据核字（2023）第140152号

玉润中华：中国玉器的万年史诗图卷

南京博物院　编

出 版 人　张在健
责任编辑　胡雪琪　费明燕
校　　对　叶姿倩　高竹君
书籍设计　郭　凡
责任印制　刘　巍
出版发行　江苏凤凰文艺出版社
南京市中央路 165 号，邮编：210009
网　　址　http://www.jswenyi.com
印　　刷　上海雅昌艺术印刷有限公司
开　　本　889 毫米 ×1194 毫米　1/16
印　　张　30.5
字　　数　420 千字
版　　次　2023 年 11 月第 1 版
印　　次　2024 年 2 月第 7 次印刷
书　　号　ISBN 978-7-5594-7885-6
定　　价　580.00 元

江苏凤凰文艺版图书凡印刷、装订错误，可向出版社调换，联系电话 025-83280257